【臺灣現當代作家
研究資料彙編】44

白　萩

國立台灣文學館
出版

部長序

　　文學既是社會縮影也是靈魂核心，累積研究論述及文獻史料，不僅可厚實文學發展根基，觀照當代人文的思想脈絡，更能指引未來的社會發展。臺灣文學歷經數百年的綿延與沉澱，蓄積豐沛的能量，也呈現生氣盎然的多元創作面貌。近一甲子的臺灣現當代文學發展，就是華文世界人文心靈最溫暖的寫照。

　　緣此，國立臺灣文學館自 2010 年啟動《臺灣現當代作家研究資料彙編》，鉅細靡遺進行珍貴的文學史料蒐集研究，意義深遠。這項計畫歷時三年多，由文學館結合學界、出版社、作家一同參與，組成陣容浩大的編輯群與顧問團隊，梳理臺灣文學長河裡的各方涓流，共匯集 50 位臺灣現當代重要作家的生平、年表與作品評論資料，選錄其代表性的評論文章，彙編成冊，完整呈現作家的人文映記、文學成就及相關研究，成果豐碩。

　　由於內容浩瀚、需多所佐證，本套叢書共分三階段陸續出版，先是 2011 年推出以臺灣新文學之父賴和為首的 15 位作家研究資料彙編，接著於 2012 年完成張我軍、潘人木等 12 位作家的研究資料彙編；及至 2013 年 12 月，適逢國立臺灣文學館十周年館慶之際，更纂輯了姜貴、張秀亞、陳秀喜、艾雯、王鼎鈞、洛夫、余光中、羅門、商禽、瘂弦、司馬中原、林文月、鄭愁予、陳冠學、黃春明、白先勇、白萩、陳若曦、郭松棻、七等生、王文興、王禎和、楊牧共 23 位作家的研究資料，皇皇巨著，為臺灣文學之巍巍巨觀留下具里程碑的文字見證。這套選粹體現了臺灣文學研究總體成果中，極為優質的論述著作，有助於臺灣文學發展的擴展化與深刻化，質量兼具。在此，特別對參與編輯、撰寫、諮詢的文學界朋友們表達謝意，也向全世界愛好文學的讀者，推介此一深具人文啟發且實用的臺灣現當代文學工具書，彼此激勵，為更美好的臺灣人文環境共同努力。

文化部部長　龍應台

館長序

　　所有一切有關文學的討論，最終都得回歸到創作主體（作家）及其創作文本（作品）。文本以文字書寫，刊載在媒體上（報紙、雜誌、網站等），或以印刷方式形成紙本圖書；從接受端來看，當然以後者為要，原因是經過編輯過程，作者或其代理人以最佳的方式選編，常會考慮讀者的接受狀況，亦以美術方式集中呈現，其形貌也必然會有可觀者。

　　從研究的角度來看，它正是核心文獻。研究生在寫論文的時候，每在緒論中以一節篇幅作「文獻探討」，一般都只探討研究文獻，仍在周邊，而非核心。所以作家之研究資料，包括他這個人和他所寫的作品，如何鉅細靡遺彙編一處，是研究最基礎的工作；其次才是他作品的活動場域以及別人如何看待他的相關資料。前者指的是發表他作品的報刊及其他再傳播的方式或媒介，後者指的是有關作家及其作品的訪問、報導、著作目錄、年表、文評、書評、專論、綜述、專書、選編等，有系統蒐輯、編目，擇其要者結集，從中發現作家及其作品被接受的狀況，清理其發展，這其實是文學經典化**真正的**過程；也必須在這種情況下，作家研究才有可能進一步開展。

　　針對個別作家所進行的資料工作隨時都在發生，但那是屬於個人的事，做得好或不好，關鍵在他的資料能力；將一群有資料能力的學者組織起來，通過某種有效的制度性運作，想必能完成有關作家研究資料彙編的人文工程，可以全面展示某個歷史時期有關作家研究的集體成就，這是國立臺灣文學館從 2010 年啟動「臺灣現當代

作家研究資料彙編」（50 冊）的一些基本想法，和另外兩個大計畫：「臺灣文學史長編」（33 冊）、「臺灣古典作家精選集」（38 冊），相互呼應，期能將臺灣文學的豐富性展示出來，將「臺灣文學」這個學科挖深識廣；作為文化部的附屬機構，我們在國家文化建設的整體工程中，在「文學」作為一個公共事務的理念之下，我們紮紮實實做了有利文化發展的事，這是我們所能提供給社會大眾的另類服務，也是我們朝向臺灣文學研究中心理想前進的努力。

　　我們在四年間分三批出版的這 50 本臺灣現當代作家研究資料彙編，從賴和（1894～1943）到楊牧（1940～），從割臺之際出生、活躍於日據下的作家，到日據之末出生、活躍於戰後臺灣文壇的作家；當然也包含 1949 年左右離開大陸，而在臺灣文壇發光發熱的作家。他們只是臺灣作家的一小部分，由承辦單位組成的專業顧問群多次會商議決；這個計畫，我們希望能夠在精細檢討之後，持續推動下去。

　　顧問群基本上是臺灣文學史專業的組合，每位作家重要評論文章選刊及研究綜述的撰寫者，都是對於該作家有長期研究的專家。這是學界人力的大動員，承辦本計畫的臺灣文學發展基金會長期致力臺灣文學史料的蒐輯整理，具有強大的學術及社會力量，本計畫能夠順利推動且如期完成，必須感謝他們組成的編輯團隊，以及眾多參與其事的學界朋友。

國立臺灣文學館館長　李瑞騰

編序

◎封德屏

緣起

1995 年 10 月 25 日，在臺灣師範大學教育大樓的 201 室，一場以「面對臺灣文學」為題的座談會，在座諸位學者分別就臺灣文學的定義、發展、研究，以及文學史的寫法等，提出宏文高論，而時任國家圖書館編纂張錦郎的「臺灣文學需要什麼樣的工具書」，輕鬆幽默的言詞，鞭辟入裡的思維，更贏得在座者的共鳴。

張先生以一個圖書館工作人員自謙，認真專業地為臺灣這幾十年來究竟出版了多少有關臺灣文學的工具書，做地毯式的調查和多方面的訪問。同時條理分明地針對研究者、學生，列出了十項工具書的類型，哪些是現在亟需的，哪些是現在就可以做的，哪些是未來一步一步累積可以達成的，分別做了專業的建議及討論。

當時的文建會二處科長游淑靜，參與了整個座談會，會後她劍及履及的開始了文學工具書的委託工作，從 1996 年的《臺灣文學年鑑》起始，一年一本的編下去，一直到現在，保存延續了臺灣文學發展的基本樣貌。接著是《中華民國作家作品目錄》的新編，《臺灣文壇大事紀要》的續編，補助國家圖書館「當代文學史料影像全文系統」的建置，這些工具書、資料庫的接續完成，至少在當時對臺灣文學的研究，做到一些輔助的功能。

2003 年 10 月，籌備多年的「台灣文學館」正式開幕運轉。同年五月《文訊》改隸「財團法人台灣文學發展基金會」，為了發揮更大的動能，開

始更積極、更有效率地將過去累積至今持續在做的文學史料整理出來，讓豐厚的文藝資源與更多人共享。

於是再次的請教張錦郎先生，張先生認為文學書目、作家作品目錄、文學年鑑、文學辭典皆已完成或正在進行，現在重點應該放在有關「臺灣現當代作家評論資料目錄」的編輯工作上。

很幸運的，這個計畫的發想得到當時臺灣文學館林瑞明館長的支持，於是緊鑼密鼓的展開一切準備工作：籌組編輯團隊、召開顧問會議、擬定工作手冊、撰寫計畫書等等。

張錦郎先生花了許多時間編訂工作手冊，每一位作家的評論資料目錄分為：

（一）生平資料：可分作者自述，旁人論述及訪談，文學獎的紀錄。

（二）作品評論資料：可分作品綜論，單行本作品評論，其他作品（包括單篇作品）評論，與其他作家比較等。

此外，對重要評論加以摘要解說，譬如專書、專輯、學術會議論文集或學位論文等，凡臺灣以外地區之報刊及出版社，於書名或報刊後加註，如中國大陸、香港、新加坡等。此外，資料蒐集範圍除臺灣外，也兼及中國大陸、香港、新加坡、日本、韓國及歐美等地資料，除利用國內蒐集管道外，同時委託當地學者或研究者，擔任資料蒐集工作。

清楚記得，時任顧問的學者專家們，都十分高興這個專案的啟動，但確定收錄哪些作家名單時，也有不同的思考及看法。經過充分的討論後，終於取得基本的共識：除以一般的「文學成就」為觀察及考量作家的標準外，並以研究的迫切性與資料獲得之難易度為綜合考量。譬如說，在第一階段時，作家的選擇除文學成就外，先考量迫切性及研究性，迫切性是指已故又是日治時期臺籍作家為優先，研究性是指作品已出土或已譯成中文為優先。若是作品不少而評論少，或作品評論皆少，可暫時不考慮。此外，還要稍微顧及文類的均衡等等。基本的共識達成後，顧問群共同挑選出 310 位作家，從鄭坤五、賴和、陳虛谷以降，一直到吳錦發、陳黎、蘇

偉貞，共分三個階段進行。

張錦郎先生修訂的編輯體例，從事學術研究的顧問們，一方面讚嘆「此目錄必然能成為類似文獻工作的範例」，但又深恐「費力耗時，恐拖延了結案時間」，要如何克服「有限時間，高度理想」的編輯方式，對工作團隊確實是一大挑戰。於是顧問們群策群力，除了每人依研究領域、研究專長認領部分作家外（可交叉認領），每個顧問亦推薦或召集研究生襄助，以期能在教學研究工作外，為此目錄盡一份心力。

「臺灣現當代作家評論資料目錄」專案計畫，自 2004 年 4 月開始，至 2009 年 10 月結束，分三個階段歷時五年六個月，共發現、搜尋、記錄了十餘萬筆作家評論資料。共經歷了三位專職研究助理，近三十位兼任研究助理。這些研究助理從開始熟悉體例，到學習如何尋找資料，是一條漫長卻實用的學習過程。

接續

「臺灣現當代作家評論資料目錄」的專案完成，當代重要作家的研究，更可以在這個基礎上，開出亮麗的花朵。於是就有了「臺灣現當代作家研究資料彙編暨資料庫建置計畫」的誕生。為了便於查詢與應用，資料庫的完成勢在必行，而除了資料庫的建置外，這個計畫再從 310 位作家中精選 50 位，每人彙編一本研究資料，內容有作家圖片集，包括生平重要影像、文學活動照片、手稿及文物，小傳、作品目錄及提要、文學年表。另外每本書分別聘請一位最適當的學者或研究者負責編選，除了負責撰寫八千至一萬字的作家研究綜述外，再從龐雜的評論資料中挑選具有代表性的評論文章，平均 12～14 萬字，最後再附該作家的評論資料目錄，以期完整呈現該作家的生平、創作、研究概況，其歷史地位與影響。

由於經費及時間因素，除了資料庫的建置，資料彙編方面，50 位作家分三個階段完成。第一階段出版了 15 位作家，第二階段出版了 12 位作家，此次第三階段則出版了 23 位作家資料彙編。雖然已有過前兩階段的實

務經驗，但相較於前兩階段，此次幾乎多出版將近一倍的數量，使工作小組在編輯過程中，仍然面臨了相當大的困難與挑戰。

首先，必須掌握每位編選者進度這件事，就是極大的挑戰。於是編輯小組在等待編選者閱讀選文的同時，開始蒐集整理作家生平照片、手稿，重編作家年表，重寫作家小傳，尋找作家出版品的正確版本、版次，重新撰寫提要。這是一個極其複雜的工程。還好有認真負責的雅嫻、崖婷、欣怡，以及編輯老手秀卿幫忙，讓整個專案延續了一貫的品質及進度。

在智慧權威、老練成熟的學者專家面前，這些初生之犢的年輕助理展現了大無畏的精神，施展了編輯教戰手冊中的第一招──緊迫盯人。看他們如此生吞活剝地貫徹我所傳授的編輯要法，心裡確實七上八下，但礙於工作繁雜，實在無法事必躬親，也只好讓他們各顯身手了。

縱使這些新手使出了全部力氣，無奈工作的難度指數仍然偏高，雖有前兩階段的經驗，但面對不同的編選者，不同的編選風格，進度仍然不很順利，再加上此次同時進行 23 位作家的編纂作業，在與各編選者及各冊傳主往來聯繫的過程中，更是有許多龐雜而繁瑣的細節。此時就得靠意志力及精神鼓舞了。我對著年輕的同仁曉以大義，告訴他們正在光榮地參與一個重要的文學工程，絕對不可輕言放棄。

成果

雖然過程是如此艱辛，如此一言難盡，可是終究看到豐美的成果。每位編選者雖然忙碌，但面對自己負責的作家資料彙編，卻是一貫地認真堅持。他們每人必須面對上千或數百筆作家評論資料，挑選重要或關鍵性的評論文章，全面閱讀，然後依照編選原則，挑選評論文章。助理們此時不僅提供老師們所需要的支援，統計字數，最重要的是得找到各篇選文作者，取得同意轉載的授權。在第一階段進度流程初估時，我們錯估了此項工作的難度，因為許多評論文章，發表至今已有數十年的光景，部分作者行蹤難查，還得輾轉透過出版社、學校、服務單位，尋得蛛絲馬跡，再鍥

而不捨地追蹤。有了第一階段的血淚教訓，第二階段關於授權方面，我們更是如臨深淵、如履薄冰，希望不要重蹈覆轍，第三階段也遵循前兩階段的經驗，在面對授權作業時更是戰戰兢兢，不敢懈怠。

除了挑選評論文章煞費苦心外，每個作家生平重要照片，我們也是採高標準的方式去蒐集，過世作家家屬、友人、研究者或是當初出版著作的出版社，都是我們徵詢的對象。認真誠懇而禮貌的態度，讓我們獲得許多從未出土的資料及照片，也贏得了許多珍貴的友誼。許多作家都協助提供照片手稿等相關資料，如王鼎鈞、洛夫、余光中、羅門、瘂弦、司馬中原、林文月、鄭愁予、黃春明及其子黃國珍、白先勇及與其合作多年的攝影師許培鴻、白萩及其夫人、陳若曦、七等生、王文興、楊牧及其夫人夏盈盈。已不在世的作家，其家屬及友人在編輯過程中，也給予我們許多協助及鼓勵，如姜貴的長子王為鎌、張秀亞的女兒于德蘭、艾雯的女兒朱恬恬、陳秀喜的女兒張瑛瑛、商禽的女兒羅珊珊、陳冠學的後輩友人陳文銓與郭漢辰、郭松棻的夫人李渝、王禎和的夫人林碧燕，藉由這個機會，與他們一起回憶、欣賞他們親人或父祖、前輩，可敬可愛的文學人生。此外，還有張默、岩上、閻純德、李高雄、丘彥明、朱雙一、吳姍姍、鄭穎、舊香居書店吳雅慧等作家及研究者，熱心地幫忙我們尋找難以聯繫的授權者，辨識因年代久遠而難以記錄年代、地點、事件的作家照片，釐清文學年表資料及作家作品的版本問題，我們從他們身上學習到更多史料研究可貴的精神及經驗。

但如何在規定的時間內，完成第三階段 23 本資料彙編的編輯出版工作，對工作小組來說，確實是一大考驗。每一冊的主編老師，都是目前國內現當代台灣文學教學及研究的重要人物，因此每位主編都十分忙碌。有鑑於前兩階段的經驗，以及現有工作小組的人力，決定分批完稿，每個人負責 2～4 本，三位組長的責任額甚至超過 4～5 本。每一本的責任編輯，必須在這一年多的時間內，與他們所負責資料彙編的主角——傳主及主編老師，共生共榮。從作家作品的收集及整理開始，必須要掌握該作家一生

作品的每一次的出版，以及盡量收集不同的版本；整理作家年表，除了作家、研究者已撰述好的年表外，也必須再從訪談、自傳、評論目錄，從作品出版等線索，再做比對及增刪。再來就是緊盯每位把「研究綜述」放在所有進度最後一關的主編們，每隔一段時間提醒他們，或順便把新增的評論目錄寄給他們（每隔一段時間就有新的相關論文或學位論文出現），讓他們隨時與他們所主編的這本書，產生聯想，希望有助於「研究綜述」撰寫的進度。

　　以上的工作說起來，好像並不十分困難，身為總策劃的我起初心裡也十分篤定的認為，事情儘管艱困，最後還是應該順利完成。然而，這句雲淡風輕的話，聽在此次身歷其境參與工作的同仁耳中，一定會恨得牙癢癢的。「夜長夢多」這個形容詞拿來形容這件工作，真是太恰當也沒有了。因為整個工作期程超過一年，在這段漫長的歲月中，因等待、因其他人力無法抗拒的因素，衍伸出來的問題，層出不窮，更有許多是始料未及的。譬如，每本書的的選文，主編老師本來已經選好了，也經過授權了，為了抓緊時間，負責編輯的助理們甚至連順序、頁碼都排好了，就等主編老師的大作了，這時主編突然發現有新的文章、新的資料產生：再增加兩三篇選文吧！為了達到更好更完備的目標，工作小組當然全力以赴，聯絡，授權，打字，校對，重編順序等等工作，再度展開。

　　此次第三階段共需完成 23 位作家研究資料彙編，年齡層較上兩個階段已年輕許多，因此到最後的疑難雜症，還有連主編或研究者都不太清楚的部分，譬如年表中的某一件事、某一個年代、某一篇文章、某一個得獎記錄，作家本人絕對是一個最好的諮詢對象，於是幾乎我們每本書都找到了作家本人，對解決某些問題來說，這是一個好的線索，但既然看了，關心了，參與了，就可能有不同的看法，選文、年表、照片，甚至是我們整本書的體例。於是又是一場翻天覆地的大更動，對整本書的品質來說，應該是好的，但對經過一年多琢磨、修改已近入完稿階段的編輯團隊來說，這不啻是一大挑戰。

　　1990 年開始，各地縣市文化中心（文化局），對在地作家作品集的整理出版，以及台灣文學館成立後對日治時期作家以迄當代重要作家全集的編纂，對臺灣文學之作家研究，也有了很好的促進作用。如《楊逵全集》、《林亨泰全集》、《鍾肇政全集》、《張文環全集》、《呂赫若日記》、《張秀亞全集》、《葉石濤全集》、《龍瑛宗全集》、《葉笛全集》、《鍾理和全集》、《錦連全集》、《楊雲萍全集》、《鍾鐵民全集》等，如雨後春筍般持續展開。

　　經過近二十年的努力，臺灣文學的研究與出版，也到了可以驗收或檢討成果的階段。這個說法，當然不是要停下腳步，而是可以從「臺灣現當代作家評論資料目錄」所呈現的 310 位作家、10 萬筆資料中去檢視。檢視的標的，除了從作家作品的質量、時代意義及代表性去衡量外、也可以從作家的世代、性別、文類中，去挖掘還有待開墾及努力之處。因此在這樣的堅實基礎上，這套「臺灣現當代作家研究資料彙編」，每位編選者除了概述作家的研究面向外，均有些觀察與建議。希望就已然的研究成果中，去發現不足與缺憾，研究者可以在這些不足與缺憾之處下功夫，而盡量避免在相同議題上重複。當然這都需要經過一段時間去發現、去彌補、去重建，因此，有關臺灣文學研究的調查與研究，就格外顯得重要了。

期待

　　感謝臺灣文學館持續支持推動這兩個專案的進行。「臺灣現當代作家評論資料目錄」的完成，呈現的是臺灣文學研究的總體成果；「臺灣現當代作家研究資料彙編」套書的出版，則是呈現成果中最精華最優質的一面，同時對未來的研究面向與路徑，做最好的建議。我們可以很清楚的體會，這是一條綿長優美的臺灣文學接力賽，我們十分榮幸能參與其中，我們更珍惜在傳承接力的過程，與我們相遇的每一個人，每一件讓我們真心感動的事。我們更期待這個接力賽，能有更多人加入。誠如張恆豪所說「從高音獨唱到多元交響」，這是每一個人所期待的。

編輯體例

一、本書編選之目的，為呈現白萩生平、著作及研究成果，以作為臺灣文學相關研究、教學之參考資料。

二、全書共五輯，各輯內容及體例說明如下：

輯一：圖片集。選刊作家各個時期的生活或參與文學活動的照片、著作書影、手稿（包括創作、日記、書信）、文物。

輯二：生平及作品，包括三部分：

1.小傳：主要內容包括作家本名、重要筆名，生卒年月日，籍貫，及創作風格、文學成就等。

2.作品目錄及提要：依照作品文類（論述、詩、散文、小說、劇本、報導文學、傳記、日記、書信、兒童文學、合集）及出版順序，並撰寫提要。不收錄作家翻譯或編選之作品。

3.文學年表：考訂作家生平所進行的文學創作、文學活動相關之記要，依年月順序繫之。

輯三：研究綜述。綜論作家作品研究的概況，並展現研究成果與價值的論文。

輯四：重要文章選刊。選收國內外具代表性的相關研究論文及報導。

輯五：研究評論資料目錄。收錄至 2013 年 6 月底止，有關研究、論述臺灣現當代作家生平和作品評論文獻。語文以中文為主，兼及日文和英文資料。所收文獻資料，以臺灣出版為主，酌收中國大陸、香港、日本和歐美國家的出版品。內容包含三部分：

1.「作家生平、作品評論專書與學位論文」下分為專書與學位論文。

2.「作家生平資料篇目」下分為「自述」、「他述」、「訪談」、「年表」、「其他」。

3.「作品評論篇目」下分為「綜論」、「分論」、「作品評論目錄、索引」、「其他」。

目次

輯一◎圖片集

影像◎手稿◎文物

約1949年，就讀臺中師範學校附屬小學六年級的白萩。（翻攝自《陽光小集》第9期）

約1955年，白萩就讀臺中商職時的大頭照。（翻攝自《陽光小集》第9期）

約1959年，時年22歲的白萩。（翻攝自《陽光小集》第9期）

1966年，白萩與陳千武（右）合影。（吳櫻提供）

1966年，笠詩刊社同仁合影。左起：陳千武、杜國清、陳明台、葉笛、白萩。
（陳明台提供）

1970年1月1日，日本詩人高橋喜久晴與日本東京若樹書坊社長安倍玲以女士來臺
訪問，攝於苗栗卓蘭鎮。前排左起：詹冰賢伉儷、安倍玲以、白萩、林亨泰、
高橋喜久晴；後排左起：陳千武、陳明台、錦連。（吳櫻提供）

1974年詩人節前夕，應邀出席第一屆「中國現代詩獎」頒獎典禮，攝於臺北中山堂。前排左起：羊令野、羅家猷、葉公超、紀弦；後排左起：林亨泰、張默、瘂弦、羅門、蓉子、洛夫、商禽、白萩、余光中、辛鬱。（創世紀詩雜誌社提供）

1979年，白萩與文友合影於臺中市文化中心。前排左起：何金生、北原政吉、楊逵、邱淳洸；後排左起：白萩、陳千武、林亨泰。（吳櫻提供）

1982年1月1日，白萩與文友於陳千武寓所雅集。左起：陳明台、李敏勇、拾虹、白萩、
劉克襄、陳千武。（白萩提供）

1982年，出席於臺中市文化中心舉辦的笠詩刊社第18屆年會。前排左起：月中泉、林清文、陳秀喜、郭
水潭、羅浪、黃明城；中排左起：陳坤崙、蔡榮勇、龔顯榮、林亨泰、陳千武、白萩、林宗源；後排左
起：蔡信德、李魁賢、利玉芳、陳明台（後立左）、李敏勇（後立右）、鄭烱明。（翻攝自《陳秀喜評
傳》，春暉出版社）

1984年7月，白萩應邀出席陳篤弘主辦的「文學饗宴——新詩座談會」活動。左起：
沈政瑩、王灝、岩上、林亨泰、白萩、陳千武、陳篤弘。（文訊文藝資料中心）

1984年11月3~6日，應邀出席由日本地球詩社於東京主辦之第一屆亞洲詩人大會，
攝於日本日光東照宮。中排左一鄭炯明、左二白萩、右一林宗源、右二錦連；後排
左起：簡上仁、龔顯榮、李魁賢、羅浪、郭成義、向陽。（翻攝自《錦連全集13．
資料卷》，國立臺灣文學館）

1986年8月10日，白萩與文友接待比利時詩人卓根布魯特（Germain Droogenbroodt）。
左起：向明、張默、洛夫、卓根布魯特、余光中、羅青、白萩。（創世紀詩雜誌社提
供）

1986年9月，第二屆亞洲詩人大會於韓國首爾舉行，攝於韓國佛國寺前。前排左起：李
魁賢、林宗源、龔顯榮、陳千武、白萩、向陽；後排左起：導遊、吳青玉、利玉芳、
許貞子、朵思、杜潘芳格、杜慶泰、林佛兒。（白萩提供）

1987年2月3日，白萩與臺
灣詩人團訪菲律賓，於美
堅利堡（美軍公墓）合
影。左起：月曲了、白
凌、白萩、蕭蕭、張默。
（創世紀詩雜誌社提供）

1987年2月9日，臺灣詩人訪菲國後到香港訪問。前排左起：管管、向明、藍
海文、白萩；後排左起：張默、蕭蕭、洛夫、丁平、辛鬱、傅天虹。（創世
紀詩雜誌社提供）

1991年，白萩訪問廣州
《華夏詩報》。左起：
西彤、野曼、白萩、
佚名、向明（大陸學
者）。（白萩提供）

1992年6月22日，白萩出席笠詩刊社第28屆年會。前排左起：林亨泰、白萩、莊柏林、黃騰輝、陳千武、蕭翔文、林宗源；後排左起：錦連、蔡榮勇、李魁賢、張瓊文、陳坤崙、李昌憲、李敏勇、曾貴海、陳明台、黃勁連、鄭炯明、羊子喬、岩上、柯旗化、陳明仁、謝碧修。（翻攝自《錦連全集13‧資料卷》，國立臺灣文學館）

1994年6月12日，白萩應邀出席巫永福文化基金會與臺灣筆會舉辦之「臺灣文學
會議——戰後臺灣小說、詩的探討」研討會，攝於臺中上智社教研究院。前排左
起：陳千武、莊柏林、巫永福、北原政吉、上智社教院負責人、林亨泰；後排左
起：李魁賢、白萩、趙天儀、李篤恭、錦連、杜潘芳格、岩上。（翻攝自《錦連
全集13‧資料卷》，國立臺灣文學館）

1996年11月15日，獲頒第19屆吳三連文藝獎。前排左起：林澄枝、葉明勳、謝東
閔、陳奇祿、吳尊賢；後排左起：吳樹民、白萩、曹永和、林智信、宋澤萊。
（財團法人吳三連獎基金會提供）

1996年11月15日，獲第19屆吳三連文藝獎，接受前總統李登輝先生（右）表揚。
（白萩提供）

1990年代，白萩（前排左三）與金光林（前排左二）、陳千武（前排右一）於亞洲詩會後合影。（白萩提供）

2000年7月9日，臺灣現代詩人協會於臺中上智社教研究院舉行成立大會，白萩當選首屆理事會長。左起：白萩、趙天儀、陳千武。（白萩提供）

2001年6月10日，創世紀詩雜誌社舉辦「為這一代詩人造像」活動，
與詩友們合影。左起：白萩、張香華、大荒、魯蛟、藍雲。（創世
紀詩雜誌社提供／柯錫杰拍攝）

2001年，白萩與羅門（左）應邀出席文訊雜誌社於國民黨中央黨部大樓中正廳主辦「五四文藝雅集」。（文訊文藝資料中心）

2005年6月19日，白萩及文友於臺中萬月樓進行《笠》編輯會議。前排左起：莫渝、陳千武、鄭炯明、白萩；後排左起：林盛彬、岩上、陳明台、江自得、陳明克、蔡秀菊。（吳櫻提供）

2008年7月，白萩獲頒吳三連臺灣史料基金會臺灣新文學貢獻獎，攝於臺南。左起：白萩、吳樹民。（莊金國提供）

2013年8月12日，文訊雜誌社「文藝雅集」活動之「關懷列車」赴高雄探訪白萩。前排左起：李敏勇、陳坤崙、白萩、白萩夫人、鄭炯明；後排左起：莊金國、蔡文章、封德屏。（文訊文藝資料中心）

1972年，白萩〈《笠》詩刊編後記〉手稿。（國立臺灣文學館提供）

1986年，白萩〈鳥兒〉手稿。（創世紀詩雜誌社提供）

望着遠方的雲的一株絲杉
望着雲的一株絲杉
一株絲杉

流浪者

白萩

在地平線上
一株絲杉
在地平線上
一株絲杉

他的影子．細小．他的影子．細小
他忘却了他的名字．忘却了他的名字．旅
站着。
地站着。站着。站着
站着
祇站着。孤獨

向東方

孤獨的一株絲杉

白萩詩作〈流浪者〉手稿。（創世紀詩雜誌社提供）

開始的結束

一朵
又是輪到春天
花瓣裡的肉裡
撒落了
千千萬萬的蠢動

之前展
拋散一切
才燃燒了
女人般
貪戀的野草

亥去空寞新來過
怎去空寞新來過
死死去死的間隙
才冒出了一朵朵的望意
發也如此
而秀雨細細中
花從來與往來之間
一朵白花
開得可可憐憫
持也是
為了一次次的結束

白萩詩作〈開始的結束〉手稿。（翻攝自《陽光小集》第9期）

廣場

白萩　詩書

所有的群眾一哄而散了
去擁護有體香的女人
回到床上

而銅像猶在堅持他的主張
對着無人的廣場
振臂高呼

只有風
頑皮地踢着葉子嘻嘻哈哈
在擦拭那些足跡

白萩詩作〈廣場〉手稿。（翻攝自《陽光小集》第9期）

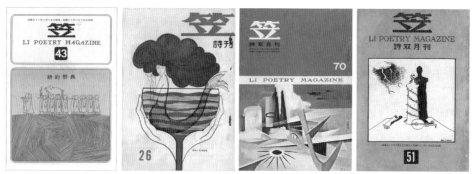

1968～1975年，白萩為《笠》設計的期刊封面。（文訊文藝資料中心）

輯二◎生平及作品

小傳◎作品◎年表

小傳

白萩（1937～）

　　白萩，男，本名何錦榮，另有筆名邵析文。籍貫臺灣臺中，1937 年 6 月 8 日生。

　　省立臺中商職高級部畢業。曾任職於臺灣省教育廳衛生教育委員會、省立臺中農學院（今中興大學）教務處，也曾經營家具、廣告、室內設計、出版等公司，並當選臺中市室內設計裝飾商業同業公會第 1、2 屆理事長、中華民國室內設計協會常務董事、臺灣現代詩人協會理事長。1952 年開始投身創作，詩作時常發表於臺中《民聲日報》副刊、《公論報》的《藍星週刊》上。1955年，以〈羅盤〉一詩獲中國文藝協會第一屆新詩獎，與林泠同被譽為天才詩人，另曾獲吳三連文藝獎、榮後文化基金會臺灣詩獎、臺中市大墩文學獎文學貢獻獎、臺灣新文學貢獻獎、臺南市府城文學獎特殊貢獻獎。

　　白萩創作文類以詩為主，兼及論述。他生長於臺灣文化、政治、經濟、社會急遽變化的時代，早年學過日語、漢語而至通行中文。曾先後參與「藍星詩社」、「現代派」、「創世紀詩社」，1964 年與林亨泰、趙天儀、陳千武、詹冰等11 人共組「笠詩社」，發行《笠》雙月刊。其創作風格大致可以作品區分為四階段：第一階段以《蛾之死》為代表，富有現代主義實驗風格，嘗試以「圖象」做為表現手法，在詩的音樂性之外增加視覺觀感；第二階段以《風的薔薇》為主，在現代主義和存在主義影響下，表達個人身陷廣漠世界，無依無靠、無從解脫的孤獨困境；第三階段以《天空象徵》、《香頌》、《詩廣場》三部

作品爲主，作家體認到詩不僅有形式的變化，在內容上也應有不同內涵，因此不再局限詩的格式，開始導入生活現實，重視對生活的關照，亦在詩中批判現實；第四階段以《觀測意象》爲代表，因商務繁忙創作減少，故將橫跨 20 年來的十多首代表詩作收錄於《觀測意象》中。多元的語言背景與各式文學主義的激盪造就白萩詩風多變，打破語言的框限而使意象凸出、韻味深刻，葉石濤曾說：「白萩的詩富獨創性，語言鮮活，他是一位敏銳的詩人。」此外，白萩詩作兼具現代主義的理性和寫實主義的批判性，亦是一位致力於探討生命，富有悲劇意識的詩人。

　　白萩是一位具有藝術天分的詩人，對於藝術與美見解獨到，並有前衛的實驗精神，詩評家葉笛曾稱：「在嚴肅的詩人們之中，白萩是一孤立的岩石。」意指白萩一生追求現代詩藝術的開創性性格和堅毅卓絕的精神。白萩的作品廣譯多國文字，日韓多次以專輯刊載譯介，其德文版詩集更是臺灣文學的德文首譯，在本土與國際詩壇間均有其地位。誠如林燿德所言：「在 1950 年代崛起的詩人中，白萩的血緣最爲紛雜，他是唯一和《藍星》、《現代詩》、《創世紀》和《笠》四大詩刊有深厚淵源的一位詩人，而他獨樹一格，自成天地，既是一位『集大成』者，也是一位重要的『開拓者』。」

作品目錄及提要

三民書局 1972

三民書局 2005

【論述】

現代詩散論

臺北:三民書局
1972 年 5 月,40 開,163 頁
三民文庫 152

臺北:三民書局
2005 年 2 月,新 25 開,184 頁
三民叢刊 187

本書集結作者早期的現代詩詩論,探述題旨
以語言使用與意象創造為主,並考察中、西
方文化發展,闡述現代詩在文學史上的意
義。全書收錄〈由詩的繪畫性談起〉、〈抽象
短論〉、〈詩的語言〉等 18 篇。
2005 年三民版:正文前新增白萩〈新版
序〉。

【詩】

蛾之死

臺北:藍星詩社
1959 年 5 月,15×18.5 公分,77 頁

本書為作者第一本詩集,由作者四百餘首作品中選輯而成。
全書收錄〈羅盤〉、〈水菓攤前〉、〈金魚〉、〈十八生辰自吟〉
等 45 首。正文前有張秀亞〈序〉,正文後附錄白萩〈後
記〉。

風的薔薇

臺北：笠詩刊社
1965 年 10 月，12×17.5 公分，61 頁
笠叢書之二

本書與第一本詩集《蛾之死》相隔七年出版，內容較前作更
貼近個人生活，為詩人獨立於當時詩壇，為自己創造生活旨
趣的紀錄。全書收錄〈昨夜〉、〈秋〉、〈山〉等 27 首。正文
前有白萩〈人本的奠基（代序）〉，正文後附錄白萩〈後
記〉。

天空象徵

臺北：田園出版社
1969 年 6 月，32 開，88 頁
田園文庫

本書為詩人詩語言轉變時期的作品結集，以洗練的文字與意
象，呈現對宇宙、人生的凝思。全書分「以白晝死去」、「阿
火世界」、「天空與鳥」三輯，收錄〈路有千條樹有千根〉、
〈然則〉、〈牽牛花〉、〈以白晝死去〉等 34 首。正文後附錄
白萩〈自語〉。

三民書局 1971　　三民書局 2005

白萩詩選

臺北：三民書局
1971 年 7 月，40 開，194 頁
三民文庫 134

臺北：三民書局
2005 年 2 月，新 25 開，212 頁
三民叢刊 185

本書為詩人 1953～1968 年間的作品選輯。
全書分「蛾之死」、「風的薔薇」、「天空象
徵」三部分，收錄〈羅盤〉、〈金魚〉、〈飛
蛾〉、〈歷史〉、〈囚鷹〉等 81 首。
2005 年三民版：正文前新增白萩〈新版
序〉。

笠詩刊社 1972　　石頭出版社 1991

香頌

臺北：笠詩刊社
1972 年 8 月，32 開，152 頁
笠叢書

臺北：石頭出版社
1991 年 6 月，25 開，236 頁
文學散步 4

本書爲中、英對照詩集，英文部分由
William Marr 與 Philip Pizzica 合譯，內容
爲 1969 年詩人遷居臺南新美街後創作的
作品選輯。全書收錄〈新美街〉、〈藤蔓
〉、〈這有什麼不對〉、〈公寓女郎〉等 42 首。
1991 年石頭版：英文對照改於逐首詩末附錄。正文後新增「附錄」，收錄陳芳明
〈七位詩人素描之一──白萩〉、陳千武〈白萩詩的性愛〉、陳鴻森〈白萩詩集
《香頌》論〉、趙天儀〈生命的戀歌──評白萩詩集《香頌》〉。

Feuer Auf Taiwan Gedichte（臺灣之火──白萩詩集德文版）／梁景峰、Karlhans Frank 譯

Pforzheim：Harlekin-Presse
1974 年，12×14.5 公分，33 頁

全書收錄 13 首詩，內有德國版畫家 Axel Hertenstein 六張
石版原畫。

詩廣場

臺中：熱點文化出版公司
1984 年 3 月，25 開，144 頁
熱點文學叢書 2

本書集結詩人 1969 年遷居臺南新美街後的多主題作品。
全書收錄〈蛹〉、〈畫像〉、〈自娛蓮〉、〈鸚鵡〉、
〈SNOWBIRD〉等 37 首。正文後附錄鄭烱明、李敏勇訪
問；鄭烱明記錄〈白萩，久違了！──訪不斷自我超越的
詩人白萩〉、張雪映、林廣訪問；知風草記錄〈不懈的實
驗精神──白萩訪問記〉、鄭烱明、許振江記錄〈白萩作
品討論會〉、〈白萩寫作年表〉、〈有關於白萩作品的評介文
章〉、白萩〈后記〉。

風吹才感到樹的存在

臺北：光復書局
1989 年 6 月，新 25 開，305 頁
春暉叢書 35

本書集結詩人各時期代表作品，呈現其多元面向與對社會的關懷。全書分「有人」、「叫喊」、「自娛蓮」、「雁」、「新美街」、「夕陽無語」、「廣場」七部分，收錄〈夕暮〉、〈不知覺的死亡〉、〈昔日的〉、〈路有千條樹有千根〉、〈然則〉等 56 首。正文後附錄白萩被外譯為日、韓、英、德、法文之詩作，共 25 首，與梁景峰〈《臺灣之火》——白萩詩集德文版〉、陳文理〈我的丈夫白萩〉、聘生〈編后記〉、蔡珠兒記錄〈白萩詩集《詩廣場》討論會記實〉、〈白萩寫作年表〉。

自愛

臺北：笠詩刊社
1990 年 3 月，新 25 開，167 頁
臺灣詩人自選集 1

本書分中、英兩部分，中文部分收錄〈瀑布〉、〈囚鷹〉、〈構成〉、〈夕暮〉、〈流浪者〉等 50 首；英文部分收錄"Poem"、"Last Night"、"Wanderer"、"Autumn"、"Arm Chair"等 89 首。英文部分附錄白萩小傳與作品目錄。

白萩集／李敏勇主編

臺南：國立臺灣文學館
2009 年 7 月，25 開，139 頁
臺灣詩人選集 24

本書為詩人創作各階段理念與實踐成果合輯。全書收錄〈羅盤〉、〈風的薔薇〉、〈天空〉、〈新美街〉等 45 首。正文前有黃碧端〈主委序〉、鄭邦鎮〈騷動，轉成運動〉、彭瑞金〈「台灣詩人選集」編序〉、「白萩影像」、〈白萩小傳〉，正文後附錄李敏勇〈解說〉、〈白萩寫作生平簡表〉、〈閱讀進階指引〉、〈白萩已出版詩集要目〉。

响頌——白萩詩選（Chansons:Gedichte von Bai Qiu）／梁景峰譯

高雄：春暉出版社
2012 年 9 月，25 開，140 頁
文學臺灣叢刊 129

本書爲中、德對照詩集。全書收錄〈流浪者〉、〈妻的肚皮〉、〈單行道〉、〈廣場〉等 40 首。正文後附錄梁景峰〈頌・海島的情歌——白萩詩選漢德對照版後記〉、"Chansons. Das Hohelied an die Insel——Nachwort zur deutschen Ausgabe der Gedichte von Bai Qiu"、〈白萩文學年表〉、梁景峰〈詩作品出處〉。

흩어진 낙엽 : 대만시인 바이츄시선 100（散去的落葉）／金尚浩譯

首爾：바움커뮤니케이션
2012 年 11 月，17.6×22 公分，239 頁

本書爲作者 1958～1991 年間的作品選輯韓譯本。全書分「나방의 죽음」、「바람의 장미」、「하늘의 상징」、「시 광장」、「바람이 불어야 비로소 나무의 존재를 안다」、「관측 이미지」六部分，收錄〈나침판〉、〈금붕어〉、〈날아다니는 나방〉、〈역사〉、〈갇힌 매〉等 100 首。正文前有〈서문〉，正文後附錄〈평론-탁월한 상상력. 신선한 언어구사〉、〈시인연보〉、〈역자휴기 및 소개〉、〈〔부록〕白萩詩選 100 首原文〉。

【合集】

觀測意象

臺中：臺中市立文化中心
1991 年 7 月，25 開，260 頁
臺中市文學家作品集 8

本書為詩與論述合集。全書分四輯，收錄詩作〈如今〉、〈無題〉、〈冬夜〉等 19 首，論述文章〈由詩的繪畫性談起〉、《《蛾之死》後記〉等七篇。正文前有林柏榕〈序〉、粘銘波〈文學薪傳與臺中市文學家作品集〉，正文後附錄鄭烱明，李敏勇〈白萩，久違了！——訪不斷超越自我的詩人白萩〉、張雪映，林廣〈不懈的實驗精神——訪白萩〉、林燿德〈片片語言滴滴血〉、鄭烱明記錄〈白萩作品討論會〉、蔡珠兒記錄〈白萩詩集《詩廣場》討論會紀實〉、費勇〈白萩詩歌簡論〉、〈白萩寫作及文學活動年表〉。

文學年表

1937 年 （昭和 12 年）	6 月	8 日，生於臺灣臺中，本名何錦榮。父親何萬來，母親李蓮英。家中長子，下有弟妹五人。
1942 年 （昭和 17 年）	8 月	就讀日本寺廟所附設之幼稚園受學前教育。
1944 年 （昭和 19 年）	8 月	就讀臺中師範學校附屬小學，受日本教育。
1945 年 （昭和 20 年）	本年	盟軍轟炸臺灣全島，學校停課，與外祖父母及弟妹疏散至臺中縣霧峰鄉。
1946 年	本年	學校恢復正常上課，接受漢文教育。
1947 年	本年	學校奉令停教漢文，從注音符號開始學習國語。
1948 年	本年	與趙天儀同為臺中師範附小之書法選手，受張錫卿校長及賴煜燿導師特別指導。
1950 年	6 月	畢業於臺中師範附屬小學，同時考上臺中第一高級中學與臺中商職，接受父親意見，就讀臺中商職。
	本年	母親李蓮英患不明重症，臥牀不起。
1951 年	本年	母親李蓮英逝世。
1952 年	本年	接觸新詩，受張自英《黎明集》、明秋水《骨髓裡的愛情》不同於古典詩之詩風而引發對新詩的興趣。 開始創作新詩與散文。
1953 年	4 月	10 日，發表詩作〈懷鄉〉、〈河水〉於《民聲日報》副刊。 27 日，發表詩作〈醉〉於《民聲日報》副刊。

1954 年　　12 月　　16 日，發表詩作〈悼〉於《藍星週刊》第 27 期。

23 日，發表詩作〈帆影〉於《藍星週刊》第 28 期。

30 日，發表組詩「椰窗夜吟」：〈靜靜的椰窗〉、〈夜雨〉、〈椰樹和霜月〉於《藍星週刊》第 29 期。

1955 年　　1 月　　6 日，以「謳歌四章」為題，發表詩作〈我與星〉、〈飛蛾〉、〈歷史〉、〈落葉〉於《藍星週刊》第 30 期。

13 日，發表詩作〈輓歌〉於《藍星週刊》第 31 期。

20 日，發表詩作〈大地·生命〉於《藍星週刊》第 32 期。

27 日，發表詩作〈花山〉於《藍星週刊》第 33 期。

2 月　　3 日，發表詩作〈水菓攤前〉於《藍星週刊》第 34 期。

10 日，發表詩作〈金魚〉、〈死滅的慾望〉於《藍星週刊》第 35 期。

17 日，發表詩作〈燈——給菉漪〉於《藍星週刊》第 36 期。

24 日，發表詩作〈數念珠〉、〈回憶〉、〈晚秋〉於《藍星週刊》第 37 期。

3 月　　2 日，發表〈獻給 FC 同學——椰窗書簡〉於《民聲日報》「學生園地」副刊。

3 日，發表詩作〈我將焚燬妳心中的舊羅馬〉於《藍星週刊》第 38 期。

10 日，發表詩作〈埋葬〉於《藍星週刊》第 39 期。

16 日，發表〈給 CC 文友——椰窗書簡之二〉於《民聲日報》「學生園地」副刊。

17 日，發表詩作〈霧〉於《藍星週刊》第 40 期。

24 日，發表組詩「珍珠篇」：〈蜘蛛〉、〈希望〉、〈黃昏〉、〈雕像〉於《藍星週刊》第 41 期。

30 日，發表〈祝福從軍的朋友——椰窗書簡之三〉於《民聲日報》「學生園地」副刊。

31 日，發表組詩「海的構圖」：〈錨〉、〈島〉、〈雨〉、〈貝殼〉、〈港夜〉於《藍星週刊》第 42 期。

4 月　7 日，發表詩作〈寄 D〉、〈靜物〉於《藍星週刊》第 43 期。

14 日，發表詩作〈告別〉於《藍星週刊》第 44 期。

20 日，發表詩作〈弔一江英魂〉於《民聲日報》「學生園地」副刊。

27 日，發表〈母親的憶念〉於《民聲日報》「學生園地」副刊。

28 日，發表詩作〈羅盤〉於《藍星週刊》第 46 期。

5 月　11 日，發表〈夜雨後的公園〉於《民聲日報》「學生園地」副刊。

12 日，發表詩作〈露在草上〉於《藍星週刊》第 48 期。

25 日，發表詩作〈盲女〉於《民聲日報》「學生園地」副刊。

26 日，發表詩作〈藍星〉、〈尋覓〉、〈離別〉於《藍星週刊》第 50 期。

6 月　2 日，以「祈禱二章」為題，發表詩作〈五月之歌〉、〈影子〉於《藍星週刊》第 51 期。

9 日，發表詩作〈生日〉於《藍星週刊》第 52 期。

15 日，發表詩作〈默寄〉於《民聲日報》「學生園地」副刊。

16 日，發表詩作〈祝〉於《藍星週刊》第 53 期。

24 日，以〈羅盤〉一詩獲第一屆「中國文藝協會」新詩獎；發表詩作〈歸來〉、〈九行〉於《藍星週刊》第 54

期。

發表詩作〈雕像〉於《創世紀》第 3 期。

7 月　5 日，發表詩作〈海上〉於《新新文藝》第 2 卷第 1 期。

7 日，發表詩作〈遠方〉於《藍星週刊》第 56 期。

14 日，發表詩作〈歸航曲〉於《藍星週刊》第 57 期。

8 月　3 日，發表〈飄零的箋葉〉於《民聲日報》「學生園地」副刊。

17 日，發表〈遙寄〉於《民聲日報》「學生園地」副刊。

18 日，以「藍夢輯」爲題，發表詩作〈小城〉、〈歸去〉、〈夜窗〉於《藍星週刊》第 62 期。

31 日，發表詩作〈献曲〉於《民聲日報》「學生園地」副刊。

9 月　2 日，發表詩作〈夜泊〉於《藍星週刊》第 64 期。

7 日，發表〈懊悔——紫色的花苑之一〉於《民聲日報》「學生園地」副刊。

9 日，發表詩作〈落日〉於《藍星週刊》第 65 期。

10 日，發表詩作〈噴泉之歌〉、〈星座〉、〈酒〉、〈夜禱〉、〈車站上〉於《新新文藝》第 2 卷第 5 期。

14 日，發表詩作〈給〉於《民聲日報》「學生園地」副刊。

16 日，以「藍夢輯（二）」爲題，發表詩作〈禁果——給 S〉、〈圓心〉於《藍星週刊》第 66 期。

21 日，發表〈夢幻曲——紫色的花苑之二〉於《民聲日報》「學生園地」副刊。

23 日，以「藍夢輯（三）」爲題，發表詩作〈紗輪〉於《藍星週刊》第 67 期。

30 日，發表詩作〈錯誤〉、〈幻滅〉於《藍星週刊》第 68

期。

10 月　5 日，發表組詩「秋之歌」：〈楓葉〉、〈西風〉於《民聲日報》「學生園地」副刊。

12 日，發表〈凋後——紫色的花苑之三〉於《民聲日報》「學生園地」副刊。

14 日，發表詩作〈秋夜〉於《藍星週刊》第 70 期。

26 日，發表〈幻影——紫色的花苑之四〉於《民聲日報》「學生園地」副刊。

發表詩作〈雨的抒情〉於《創世紀》第 4 期。

11 月　9 日，發表〈懺悔——紫色的花苑之五〉於《民聲日報》「學生園地」副刊。

16 日，發表〈拾回的心——紫色的花苑之六〉於《民聲日報》「學生園地」副刊。

18 日，發表詩作〈待戰歌〉於《藍星週刊》第 74 期。

12 月　2 日，發表詩作〈虹〉於《藍星週刊》第 76 期。

14 日，發表〈夢晤——紫色的花苑之七〉於《民聲日報》「學生園地」副刊。

16 日，發表詩作〈瀑布〉於《藍星週刊》第 78 期。

30 日，翻譯約翰・梅斯菲爾德（John Masefield）的詩作 "The West Wind" 於《民聲日報》「學生園地」副刊。

本年　發表詩作〈鐘和雕像〉、〈銅像〉、〈窗〉、〈影子〉、〈新年〉、〈魚市〉於《現代詩》第 9 期。

以「青燈集」為題，發表詩作〈噴泉・金魚〉、〈日記〉、〈觸角〉於《現代詩》第 10 期。

以「紅葉輯」為題，發表詩作〈構成〉、〈呼喚〉於《現代詩》第 11 期。

1956 年　1 月　6 日，發表詩作〈瀰和之歌——慶羅暉兄和憶雯姐結婚而

作〉於《藍星週刊》第 81 期。

2 月　1 日，發表詩作〈影〉、〈蜂〉於《現代詩》第 13 期。

10 日，發表詩作〈遇〉於《藍星週刊》第 86 期。

加入紀弦「現代派」的陣容。

3 月　2 日，發表詩作〈囚鷹〉於《藍星週刊》第 89 期。

16 日，以「二弦琴」爲題，發表詩作〈呈獻〉、〈島〉於《藍星週刊》第 91 期。

4 月　13 日，發表組詩「友情的箋葉」：〈給彭捷〉、〈給趙天儀〉、〈致林郊〉、〈寄向明〉、〈告金池〉、〈給蔡淇津〉、〈懷楚風〉、〈贈曉洋〉於《藍星週刊》第 95 期。

27 日，以「三絃琴」爲題，發表詩作〈夜海〉、〈落葉〉、〈海鷗〉於《藍星週刊》第 97 期。

5 月　11 日，發表詩作〈觀仰〉於《藍星週刊》第 99 期。

18 日，發表〈隱藏的奧義——藍星發刊百期紀念有感而作〉於《藍星週刊》第 100 期。

6 月　1 日，發表詩作〈五月花〉於《南北笛》第 7 期。

11 日，發表詩作〈絮花〉於《南北笛》第 8 期。

15 日，發表詩作〈等待〉於《藍星週刊》第 104 期。

21 日，發表〈南北笛書簡——致江萍〉於《南北笛》第 9 期。

29 日，發表組詩「生辰自吟」：〈感恩——給母親〉、〈致生命的黑驢〉於《藍星週刊》第 106 期。

以「暮春綴影」爲題，發表詩作〈鐘鳴了〉、〈湖上〉於《創世紀》第 6 期。

畢業於省立臺中高職高級部。

7 月　1 日，發表詩作〈夕暮之門〉、〈薄暮的旅客〉於《南北笛》第 10 期。

11 日，發表詩作〈聖馬麗亞〉於《南北笛》第 11 期。

13 日，發表組詩「憤怒篇」：〈金絲雀〉、〈可悲的祭獻〉、〈致石像〉於《藍星週刊》第 108 期。

21 日，發表詩作〈愛與血〉於《南北笛》第 12 期。

8 月　　1 日，發表詩作〈祈禱之後〉於《南北笛》第 13 期。

3 日，發表論述〈論詩的想像空間〉於《藍星週刊》第 111 期。

12 日，發表詩作〈子夜歌〉於《南北笛》第 14 期。

任職於臺灣省教育廳衛生教育委員會。

9 月　　2 日，發表〈音樂性和繪畫性——從覃子豪的《海洋詩抄》至《向日葵》〉於《南北笛》第 16 期。

以「秋之心影」爲題，發表詩作〈秋〉、〈神殿之月〉於《創世紀》第 7 期。

10 月　　20 日，以「五月抄」爲題，發表詩作〈黑啦叭〉、〈門環〉於《現代詩》第 15 期。

11 月　　2 日，發表詩作〈蘆葦〉於《藍星週刊》第 123 期。

1957 年　　1 月　　11 日，發表詩作〈妳仍然爲我微笑——給洛利之二〉於《藍星週刊》第 132 期。

18 日，發表詩作〈山與星——給洛利之三〉於《藍星週刊》第 133 期。

25 日，發表詩作〈燈〉於《藍星週刊》第 134 期。

2 月　　1 日，發表詩作〈傘下〉於《今日新詩》第 2 期；發表〈海上〉於《復興文藝》第 3 期。

3 月　　1 日，發表詩作〈給洛利〉於《今日新詩》第 3 期；發表〈評夏菁的詩集《靜靜的林間》〉於《復興文藝》第 4 期。

以「冬的旅次」爲題，發表詩作〈倦臥之冬〉、〈沉重的敲

　　　　　　　　　　音〉、〈落葉〉於《創世紀》第 8 期。

　　　　　5 月　發表詩作〈春〉於《臺大海洋詩刊》創刊號。

　　　　　8 月　20 日，發表詩作〈讓我永遠望著你〉、〈黃昏是如此地空
　　　　　　　　曠〉、〈峰頂〉、〈種子〉、〈唉，又是多雨的春天〉、〈種子〉
　　　　　　　　於《藍星詩選》獅子座號。
　　　　　　　　轉至省立臺中農學院（今國立中興大學）教務處任職。

　　　　12 月　20 日，發表詩作〈孤獨者〉、〈夕暮〉於《現代詩》第 22
　　　　　　　　期。

1958 年　6 月　20 日，發表詩作〈愛的點數——給若子〉於《藍星週
　　　　　　　　刊》第 203 期。

1959 年　3 月　20 日，發表〈對「現代」的看法〉、詩作〈流浪者〉於
　　　　　　　　《現代詩》第 23 期。

　　　　　5 月　詩集《蛾之死》由臺北藍星詩社出版，此為白萩第一本出
　　　　　　　　版作品。

　　　　　9 月　詩作〈構成〉、〈遠方〉、〈夕暮〉、〈噴泉・金魚〉由許常惠
　　　　　　　　譜成現代樂曲《白萩詩四首》，曲譜由國立音樂研究所出
　　　　　　　　版，並於臺北市中山堂舉行演唱發表會。

　　　　10 月　發表詩作〈山〉、〈在露臺上〉於《創世紀》第 13 期。

1960 年　2 月　25 日，發表〈由詩的繪畫性談起〉，並以「邵析文」為筆
　　　　　　　　名發表〈從〈新詩閒話〉到〈新詩餘談〉〉（言曦著）於
　　　　　　　　《創世紀》第 14 期。

　　　　　5 月　發表〈實驗階段〉、詩作〈路——給傳統〉、〈秋〉、〈昨
　　　　　　　　夜〉；翻譯 T.S.艾略特（T. S. Eliot）詩作〈空洞的人〉於
　　　　　　　　《創世紀》第 15 期。

　　　　　本年　自省立臺中農學院離職，轉入秋金家具公司服務學商，因
　　　　　　　　工作繁忙，開始第一次停筆，為時約七年。

1961 年　3 月　加入洛夫、張默、瘂弦主辦之《創世紀》，擔任編輯。

1962 年	4 月	1 日，與陳文理結婚，定居臺北。
	8 月	1 日，以「白萩詩稿」爲題，發表詩作〈妳似一輪明月走過我心的湖底〉、〈夜的枯萎〉、〈縱使〉、〈叩門的手不再來〉、〈不能戰爭的時代〉於《創世紀》第 17 期。

自行創業，於臺北開設現代家具裝潢公司。

長子何聃生出生。

1963 年	11 月	長女何姿叡出生。
1964 年	3 月	16 日，與林亨泰、陳千武、詹冰、趙天儀等人共同發起「笠詩刊社」。
	4 月	1 日，發表詩作〈標本獅〉於《臺灣文藝》第 1 期。
	6 月	15 日，《笠》雙月刊開始發行，陸續爲《笠》詩刊設計多期封面。
	8 月	15 日，發表〈魂兮歸來（一）〉、詩作〈窗〉、〈孤岩〉於《笠》第 2 期。
	10 月	15 日，發表詩作〈昔日的〉於《笠》第 3 期。
	12 月	15 日，發表〈魂兮歸來（二）〉、詩作〈Arm Chair〉於《笠》第 4 期。

發表詩作〈風的薔薇〉於《創世紀》第 21 期。

詩作〈眸〉、〈沉重的敲音〉、〈落葉〉、〈蘆葦〉、〈流浪者〉由許常惠譜成清唱曲《白萩詩五首》，曲譜由臺北製樂小集出版，並於臺北市中山堂舉行演唱發表會。

	本年	退出《創世紀》編委陣容。

次女何姿潔出生。

結束家具公司，舉家從臺北遷至臺南定居。

1965 年	1 月	2 日，出席笠詩刊社舉辦首屆年會，於臺北舉行。

4 日，父親何萬來心臟病發逝世。

	2 月	1 日，發表詩作〈雨夜〉、〈散去的落葉〉於《現代文學》

第 23 期。

3 月　20 日，發表詩作〈冬〉於《詩》第 2 期。

6 月　4 日，以「兩帖」為題，發表詩作〈不知覺的死亡〉、〈晨中的露臺〉於《詩》第 3 期；發表詩作〈妻的肚皮〉；翻譯黑姆・普魯特傑克（Hyam Plutzik）詩作〈方程式〉、〈本身〉於《笠》第 7 期。

8 月　15 日，發表〈超現實主義的檢討（一）〉、詩作〈暴裂肚臟的樹〉；翻譯羅斯克（Theodore Roethke）詩作〈花傾倒〉、〈根的獄窖〉於《笠》第 8 期。

10 月　15 日，發表詩作〈曇花〉；翻譯惹斯弗因・米蕾（Josephine Miles）詩作〈雲雀〉、〈邂逅〉於《笠》第 9 期。

詩集《風的薔薇》由臺北笠詩刊社出版。

1966 年　1 月　20 日，發表詩作〈以白晝死去〉、〈雁〉；翻譯路易治・馬克尼斯（Louis Macneice）詩作〈搖籃曲〉、〈星期日的早晨〉、〈博物館〉、〈早晨的太陽〉於《創世紀》第 23 期。

4 月　發表詩作〈貓〉；翻譯伊莉莎白・比秀（Elizabeth Bishop）詩作〈異教徒〉、〈小練習〉於《笠》第 12 期。

6 月　15 日，發表〈敬重與自重——對兩年來作品合評的一點感想〉、詩作〈轉入夜的城市〉於《笠》第 13 期。

8 月　20 日，發表詩作〈貓〉（五首）於《創世紀》第 25 期。

12 月　15 日，發表〈淵源・流變・展望（上）〉、詩作〈然則〉；與桓夫對談〈詩的基本質素（一）：無繪畫性、無音樂性的詩能存在嗎？〉於《笠》第 16 期。

1967 年　2 月　15 日，發表詩作〈路有千條樹有千根〉；與林宗源、桓夫對談〈詩的基本質素（二）：外部現象與內在精神運作〉於《笠》第 17 期。

	3 月	發表詩作〈盛開的花〉於《南北笛》季刊第 1 期。
	9 月	么女何姿儀出生。
	12 月	15 日，以「出發三響」爲題，發表詩作〈母親〉、〈琴〉、〈歷史〉於《笠》第 22 期。
1968 年	2 月	15 日，發表詩作〈寸土寸金〉於《笠》第 23 期。
	4 月	1 日，發表詩作〈世界的一滴〉於《中國新詩》第 10 期。
		15 日，發表詩作〈養鳥問題〉於《笠》第 24 期。
	6 月	15 日，發表詩作〈天空〉於《笠》第 25 期。
	8 月	15 日，發表詩作〈盛夏〉於《笠》第 26 期。
1969 年	2 月	15 日，以「詩兩首」爲題，發表詩作〈天空〉、〈金絲雀〉於《笠》第 29 期。
	5 月	1 日，發表〈獨輪上的吟者〉於《幼獅文藝》第 185 期之「作家的臉」專題中。
	6 月	15 日，以「即興四首」爲題，發表詩作〈謝謝〉、〈催喚著催喚著〉、〈向日葵〉、〈鳥兒〉於《笠》第 31 期。
		詩集《天空象徵》由臺北田園出版社出版。
	7 月	1 日，發表詩作〈蛾〉、〈胚芽〉於《現代文學》第 38 期。
	12 月	15 日，以「Chansons」爲題，發表詩作〈新美街〉、〈藤蔓〉、〈這有什麼不對？〉、〈公寓女郎〉、〈這是我管不了的事〉、〈單行道〉於《笠》第 34 期。
	本年	受邀擔任第一屆「笠詩獎」評審委員。
1970 年	2 月	1 日，發表〈或大或小——田村隆一詩集讀後〉於《幼獅文藝》第 194 期。
		15 日，發表詩作〈詩〉、〈歲月〉、〈兩河一道〉、〈突然〉、〈對照〉、〈離月末還有二十一年〉、〈早安，該死〉；〈脫光

以後——無日期日記摘抄〉於《笠》第 35 期。

4 月　1 日，發表〈反芻〉於《幼獅文藝》第 196 期。

15 日，以「Chansons」為題，發表詩作〈有時〉、〈排泄物〉、〈漂浮〉、〈煙〉、〈一顆沙粒〉於《笠》第 36 期。

6 月　15 日，發表〈審判自己〉於《笠》第 37 期。

10 月　15 日，發表詩作〈火雞——庭院事〉於《笠》第 39 期。

12 月　15 日，以「塵埃集」為題，發表詩作〈無聲的壁虎〉、〈塵埃〉、〈晨〉、〈雕刻的手〉於《笠》第 40 期。

本年　應邀擔任第一屆「詩宗獎」評審委員。

1971 年　3 月　1 日，發表〈詩的語言——序鄭烱明詩集：《旅途》〉於《幼獅文藝》第 207 期。

以「隨手拈來」為題，發表詩作〈芽〉、〈樹〉、〈半邊〉、〈秋空〉、〈有人〉、〈鷺鷥〉、〈一人〉、〈一線〉於《詩宗》第 4 期。

6 月　1 日，發表〈語言的斷與連〉於《幼獅文藝》第 210 期。

15 日，發表詩作〈SNOWBIRD〉於《笠》第 43 期。

7 月　詩集《白萩詩選》由臺北三民書局出版。

8 月　1 日，發表〈青銅之夢——李朝進繪畫序說〉於《幼獅文藝》第 212 期。

15 日，與李魁賢、杜國清等撰〈跋桓夫〈影子的形象〉〉，刊於《笠》第 44 期。

10 月　15 日，以「Chansons」為題，發表詩作〈苦梨〉、〈蜂族〉、〈無止無盡〉、〈極大至小〉、〈導航〉、〈皮或衣〉、〈醒來〉、〈妳的政治學〉、〈女人〉、〈二重唱〉、〈有時成單〉於《笠》第 45 期。

發表〈語言產生的前後〉於《主流》第 2 期。

12 月　15 日，發表〈復活天空——懷念前輩詩人吳瀛濤先生〉、

〈與宋志揚先生會面記〉於《笠》第 46 期。

1972 年	2 月	舉家從臺南遷回臺中。
	3 月	15 日，發表詩作〈事件〉、〈夜雨〉、〈天天是〉於《現代文學》第 46 期。
	5 月	評論集《現代詩散論》由臺北三民書局出版。
	6 月	15 日，以「南方餘稿」為題，發表詩作〈畫像〉、〈總之〉、〈且向〉、〈唯〉、〈臨照〉於《笠》第 49 期。
		發表詩作〈無題〉於《中外文學》第 1 卷第 1 期。
		於臺中市開設立派美術設計有限公司。
	8 月	詩集《香頌》由臺北笠詩刊社出版。
1973 年	本年	受保羅・安格爾（Paul Engle）邀請至愛荷華國際作家工作室，但因工作繁忙婉拒。
		應邀擔任吳望堯基金會第一屆「中國現代詩獎」評審委員。
		因事業繁忙，開始第二次停筆，至 1981 年 2 月復出詩壇。
1974 年	本年	開設金展室內外設計工程有限公司。
		德文詩集 Feuer auf Taiwan（臺灣之火）由德國 Harlekin-Presse 出版。
1975 年	本年	應巨人出版社之邀，擔任《中國現代文學年選》之編輯委員。
1978 年	6 月	10 日，應邀出席於臺中市文化中心舉辦之「詩的創作與定位——《笠》詩發行 14 週年午座談」，探討臺灣新詩與《笠》的未來走向。
	12 月	15 日，發表〈致林郊〉於《笠》第 88 期。
1981 年	2 月	15 日，發表詩作〈雁的世界及觀察〉於《笠》第 101 期。

4月　1日，發表詩作〈木耳〉於《中外文學》第 9 卷第 11 期。

15 日，以「集物表現論（一）」爲題，發表詩作〈靜物〉、〈北京狗〉、〈從鬧鐘〉於《笠》第 102 期。

5月　25日，發表詩作〈睡〉於《聯合報》副刊。

12月　1 日，應邀出席由臺中市文化中心和中部詩社合辦之「現代詩演講及座談會」，發表演講「詩與人生」。

發表〈亞洲現代詩集的斷想〉於《創世紀》第 57 期。

本年　由美國芝加哥伊雷街書屋舉辦之「雙語朗誦會」，會中由 Phillip Pizzica 和 William Marr 朗誦白萩詩。

應邀擔任《亞洲現代詩集》年刊第 1～6 期編輯委員。

1982 年　1月　15 日，應邀出席由臺中市文化中心於臺北國軍英雄館主辦之「中日韓現代詩人會議」。

5月　1 日，以「線外詩兩首」爲題，發表詩作〈風吹的早晨〉、〈某日‧咖啡店〉於《中外文學》第 10 卷第 12 期。

6月　25日，發表詩作〈風信子〉於《陽光小集》第 9 期。

7月　以「線外詩兩首」爲題，發表詩作〈無題〉、〈煙火〉於《文學界》第 3 期。

8月　15 日，應邀出席於臺中文化中心舉辦之「笠的語言問題」討論會。

10月　榮獲《陽光小集》票選之當代十大詩人。

本年　應邀擔任第四屆「鹽分地帶文藝營」講師，講授「臺灣現代詩 30 年來的演進」課程。

1983 年　1月　發表詩作〈鸚鵡〉於《文學界》第 5 期。

5月　1 日，應邀擔任由笠詩刊社、《自立副刊》舉辦之「藍星‧創世紀‧笠三角討論會」主席，於臺北舉行，由陳明台擔任會議紀錄，刊於《笠》第 115 期。

應邀出席韓國首爾《亞洲現代詩集》編輯會議。

	12 月	18 日，文學界雜誌社主辦「白萩作品討論會」，於臺中市文化中心文英館舉行，與會者有陳千武、林亨泰、鄭烱明、陳明台、李敏勇、苦苓、岩上。
	本年	應邀擔任第五屆「鹽分地帶文藝營」講師，講授「現代詩的欣賞與創作」課程。
1984 年	3 月	詩集《詩廣場》由臺中熱點文化出版公司出版。
	4 月	15 日，發表詩作〈領空〉於《笠》第 120 期。
	10 月	6 日，發表〈致張默〉於《創世紀》第 65 期。
	11 月	3～6 日，應邀出席地球詩社於日本東京舉辦之第一屆「亞洲詩人大會」，並代表臺灣詩人致開會詞。
	12 月	發表〈致辭〉於《笠》第 124 期。
	本年	與書法同好成立「黑白書藝研究會」，擔任會長。
		應邀擔任「中華文藝研習會」講師，講授「現代詩欣賞」課程。
1985 年	2 月	主編《童趣——兒童民族教育精神畫冊》，由臺中臺灣省政府新聞處出版。
	12 月	15 日，發表〈生的哀愁——陳明台《遙遠的鄉愁》讀後〉於《笠》第 130 期。
	本年	詩作〈雕刻的手〉、〈墓草年年綠〉、〈秋空〉、〈鷺鷥〉由 John. S. Balcom 英譯，刊登於 *The Chinese Pen* 冬季號。
1986 年	9 月	15～17 日，應邀參加由韓國現代詩社於韓國首爾舉辦之第一屆「亞洲詩人大會」。
1987 年	2 月	與洛夫、向明、張默等 12 人赴菲律賓訪問一週，期間演講「臺灣新詩的現代精神」。
	8 月	發表詩作〈看日落馬尼拉灣〉、〈訪黎利監獄向黎利敬禮〉於《創世紀》第 71 期。

		詩作〈半邊〉、〈無聲的壁虎〉、〈廣場〉、〈一線〉由 John. S. Balcom 英譯，刊登於 The Chinese Pen 秋季號。
	本年	應邀擔任第十屆「中國時報文學獎」新詩類決審委員。
1988 年	1 月	15～17 日，應邀出席由臺中文化中心主辦之第三屆「亞洲詩人會議」。
	6 月	15 日，發表〈對立觀察與詩的省思〉於《笠》第 145 期。
		18 日，發表〈詩與我的設計工作〉於《中央日報》副刊之「詩人的行業」專題中。
	本年	詩作〈有人〉、〈雕刻的手〉選入《亞洲現代詩集》第 4 集，由日本花神社出版。
		應邀擔任青年寫作協會「文藝鑑賞研習營」講師，講授「詩的音樂性與空間性」課程。
1989 年	6 月	15 日，發表〈自由・民主・容忍・團結〉、詩作〈人民草〉、〈紅螞蟻〉於《笠》第 151 期。
		詩集《風吹才感到樹的存在》由臺北光復書局出版。
	10 月	15 日，發表〈百年熬練——序臺灣精神的崛起〉於《笠》第 153 期。
	本年	應邀擔任第 11 屆「鹽分地帶文藝營」講師，講授「戰後臺灣現代詩的大躍進」課程。
		應邀擔任青年寫作協會舉辦之第二屆「文藝鑑賞研習營」講師，講評余光中詩集《紫荊賦》。
		應邀擔任香港作家聯誼會顧問。
		應邀擔任臺灣省兒童文學協會常務監事。
1990 年	1 月	20 日，應邀出席於臺北市金陵藝術中心舉辦之「現代詩人書藝展」，共展出洛夫、楚戈、無名氏、羊令野、白萩、王灝、侯京諒、沈志方八人作品。

3 月　22 日，發表詩作〈臺灣野百合之歌〉於《中國時報》「人間」副刊之「寫給臺灣的詩」專題中。

詩集《自愛》由臺北笠詩刊社出版。

1991 年　1 月　白萩策劃；張信吉記錄《詩與臺灣現實》，由臺北笠詩刊社出版。

4 月　15 日，發表〈旅次驚聞——懷弔陳秀喜女士〉於《笠》第 162 期。

6 月　詩集《香頌》由臺北石頭出版社再版。

7 月　詩及詩論集《觀測意象》由臺中市立文化中心出版。

本年　應邀擔任臺中市立文化中心主辦之第一屆「週末文藝營」講師，講授「兩句三年得——詩的創作與欣賞」課程。

應邀出席美國加州史丹佛大學「美西夏令營」之臺灣文學研討會，發表論文〈戰後臺灣現代詩與笠詩刊社〉。

應邀擔任「兒童文學創作研究夏令營」講師，講授「成人與兒童的詩意象比較」課程。

應邀擔任第 13 屆「鹽分地帶文藝營」講師，講授「戰後臺灣現代詩的發展」課程。

應邀擔任第 22 屆「吳濁流文學獎」評審委員。

第三次停筆。

1992 年　2 月　12 日，與陳千武、詹冰等人應邀出席黃勁連策劃之「古今詩人吟唱大會」，於南鯤鯓代天府舉行。

15 日，發表〈1992 年吳濁流文學獎新詩獎評選感言〉於《笠》第 167 期。

8 月　由白萩主講；蔡錫耀記錄〈臺灣戰後的現代思潮〉刊於《笠》第 170 期。

9 月　4 日，與向陽擔綱「詩的星期五」第二場活動，朗誦愛情與政治主題詩，包括〈領空〉、〈藤蔓〉等 11 首。

| | 10 月 | 15 日，發表〈在舊金山與紀弦話詩潮〉於《笠》第 171 期。 |

10 月　15 日，發表〈在舊金山與紀弦話詩潮〉於《笠》第 171 期。

本年　應邀擔任第 15 屆「中國時報文學獎」新詩類決審委員。

1993 年　4 月　應邀擔任由臺灣省文復會、教育廳、新聞處主辦，臺灣省兒童文學協會、文學臺灣雜誌社承辦「青年、兒童文學創作研習營」講師，講授「詩的意象與語言」課程。

5 月　9 日，應邀出席文化運動委員會於臺北臺大校友會館舉行之「臺灣筆會座談會」，座談主題為「當前臺灣文學問題——創作、閱讀、出版、研究」。

8 月　29 日，應邀出席現代詩季刊社於臺北舉行 40 周年紀念活動「現代主義：國際與本土——現代詩運的回顧與前瞻」座談會。

由白萩講述；蔡錫耀記錄〈臺灣戰後的現代詩思潮〉刊於《笠》第 170 期。

應邀擔任「笠詩獎」評審委員。

1994 年　2 月　19 日，應邀出席嘉義市立文化中心與臺灣詩學季刊雜誌社合辦之「現代名詩講座」。

8 月　31 日，應邀出席第 15 屆「世界詩人大會」，獲頒美國加州世界文化藝術學院頒發榮譽文學博士。

10 月　23 日，擔任由行政院文化建設委員會委辦，臺灣省兒童文學協會承辦的第四次「新詩童詩作品研討會」主講人，於臺中上智文教研究院舉行，講授主題「詩與意象——我怎樣寫童詩」。

11 月　獲頒榮後文化基金會頒發第四屆「臺灣詩獎」。

1995 年　3 月　25 日，應邀出席由行政院文化建設委員會策劃、文訊雜誌社於臺北佛光山道場主辦之「臺灣現代詩史研討會」，並擔任論文評論人。

	4 月	28 日，應邀出席由彰化師範大學活動中心舉辦「詩學中心的建構與詩學經驗的傳承」座談會。
	8 月	24～28 日，出席笠詩刊社於南投日月潭教師會館舉辦之「95 亞洲詩人會議」。
1996 年	11 月	15 日，獲第 19 屆「吳三連文藝獎」，於臺北國賓飯店舉行頒獎典禮。
	本年	應邀擔任 27 屆「吳濁流文學獎」評審委員。
		應邀擔任臺中市第一屆「大墩文學獎」籌備委員。
1998 年	本年	應邀擔任第 21 屆「鹽分地帶文藝營」專題講師。
		應邀出席第一屆「東亞詩書展」，於韓國漢城展出作品一件。
1999 年	4 月	24 日，獲臺中市第三屆「大墩文學貢獻獎」。
	本年	應邀擔任第 30 屆「吳濁流文學獎」評審委員。
		應邀出席於日本舉行的第二屆「東亞詩書展」，展出作品一件。
2000 年	7 月	「臺灣現代詩人協會」召開成立大會，獲選為第一屆理事長。
	本年	應邀出席由臺中市文化中心主辦之第三屆「東亞詩書展」，展出作品一件。
		獲行政院文化建設委員會頒發「資深文化人」獎牌。
		應邀擔任臺中市第四屆「大墩文學獎」評審委員。
2005 年	2 月	《現代詩散論》由臺北三民書局出版。
2006 年	1 月	7 日，應邀出席由臺灣現代詩人協會於臺中教育大學實驗小學視聽會議中心舉辦之「詩與社會現實」專題研討會。
2008 年	7 月	18～21 日，應邀擔任由吳三連臺灣史料基金會主辦、南鯤鯓代天府管理委員會協辦之第 30 屆「鹽分地帶文藝營」講師，發表專題演講，於南鯤鯓代天府棟槺山莊及鹽

分地帶各鄉鎮巡迴舉行。

獲頒第 30 屆吳三連臺灣史料基金會「臺灣新文學貢獻獎」。

2009 年	7 月	李敏勇編《白萩集》，由臺南國立臺灣文學館出版。
2010 年	12 月	4 日，獲頒第 16 屆「府城文學獎特殊貢獻獎」。
2012 年	9 月	詩集《响頌——白萩詩選》由高雄春暉出版社出版。
	11 月	30 日，詩選集《흩어진 낙엽：대만시인 바이츄시선 100》由首爾바움커뮤니케이션出版。
2013 年	8 月	12 日，文訊雜誌社「文藝雅集活動」之「關懷列車」拜訪白萩，赴高雄探訪白萩，並拍攝影片，於 10 月 7 日雅集當日播放。

參考資料：

・白萩,〈白萩自訂寫作年表〉,《陽光小集》第 9 期, 1982 年 6 月 25 日。

・白萩,〈白萩寫作年表〉,《詩廣場》,臺中：熱點文化出版公司, 1984 年 3 月。

・何聘生編,〈白萩寫作年表〉,《孤岩的存在——白萩作品評論集》,臺中：熱點文化出版公司, 1984 年 12 月。

・白萩,〈白萩寫作年表〉,《風吹才感到樹的存在》,臺北：光復書局, 1989 年 6 月。

・白萩,〈白萩寫作及文學活動年表〉,《觀測意象》,臺中：臺中市立文化中心, 1991 年 7 月。

・蔡哲仁,《白萩的詩與詩論》,成功大學臺灣文學研究所碩士論文, 2004 年 6 月。

・李敏勇編,〈白萩寫作生平簡表〉,《白萩集》,臺南：國立臺灣文學館, 2009 年 7 月。

輯三◎
研究綜述

白萩研究資料彙編綜述

◎林淇瀁

一、白萩文學概述

　　詩人李魁賢在〈七面鳥的變奏──白萩論〉一文中以「七面鳥」（火雞）形容白萩「是一位能夠展現多樣的面貌，並且在每一次的轉變中，都能留下令人矚目的典型作品的詩人」；陳芳明年輕時論白萩則以「雁的白萩」來肯定他在語言的革命上「具有一種不懈的雁的精神」──無論是七面鳥或雁，都指出了白萩的詩語言的多變和飛躍性。白萩的詩從來不是停滯的，在不同的時空中，他總是能夠適時改變他的話語，一如他自己所說對於語言「給予警覺的凝視和解剖」，他在詩集《天空象徵》〈自語〉中這樣說：

> 我們需要檢討我們的語言。對於我們所賴以思考賴以表達的語言，需給予警覺的凝視和解剖，我們需要以各種方法去扭曲、錘打、拉長、壓擠、碾碎我們的語言，試試我們所賴以思考賴以表達的語言，能承受到何種程度。

　　這種語言的多方試驗，使得白萩成為一個不斷跨越語言藩籬的詩人，他從年輕時的浪漫主義到其後的現代主義、存在主義，又從新即物主義、表現主義到現實主義，在語言和形式上不斷嘗試超越。語言對白萩來說，不只是語言自身，也是一種符號；但又不只是一種符號，也是一種存在的

指涉，其中有著他與生命對話、辯難的意圖。

　　他 17 歲時（1955 年）以〈羅盤〉一詩獲得中國文藝協會新詩獎，就已展現他要「握一個宇宙，握一顆星，在這寂寞的海上」破浪前進，開拓新處女地的雄心；這個階段，他獲賞識於覃子豪、紀弦，在《藍星週刊》發表詩作，加入「現代派」，其後又應創世紀詩社之邀，擔任《創世紀》編委，1964 年再與詩人林亨泰創辦笠詩社。他的「血緣」複雜，與四詩社皆有因緣，但又獨樹一格，自成一家，這都與他在詩語言上不斷破浪前進，不被僵硬的「主義」綑綁有關。一如他自己所說「我絕不在一個定點安置自己，我的歷程就是我的目的」；「語言的力量產生在語言找到新的關聯時才迸發出來，……操作語言尋找新關聯的能力，便是詩人能力的指數」。

　　他的第一本詩集《蛾之死》（1959 年）就宣告了這樣不惜殺死「昨日那個我」的跨越與前進。《蛾之死》前半部分是他出發之際充滿雄心的浪漫主義詩作，後半部分卻一轉為極具實驗性的圖象詩作，其中〈蛾之死〉被林亨泰譽為現代詩「各種技巧的集大成」，〈流浪者〉更是以圖象式的排列方式，讓語言成為圖象符號，做為被看見、被感應的「像素」而存在。語言的符徵在這首圖象詩中失去了它原來指示的作用，語言被排列成「像素」，且被集中為「圖象」，因而才顯出詩的符旨。這就可見白萩早年顛覆語言的卓絕能力了。

　　六年後，他的第二本詩集《風的薔薇》（1965 年）出版，圖象之外，語言的節奏和旋律也成為他測試的對象，他以類疊、複沓的語詞測試語言的音域，又結合圖象，表現了繪畫、音樂和建築在語言形式的多種可能，如〈昨夜〉這首詩：

昨夜來去的那一個人，昨夜
述說著秋風的淒苦的
那一個人，昨夜
以水波中的
月光向我
微笑的
那人
以落葉
的腳步走過
我心裡的那一個人
昨夜用貓的溫暖給我愉快的
那人
唉，昨夜來去的那一個人，昨夜
的雲，昨夜來去的那一個人。

　　交互類疊，產生音節錯落的旋律和節奏；由「那一個人」到「那人」，則在微妙、細緻的語詞變化下，生出大珠小珠落玉盤的節奏效果；從繪畫性和建築性看，詩以長短不一的句式，堆疊出「橋」的具體造型，也暗示那人與我昨夜「來去」的溝通和交流。這是第二階段白萩在語言上的實驗。

　　到了第三個階段，白萩又試圖以簡語和日常語改造詩的語言。在第三本詩集《天空象徵》（1969 年）中，他開始朝向現實主義的詩路發展，其中「阿火世界」一輯，一改先前白萩詩作的前衛性與現代性，用相當簡化的日常生活語言刺探詩的可能張力，因而引起議論，陳芳明在〈雁的白萩〉中就認為「如果要把白萩的創作歷程畫出一條曲線，『阿火世界』恐怕是位於曲線的最低處」；相對地，林燿德從語言的層次看「阿火世界」卻認為具有「重大意義」：「白萩率先將生活化的粗俚語言置放在詩的結構裡，對於 1970 年代的『草根意識』而言，可說是一種前驅的預告」。

　　在這裡，顯然白萩的語言試驗對評論者也造成一種挑釁／挑戰。以〈天空〉一詩為例：

　　阿火讀著天空

一株稻草般的
在他的土地

「放田水啊」
天空寫著
砲花
戰鬥機

一株稻草的阿火
在風裡搖頭：
「天空不是老爹
天空已不是老爹」

　　這首詩採取最直截、最通俗的語言，寫農夫阿火面對「天空寫著／砲花／戰鬥機」，導致無法耕作的無奈與控訴（天空不是老爹／天空已不是老爹）。全詩簡單直白，從習慣現代主義語言的角度看，的確與分行散文無異，習慣白萩現代主義時期詩作的讀者，自然難以接受他在語言上有如此巨大的落差；然則，從現實主義的角度看，這首詩正是要透過農夫的用語，才能表現農人最素樸的、對於戰事頻仍、蒼天不仁的控訴，如果習用象徵語言或現代主義表現方式，反而無法凸顯詩中所要表達的憫農心情和反戰意旨。

　　白萩的這種語言的跨越，顯然是有意為之的。收在《天空象徵》書後的〈自語〉就強調：「我們要求每一個形象都能負載我們的思想，否則不惜予以丟棄，甚且從詩中驅逐一切形容，而以赤裸裸的面目逼視你。」這句話，可以做為「阿火世界」的註腳；這句話，也提早宣告了現實主義、鄉土文學的即將到來。這是白萩在語言與現實交逼之間的敏銳之處。

　　收在這本詩集的另一首名詩〈雁〉，同樣表現了敏銳的現實性。〈雁〉觸及的是歷史的議題，「祖先飛過的天空。／廣大虛無如一句不變的叮

嚀」，是命定的傳承；「仍然活著。仍然要飛行」是不得不背負的使命，這是明知其不可爲而又不能不爲之的飛行。在白萩的心中，「雁」不只是雁，而是臺灣人的隱喩，雁的悲哀，是生爲臺灣人的悲哀。蕭蕭曾舉美麗島事件後白萩另詩〈雁的世界及觀察〉，說該詩中的雁「象徵著臺灣人前仆後繼爲爭取民主自由而努力的形象」，確屬洞見。白萩以「雁」做爲主要意象，而不像一般現實主義詩人那樣直接進行控訴，有他詩美學的堅持。從某個角度來看，他年輕時的現代主義語言信仰，使他在關注社會現實的同時，仍然護持現代主義的某些話語慣習。他的詩，是現代主義和現實主義對話的結果，他對外部現象和內在精神同時給予強烈的關注。詩人葉笛在〈孤岩的存在〉一文中，就說白萩是「矢志要擊破已存在的美，創造新的美的，少數任何事都被允許的詩人之一」，說他「在自我覺醒的一貫精神上，追求幻化無窮的現實世界的本象，以及內在精神的變貌」。

　　到了詩集《香頌》（1972 年），白萩的語言再一次有了新的變化，他將性愛置入詩中，陳千武分析收入詩集中的性愛詩，指出白萩的這些詩作具有「思考的語言之斷與連的奧妙」，是一種超現實的表現技巧；在寫作《香頌》的同時，他也進行另一本詩集《詩廣場》（1984 年）的書寫，《詩廣場》收的多是社會與政治批判的詩作，運用了典型的現實主義手法——兩書出版時間雖有 12 年之距，卻寫作於同一時期，這說明了白萩做爲一個語言魔術師的能量。不過，到了此際，他的詩創作已到尾聲，後出的《風吹才感到樹的存在》（1989 年）、《自愛》（1990 年）、《响頌——白萩詩選》（2012 年）是梁景峰德譯選集，《觀測意象》（1991 年）是詩與評論合集，另有李敏勇編《白萩集》（2009 年）。

　　1991 年出版的《觀測意象》可看做是白萩第四階段的作品，扣除評論舊作，詩作僅得 19 首，這個階段白萩已不再如中壯時進行語言實驗，而是以現實主義的思維對於中國六四天安門事件（〈無名勇者歌讚〉、〈人民草〉、〈紅螞蟻〉）、臺灣美麗島事件（〈雁的世界及觀察〉）提出他的批判。

　　白萩自 1952 年開始創作，一如前述，他的語言多變，詩風也跟著改

變。整體來看，他的詩具有現代主義的理性思維，也具有現實主義的批判力道。從早年致力新詩繪畫性、音樂性與思想性的實驗，到後期使用素樸語言，對政治與社會提出針砭與批判，這讓他的詩展現了多樣的風貌，有論者認為他是徹頭徹尾的現代主義者，也有論者強調他是具有現實主義精神的詩人。他到底是一個怎樣的詩人？1996 年白萩以詩藝成就獲吳三連文藝獎，評定書的評語或許可以回答這個問題：

> 做為一個現代詩人，他的創作，是銳利凸出的；做為一個現代詩評論家，他的評論，是中肯傑出的。在詩的語言的飛躍性上，斷與連並重，剛與柔並融。
> 他嘗說他融合了表現主義，新即物主義及象徵主義的方法論。他把握緊根鄉土，凝視現實，創造屬於自己獨特的風格。在臺灣現代詩壇上，自成一家，在現代詩的創作上，有其積極的貢獻。

二、白萩文學研究概述

關於白萩文學的研究資料，大約可以分為三大類：

第一類是研究白萩文學的專書專著，截至目前為止，計有作品評論集一部、專書一部、碩論二部。評論集係由白萩公子何聃生所編的《孤岩的存在——白萩作品評論集》（臺中：熱點文化出版公司，1984 年），結集1966 年至 1983 年間有關白萩作品的評論文章，全書分「總論」（收 13篇）、「詩集評論」（收 13 篇）、「詩篇評論」（收 17 篇）與「附錄」（收 3篇），是了解白萩文學世界的入門書。

專書一本，係成功大學臺灣文學系蔡哲仁碩論（呂興昌指導）修訂出版的《白萩的詩與理論》（臺南：臺南市立圖書館，2007 年），本書自白萩的詩與詩論切入，探討白萩文學觀念與現代詩書寫，並與其詩論相互參照。另一本係高雄師範大學國文學系回流中文碩士班蘇培穎碩論〈白萩詩

研究〉（江聰平指導，2006 年），本文以白萩的詩及詩論爲本，探究其創作歷程、詩學理論以及詩作主題、藝術手法、風格特色。

以白萩的詩藝及其在臺灣現代詩史上的位置而言，只有一本評論集、一本專書、兩篇碩論，博論闕如，研究顯然不足，仍有強化空間。

第二類是有關白萩生平資料篇目。下又可分爲「自述」、「他述」、「訪談」、「年表」四類。白萩自述部分收 19 筆，扣除重複者有 12 筆，多爲詩集序和後記，其中有關詩論部分，可以印證白萩詩作；他述部分多爲選集小傳、簡評、簡介或剪報報導；訪談對談部分，較能完整傳達白萩詩觀、生命觀與書寫生活者，有鄭烱明，李敏勇〈白萩，久違了！——訪不斷自我超越的詩人白萩〉、張雪映，林廣〈不懈的實驗精神——白萩訪問記〉、林燿德〈前衛精神與草根意識——與白萩對話〉、岩上〈雁的飛行——詩人白萩訪問記〉等；年表部分，有白萩〈白萩自訂寫作年表〉、白萩〈白萩寫作年表〉、何聃生編〈白萩寫作年表〉、岩上編〈白萩（寫作年表）〉、蔡哲仁編〈白萩生平、寫作及文學活動年表（初稿）〉、蘇培穎編〈白萩寫作及文學活動年表〉、李敏勇編〈白萩寫作生平年表〉等可參。

第三類是白萩作品評論篇目，又分爲「綜論」、「分論」兩類。其性質則可細分爲介紹、評析和論述三種，從一般性的白萩生平介紹、作品評析到學術期刊、研究論文，基本上大多集中於白萩的人及其詩藝部分，此處不細說，請詳下節。

三、關於白萩研究資料彙編

白萩研究相較於同年代出發之詩人並不爲多，余光中、洛夫、鄭愁予、周夢蝶等均有多本評論集出版、多場或大或小的學術研討會召開，白萩則只有一本評論集出版，並無以他爲研討對象之學術研討會，早慧的他早在年輕時就成名，也多次入選十大詩人之列，但他和商禽一樣，特重語言，繁複多姿，具有前衛性；加以中年之後，創作日稀，又身處南方，位居邊陲，也使他和商禽一樣，較少受到學界和論者的關注。

　　本彙編根據現有已蒐集之研究資料，從中選取相關文章、論述與研究計18篇。選取的原則，在文學生涯部分，有作家自述以及口述訪談，除了白萩自述詩觀一篇、自撰評論一篇之外，訪談選林燿德訪談白萩之作，合計3篇；另選6篇評論，係白萩笠詩社老友葉笛、陳千武、趙天儀、李魁賢等人，及《創世紀》張默所撰白萩詩生活的觀察，雖非嚴謹的學術論文，但他們與白萩半生同為詩友，所見所論，自有重要參考價值。評論部分，有陳芳明、柯慶明、蕭蕭、金尚浩、蔡哲仁、顧蕙倩、張芬齡、李元貞等8家之論9篇，各篇切入角度、視角各有不同，應足可相互詮解。

（一）白萩〈人本的奠基〉（作家自述）。

（二）白萩〈由詩的繪畫性談起〉（作家自述）。

（三）林燿德〈前衛精神與草根意識——與白萩對話〉（訪談紀錄）。

（四）葉笛〈白萩論〉（他述）。

（五）李魁賢〈七面鳥的變奏——白萩論〉（他述）。

（六）趙天儀〈不斷地超越的變數——論白萩的詩〉（他述）。

（七）趙天儀〈白萩論——試論白萩的詩與詩論〉（他述）。

（八）陳千武〈白萩詩的性愛〉（他述）。

（九）張默〈站著，一枝入土的樁釘——白萩的詩生活〉（他述）。

（十）柯慶明〈防風林與絲杉——論林亨泰與白萩詩中的臺灣意象〉（綜論）。

（十一）陳芳明〈雁的白萩〉（綜論）。

（十二）陳芳明〈人間白萩〉（綜論）。

（十三）李元貞〈論白萩《天空象徵》裡的「雁」〉（作品分論）。

（十四）蕭蕭〈閉鎖式的現代主義——白萩與臺灣的焦急〉（綜論）。

（十五）蔡哲仁〈一株流浪的絲杉——白萩在追尋與釘根間的辯證〉（綜論）。

（十六）顧蕙倩〈白萩詩的抗拒思想〉（綜論）。

（十七）金尚浩〈卓越的想像力，嶄新的語言——論白萩的詩〉（綜論）。

（十八）張芬齡〈論白萩的詩〉（綜論）。

　　白萩的〈人本的奠基〉是詩集《風的薔薇》（臺北：笠詩刊社，1965年）〈代序〉，其後收入評論集《現代詩散論》（臺北：三民書局，1977年），這是白萩早期詩觀的綜合，他從艾略特〈傳統和個人的才具〉一文談起，反對將傳統與個人才具（個性）截然兩分的二元論，強調做為詩人「我並不需選擇與犧牲，我不需選擇要一塊磨石或一塊寶石，我所需要的是將寶石迎向磨石的磨擦。」又說「個人的才具必須吸收傳統而見充實；必須接受傳統的砥礪才見光輝。沒有傳統的吸收與砥礪，才具是非常單薄，短暫，沒有依靠。才具必須投入傳統中鍛鍊，一面接受一面反抗，接受得越多，所付出堅忍困苦的反抗力也必然越多，只有在越多的情況下，詩人的創造越具深厚，心靈越見成熟。」此時的白萩 28 歲，他的詩觀已經成熟，他認為藝術必須以人為本，以個性為基調，情緒為契機，反對乾燥、無味的詩。白萩的詩作多變，不斷在語言試驗之中追索個性，就來自這樣的詩觀。

　　白萩的〈由詩的繪畫性談起〉同樣收入他的《現代詩散論》，這是一篇為圖象詩辯誣之作，他認為圖象詩具有的繪畫性並非恣意而為，而是為了傳達詩的意義而使用，「圖象詩的特性，在混合著『讀』與『看』的經驗，它利用了你的『腦筋』，並且也利用了你的『眼睛』。它使以往千百一律的形式的面孔成為表現它本身獨特的形式，就如那件事物的本身站在那兒向你逼視」。白萩並以他的詩〈流浪者〉、〈蛾之死〉為例，強調「圖示」的意義所在，結論則以混合「聽」（音樂性）和「看」（繪畫性）於一詩之中，更能構成美學的整體。這樣的想法後來也在他的詩中落實了（如〈昨夜〉）。

　　訪談部分，林燿德〈前衛精神與草根意識──與白萩對話〉，原來收錄於《觀念對話──當代詩言談錄》（臺北：漢光文化公司，1989 年），這篇訪問進行時，白萩已停筆多年，因此看成是白萩對其寫作生涯的總回顧，特別又集中於對「現代主義」和「現實主義」在當年兩元分立的討論上，

白萩反對將兩者互相對立，他認為「現代」是「時點」，「鄉土」是「地點」，「詩人對兩者都應把握」，這篇訪談的標題「前衛精神」和「草根意識」就凸顯了白萩融合兩者於一的看法。這樣的看法，放到前述音樂性和繪畫的爭辯、傳統和個性的猶疑中來看，白萩都傾向於矛盾中整合，他的詩，是在這樣的詩觀之中完成。

　　與白萩同為笠詩社成員的詩人又如何看待白萩的詩觀、詩作與美學觀？葉笛的〈白萩論〉發表於 1969 年的《笠》第 32 期，談的是白萩的第三本詩集《天空象徵》，他看到了白萩在語言上的實驗和不斷的變，也指出這本詩集的主題是「生」與「死」──現代人的存在問題。這是用當時流行的存在主義談白萩詩作內在性的論點；同一期的《笠》，李魁賢的〈七面鳥的變奏──白萩論〉則從白萩的創作歷程分析其變化軌跡；趙天儀收入兩篇，〈不斷地超越的變數──論白萩的詩〉以及〈白萩論──試論白萩的詩與詩論〉，前者發表於 1984 年 9 月《臺灣詩季刊》第 6 期，以白萩的詩觀檢證其詩作，指出他在語言上不斷自我超越的特質；後者係在 1991 年文訊主辦臺灣地區區域文學會議中發表，以白萩的創作觀、人生觀、語言觀對照詩作，指出其詩論是以語言觀為中心建立起來的方法論；陳千武的〈白萩詩的性愛〉最早發表在《文學界》第 9 期（1984 年 2 月），這篇評論以白萩詩集《香頌》為核心，探討白萩如何以性愛入詩而又能表現「思考的語言」的奧妙。創世紀詩人張默的〈站著，一枝入土的樁釘──白萩的詩生活〉發表於 1996 年 6 月出版的《聯合文學》第 140 期，提供了有關白萩詩生活的見證，指出白萩詩作的叛逆性和現實性，說他是「卓爾不群，力求創新突破的健者」。在這些與白萩同時出發的詩人眼中，總的來說，他們看到的是一個不斷變換語言跑道的跑者的多變身姿，以及不斷跨出的矯健步伐。

　　從研究者的角度看，則有不一樣的解讀。柯慶明〈防風林與絲杉──論林亨泰與白萩詩中的臺灣意象〉以「臺灣意象」聚焦，比較林亨泰與白萩詩中的本土認同，以及兩人一賦（見者之言）一興（感者之思），透過詩

作呈現出來的臺灣圖象。他指出兩位詩人對臺灣地理景觀，歷史處境，與社會生活均有詩作可證，「不僅在他們的本土認同中反映了臺灣的自然與社會的種種風貌，也達到了個人心靈最爲幽微，精神最爲高明的境域，因而當他們爲臺灣發聲之際，他們充分顯現了臺灣自省自反的良知，確實無愧爲本土的重要詩人。」這篇論述的創見在於脫出向來以現代主議論林亨泰、白萩的窠臼，而能直探本源，從詩作文本去析論兩詩人的內在視域。

相對的，陳芳明寫於 1971 年的評論〈雁的白萩〉和寫於 1996 年的〈人間白萩〉就有不同的詮解。〈雁的白萩〉以《天空象徵》爲對象，參照白萩詩論，評論其語言使用，認爲集中第一輯仍殘留早期的影子，第二輯「阿火世界」卻「既找不到詩素，也找不到可供探測的內容」，第三輯所用的語言則具有承先啓後的過渡色彩。整體來看，當時的陳芳明對於《天空象徵》評價並不高；在後作〈人間白萩〉一文中，陳芳明賦予《天空象徵》新的評價，認爲此詩集有「豐饒想像力」、「語言使用上刷亮了讀者的眼睛」，「在臺灣詩史開啓了厚重的閘門」，「阿火世界」是白萩擺脫文學主流，轉向邊緣，「比任何作家還更早覺悟臺灣主體的重要性」。此一評價的差異並非陳芳明的問題，而是美學觀點的差異，從現代主義美學看，和從現實主義美學看，評價自有不同。陳芳明評價白萩在臺灣文學史的定位，說他是在抒情傳統之外另闢蹊徑的知性詩人，是朝向邊緣文化營造主體的本土詩人，允爲對白萩詩藝最爲洞澈的論見。

李元貞發表於《龍族詩刊》評論專號（1973 年）的〈論白萩《天空象徵》裡的「雁」〉，雖然只以〈雁〉爲題目，實際上論及《天空象徵》中的主要作品，她指出詩集中的「阿火世界」和「天空與鳥」係以「對生存世界的控訴和抗議」爲重要主題，與〈雁〉一樣，都表現了「人類無法摒除的焦慮」，但也展現了抵抗的力量。

談到焦慮，蕭蕭的〈閉鎖式的現代主義——白萩與臺灣的焦急〉可與李元貞的說法呼應，也可與柯慶明、陳芳明的不同論點相互參照、對話。蕭蕭以「閉鎖式的現代主義」論白萩，以「焦急」（"anxiety"）驗證白萩詩

作中的焦慮也是臺灣島的焦慮，認為白萩「以詩論詩，穩穩站在臺灣現代主義最堅定、最明亮的位置」。

　　蔡哲仁〈一株流浪的絲杉——白萩在追尋與釘根間的辯證〉與蕭蕭也形成對照式的論辯。蔡哲仁以詩論史，指出白萩詩作從〈羅盤〉、〈流浪者〉、〈雁〉到〈雁的世界及觀察〉代表白萩的四個階段，呈現他從個人到族群、從浪漫到現實的追尋。而「追尋」與「釘根」兩大主題的相互矛盾和相互調適，即是白萩詩文學的主調。

　　從批判的向度論，顧蕙倩〈白萩詩的抗拒思想〉也可視為另一種對話。顧蕙倩從權力宰制論述出發，比對白萩詩作中的批判意圖／義涵，指出白萩不同時期的詩語言、風格儘管多變，但都存在著一股抗拒思想，一是對命運的嘲諷，二是對現實世界的控訴，三是對人類存在的抵抗。

　　韓國籍學者金尚浩的〈卓越的想像力，嶄新的語言——論白萩的詩〉一文以白萩的詩路歷程，分為四期，逐一探照白萩從現代主義到現實主義，從個人主義的浪漫到關懷鄉土與現實的批判，有助於讀者對白萩創作歷程的全面理解。

　　最後，是張芬齡以「趙夢娜」筆名發表於 1978 年 10 月《大地文學》創刊號的〈論白萩的詩〉。這篇評論以《白萩詩選》（臺北：三民書局，1971 年）為根據，透過實際的詩文本進行分析、詮解，最後指出「白萩的詩世界是善感的，對現狀不滿的陰影也有意無意漂浮其上」，而心中尋求純淨白色的理想則推使他對黑暗現實「轉生對抗的態度」，衝突因此而生，使白萩沉浮其間、掙扎其間。最後則指出白萩的詩在精神狀態上建築於三大架構：外在世界和人類世界的協調或衝突，生與死的問題，以及人類世界的有限和孤獨。

四、結語

　　綜上所述，白萩的確是多變的詩人，他的多變，表現在詩語言之上，也表現在詩題材之上。從形式上看，他是一位「永遠的現代主義者」；從題

材上看，他又是反映邊陲文化與社會的現實主義者。對照他寫作的時空，主要都在 1950 至 1980 年代的臺灣，一如他所說，他無法脫離「時點」和「地點」而成為一個純粹的詩人，在這將近 40 年的時間中，臺灣處於戒嚴威權年代，從白色恐怖統治到逐漸鬆綁，他的詩論和詩作實則也回應了不同的時期，現代主義、超現實主義、存在主義、現實主義以及 1980 年代後形成的後現代主義，都曾衝擊他的詩主張（部分隱藏詩作文本中）；他採用語言來面對這些變化的外在環境，而同時又企圖以今日之我推翻昨日之我，於是在他的詩路歷程中，產生了各種「變異」（詩體、語言、風格），映照他的人生行路，忠實地表現了他的思想、情感（有時則是情緒），他的昂揚、消極、悲傷、絕望，以及他的焦慮、憤怒、抵抗與批判。

　　這就是白萩，一隻有個性的雁，「繼續懸空在無際涯的中間孤獨如風中的一葉」，他的作品，表現他特立獨行、不與人同的個性，一如他在〈人本的奠基〉中所說：

> 藝術品所表達的內容，是經由個性的選擇所盛出來的，也即：藝術品是由藝術家以他的個性的瓶所盛出來的裡面的那個東西。並非那個東西來決定那個瓶。我們確信：莎士比亞的藝術的特質，只有由莎士比亞這個身上才能創造出來，絕不可能由但丁或歌德的身上創造出來，不同的瓶盛出不同的內容；不同的個性造成不同的藝術！

　　這個主義那個主義、這個詩社那個詩社，未必能拘限白萩的詩及其內在的心靈世界。他是一座「孤岩」，因海潮的強弱而有外觀的變化，但終究還是一座孤岩。

輯四◎
重要評論文章選刊

人本的奠基

◎白萩

一

　　艾略特（T. S. Eliot）的「觸媒作用」，並沒有爲自己的創作提供了圓滿的詮釋，也沒有替他所代表的世紀初的那個集團，留下沒有破綻的辯護。做爲詩的發生過程，所謂「觸媒作用」是一個很不錯的比喻說明：「心靈活動是白金絲，情緒和感覺是氧氣與二氧化硫，觸媒而成硫酸，即詩」。但艾略特用來強調個性的泯除、情緒的逃避和傳統意識之間的關係上，顯示了不當的引用。世紀初的對於詩的革命，在於厭惡誇張、虛僞的浪漫情緒，而轉向古典的知性的崇拜上。在我看來，這也是同樣的屬於要了父親，而遺棄了母親一樣地愚蠢。

　　二元觀點在人類的腦中拔除不去，常使人類的思考難以明晰中正。固然知覺所代表的含意與優點，我們沒有一句異議之辭，但是詩人對事物的精神運作，如果只止於知覺的階段，那絕無激發詩的可能性，詩不存於知覺，只有觸動情緒的根絃，引發感動才成爲寫詩的契機。莫爾（Moore）說：「興奮成爲動機，而自己的防衛意識則形成了形式」，這是相類似的說法，但是她與艾略特一樣的陷入二元的泥沼，既不可否認情緒，而又痛惡情緒讚美知性，形成取捨態度的偏頗。

　　詩不存在於知覺，情緒亦只是詩的動機，只有由情緒出發，通過知覺，進入意象的狀態中，我們才能窺見詩的面貌。那麼，詩既是經由情緒的引發而來的，所謂完全逃避情緒，只是艾略特在理論的觀點上，一種刻

意的強調罷了。現代主義的作品中反而具有濃厚的浪漫精神，形成對自己本身的諷刺，艾略特稱爲：「不得已的浪漫精神（Enforced Romantic）」實在有脫不掉尾巴的痛苦吧？！

　　所以只有白金絲和二氧化硫，要成爲硫酸是談不到的，要在硫酸中，否認氧的作用也是不可能的。

二

　　對於傳統的體認必須泯除個性的這一個衝突的意識，控制了世紀初以來創作的理念，自從艾略特爲文以後，人們被逼迫在必須選擇的境地。在心靈與熱情之間，前者必須超越後者。他說：「他的藝術修養到家，二者之間的分別愈爲明白。熱情是他的創作的素材，但是詩人的藝術修養愈高，他愈能完滿的消化並超越他的熱情。」、「觸媒作用必須在有白金絲存在的場合才會發生；然而在新組成的硫酸裡面並不含有白金絲的成分，而且白金本身也顯然並未受到絲毫影響：它仍然是靜止的，中性的，毫不起變化的那麼一條。」、「成熟的詩人的心靈和未成熟的詩人的心靈之間的關係的不同，並非二者在『個性』上有何不同[1]。」而在詩人的心靈，也即歷史意識，傳統認識的差別，所以二者相較，詩人應該抹殺個性。

　　艾略特的結論，依我詳細的推敲，是建立在對浪漫情緒的他個人的厭惡的情緒點上，依靠比喻來推論他底觀點的可靠性，以學識的敘說來掩飾個人的情緒，但是他的推論實行在比喻上，而非在被比喻的那個本題上，我要這樣反問：不錯，觸媒作用必須在有白金絲存在的場合才會發生，但沒有氧和二氧化硫，白金絲又有何用？或許也可以故意這樣強調說：觸媒作用必須在有氧和二氧化硫的場合才會發生。我懷疑：「而且白金本身也顯然並未受到絲毫的影響，它仍然是靜止的，中性的，毫不起變化的那麼一

---

[1]見艾略特的〈傳統和個人的才具〉一文（"Tradition and the Individual Talent"）。在臺灣有夏濟安和鄭秀陶的譯文。夏文在《美國文學批評選》（香港：今日世界社，1961 年 1 月）中，鄭文在《創世紀》第 14 期上。

條。」這個英雄氣味的化學現象正應合了他所借比喻的那一點情緒吧？

　　我絕大的不滿，並不在於傳統和個性有何不妥，而在必須有選擇這一點上，以及他所選擇所犧牲的這一點上。在我認為：所謂傳統，在創作時毋寧是對詩人個人才具的砥礪吧！讓我也打一個比方：傳統是一塊磨石，個人的才具是一塊待琢的寶石，二者相磨擦所迸出的火花就是詩。我所要闡明的是：我並不需選擇與犧牲，我不需選擇要一塊磨石或一塊寶石，我所需要的是將寶石迎向磨石的磨擦。

　　在一個沒有一點文明的原始人的身上，他所表達心裡的感動的方法，或許是「啊啊」之類的情緒的語言吧？他所能寫出的詩，恐怕也只有這「啊啊」之聲吧？因為他沒有一點傳統可以依持；在一個不成熟的詩人，他所接受的傳統是那麼稀少，也即他可依憑的是那麼稀少，必然的他只能將情緒沒有經過太多的隔濾便傾瀉出來，傳統在這一點上顯現了它的價值。這正如一個學者和一個非學者，在一個事物的基本感受和判斷有什麼太大的差別，而在於一個學者可依持他的學習背景，也即傳統的體認，來做他的推理、建構、及說服工作，傳統給他力量，給他成為學者的有價值的力量。

　　但是傳統如果不進入人的心靈，充沛在心靈是沒有價值的，它只是形同古董陳列在博物館，靜靜的立在對面與你沒有關聯；如果只停留在心靈，而未作用於對個性的砥礪，也顯現不出什麼價值來，在一個沒有強烈個性的心靈，他的表達，只是一種打模工作，從傳統接受了什麼，而照樣印出去什麼，你可以從前代的傳統中找到這個印跡，甚至從一千多年前的傳統找到這個印跡，使你厭惡這種無用的浪費。

　　個人的才具必須吸收傳統而見充實；必須接受傳統的砥礪才見光輝。沒有傳統的吸收與砥礪，才具是非常單薄，短暫，沒有依靠。才具必須投入傳統中鍛鍊，一面接受一面反抗，接受得越多，所付出堅忍困苦的反抗力也必然越多，只有在越多的情況下，詩人的創造越具深厚，心靈越見成熟。

　　傳統有如砒霜的特性，兼具著良藥與毒藥雙重性質，一個沉淪在傳統而沒有超越的反抗的心靈，它的創造力必被毒殺無餘。只有反抗力超越了吸收，我們才見創造的起點。

　　但是爲了保持個性，而規避傳統，想獲有一個成熟的心靈是不可能的，只有在不斷地接受不斷地反抗中，才能促進心靈的成熟。更廣博的傳統的吸收，只是爲了更大的砥礪。才具的光輝是由砥礪而來的，要更大的砥礪只有接受更多的傳統。

　　可是兩者相較，在藝術品之內，個性是一個潛伏的基調，它貫串在遣詞、組句、排列、前後的秩序、意象、韻律、思想之間，由其間所呈露的特意的安排，表現了他個人的藝術，我們必須確信：藝術品所表達的內容，是經由個性的選擇所盛出來的，也即：藝術品是由藝術家以他的個性的瓶所盛出來的裡面的那個東西。並非那個東西來決定那個瓶[2]。我們確信：莎士比亞的藝術的特質，只有由莎士比亞這個身上才能創造出來，絕不可能由但丁或歌德的身上創造出來，不同的瓶盛出不同的內容；不同的個性造成不同的藝術！

　　我們可預言：傳統無論將來累積至何種程度，它未進入人類的心靈，它永遠只是僵亡，絕無可能自我生活，在人類的心靈而沒有爲個性所磨擦，它所能提供的只是可厭的重複，只有經由不同的個性所磨擦所超越，它才能擴充它的內容。更廣博的傳統只是提供更大的砥礪，使才具有更亮的光輝，創造更新的藝術，除此別無所用！

三

　　當我們談到個性的時候，往往只指定與別人不相同的部分；我們說這個人有個性，也就是說：這個人與別人有不相同的地方。可是人人均有相

---

[2]休姆（T. E. Hulme）在〈浪漫主義與古典主義〉一文中說到：「在一方面看，人性像一口井，就另一方面看，人性像一隻吊桶。」我認爲本質上是一樣的，井水由井所範圍，桶水由吊桶所範圍，兩者都有限制。

同的地方，人人均有不相同的地方。個性並不單單指某些部分的屬性，個性是一個人的整個生命所表現出來的形象。

個性即生命。

在這了解之下，生命的一切活動均為那個生命的個性，不論他的思維方式，也即他的語言運用方式，均為個性所統制，無可逃避。個性不是生命活動中的那一部分，可以避免觸及。不是只來激發情緒，或只為情緒所引露。

即使他的體驗，他的接受經驗也均以它的特有方式；表達的選詞，組句、排列、秩序的安排，以及其間的韻律，也依它特有的慣性，或許你將詩視如：

在文字的谷間生存[3]

的一種遊戲，一種沒有情緒存在的知覺的高度控制：「是知性的慶典」、「不是以思想或感情去寫一首詩，而是以語言[4]。」除非你願完全做著以往的重複，否則你仍然無法逃避個性。

個性猶如影子一樣跟隨著生命[5]。

四

我們應該回復到討論情緒的作用點上，我們假定：一首詩的完成，可以沒有情緒的引發，純然以感覺所組攏出來的，並且他的感覺也絕不滲雜一點情緒，而純然只是知覺的話，我們可以斷言：這必是一首概念的，知識性的，沒有一點魅力的詩！

情緒的發覺，並非單單指定在我們的觸覺中。浮現到令我們激動坐立不安的程度。當然此種程度的情緒對於詩具有強大的引發力。情緒在我們的觸覺之後便隨著發生的，即使它微弱到令你不易察覺的程度，可是它確

---

[3]看奧登（W. H. Auden）的〈紀念葉芝〉（"In Memory of W. B. Yeats"）一詩。
[4]這是梵樂希（Valéry）的話。
[5]這句是我從 J. H. 紐曼的話蛻改出來的。他說：「風格猶如影子一樣跟隨著他。」

是存在著，並激發著你去寫詩！

　　情緒對於詩人寫詩的功業是一種驅迫之力！

　　「人們看起來，似乎爲前面的『什麼』所牽引，其實他是被後頭的『什麼』推向前。」[6]

　　但是情緒本身並沒有價值，它只是詩人寫詩的一種激發之力，相信偉大的情緒可以創造偉大的作品，是一種妄念。偉大的情緒只是提供強大的引發力量，他必須依附在作者豐富的體驗和教養之後，也即是說：詩人必須有豐富的教養可供情緒的驅使，才能有寫出偉大的作品的可能性！可是偉大的情緒，往往使一個詩人衝動，急忙的被驅迫出去，在此，詩人便需有壓制之力，維持排遣經驗的充分的時間，這一點，艾略特有了優越的看法。

　　可是情緒卻代表體驗的到達。個人體驗的到達。沒有體驗即沒有情緒；沒有情緒即沒有真摯性。在這裡，情緒顯現了它成爲試金石的價值。

　　情緒也是詩人所要表達的一個隱伏的基調，他必然以他的教養能力來盡力的表達他的體驗。

　　而情緒表露在詩裡面，應存於韻律之間；所遣詞的詞味——一種屬於視覺上的感受；秩序的刻意的安排上，而不直接出現在詩裡面。——應該留下更大的空間，來容納體驗的安排，不應將可貴的空間浪費在情緒的告白。

五

　　這只是觀念上的一個基本的看法，寫詩當然還有許多考究，許多需要注意到的細節。在我們接受了古典與浪漫兩種文學傳統的今日，在我也寫了十幾年詩的今日，我將兩種不同的觀點調合在我的經驗上，或則我該這麼說：我是依據我的經驗來寫出我的看法；當然華滋華斯的認爲詩是：「在

---

[6]這是叔本華說的。

平靜的狀態下憶及的情緒」。他的錯誤正如艾略特所指出的，可是在基本的認識上並沒有錯，只是它不周全。將詩認為：「不是情緒的奔放，而是逃避情緒；不是個性的表達，而是逃避個性。」在創作的修為上，有它的真知灼見。可是因了它與浪漫對立的本意上，導致了一種極端的影響：沒有感動而寫詩；不見個性的中性物。

或許，我們可以在古典與浪漫遺產中，找出優秀的作品，見出它們的近似性，來強調我們這種調和的觀點。

不管傳統如何龐大，它只有進入人類的心靈才有價值。在心靈裡它為個性所選擇，等待表現的機會；而詩人必須確實的去體驗，獲有激發的情緒，才成為寫詩的契機。體驗充分具有個人的特有方式，而他所用來表達的依持，也經過了個人的選擇。藝術是經過個性處理後的產品。對於個性與傳統磨擦的超越，你願說：因了個性的驅使而超越，或則因了個性的不同而處理不同，那是隨你的意思。

無論如何藝術必須有個人為基奠，個性為基調，情緒為契機，是無法否定的。本世紀以來，許多乾燥、無味的詩必須結束！

——選自白萩《觀測意象》
臺中：臺中市立文化中心，1991 年 7 月

由詩的繪畫性談起

從詩的歷史看。「詩」不是一個「聾子」；卻差不多是「盲子」。直到最近幾十年來他才睜開了眼睛。

我所以寫這一篇文章的目的，是鑑於有許多人士冒然的排斥了此種表現範疇中的另一種表現方法。如果我們能夠確認所謂詩，其「音樂性」只是附從於「意義」的話：那麼把「音樂性」轉換成「繪畫性」而附從於「意義」也是有相等的理由。像魏爾崙的「神祕的音樂就是詩」；像萩原朔太郎的「接近音樂典型的表現，才能叫做純粹的詩」，此種把「音樂」的地位列於和「意義」相等的地位，其缺陷和錯誤是顯而易見的，持有這種見解的人不啻是說：「音樂」在詩中可以取代一切表達一切，果真如此，則我們大可以不設「詩」這個名目了。事實上，魏爾崙的〈秋歌〉，其音樂性比之「純粹音樂」的描述是顯得非常蒼弱的。阿波里奈爾的〈皇冠〉、〈鏡子〉、〈心臟〉、〈領帶〉等詩，企圖把「繪畫用來取代詩中的一切」也犯了和企圖「以音樂爲詩」同樣的錯誤。可是在一般流俗的見解上，在詩中從事「繪畫性」的表現和從事「音樂性」的表現卻獲得不相同的待遇，由於詩人在詩中，鍛鍊文字音韻的歷史比較悠長，使人們發生了把「以音樂爲詩」的錯誤承認爲是的錯覺。而對於把「繪畫性」附從於「意義」的藝術工作者，卻苛酷地以「繪畫爲詩」這一極端的立場來攻擊他們：「欲圖變繪畫而後快的詩」，就如覃子豪先生在〈現代中國新詩的特質〉一文中草率地作賤了我集子後面有著繪畫性的幾首詩。

人類發明了文字，即表示利用空間的開始；欲把那些在時間中無法獲得的價值，由其表達之。

既然在詩中，「音樂性」只是附從於「意義」；「繪畫」也只是附從於「意義」，那麼思考「意義」的需要而決定「表現方式」正是詩人的才能之一。

人類生下來便懂得利用聲音，換言之，它是與幼稚期同時發生的，可是懂得利用圖示卻在漸漸有智慧以後。

上面的話並不意味著否定了聲音的價值，而是意味著新技巧新方法之加入了表現範疇，同時它並不包含著唯我獨尊的排斥性。我們觀照一事物，不僅是「想」它「聽」它；同時也「看」它「嗅」它「觸」它。可是在以往，詩人的才能幾乎只限於「想」與「聽」，今日在詩中提倡「繪畫性」，只在替詩擴拓表現「看」的領域。準此觀念，我們或許也有期待屬於「嗅」的詩之出現的可能性。我的證明有三：

1.象徵派「交錯感覺」的意圖。

2.香味電影的產生。

3.Filippo Tommaso Marinetti 的幾首標示嗅覺詩的嘗試。（從反的理由看：人類在「嗅」、「觸」方面的表現與感受還是相當幼稚和狹窄，並且文字在這方面缺乏表現的機能。但無論如何，「繪畫性」之值得提倡是基於人類視覺的世界遠比聽覺爲大。）

「音樂性」只附從於「意義」

「繪畫性」只附從於「意義」

「嗅覺性」只附從於「意義」

「觸覺性」只附從於「意義」

…………只附從於「意義」

換言之：

「意義」有如下的隨從：「音樂性」

　　　　　　　　　　　「繪畫性」

　　　　　　　　　　　「嗅覺性」

　　　　　　　　　　　「觸覺性」

　　　　　　　　　　　「………」

　　我最重要也是唯一要表達的觀念是：「詩」並不像過去那樣的只認為存在於「音樂中」；今日我們寫有關於圖象的詩，也並不只認為「詩」存在於「繪畫中」，而是視「意義」的需要或為「音樂性」或為「繪畫性」的，但其地位只是「意義」的附從而已。

　　　　　　　　　　　　　　　哭　　　　　　　　　　笑
　　窗　窗　窗　窗　了　齒　齒　齒　齒　了

　　窗　窗　窗　窗　　　齒　齒　齒　齒

　　　　　　　　　　——林亨泰〈房屋〉，《現代詩》第 13 期

　　　　　　　　森林

　　　　　森林　　森林

　　　　森林　森林　森林　綠色的

　　在　森林　　　森林　藍色的

　　沉　　　　　　　　　鏡子

　　思
　　────────────────

　　在　　　　　　　　　鏡子

　　凝　鏡子　　　鏡子　鏡子

　　視　　鏡子　鏡子

　　　　　　　鏡子

　　　　　　　　　　——秦松〈湖濱之山〉，《現代詩》第 15 期

　　這兩首詩所以失敗，並不是「繪畫性」之過，而是詩中的「繪畫性」

差不多取代了「意義」的關係。

在時間中，未來臨的一秒對於你是不可知；同樣地，聲音的價值，在未由單音累積成一個階段時，對你也是沒有意義的。可是一秒鐘的空間卻可以為你展示很多。歷來，那些以聲音的手段去表現「物」時，都把「物」肢解得破碎了。

在確定了如上的觀念之後，我們可以討論一點「繪畫性」中極端表現的「以圖示詩」的價值，「以圖示詩」並未新得好像我們未作過的夢；怪誕得好像瘋子亂抓的手勢，它出現在詩，古老得可以做耶穌的十代祖父。遠在紀元前 300 年，那些居住在希臘盧德斯（Rhodes）的詩人，便寫出了一些有關於樂器、刀斧、祭壇、雞蛋和鳥翼的圖象詩。而古希臘西米亞斯（Simmias）的成就幾乎為後來所有圖形詩作者所推重，在他 400 年之後，有彼占丁納斯（Besantinus）的發揚，以及 17 世紀英國的喬治・哈柏（George Herbert）和現代的戴蘭・湯麥斯（Dylan Thomas）與法國的馬拉美（Mallarmé）阿保里奈爾（Gruillaume Apollinaire）莫不在從事著圖象詩的努力並且有相當成就。

在詩中，一個形容詞，一個比喻，一個隱喻，或則所謂意象，莫不是詩人使詩企圖在空間占有一個位置的意欲，可是從沒有一個比喻，沒有一個隱喻，它的繪畫形動能比之圖示更能獲得具體形象的滿足。一首純粹的圖象詩，它不僅給你「讀」，並且給你「看」，它的存在，就如大自然界中的一物引你去了解它，它的好處，就是我們在讀它們的第一個字之前它對你已經開始，這種以非言辭開始的言辭，對於一個讀者宛如魔術般的引他入迷，對於一個詩人的詩藝上，也進一步的把握了「簡鍊」的本質。

圖象詩的特性，在混合著「讀」與「看」的經驗，它利用了你的「腦筋」，並且也利用了你的「眼睛」。它使以往千百一律的形式的面孔成為表現它本身獨特的形式，就如那件事物的本身站在那兒向你逼視。

例一

```
birds (
        here, inven
tingair
U
)sing

tw
iligH(
tls
    v
      va
        vas(
vast

ness.Be)look
now
      (come
soul;
&:and

who
      s)e
          voi

c
es
)
are
  ar
    a
```

———— E. E. Cummings, "Bird"

例二

```
                        w
                        h
                        a
                        t
          gift to    bring
                        n
                        o
                        w

                        o
                        u
                        t
          of my heart in
         chaos as I remember O
         Love the voice that came
         do from the tree and fell
        on my heart like a veil paxi
        O Lord the peace you spell out
       silen between the rafters of your
      Heart built up in your House I come
     to   you   wanting   wanting   to   love
     Y              O                    U
```

——Philip Lamantia, "Dome"

例三

Lord, Who createdst man in wealth and store,

Though foolishly he lost the same,

Decaying more and more,

Till he became

Most poore:

With thee

O let me rise

As larks, harmoniously,

And sing this day thy victories:

Then shall the fall further the flight in me.

My tender age in sorrow did beginne:

And still with sicknesses and shame

Thou didst so punish sinne,

That I became

Most thinne.

With　thee

Let me combine

And feel this day thy victorie;

For, if I imp my wing on thine,

Affliction shall advance the flight in me.

——George Herbert, "Easter Wings"

例四

We lived beneath the mat,
　　Warm and snug and fat,
　　　But one woe, and that
　　　　　Was the Cat!

　　　　　To our joys
　　　　a clog, In
　　　our eyes a
　　　fog, On our
　　hearts a log,
　　Was the Dog!

　　　When the
　Cat's away,
　Then
The mice
　will
　　play,
　　　But alas!
　　　　one day, (So they say)

　　　　Came the Dog and
　　　　Cat, hunting
　　　　　for a
　　　　Rat,
　　　Crushed
　　the mice
　all flat,
　Each
one
　as
　he
　　sat,
　　　U
　　　　n d
　　　　　e r
　　　　　n e a t
　　　　　　h e   m a t,   W a r m   a n d
　　　　　　　s n u g   a n d   f a t,
　　　　　　T h i n k   o f
　　　　　　　t h a t!

——Lewis Carroll, "The Mouse's Tale"

from *Alice's Adventures in Wonderland*, 1865

例五

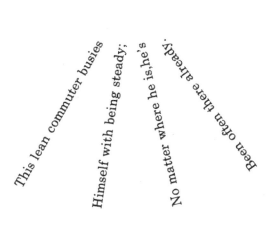

——John Updike, "Pendulum"

例六

```
2 golden                          a drop
  claws                           of blood      ┌────┐
                                                │    │
                                                │    │
                                                └────┘
┌────┐                                       the yellow
│    │         white    spiral               field of
│    │         of wind upon                     folly
└────┘         two great
                      breasts

               3 galloping black horses

the  legs  of              all  objects  have  gone
chairs break               far  away  and  the sound
with  a  dry               of a woman's steps and
    crack                  the  echo  of  her  laugh
                           fade  out  of  hearing
```

——Alberto Giacometti, "Poem in Seven Spaces", *New Verse*

translated by David Gascoyne, December 1933.

例七

When you look	kool uoy nehW
into a mirror	rorrim a otni
it is not	ton si ti
yourself you see,	,ees uoy flesruoy
but a kind	dnik a tub
of apish error	rorre hsipa fo
posed in fearful	lufraef ni desop
symmetry.	.yrtemmys

——John Updike, "Mirror"

　　如前例：一、二、三、四、五、六、七

　　所有的詩都由形象開始、發育，然後被移植於紙上，那麼圖象詩的形象，該使詩更能回復到文學以前的經驗；回復到聲音與符號結合而成的，原始、逼真、衝動，有著魔力的經驗。

　　圖象詩在「繪畫性」中所獲得的前衛地位是不可忽視的，它在表現領域中所顯示的獨特的光芒，也應被一個自覺的藝術家所嘗試所採納。例如林亨泰在〈車禍〉一作中，所表現的車子迎面衝來的那點有速度、有遠近、有行動的緊張的感覺，絕不是由聲音的手段，或則以「如山上的大石迎面壓下」之類的比喻所可達到：

還有在《現代詩》第 14 期上那首：

——〈ROMANCE〉

追求一顆星，他不寫「星」而以「★」這個符號來代入，是因為「★」比「星」這個字更能使人感到星在文學以前的那點經驗。→使人看見光的進行，而那三倍大的「山」字，由對比中令人感到山的「形」和「量」。

這一首詩比之他另外幾首符號型的詩顯得成功是：他在詩中的繪畫行動並沒有取代了所欲表達的意義，這首詩使人感到在這機械時代中那點超現實的 Romance 的綺念。

在這裡我想談談我寫〈流浪者〉與〈蛾之死〉時所持有的理念，和所欲達到的效果：

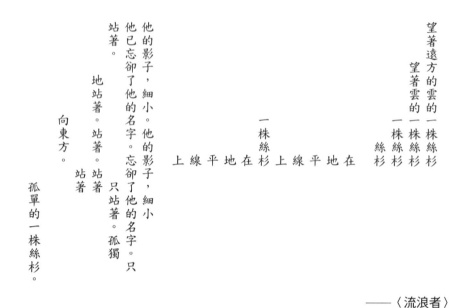

望著遠方的雲的一株絲杉
望著雲的一株絲杉
一株絲杉
絲杉
在地平線上
一絲杉
在地平線上

他的影子，細小。他已忘卻了他的名字。
站著。
他的影子，細小。忘卻了他的名字。只
站著。站著。站著。孤獨
地站著。站著。站著
向東方。
孤單的一株絲杉。

——〈流浪者〉

　　第一節我首先描述著一個流浪者眺望的心情，從「音」感「量」感和「意義」上表現逐漸失望的情緒，我之重複並且變化一個句子而不願敘述或比喻，因我相信，這種含蓄更能直接表現流浪者悲哀的情緒。然後第二節我退至一個角落來觀察他。我發覺他的孤單，他的寂寞和渺小，即使費盡千百句的比喻，遠不如這樣地利用空間的圖示；利用這直接的形象，更能使讀者置於那曠大的寂寞和淒涼的經驗。然後我表現他流浪之久，而在第三節重複的「站著」是表現其無可奈何。

他頓覺異化了。春的纖足
踐踏在花與花之上。　啊
不知名的小女孩，喃喃洩漏情人
的名字。在那棵相思。什麼樣的一對
吻聲喋喋，驚落熟爛而熟爛的
葡萄。　葡萄。

突然。　　醒了。在
　　無邊黑暗的洞穴
　　無邊黑暗的洞穴
　　黑暗的洞穴
　鯨腔的吞入　靜寂如
　無邊黑暗的洞穴
　　　不耐如
腔裡捲動的舌

乃有金蜂們成群花宴
裝扮風流的大夫。敲敲
每個花少婦的肚皮

他們的聲響驚恐　無邊黑暗的洞穴
他們的聲響敲叩　無邊黑暗的洞穴
聲響叩著　黑暗的洞穴
聲響叩著　黑暗的洞穴
　　　乃不耐如

捲動的舌
不耐如
捲動的舌
不耐如
捲動的舌。突而

整個舒展了。觸不到藍天的
邊緣的邊緣。啊啊啊

光光光光光光光光。啊
光光光光光光光
光　　　　　　光
光　　飛　　　光
光　飛飛　　　光
光　飛飛飛　　光
光光飛飛飛飛　光
光　光飛飛飛　光
光　　光飛飛　光
光光光光光光光光

光
　光
　　光

愛，在何處？花，在何處？晨光。

眸光。
眸光。
眸光。

這片交織著踽踽於黃金海岸詩人的眸光。
而他不識。踽踽
帶來基督的微笑掃過那一片微泛的湖

飛　教堂

他們在宣稱：「把右頰再給他吧！」
雞啄在凌辱一株初芽的銀杏。他
寂寞。一隻灰色的老鼠咬受難耶穌的足跟於

星期日的十二時。

飛　銅像

它不識。比春天來得更早的穿紅衣
藍衣的那些煩囂的異端們。把去秋
紅葉小心小心拾起來夾在「男性
性生活」裡的。只是

　　　　　　　的

　　　　　孤零。

　　　　上面又無際

　　　　南面無際

　　　　北面無際

　　　　西面無際

　　　　東面無際

飛　大學實驗室

把男同學的情書如化學分析樣的分析著的。
一株苗條又苗條的女同學。把某甲某乙
的性荷爾蒙加起來而造成所謂醋。春天
。心被礦石樣地關在屋裡敲得叮噹響
叮噹響
叮噹響
叮噹響

飛。

太陽的明礬逐漸沉澱了空氣的濁。黑。遂乃夜了。
夜的重量　　飛
寂寞的重量　飛
夜的重量重量　飛
夜的重量重量　　飛

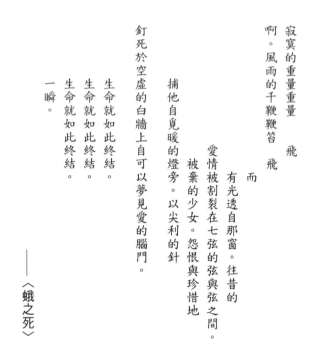

寂寞的重量重量　飛

啊。風雨的千鞭鞭笞　飛

而

有光透自那窗。往昔的

愛情被割裂在七弦的弦與弦之間。

被棄的少女。怨恨與珍惜地

捕他自覓暖的燈旁。以尖利的針

釘死於空虛的白牆上自可以夢見愛的腦門。

生命就如此終結。

生命就如此終結。

生命就如此終結。

一瞬。

　　　　——〈蛾之死〉

"Let us have no more of those successive, incessant, back and forth motions of our eyes, travelling from one line to the next and beginning over again." 馬拉美這句話差不多成爲晚近詩派創作方法的典範。「讓我們的眼睛不再有那些連續的、反覆的前前後後的運動，從一行到下一行，並且又從頭開始。」不再有連續的，反覆的動作，就是破壞傳統詩慣用的線的進行。讀者在讀〈蛾之死〉第一、第二節時，我希望他照著這樣的方式去讀它：即把上半段和下半段連接著讀：「突然。　　　　　醒了。在　無邊黑暗的洞穴　他頓覺翼化了。春的纖足　無邊黑暗的洞穴　踐踏在花與花之上。　啊……」顯然這完全破壞線的進行。但由這樣交錯的一直讀下去。將由於音節的「變換」以及「意義」上的對比而獲得「戲劇性」的效果。這點效果也是我極欲嘗試達到的。因爲我認爲「蛾本身在洞穴中有詩」外；「洞外的春天

也有詩」，正如：「風景中的樹林」有詩，「樹林中的風景」也有詩。這兩種「詩」以及更多的「詩」是同時存在，並且也互相影響的，那是屬於空間的差別，並無時間的先後，如果照傳統詩線的表現方法，先寫「春」後寫「蛾」；或則先寫「蛾」然後寫「春」的，顯然不能比之使它同時出現在一「平面」上更能獲得互相影響的效果，恐怕所獲得的效果因時間的拉長，而成為非常微小了。同樣的道理，我在表現蛾之闖入這世界中，那種突獲光明的激越之情，和在無限光明中歡樂的形態。我簡鍊的以「圖示」是我覺得這值得以此，而使讀者回到文學以前的那衝動，狂熱的經驗。

　　如果人們不執拗於「音樂或繪畫先於一切」，那麼混合著「聽」與「看」的經驗，該更能使詩回復到文學以前，事物原始的感覺，——而構成美學的整體——這是我關於此種技巧的容忍，也是我的結論。

　　那麼選擇做一個有「腦筋」有「耳朵」有「眼睛」的人該不是一個傻子吧？

——選自白萩《現代詩散論》

臺北：三民書局，1977 年 2 月

前衛精神與草根意識
與白萩對話

◎林燿德*

前言

　　1987 年秋季的白萩，額間仍然有兩道深刻的懸針紋，懸針紋和眉毛構成一對直角，象徵著大師式的沉穩，他知性的鬱結這般清晰地表現在臉部。整整 50 歲的白萩，自 1952 年開始踏入詩壇，正式在《民聲日報》副刊發表作品，三年後以〈羅盤〉一詩獲得中國文藝協會詩歌創作研究委員會第一屆新詩獎，震驚詩界。白萩出手不凡，未滿 20 歲飲譽詩壇，22 歲即出版處女作。雖然他出生於 1937 年，但是和年長十歲左右的余光中等，可說是同步成長，在詩史上應該劃歸為同一代的詩人。

　　1950 年代初期崛起的詩人中，白萩的血緣最為紛雜，他是唯一和「現代詩」（1953～1964 年）、「藍星」（1954 年～）、「創世紀」（1954～1969 年，復刊 1972 年～）和「笠」（1964 年～）四大詩社都有深厚淵源的一位，而且獨樹一格，自成天地，既是「集大成」者，也是重要的開拓者。

　　中學時代白萩已廣泛觸接 1920、1930 年代文學作品，初次接觸新詩也是初中時代，在學校圖書館讀到張自英的《黎明集》（1950 年，黎明書齋版）和明秋水的《骨髓裡的愛情》（1952 年，野風版）。

　　白萩步入現代詩界最初的因緣和「藍星」詩社的領導人覃子豪有密切關係，當時覃氏出掌中華文藝函授學校的詩歌班（1954 年），白萩雖未參

---

*林燿德（1962～1996）詩人、散文家、小說家、評論家。本名林耀德。福建廈門人。發表文章時為中國青年寫作協會祕書長。

加函授學校，不過《蛾之死》一集前半部不少佳作如〈羅盤〉、〈囚鷹〉、〈瀑布〉等，都是函授班的習作題目；他早期詩作則大部分集中在《公論報》的《藍星週刊》（覃子豪主編，1954～1958 年）發表。

他曾加盟紀弦發起的「現代派」；《創世紀》詩刊第 11 期改版後吸收的部分「現代派」健將，也名列其中。1950 年代的三大詩刊白萩都曾參加活動，到了 1964 年，白萩又加入《笠》詩社的發起，可謂縱橫 1950、1960 年代現代詩運動的首要角色之一。

他和來自中國大陸的紀弦、覃子豪以及本土成長的林亨泰這三位臺灣現代詩繼往開來的播種者，都曾保持亦師亦友的關係。白萩少作頗受覃子豪主持的《藍星週刊》走向的影響，接著他一方面和紀弦的「現代派」主張相唱和，另一方面又受到林亨泰「符號詩論」的啟迪，衍生出「圖象詩」的理論和實踐。從這個角度來看，白萩作品確實有「集大成」的性格。

如果我們審視白萩的各種著作，可以發現他是一個膽大心細的開拓者，多年來經常靈光閃動，詩論中雋語不窮：

藝術之所以能偉大的呈現在我們眼裡正是由於技巧的偉大。

為了產生一首詩，我們需要殺死全世界的詩人，殺死「昨日那個我」的詩人。

我絕不在一個定點安置自己，我的歷程就是我的目的。

詩的本質就是成為詩而不成為散文或其他的東西。

已存在的美與他創造美時的理念是一種牴觸，他勢必欲打破此種傷殘創造精神的「已存在而又近於典型的完美」所規範下的束縛。

　　所謂傳統，在創作時毋寧是對詩人個人才具的砥礪吧！讓我也打一個比
方：傳統是一塊磨石，個人的才具是一塊待琢的寶石，二者相磨擦所迸
出的火花就是詩。我所要闡明的是：我並不需選擇與犧牲，我不需選擇
要一塊磨石或一塊寶石，我所需要的是將寶石迎向磨石的磨擦。

　　語言是一種思考。

　　語言的力量產生在語言找到新的關聯時才迸發出來，……操作語言尋找
新關聯的能力，便是詩人能力的指數。

　　從這些摘錄自各時期論述的吉光片羽中，可以感覺到白萩「衣帶漸寬
終不悔」的前衛精神。

　　他第一本詩集《蛾之死》（1959 年）前半部仍遺留「浪漫主義」的色
彩；後半部的作品實驗性極高，佳作連連，臺灣詩壇對於現代詩形式的思
考因而受到巨大衝擊，四首「圖象詩」中的〈蛾之死〉被林亨泰譽為「各
種技巧的集大成」（見《創世紀》第 12 期，1959 年），〈流浪者〉更成為臺
灣「圖象詩」發展的重要示例。

　　《風的薔薇》（1965 年）在《蛾之死》問世六年後出版，白萩全心邁
入他個人的「現代主義」時期，充分掌握住語言的凝聚力；《天空象徵》
（1969 年）是全新的階段，備受爭議的〈雁〉、「阿火世界」系列、〈叫
喊〉等名詩都完成於斯。

　　陳明台論及《天空象徵》時指出：「白萩在第三本詩集裡，把他那股存
在於精神底流下，衝激著、躍動著的現實哀愁，像波瀾般放任的馳騁於漫
漫大海中。對人性血淋淋的鞭打，對命運不屈服的抗拒，對存在赤裸裸的
批判，這就是白萩的詩、白萩的影子、白萩的整個生命。」（語見〈吐血的
歌聲〉）

　　如果就語言層次來考察，我們可以發現《天空象徵》中「阿火世界」

系列的重大意義。白萩率先將生活化的粗俚語言置放在詩的結構裡，對於
1970 年代的「草根意識」而言，可說是一種前驅的預告。

　　1972 年出版的《香頌》繼「阿火世界」後進一步耕耘了白萩式的「現
實主義」，「向庶民的位置伸根」（語見陳鴻森〈白萩詩集《香頌》論〉），
性、婚姻、都市心象、現代社會生活種種題材結合了他凝練的語言形式，
構成了這本「準自傳」性格的詩集。同一時期完成的《詩廣場》（遲延至
1984 年出版），則開 1980 年代所謂「政治詩」的先河，〈暗夜事件〉、〈火
雞〉、〈鸚鵡〉等作品，都是完整的政治寓言，諷喻既深且準。

　　前引關於白萩詩作的品評，均收錄於何聘生編《孤岩的存在》（熱點文
化事業公司，1984 年），其餘收錄的論析如陳芳明〈雁的白萩〉等篇均甚
具參考價值。

　　白萩創作生涯曾因經商關係幾度中輟，經過近幾年休養生息，在他再
度出發的前夕，關心現代詩的讀者，應該也想探知白萩目前對臺灣現代詩
發展的反省。

對話

　　林：當年你榮獲文藝協會新詩獎的作品〈羅盤〉充滿了浪漫精神，這
首詩呈現出海洋的遼闊雄偉，更象徵一個青年詩人揚帆待發的氣魄。我仍
舊可以記誦許多充滿激情的句子，就像——

> 握一個宇宙，握一顆星，在這寂寞的海上
> 我們的船破浪前進，前進！像脫弓的流矢
> 穿過海鷗悲啼的死神的鼻嚎
> 穿過晨霧籠罩的茫茫的遠方
> 前進啊，兄弟們，握一個宇宙，握一顆星
> 我們是海上新處女地的開拓者

這首詩和日後反音樂性、強調「現代」和「現實主義」的精神似乎截然相反，可否藉此請你談談早期的創作觀。

白：在 17 到 21 歲間我完成了四百多首詩，我本身並不太看重當時的作品。

〈羅盤〉這個題目好，「羅盤」只能用在海上航行，因此也結合了海洋壯闊的意象，那是年輕浪漫時期的作品。

追求「現代」

我喜歡「現代」的事物，從小到大，提倡的就是「現代精神」，以我的事業來說，26 歲我在臺北創立的家具裝潢有限公司就命名為「現代」，後來我在臺南開設廣告公司則命名「前鋒」——也就是「為現代前鋒」的意思。

我的志趣一直在追求「現代」，對於古典的事物並不很喜歡；因此作品中的氣質、精神也以「現代」為基調。

林：林亨泰的〈符號詩論〉是否對《蛾之死》中的「圖象詩」有所影響？

白：林亨泰的〈符號詩論〉一文引介了新觀點，我很欣賞，於是我發展出「圖象詩」來和他的理論相互印證。

林：柳文哲曾將你創作圖象詩的期間歸為「立體主義時期」，是否誤用「立體主義」一詞？

你是否承認自己的作品有「立體派」的血統？

白：我和林亨泰都不自認為是「立體派」，我是透過圖象的手段來完成形式的創造。

林：在 1950 年代你透過什麼管道接觸到「現代主義」？當時的現代主義者在理論和實踐兩者之間有多大距離？

白：日本戰前有《詩與詩論》這本詩刊，其主編春山行夫以提倡「現代主義」、「超現實主義」和「立體派」為號召而收納了許多前衛性的詩論和詩作。林亨泰受過日本教育，對文學的了解透過日文，當然也受到像春

山行夫這一類詩人的影響。

至於紀弦，他的血源得自大陸詩人戴望舒，戴望舒的觀念只到「象徵派」的程度（他提倡的「現代派」僅有兩、三年歷史），紀弦來臺後繼承「現代派」，但他的創作表現並不現代，「浪漫主義」的氣息很重。

林亨泰從日本詩壇得到「立體派」的觀念，寫出了〈符號詩論〉及系列的「符號詩」，由於紀弦沒有看過，覺得很新穎，就在《現代詩》發表了林氏那篇文章以及系列「符號詩」。我當時仍是一個文學青年，看到林亨泰將文字符號化來寫詩，便從學畫的經驗中，提煉出從造形下手的辦法，而完成了《蛾之死》中的四首「圖象詩」。

從「白話入詩」、「散文入詩」到「圖象入詩」

林：戴望舒在〈論詩零札〉中說道：「詩不能借重音樂，它應該去了音樂的成分」、「詩的韻律不在字的抑揚頓挫上，而在詩的情緒的抑揚頓挫上」、「韻和整齊的字句常妨礙詩情，或使詩情成為畸型的」。戴望舒在 1930 年代將「象徵詩」中國化，讓詩的語言由「白話入詩」演進到「散文入詩」；而到了你的手下出現了「圖象入詩」。你的「圖象詩」以及自由詩也有去除音樂性的堅持。

白：詩過去靠音樂性、格律來支持，但自由詩就是要用長短句來打破格律，把舊詩的支架打碎。我的「圖象詩」試圖要和傳統的音樂性分開來，在詩中加入視覺的感應，來凸出現代詩的特性。

西方現代詩的發展，也是朝向打破格律的道路。「意象派」已開始排除音樂性；「立體派」可以追溯到畢卡索（Pablo Picasso）、阿波尼奈爾（Guillaume Apollinaire）等畫家、詩人，當時「立體派」的詩人受「立體派」畫家的影響從事建立詩的繪畫性，甚至矯枉過正的以形式取代了本質，這點我也不贊同。

「視覺詩」的偏航

林：1980 年代出現了「視覺詩」，所謂「視覺詩」跨越在詩與繪畫的邊界，甚至可說脫離了文學的規範，這是否也是一種圖象詩極端的流變？

　　白：「視覺詩」做為繪畫深度不足，做為詩則定位不易，我想這是詩人玩藝術的附帶產品。如果完全是排字，那麼，「圖象詩」已可以表達，如果扭曲字體、放縮字形、加入過多繪畫記號，詩也就消失了，「視覺詩」可說是站在「圖象詩」和繪畫的中點。

　　我自己也繪畫，因此深深了解「視覺詩」的問題，我是以一個藝術運動贊助者的身分來參與「視覺詩」創作，不過，「視覺詩」比起純繪畫還是差了一截。

跨社是因為當時環境使然

　　林：你曾橫跨 1950、1960 年的幾個重要詩社，其間的過程可否大略談一談。1964 年你和省籍詩人們退出《創世紀》詩刊編委陣營是什麼原因？

　　白：橫跨詩社是因為當時環境使然，當時詩壇不像現在壁壘分明，色彩強烈。

　　我十多歲寫詩，當時臺灣的詩人都來自大陸，開會、寫作、交談都使用國語，老一輩臺籍的詩人無法參與。1953 年臺灣廢止日文，老一輩的臺籍詩人也因而廢耕。

　　我在小學四年級（1948 年）左右才開始學ㄅ、ㄆ、ㄇ、ㄈ……，到了1953 年時已經可以使用流利的中文寫作，開始在《民聲日報》發表作品，當時談得來的詩友大都是外省籍的詩人。《公論報》的《藍星週刊》我是重要作者，但一週一期《藍星週刊》無法消化我的創作，於是我開始向紀弦的《現代詩》投稿，後來也順水推舟地加入了「現代派」；而我和「藍星」詩社的關係也一直到覃子豪的死亡才正式結束。

　　我加入《創世紀》編委陣營是因為《現代詩》停刊，先前只是投稿而已，《創世紀》詩刊第 11 期改版後，張默把「現代派」活躍的幾位詩人林亨泰、錦連、秀陶、羅馬……和我拉入《創世紀》。

　　參與這些詩刊，只是朋友間的友誼關係。

退出「創世紀」詩社

　　我退出「創世紀」詩社，是因為「創世紀」的朋友們引進了「超現實

主義」和「純詩」，作品的主題荒謬，受到「存在主義」的強烈影響，強調虛無、孤獨、異國情趣，和臺灣現實關聯薄弱，作品詩人看不懂，作者也說不出所以然來，有些用自動技巧完成的失敗作品，更使得詩也不像詩了，我們幾個（林亨泰、錦連⋯⋯）漸漸覺得格格不入，就停止在《創世紀》發表作品。

1953 到 1964 年間，新一代的省籍作家逐漸成長，老一代的如桓夫（陳千武）等人也學會了中文，再度復出寫作。

當時創辦《笠》詩刊，是因爲吳濁流老先生召集省籍作家，籌辦《臺灣文藝》，我們幾個省籍詩人都受到邀約，在會場一聽，發現學漢詩的吳濁流對詩的觀念仍然停滯在舊詩傳統中，和省籍新詩人的思想格格不入。我個人已受「現代派」洗禮，和搞舊詩的無法溝通，新詩人們也都覺得和他們搞在一起也沒有發展，於是創刊了《笠》。

兩個根球論

林：「笠」詩社一貫主張「兩個根球論」和「即物主義」，你應該是支持的。

白：「兩個根球論」說法不錯，遷臺的大陸作家帶來了一些觀念，但臺灣也有自己的現代詩火種，那就是西川滿、矢野峰人以降實踐的近代新詩精神。1930 年代末期，臺灣社會現代化的程度已遠較中國大陸爲高，這是因爲受日本殖民地教養的原因。在日據時期，「風車」詩社已經提倡過「超現實主義」了。林亨泰就可以代表臺灣現代詩的根球，和紀弦自大陸帶來的觀念互相結合，而開展出臺灣的「現代派」。

「即物主義」是日本詩人村野四郎自德國引介入日本的一種詩技巧，再透過《笠》詩刊轉介到臺灣。「即物主義」表現手法相當客觀，有些接近「意象主義」，在七、八年前我即提出試圖將「即物主義」、「表現主義」、「意象主義」三種手法熔於一爐的想法。

林：你可否進一步闡述《笠》詩刊在臺灣現代詩發展中所占據的位置和影響力。

白：《笠》創刊時的主要意義在於：

1.落實本土主義。

2.發起人本身如我、林亨泰肩負著臺灣「現代派」的血統，可說是「現實主義」和現代性兩者並重。

我們和年輕一代不同，年輕一代一致追求「現實性」，老一輩則強調透過藝術來表現「現實」。年輕一代把「現實」和「現代」對立起來，把「鄉土」和「都市」對立起來，是很奇怪的現象。

我的《香頌》寫「現代」，但不脫離鄉土性，「現代」是「時間性」、同時也涵蓋了「地域性」的問題；「現代」是「時點」，「鄉土」是「地點」，詩人對兩者都應把握。我不成長在農村，我成長在都市，如果專門去寫農村就顯得虛偽了，其實，都市也是「鄉土」的一部分，我的生涯與都市生活，就如同磁與鐵的關係。

唱給臺灣人聽

「現代主義」一定要本土化，許多國家都有「現代派」，但寫出來的現代詩都有其地域性的芬芳。假如我是一隻鳥，歌要唱給誰聽，一定是唱給臺灣人聽，不可能唱給日本人聽！「時點」和「地點」對我而言，是合而為一的。

對臺灣百年前的社會我沒有興趣，對傳統、被淘汰的事物我也沒有興趣。

年輕一代常在作品中牽涉到臺灣未來問題，我想這不是一、二個人可以解決的問題，是整個政治、文化、社會、經濟大勢使然。某些人可能因為自己的生存背景，才導致過度偏重意識形態。

現代詩的鄉土題材應該兼容農村和都市兩者，因此，「鄉土」一辭不如以「本土」來代替。叫「寫實主義」不如叫「現實主義」，對這些問題，《笠》同仁都深有感覺。

「現代派」的革命並沒有竟其功，在我的觀察中，「現代派」只完成了形式的革命，在內涵、精神方面沒有繼續發展。

　　年輕一代沒有經過「現代派」的洗禮，一開始創作就自本土意識出發，以為只有意識形態就可以完成詩的革命，這是不夠的，現代性、藝術性必須和意識形態並重。

　　林：1986 年詩人節「人間」副刊推出特刊，在向陽和你的一段訪談中，你曾談過「後現代主義」和「現代主義」之間的關係，是不是能就你個人對兩者的了解，進一步談談這個臺北詩壇的熱門話題？

「後現代主義」是種求變的「現代主義」

　　白：臺灣的「後現代主義」詩人似乎沒有一致的步伐。「後現代主義」沒有明確的主張，國內外皆然，不像是一種性格鮮明、轟轟烈烈的文學活動，我感覺目前臺灣的「後現代主義」作品仍承襲了「現代主義」的形式技巧。

　　因為我經營設計公司，很早就接觸了「後現代主義」，所謂「後現代主義」在建築、室內設計、服飾、美工的設計觀念中最早表現出來。其實「後現代」不過是將「現代主義」結構予以局部的破壞而已。

　　「現代主義」，可說是很理性、知性的，一點都不浪漫。由於第一次世界大戰後，人類體驗到大規模戰爭的破壞，要從廢墟中重新站起來，在短期間恢復生活的秩序，免受凍餓。因此，重機能、單純、合理、標準的想法，便成為當時西歐普遍的想法，因此也影響了整個藝術、文化。

　　「現代主義」表現在建築最為明顯，當時建築物造型筆直明快簡單，空間利用務求合理。第二次大戰後，人類再度體驗「現代主義」的復建能力。但是經過了 40 年，世界上的已開發國家，人民重新享有充裕的物質、財富，便對過去冰冷、簡單、標準化，完全泯滅了人的個性的建築文化，產生反叛。「後現代主義」便是強調個性的差別，於統一中求變，可說是一種「求變的現代主義」，在當代的文化上，我們可以發現裝飾性的擡頭，尤其在建築、室內設計、服裝等應用上。

「現代主義」是文明動力

　　共產主義國家起初都不贊成「現代主義」，甚且迫害現代主義者，可是

後來都必須提倡「現代主義」，因為「現代主義」的標準化、單純化、合理化的建設能力，可以使人民迅速恢復生活水準，因此對開發中和未開發國家而言，「現代主義」是進步的推動力。

「知性強調」的反省

林：「後現代」的觀念，是否能帶給你一些創作觀念上的刺激？

白：「後現代主義」的想法，促使我對「現代主義」、「知性強調」的反省。我想我會將「現代感」、「本土性」和「浪漫」三者結合起來。

林：一旦「後現代主義」的風潮過後，你預期詩界會出現什麼樣的新趨勢？

白：文學運動操於少數人的觀念倡導，先提出有力的新觀點，再提出好作品，有成功的作品來支持，理論才有價值。對於未來發展，我不能妄加預測，但對於不一樣的詩，我樂觀其成。

林：那麼對目前 40 歲以下詩人的表現，你看法如何？

白：我贊成他們進行新的嘗試。但創造需高度的技巧，隨著年齡、經驗的成長，他們的創作也許也會隨著逐漸有深度。

我歷年參加不少文學獎的評選工作，發現一般年輕詩人，詩的想像力普遍低落，新的形式、新的語言組織方式也發展得不夠，這些都是已經存在的問題。

林：羅智成曾在演講時談及詩在當代沒落的趨勢，對於悲觀的「詩的沒落」說法，就你的立場來說，是否成立？

人類存在詩就存在

白：每一個時代都有此種說法。

雪萊（Percy Bysshe Shelley）和柯爾律治（Samuel Taylor Coleridge）曾辯論詩的沒落，工業革命後又陸續出現雷同的說法，已經不新鮮了。

人類存在，詩就存在，而且是最主要的存在。

人之為人，是因為人對環境有感應就必須有宣洩。一旦使用文字，就只有詩與散文兩種型態，人必須表達他的內在！除非人類已經沒有七

情六欲，詩才會消滅。

——1987 年

——選自林燿德《觀念對話——當代詩言談錄》

臺北：漢光文化公司，1989 年 8 月

白萩論

◎葉笛*

　　白萩的《天空象徵》這一詩集，對白萩來論，雖不是完全的變身，但，從詩的內容及其所追求的形式看來，卻是一次新的蛻化現象，一次向藝術之高峰的新歷程，新的自我覺醒。正如白萩在〈自語〉中說的：「我還要去流浪，在詩中流浪我的一生。我絕不在一點安置自己，我的歷程就是目的。在地平線外空無一物，我還是要向它走去。」——這是一個嚴肅的詩人向詩神的挑戰。

　　詩人，在我看來大致上能分爲三種類型。

　　1.安於詩神的青睞而只顧看自己的影子的。

　　2.從未蒙詩神的寵愛而一直向詩神獻媚出賣自己的。

　　3.雖蒙詩神的眷顧垂愛卻仍向詩神挑戰的。

　　白萩屬於第三種類型。他把自己獻給詩神而又無時無刻反叛詩神。（反叛詩神的詩人必定反抗自己！）這是永遠朝著藝術更高的境界艱苦地邁進的詩人每到一段時期就以反叛精神，反抗自己的現象。這種現象是詩人精神在成長過程中必然經歷的「成長的痛苦」，正如蛇長到一段時間，就要脫皮一次。蛇在脫皮時，先把嘴在硬的東西上面磨擦，把這部分的皮膚擦破，然後繼續磨擦，一直到把全身的皮脫下來。

　　《天空象徵》是白萩的又一次脫皮成長。

　　現在，我想就白萩的脫皮現象，予以剖析。不過，我要先說清楚的：

---

*葉笛（1931～2006）詩人、作家、評論家、翻譯家。本名葉寄民。臺南人。發表文章時爲臺南市海東國小教師。

我把一個詩人成長的痛苦喻為蛇的脫皮，也許，不很妥貼，但，一個詩人成長的痛苦，以及為了成長忍受的痛楚，和蛇脫皮卻不可同日而語。

從《蛾之死》到《風的薔薇》是一個轉變，但，其轉變的幅度並不很大，大致上，在精神的觀照，在內蘊方面，《風的薔薇》較《蛾之死》，更深沉、細膩、廣袤。但，在技巧上有許多詩仍可說是《蛾之死》的延續、蛻化，這從《風的薔薇》在欲以形象犀利、逼視，予人以驚奇、震駭的企圖，而琢磨的繁複的形象可發現蛛絲馬跡。可是，《天空象徵》在繁複的形象的面貌方面，可說洗盡鉛華，還樸歸真，予每首詩以更單純的形象和象徵，然而，更富凝聚力量。阿蘭曾說：「能向自己的精神提出抽象的思考容易看丟的重要障礙物的，就是靠比喻或象徵的思考」[1]我想這句話是象徵主義傳統的詩人們深深體驗過的事實。但，縱觀象徵主義以降的現代詩人們的技巧上，似乎太過分腐心於比喻和象徵的形象之雕塑，以致繁複多歧的形象戕害了詩的主題的明朗性和感情的爆發性，造成了現代詩的技巧至上主義及晦澀。沒有向未來延續的力量，沒有給現在以一種血和力的傳統主義之蔽，我想於此可見一斑。盲信傳統和割斷、摒棄傳統，在藝術是同屬荒謬有害的。是以有自覺的詩人在創作上有所抉擇。他必須站在時代的「目擊者」的立場，挖掘自己以及人在現代的存在，將隱祕浮泛的日常生活現象下的「實存的」諸種形態和意識表現出來，才配成為時代的代言人。白萩似乎把做為一個詩人對世界應負的責任看得比純為藝術而藝術的詩人的自尊更重、更深刻，同時，也認出只為了創作一首純詩（絕對詩）去做一個詩人的不安，才有了這種精神的轉機，隨著這種精神的轉機，他在技巧方面有了豹變。一個詩人、藝術家在藝術上追求其無償性，自是一種崇高偉大的理想和情操，然而，事實上，在我們所生存的世界上，那種理想是不可及的。因此，詩人不能不以詩把握「生的方向」，不能不在語言的完整意義裡確立「生之中心」。這種自覺，可從白萩〈自語〉中看出來：

---

[1]阿蘭 Alain，法國哲學、評論家，本名為 Emile Chartier（1868～1946），著有《語錄》*Les Propos d'alain*。

「重要的是精神而不是感覺。過去我們曾耽迷在感覺，執信著形象可解決詩的一切。然而遊樂一陣之後，我們感覺空虛！擴散的形象造成歧義，扼死了我們的思想。我們要求每一個形象都能載負我們的思想，否則不惜予以丟棄，甚且從詩中驅逐一切形容，而以赤裸裸的面目逼視你。」[2]我之所以重視白萩這句話，正如在前面提過的，在我們目前的詩壇上，確實有不少詩人爲了想把自己在存在中意識到的抽象思想，以及存在的次元轉換於詩上，於是傾其全力在鏤刻形象，結果，適得其反，抽象思想變得更抽象，存在的次元泯滅於擴散的、過多的形象裡面，而面目皆非，變成一首沒有投射力、沒有逼視讀者力量的詩。我在誦讀過白萩這一詩集以後，深深感覺白萩能突破象徵主義以及超現實主義的亞流們所造成的現代詩的「死角」，覺得確實值得提出來。

　　《天空象徵》共分：「以白晝死去」、「阿火世界」、「天空與鳥」。然而，其實穿於三部分詩的主題卻是一樣的：「生」與「死」——亦即在現代裡人底存在問題。他很固執地唱著一首歌，像一首充滿生與死的哀愁、疑懼，在很多節 refrain 的歌，彷彿自己不得不永遠唱著，叫人傾聽它。這種從存在的隱祕的世界挖掘出來的詩，很像黑人滿眼熱淚地唱出來的鄉愁動人的歌。白萩吟唱著生命在現代失去始源的鄉愁！對於他，寫詩不是像艾略特說的「高級的娛樂」而是向「生命」投擲的矢石和發問。在這個比艾略特所寫的第一次大戰後的〈荒地〉更「荒地」的世界裡，隨著日益發展的科學，複雜的社會，人的存在愈來愈模糊，愈來愈失去始源性。第一個人類的腳印已經印在月球上，然而，世界的危機並沒有隨著科學的高度發展，像豪士敦太空控制中心控制太空船一樣被控制在人類的手中，冷戰、小熱戰，比比皆是——人類生活在隨時會爆發蕈狀雲的晴朗天空下，似乎已沒有辦法控制自己的命運。人是什麼？生只是幻影？這些問題已不止是敏感的詩人的問題，是整個人類的存在的問題。《異鄉人》中的莫梭並沒有

[2]見白萩《天空象徵》的〈自語〉。

給我們答案——即使說莫梭以生命去換取輕蔑的快感，並沒有證明過死有
什麼價值。白萩的《天空象徵》裡所呈現的，正是這種現代人的悲劇性。

　　這是一條無人的路
　　阿火走著，無人
　　出現
　　既非為了走這條路
　　路，也不是因他而存在

　　一條蛆蟲的阿火走著
　　誰來證明？
　　「我是一個人」
　　誰來證明？
　　一條蛆蟲的阿火
　　走在一條無人的路
　　無人來證明

　　於是他照著太陽
　　影子投在山後
　　不見影子
　　沒有人
　　誰來證明？

　　「世界空無只有我
　　我卻空無」

　　於是他的影子從山後走來
　　這是一條無人的路
　　一條蛆蟲的阿火走著

他的影子走著

終於相遇

「啊！妻啊，妻啊

你是一條蛆」

這首是「阿火世界」的〈形象〉一詩。這個「形象」也許只是一個人存在於世界的形象：或者整個人類的形象。這個人走在路上，路是人走出來的，但，路卻不是因他存在，而這個走路的人是一條蛆蟲，在糞缸裡的一條蛆蟲，從糞缸翻出路上，然後，這條蛆蟲又是一個人，但，沒有人能證明到底是「蛆蟲」或者是「人」，這是荒謬的所在，然而，這個既為人而又為蛆蟲的「形象」仍舊走著，走在山前，走在山後，不見人影的，不是為他而存在的路上，「世界空無只有我／我卻空無」──我存在於空無的世界裡，其存在是唯一真實，一反，我卻仍是個空無，然後，這一條蛆蟲的阿火走著，沒有「實體的存在」的，他的影子走著，最後，相遇了，卻驚駭地大叫著：「啊，妻啊，妻啊／你是一條蛆」，這不是奇幻世界的形象，而是在荒謬的世界裡的人的存在，生命的形象，這種蛻變，這種空無的世界，這種空洞的人所交織呈現的矛盾的形象，其實就是現代世界的形象，我們不知覺地吃著、睡著、走著、談情說愛、繁殖著──像蛆蟲一般繁殖著人的形象，突然以一種大驚愕兀立在我們眼前，逼視你！讓你驚悸失色。這裡沒有拯救，連上帝的存在也沒有人予以證明，如果你讀過卡夫卡的《蛻變》，再讀這首詩，你會同樣地感到孤絕，以及沒有任何人與人之間交感的絕望、荒謬！然而，白萩用很單純的象徵把這種抽象的意識形象化於你的眼前，讓你睜眼審視你自己、審視世界。

我們居住的現代這世界，是存在的意義被忘卻了的時代。詩人要確定自己以及人的存在，所以無時無刻把觸鬚指向「存在忘卻之夜」[3]，探求從

---

[3]海德格喻現代為「存在忘卻之夜」。

我們身邊消逝著的，隱晦著的日常行為與事物。因為存在本然的面目、姿態，如果不探求便無法顯現出來。

太平間漏出一聲叫喊
太平間空無一人
死去千百萬次的房間
卻仍有一聲叫喊

陽光在窗口察看
太平間的面孔分外清楚
在死絕的世界裡
留有一聲活生生的叫喊

一滴血漬仍在掙扎
在蒼蠅緊吸不放的嘴下

——〈叫喊〉，《天空象徵》

呈現在這首詩中的是生被死緊緊攫住的扭曲了的面目。然而，沒有什麼奇特的形象，卻使我們感覺：在一個死絕的世界裡抗拒著死亡，生命向我們淒厲的呼喚。也許這個世界本身便是一間巨大無比的太平間，容納著無數的死亡，所以有活生生的叫喊，在這裡，生和死並列著，有如在一個外科醫生解剖刀下被解剖著，要叫我們去認識生與死莊嚴的矛盾——生的痛苦和死的顫悸。在這首詩裡只有兩種對立的暗喻（Metaphor）：即無語的太平間和活的蒼蠅，這種一死一活的對照（Contrast）造成一種戲劇性的感動，深邃的餘韻和弦外之音，但，它並不依賴繁複的 image，在《天空象徵》一詩集中，白萩所使用的意象不複雜，可是，擅於利用潛藏於一事物、一事象中的矛盾的對照襯托出所欲表達的全新的知覺經驗；因此，看來一首詩就像一個單純的意象。我之所以說白萩在這一詩集中意象不繁

複，不鬆軟，而更具凝縮力和內涵，其理在此。我這樣說，並非指他這種創作方法即為現代詩唯一可循的方法，而是說在目前許多現代詩化妝得失去真面目，矯揉造作而毫無「感動」的弊端裡，他的創作方法值得刮目相看。在這裡，附帶地，要提到的是我說的「感動」這一字眼。我認為任何一種形式的藝術，如果沒有「感動」，如不能予欣賞者以「感動」，不能予人以魅人的感動力量，不論其形式如何新穎、如何完整、華麗，終究只是木乃伊的美女而已！因為在藝術上「感動」的力量和它的生命力成正比。即以純粹抽象的蒙特里安的抽象畫論之，其在極端冷靜的智性安排下配置於畫面上的面和線，顏色的對比，如果不是能給我們以美的感動，怎能耐人尋味？我這樣說，也許有人會說太獨斷，但，我自己認為在藝術的信心上，與其沒有主見，毋寧有獨斷信念，否則藝術不會生根。

其次，我要談的是語言的問題。

任何一個把脖子伸入現代詩的人都明白語言是詩作的唯一工具。事實上，一個詩人欲表達其知覺的經驗世界，能否表達臻至理想，其表現力的高低，端在驅使語言能力這一件事上。一個詩人對存在的關懷愈深，愈不敢掉以輕心地使用語言。反過來說，對語言的認識的廣度和深度，即等於詩人對存在認識的深度和廣度。

「五四」以降的中國現代詩，在表現的技巧方面，每一位卓越有成就的詩人都曾從傳統裡，以及西洋各流派中吸納過不少方法，也有不少收穫，但，追求語言的本質對詩的表現關係的理論及實踐，似乎遠不及各種技巧受到重視。推其原因，大約有兩點：語言學尚未在學術上確立其地位，因此對語言的本質、機能的認識，辨正尚未科學化。語言的傳統力量（亦即習慣用法，包括意義在認知上的指示性以及音韻在情緒上的展示性）仍占有巨大力量。這兩點對詩人言之，皆為一沉重的負荷。然而，詩人必須對決語言的世界，征服語言才能成為詩人。在本質上說，詩要表現的是普通的邏輯不能表現的世界。亦即要表現隱藏在普通意識下捉摸不定、瞬息變化的感性世界。否則不能全面性地從根源把握住存在的意義。

是以詩人必須對語言具有敏銳的反應和創造力，才能賦予以新生命。如同路易斯說的：「詩人的工作是解放被閉鎖了的語言的生命，讓它復活。」

「五四」初期新體詩的詩人們在語言上採取一種對傳統詩詞的異端態度，所以使用極淺顯的日常口語，但，仍舊擺脫不了舊詞鐐銬，胡適的《嘗試集》即其一例。迫至李金髮、戴望舒等以降師承象徵主義衣缽一系列的詩人們在語言的錘鍊、驅使方面已有了飛躍，然而，因為刻意把握語言在音響上醞成的朦朧的象徵性，反而失去其始源性的力量，變得蒼白無力，達不到象徵的感性給予人在知覺經驗上的衝激力。

在自由中國的詩壇上，一般地說來，面臨著語言的深淵而能挺得住腰、不目眩神暈的，並不多，其中翹楚當推白萩和瘂弦。兩人都有驅使語言的能力。瘂弦吸納民謠、口語中原始的情感機能，或多或少以超現實主義的手法賦予語言以鮮新的形象，而白萩則從比較純粹的口語羅織象徵的意義以顯示存在意識和存在的諸面貌。

> 我們需要檢討我們的語言。對於我們所賴以思考賴以表達的語言，需給予警覺的凝視和解剖，我們需要以各種方法去扭曲、錘打、拉長、壓擠、碾碎我們的語言，試試我們所賴以思考賴以表達的語言，能承受到何種程度？
>
> ……
>
> 無疑的，白話是不成熟的。它只達到表意的程度，缺少詩的飛躍性，每當我們從事詩的創作，往往為它散步的姿態所苦。胡適交給了我們這樣青澀的語言，雖然使我們的腦筋清楚些，但沒有使我們更深厚起來，更飛躍起來。
>
> 至少，我們的語言，已失去了傳統舊詩的含納、簡潔和飛躍，我們需要正視我們現在語言的薄弱。
>
> ……
>
> 改進了我們的語言才能改進我們的詩。

——〈自語〉,《天空象徵》

　　白萩這一段話可做他對決語言的態度之註腳。他企圖用「各種方法去扭曲、錘打、拉長、壓擠、碾碎我們的語言,試試我們所賴以思考,賴以表達的語言,能承受到何種程度。」基於這種企圖,在語言的排組上,造句上,因主題而有不同的形式,如:

入木的部分早已腐銹
腐銹在檻內而望著藍天的眼光卻猶為新亮的釘頭
——〈然則〉,《天空象徵》

　　這種長長的句子,以及「阿火世界」的短、急促而有深厚的力量的句子。如:

漂白了的
春
消瘦了的
春
被強姦了的
春
子宮破裂的
春
血流不止的
春
——〈春〉,《天空象徵》

　　這種一字一行的形式。他這種不定於一式的句法、結構,完全由於流

動不定的現代人的存在意識所產生的。易言之，他的形式是由內容決定的，這使白萩的詩能承載得起思想，燃燒得起感性，顯現出多樣而有彈性，能呼吸的有生命的詩底世界。

　　狗突然惡嚎著
　　在世界的內部，一個空房的中央
　　為牠的存在而哀吠

　　於是你突然從沉思中
　　像胚芽露土而醒來

　　看著整個世界

　　滿臉于腮
　　從地獄中闖出
　　一個暴屬的鬼魂
　　冷酷地凝視

　　對著你脆弱的胚芽

——〈胚芽〉，《天空象徵》

　　白萩把自己知覺的經驗世界用扭曲、錘打、拉長、壓擠、碾碎的語言組成一可觸摸的存在，去逼視自己、逼視讀者，然後，經由這個獨立的詩之存在再去深化，再去體驗自己以及世界的存在。在這裡，我們就很清楚地明白語言並不是單純的傳達符號而是認識的方法。海德格所說的「語言是存在的住所」其理在此。

　　醒醐華夫在〈對立體的傳統之認識及其破壞〉一文裡曾提及白萩的〈雁〉，論及白萩具有「以新的視角去認識傳統，以自己的手繼承其血統的改革」的意識，在今天，不論中外，現代詩人皆已面臨著共同要完成真的

傳統破壞——這種積極的建設性的階段裡[4]，我們的詩人必須以現代的良心點燃真摯的情感和會呼吸的思想來創作更動人的詩篇。

　　白萩的詩的將來，從《天空象徵》看來仍是一條沒有走完的路。真的傳統破壞必須奠基於精確的認識傳統上，沒有生長的痛苦將不會有成長，就像蛇沒有脫皮便不會生長一樣。詩人必須永遠「面對著你脆弱的胚芽」，永遠傾聽：「狗突然惡嗥著，在世界的內部，一個空房的中央，為牠的存在而哀吠」的現代詩人的噩夢，永遠傾聽著世界的噩夢，才能做一個忍受得住存在的矢石的詩人。

——1969 年 7 月 24 日，夜 4 時

——選自葉笛《葉笛全集・評論卷二》
臺南：國家臺灣文學館籌備處，2007 年 5 月

---

[4]見日本詩誌《深淵》第 4 期。參見本全集翻譯卷九，醍醐華夫〈對立體的傳統之認識及其破識〉。

七面鳥的變奏
白萩論

◎李魁賢*

　　在臺灣現代詩壇上，白萩是一位能夠展現多樣的面貌，並且在每一次的轉變中，都能留下令人矚目的典型作品的詩人。他像是一隻七面鳥（火雞），每當他昂首向天空怒吼時，那霹靂的聲音就橫越過廣漠的空間，而凝固成一道虹。可是，誰都沒法預料，他在下一次怒吼時，會展現那一種顏面，因為每一次都是無數色彩的混成。

　　這就是白萩。「從 18 歲起，就在中國詩壇上扮演著重要角色的天才詩人白萩」[1]。十幾年來的詩壇，出現過不乏稍縱即逝的「天才詩人」，但要能長期扮演重要角色的，簡直屈指可數。寫詩畢竟不僅是靠天分，而且還要磨鍊，要不斷的觀照，不斷的超越，要不惜以今日之我與昨日之我對決。白萩深深自覺：

　　　已存在的美，對於尚未出現的美是一種絕大的壓力與考驗，如果不能超
　　　越與打破此種束縛，則新的美將無以出現。[2]

　　如果不能使新的美持續不斷地接踵出現，則創作活動必將沉滯而萎縮。白萩是最能以理論引導創作，以創作實踐理論的詩人。

　　對於一位這樣富有潛力而且一直在突破束縛的詩人，要評論他的位

*發表文章時為臺灣國際專利法律事務所專利工程師，現已退休，為名流書房坊主。
[1]張默、瘂弦主編，《六十年代詩選》（高雄：大業書店，1961 年 1 月）。
[2]白萩詩集《蛾之死》後記（臺北：藍星詩社，1959 年 5 月）。

置，實嫌過早。本文試圖從白萩的創作歷史過程中，探究其迄今為止的進程軌跡。

　　柳文哲曾將白萩詩集《蛾之死》前半部及其同時期作品，歸於浪漫主義時期[3]。其實，初期的白萩，風格一直就在改變中。嚴格說起來，真正屬於浪漫主義的作品，也是寥寥可數的，充其量只能說他的詩帶有浪漫精神。柳文哲說得對：「因為他的詩，意象奇特，想像豐富，我們不能視為素樸的浪漫主義者。」由這一點看來，我們不能不承認白萩很早熟，在當時臺灣詩壇還是彌漫著一片浪漫主義的熱潮當中，只有像楊喚、方思等幾位敏銳的詩人，在開始探索新方向之際[4]，白萩的作品也已經在蛻變了。

　　白萩浪漫風格的作品，最代表性的莫過於他的得獎作品〈羅盤〉[5]：

握一個宇宙，握一顆星，在這寂寞的海上
我們的船破浪前進，前進！像脫弓的流矢
穿過海鷗悲啼的死神的梟嚎
穿過晨霧籠罩的茫茫的遠方
前進啊，兄弟們，握一個宇宙，握一顆星
我們是海上新處女地的開拓者

前進啊，兄弟們，有誰在驚懼？
看我的針向定定地指著天邊那顆閃爍的北極星
看我堅毅地向空間伸開擁抱的兩臂
看我如銅像的英雄揮劍叱咤海上的風雲
看我出鞘的凜凜的軍刀，飲著月輝深沉地宣示：
我們是海上新處女地的開拓者

---

[3]柳文哲，〈詩壇散步：風的薔薇〉，《笠》第 10 期（1965 年 12 月 15 日）。
[4]楊喚的〈詩的噴泉〉，可以說是傾向於象徵主義的作品。方思則富有冷靜的古典精神。
[5]得中國文藝協會 1955 年度詩人節新詩獎，時年僅 18 歲。同期得獎詩人尚有：孫家駿、徐礦、吹黑明、林泠、彭捷。

風暴的魔手自前面的海中伸起

黑夜的殞石自頂上壓下

喝醉的怒濤在舷邊暴笑

前進啊，兄弟們，別戰慄地祈禱

全能的上帝在我，把緊邁進的舵輪

前進啊，我們是海上新處女地的開拓者

像一隻螞蟻在大湖裡游划的自卑？

像一片落葉任流水飄流的懦弱？

前進啊，兄弟們，收世界於你的眼懷

用毅力，向自然宣戰

前進啊，我們是詩與音樂的國度底計畫的藍圖

我們是海上新處女地的開拓者

握一個宇宙，握一顆星，在這寂寞的海上

我們的船破浪前進，前進！像俯衝的蒼鷹

穿過海鷗悲啼的死神的梟嚎

穿過晨霧籠罩的茫茫的遠方

我們是哥崙布第二，握一個宇宙，握一顆星

前進啊，兄弟們，我們是海上新處女地的開拓者

　　這一首詩充分表現了英雄個人主義色彩，那種豪邁的氣魄，明朗堅毅的語言，與當時泛濫著憂鬱感傷、耽於幻想、流於情緒之告白的「詠歎調」，大不相同。

　　另一首未收入詩集中的〈待戰歌〉[6]，可以說是〈羅盤〉的姊妹作：

---

[6]發表於《藍星周刊》第 74 期，1955 年 11 月 18 日《公論報》。後被選入《中國詩選》（高雄：大業書店，1957 年 1 月）。

> 鞭錘呀，鞭錘，我們少年之劍
>
> 在苦難的鐵砧，在光明的熔爐
>
> 神聖的希臘依然在流血，拜崙的詩未冷
>
> 鞭錘呀，鞭錘，我們少年之劍
>
> 在憤怒的錘下，在嘶吼的浸盆⋯⋯

這樣慷慨激昂的嘹亮歌聲，充滿了男性雄偉的野心與力量。這種表現少年英姿煥發的詩篇，比起今日以歷史材料填充於大量篇幅中卻缺乏戲劇性與史詩格調的戰歌，還要令人感動而引起共鳴。詩人的早年，即表現出這種獻身國家的呼喚，在此時回顧起來，是頗令人安慰的。

〈囚鷹〉是同樣具有豪放風格、氣象萬千的同時期作品。雖然在這首詩裡，有著：

> 當秋天的蘆花也向遠方傳播生命
>
> 而我卻像櫃上的瓶花悄然枯萎？

的歎息與委屈，但是那種：

> 而我，來自遼藍的長空，去向遼闊的自由

的宏壯依然溢於言表。

綜觀這三首詩，詩人所要追求的，都是憧憬中的遠方，那不息的生命。追求，不斷的追求，構成白萩詩中的重要支柱，在白萩後來發展的進程上，躍動的生命一直貫穿其間。他並不追求宗教的安慰，或神的依賴，也不過早地耽心到歷史的聲音。他所追求的，唯在追求的過程中發揚生命的本質。即使他在追求愛情，也是為了生命：

倘若我們不就此互相陪伴

生命該是多麼地孤淒？

　　　　　　——給洛利之七：〈黃昏是如此地空曠〉

在〈我將焚燬妳心中的舊羅馬〉[7]一詩，仍然有著極具性格的潑辣筆調：

戀人啊，我已厭倦在妳心中輝煌的舊羅馬，當光榮的尼羅，

過多的鮮花與讚美，麻痺了我的孤傲。

……

……

我將焚燬妳心中的舊羅馬，

焚燬妳心中輝煌的宮殿、銅柱和黃金之門。

讓一切金錢、榮譽、驕傲所築起的高塔和圓頂，

在毀滅的火神下，一切成為永劫的灰燼。

而後我將在妳心中重建一個新的羅馬，

不屬於英雄的鮮血、美人的薔薇所堆築的榮耀。

　　這一首被詩人自己及讀者所忽略的詩，利用歷史素材，歌詠少年創造的壯志，並探討著生命與愛的本質。詩人所口誅筆伐的是權力所帶來腐化的縱樂，那些俗世的榮譽之虛幻，他追求純粹，追求內在生命的完成。

　　當然這一首詩，只是藉用愛情的題材，來建立詩人理想的境界，不能當作白萩的愛情觀來看。（白萩對愛情的體驗，要以給洛利詩十首聯作為代表，詳後。）然而當詩人以 18 歲的少年，用如此陽剛的筆調，在「焚燬」一切外在世界的假相時，以他對生命認識之深刻，正可印證白萩早熟的說法。

---

[7]發表於《藍星周刊》第 38 期，1955 年 3 月 3 日《公論報》，此詩後來一直未見有人談起，也未被詩人收入專集中。

　　在這裡，值得注意的是，詩人對宮殿、高塔和圓頂的看法，是限於「金錢、榮譽、驕傲所築」的前提，即詩人所指的是假相的存在，而並非涉及人類精神與藝術的成就。

　　上舉諸詩，都是洋溢著濃烈的英雄主義色彩，以個人為出發點，以氣吞山河的氣概擁抱世界。如果我們接受里爾克對生命存在真諦的觀念，即人應捨棄對事物的征服，而獻身於對事物的服役，則白萩對「光榮的尼羅」之鄙棄，對人間心目中的英雄人物（指征服外在而無法超越自己）之不服，正表示詩人對真實存在探索的起點。

　　自然，以一首詩要來斷言詩人整個包容的世界，難免以偏概全，那麼讓我們再來追蹤詩人的足跡。在〈飛蛾〉一詩裡，詩人吟詠著：

> 我來了，一個光耀的靈魂
>
> 飛馳于這世界之上
>
> 播散我孵育的新奇的詩的卵子
>
> 但世界是一盞高然的油燈
>
> 雖光明，卻是無情
>
> 啊啊，我竟在毒刻的燃燒中死去

　　在同一時期的作品裡，表現上有如此巨大的轉變，很令人驚訝。由犧牲引導到完成的過程，是真正發揮了人生存在價值的觀點。

　　白萩的發展，已漸漸轉向「物象的優位」，而壓抑了人的重要性。由此起，我們發現浪漫主義已經在他的詩中開始沒落，當然這並非意味著他捨棄了浪漫精神，追求知性的表現。在白萩的作品裡，情緒一直是他的原動力，他強調：

詩不存於知覺，只有觸動情緒的根絃，引發感動，才成為寫詩的契機。[8]

但要注意的是，白萩並未讓情緒任意流露，他說：

情緒亦只是詩的動機，只有由情緒出發，通過知覺，進入意象的狀態中，我們才能窺見詩的面貌。[9]

這時，白萩對物象的觀察，已開始有深刻而細膩的表現。他往往能從極其平凡的物象，塑造出尖銳而鮮活的意象。由於他具有繪畫的素養，特別能強化對比的效果。柳文哲曾說他「有畫家一般透視的領域」。如〈呈獻〉[10]中的詩句：

朝露如晶瑩的鑽戒
向草葉的纖指定情

於是，物象在白萩詩中，有了新的生命，原是為俗世的眼光所蒙蔽的命運，卻能發出潛在真實生命的光芒來。甚至在被林亨泰指稱為由「故事性」進展到「戲劇性」[11]的里程碑之〈水菓攤上〉一詩，他不僅把物象擬人化，而且企圖賦予物象有自己的生命，表達物象的喜怒哀樂，並以之諷喻人生。

〈金魚〉這一首寓意化的詩，是白萩詩中少見的比較感傷的作品：

火的理想，被軟困於現實的冰冷的水
不能躍出這世俗殘酷的泥沼

---

[8]白萩詩集《風的薔薇》代序〈人本的奠基〉，（臺北：笠詩刊社，1965 年 10 月）。
[9]同前註。
[10]發表於《藍星周刊》第 91 期，1956 年 3 月 16 日《公論報》。
[11]林亨泰，〈白萩的詩集：《蛾之死》〉，《創世紀》第 12 期（1959 年 7 月）。

　　可憐的被玩賞的金魚啊

　　吸不自由的空氣
　　缸的圓極窒息了直往的路向
　　為何不長對翅膀呢？可憐的魚啊

可是以同樣的題材，表現在〈金魚‧噴泉〉一詩，卻富有著象徵的意味，
並且帶有幽玄的傾向，在技巧上的磨鍊，已顯而可見：

　　在哭泣的噴泉下
　　是那一個少女遺失的紅薔薇？
　　在破碎了的心的池面
　　噴泉的髮絲飄散著
　　噴泉的淚滴傾瀉著

　　噴泉的手揮打著
　　噴泉的失戀歌唱著
　　在破碎了的心的池面
　　紅薔薇飄零著
　　紅薔薇被淚雨摧打著

　　唉，把戀人贈的紅薔薇
　　用憤怒的手摧打著的
　　噴泉是一位失戀的少女
　　金魚是戀人贈的紅薔薇

　　以植物與動物不相屬性的比喻，以一般象徵著希望與明麗的薔薇，代
表了壓抑、摧殘與無可奈何的命運。應用這種詭論的語言，表現了詩人獨

特的眼光。全詩開始即以紅薔薇不確定的個性展開，直到末行才點出了紅薔薇是金魚的化身，足見詩人懸宕的技巧之出神入化。

　　白萩初期的多樣性，尚不止於這裡所標出的重點。例如，富有構成主義色彩的〈構成〉一詩：

　　　臨泊於海港
　　　　　一隻舟
　　　棲息於花蕊
　　　　　一隻蜂
　　　靜停於秋空
　　　　　一朵雲

　　　不可思議的時間之黑林中
　　　傳來嬰兒的啼泣
　　　與老者的喟歎……

　　　唉，舟子忽赴遠洋
　　　蜜蜂匆歸蜂房
　　　雲朵飄逝穹蒼

　　　而港依舊無波
　　　花依然鮮豔
　　　秋空還是青青

　　在此，詩人以代表海、陸、空，三度空間的單純意象，組成一種立體畫面，由靜態→動態→靜態的進程與回歸中，追求純粹感情與知覺的絕對性。這是白萩的詩當中，排除情緒的絕少例外。即使後來在以文字追求繪畫性的實驗創作上，也幾乎找不出如此「構成」意識的作品。

　　接著，白萩的風格又一變，以富流動性的語言，創造輕鬆舒暢的節
奏，因而產生了比較柔性的一連串作品。包括有〈等待〉、〈蘆葦〉、〈鐘鳴
了〉、〈湖上〉、〈秋〉、〈神殿之月〉、〈倦臥之冬〉、〈沉重的敲音〉、〈落葉〉
等。在這些流暢輕快的旋律裡，奇怪的是，白萩竟表現了恍惚不定的心
情。詩人似乎迷惘了，感到生命之不確定性。因而他沉迷於自然景象，企
求慰藉，但所有自然景象，都使他感到落寞。在白萩的詩中，出現了空前
絕後的徬徨和疑慮：

　　唉，苟若鴿子飛來了，我帶什麼去呢？

　　　　　　　　　　　　　　　　　　　　　　　　　　——〈等待〉

　　啊，有誰知道這個祕密？

　　　　　　　　　　　　　　　　　　　　　　　　　——〈神殿之月〉

　　細雨伴著我。我將往那兒去？

　　　　　　　　　　　　　　　　　　　　　　　　　　——〈湖上〉

　　啊，是什麼意義？鐘擺搖著，落葉飄搖著，為什麼我也飄搖著？

　　　　　　　　　　　　　　　　　　　　　　　　　　　——〈秋〉

　　誰在敲著門？
　　無端地為我敲著門？

　　　　　　　　　　　　　　　　　　　　　　　　　——〈沉重的敲音〉

　　1956 年的這一段時期，似乎是早期的詩人在情感生活上遭遇到波折的
日子，使得他在探求生命的祕密時，不能有確定的把握，而感到懷疑。
　　愛情曾經滋潤過詩人的心靈。在給洛利詩的十首聯作裡，詩人乃以細

膩的筆調謳歌著愛情。然而值得注意的是，從〈傘下〉的信心，經〈妳仍
然為我微笑〉的自憐，〈燈與影〉的追逐，〈燈〉的企求，到〈我開始無端
地哭泣〉的失落，這一連串的過程，對詩人正是一種挑戰。考驗他在偏向
情欲的立場停頓呢，還是能超越虛幻的關聯，還給愛情以真實獨立的純
粹，而不是附麗於期望獲得的目的。結果我們看到了絕對奉獻出的愛情之
昇華，在最後的〈種子〉末節裡，詩人唱出了：

> 我感覺那痛楚，深入又深入的痛楚
>
> 我感覺那舒適，蔭覆的舒適
>
> 然而，愛呵，我喜悅這生長的一切
>
> 妳使我感覺存在，有著夢和期望的存在

這項「存在」，便是愛所完成的。由奉獻而得來的心靈上的成就，是引導生
命走向更真純與本質的方向。

　　對詩人感情線索的探討與追蹤，並非毫無意義。經過這一層次的磨
鍊，使詩人走向心靈開放的世界，是邁向成熟與不斷發展的契機。

　　1956 年 1 月 15 日，現代詩派的宣告成立，同時在 2 月 1 日出版的
《現代詩》第 13 期上，林亨泰發表了〈房屋〉等新作品十組，在當時平靜
的詩壇激起了巨大的波瀾。緊接著在《現代詩》第 14 期以後，林亨泰又有
〈第 20 圖〉、〈Romance〉、〈騷音〉、〈車禍〉、〈花園〉、〈進香團〉、〈電影中
的佈景〉等新作品的出現[12]，進行完全否定節奏的符號詩的實驗，這些訴
諸視覺性的作品，頗惹起一陣騷動。受到林亨泰符號詩的刺激，白萩這時
也做了極為前衛性的實驗，產生了後來收在《蛾之死》詩集中的〈眸〉，及
〈聖馬麗亞〉以下的八首作品。這些詩最初絕大多數都在《南北笛》周刊
上發表，其中還有未收在詩集中的〈手套〉、〈落了的月和古帆〉、〈雨祭〉

---

[12] 根據林亨泰先生於 1966 年 1 月 30 日在彰化火車站告訴筆者：當時他所寫這些實驗作品，是一次
寄給紀弦先生的，但在《現代詩》上分期刊出，使外界誤以為他在大力（長期）提倡符號詩。

等多首。詩人先是試圖打破習慣上的形式,在詩行間做流動性的羅列,後來才產生〈流浪者〉與〈蛾之死〉的圖象詩。

白萩這些圖象詩的實驗,是意圖傳達給讀者以兼具「讀」與「看」的經驗。詩人認為:

> 所有的詩都由形象開始、發音,然後被移植於紙上,那麼圖象詩的形象,該使詩更能回復到文學以前的經驗;回復到聲音與符號結合而成的,原始、逼真、衝動、有著魔力的經驗。[13]

這可以說是白萩圖象詩本體論的重點。我願提醒讀者更加注意白萩的方法論。他說:

> 「繪畫(性)也只是附從於『意義』,那麼思考『意義』的需要而決定『表現方式』,正是詩人的才能之一。」[14]

基於此,要提到白萩的圖象詩時,應先考察其「意義」,再旁及其「繪畫性」。當白萩開始試圖在詩行上打破傳統性的規則時,他在詩本質的探求上,開始有極為強烈的意象主義的傾向。

葉笛指出白萩詩的這一特色為:「獨特的觀照和結晶的意象外爍為新奇的形象。……是詩人在長久的醞釀過程之後,與自己所凝視的對象,由頓悟合而為一的境界。」[15]是很中肯而允當的評論。

在這些作品裡,詩人對物象觀察之銳利,與把握意象之突兀與新穎,均已達藝術的極高境界。如〈仙人掌〉以意象主義的眼光來看,實是不可多得的佳作:

---

[13] 白萩,〈由詩的繪畫性談起〉,《創世紀》第 14 期(1960 年 2 月)。後選入洛夫、張默、瘂弦主編《中國現代詩論選》第一輯(高雄:大業書店,1969 年 2 月)。
[14] 同前註。
[15] 葉笛,〈現代詩人論之一:孤岩的存在〉,《笠》第 22 期(1967 年 12 月 15 日)。

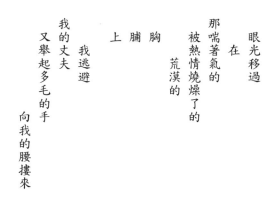

眼光移過
在
那喘著氣的
被熱情燒燥了的
荒漠的
胸脯
上
我逃避
我的丈夫
又舉起多毛的手
向我的腰摟來

　　讀這一首詩，令我想起布洛克與華倫在《詩的領悟》一書中，於論及威廉士（William Carlos Williams）的〈紅色手推車〉（"Red Wheelbarrow"）一詩時所作的評語：「讀此詩，有如從紙板的針孔中窺看平凡的物象。事實上，針孔所賦予的，是一個謎，和刺激、新奇的境界之顯示。」[16]

　　這些作品，雖在個別的文字間，缺少節奏，但從意象自然流露的流動性的安排上，卻有了無聲的節奏和韻律。這是視覺上的，也是知覺上的。

　　〈流浪者〉和〈蛾之死〉，是白萩在圖象詩實驗上的力作。〈流浪者〉是一首極為成功而動人的作品。詩人以：

　　　望著遠方的雲的一株絲杉

句子之重複與變化，表現了流浪者的失望與悲哀的情緒。季紅特別指出〈流浪者〉確切且完整地給出了意象自身[17]。誠然，這首詩在意象方面的成就，比起〈仙人掌〉，尤有過之。以如此有限的字句與語彙，暗示出何其廣闊夐遼的空間和意義，更加以在形式上的形象化，使「一株絲杉」的孤絕感，形成壓倒性的逼力。

　　詩人在〈蛾之死〉裡，企圖克服文字表現上的時間的圍限，而還原到

[16]Cleanth Brooks and Robert Penn Warren, *Understanding Poetry*, pp.173–174, 1938.
[17]季紅，〈確切——給出的能力〉（詩之諸貌四），《創世紀》第 17 期（1962 年 8 月 1 日）。

物象本來的空間狀態。林亨泰曾說明此詩係集各種技巧之大成，他並指出兩層性、合唱性、同時性、融和性和戲劇性的各項特點[18]。

　　對此詩的戲劇性，林亨泰未進一步地解剖。在此，我們可以指出兩點極為重要而鮮為人談及的。其一為空間的轉位：當蛾飛越過教堂、銅像、與大學實驗室時，詩人使三個鏡頭接連地跳越過去，簡潔俐落，並顯示出速度，有電影剪接的技巧。其二為諷刺性：如在「教堂」裡：

　　　一隻灰色的老鼠咬受難耶穌的足跟於
　　　星期日的十二時。

對於「銅像」：

　　　　只是
　　　　東面無際
　　　　西面無際
　　　　北面無際
　　　　南面無際
　　　　上面又無際
　　　　　　　　的
　　　　孤零。

以及在「大學實驗室」裡：

　　　把男同學的情書如化學分析樣的分析著的。
　　　一株苗條又苗條的女同學。把某甲某乙

的性荷爾蒙加起而造成所謂醋。

等，更加強了此詩的包羅恢宏遼闊，且在諷刺中，透露著怪誕（Grotesque）的手法。

在探討白萩的圖象詩時，我一再希望讀者記住白萩的話：繪畫性只是附從於意義。以〈蛾之死〉來說，從其意義上了解，我們便可欣賞詩人企圖：

表現蛾之闖入這世界中，那種突獲光明的激越之情，和在無限光明中歡樂的形態。[19]

而在表現上的「圖示」方式，只是附從的，在於藉視覺的效果，來加強意象的深刻。

然而這一首詩，也並非毫無缺憾的，例如，在第一、三和八節，過分企求時空的合一，有以「繪畫性」損及「意義」的現象，這可能就是葉笛指責此詩為不能在讀者心中造成統一的、完整之意象的緣故[20]。而第三節的處理，顯然重蹈林亨泰的〈房屋〉與秦松的〈湖濱之山〉的覆轍，亦有白萩所指稱的：

詩中的「繪畫性」差不多取代了「意義」的關係。[21]

此節在〈蛾之死〉全詩中，不能不算是一敗筆。

最後討論的是，蛾之死於「被棄的少女」之手一事。詩人在處理此結局時，或許故意造成更戲劇性的高潮，但關於此項「怨恨」的發洩，勿論

---

[19]同註 13。
[20]同註 15。
[21]白萩，〈由詩的繪畫性談起〉，《創世紀》第 14 期。

在「被棄的少女」、或「蛾」、或「詩人」的立場來看，都使得生命在追求真正存在的過程，暗澹失色。這項結局，和本文前面所曾經探討過的，以奉獻來達到完成的精神，略有出入。但，生命因偶發性的變故而消失，卻表現了生命之不確定性的一面。因此，最後：

> 生命就如此終結。
>
> 生命就如此終結。
>
> 生命就如此終結。
>
> 一瞬。

這樣震撼的語句（「一瞬」有如驚天動地的鑼聲），使得生命本身缺乏偉大使命感的強力。反之，卻能把全詩的戲劇氣氛推向更高潮，對生命的本質做了一次嘲弄。

白萩的圖象詩，與西洋的立體主義作品不同。立體主義者企圖賦予詩以視覺上的具象，如阿保里奈爾（Guillaume Apollinaire）的〈皇冠〉、〈心臟〉、〈鏡子〉、〈花瓶〉、〈馬〉，以及哈伯特（George Herbert）的〈鳥翼〉，拉曼悌亞（Philip Lamantia）的〈墓〉等詩，而白萩在形式上的表現，則是抽象化的，他並未在〈流浪者〉中，藉文字排成一棵樹或流浪人，或在〈蛾之死〉中造成飛蛾的文字形象。和林亨泰的符號詩也迥異其趣！林亨泰的符號詩，企圖藉用符號的機能表現出文字所無法達到的時間上的動感和速率，而白萩則是用文字的羅列強化空間方位的戲劇性，以烘托出整首詩的意境。這是 21 歲以前的白萩的幾個重要側面。在他早期的四百多首詩中，重要的代表性作品都已網羅在《蛾之死》詩集裡。在此鉤宏提要中，至少可以見出白萩在崛起詩壇的短短幾年間，表現了多麼令人心折的勁力。他之勇於實驗、勤於對物象做內在化的深刻觀照，以及對生命的追求不息，是特別為我所欽佩與感動的。

白萩的圖象詩，無論在詩的延伸性或表現技巧上，都對傳統的束縛做

了極大的突破。於此，對白萩的傳統觀念有加以闡明的必要。由於「現代派的信條」第二項裡有：「我們認為新詩乃是橫的移植，而非縱的繼承」這樣一句話，引起對傳統的爭執。因意氣之爭而各執一詞，致無人對這樣嚴肅的問題做客觀而深入的了解與思考。此時，白萩以文化進化觀點所做的析論，是值得注意的，但當時未受到應得的重視，正表示當時叫嚷喧騰的詩壇，尚缺少冷靜的反省。

　　由於白萩在這段時期，向艾略特吸收教養，因此艾略特的精神自然而然地灌輸入白萩的血液中。白萩對傳統的看法，主要在強調時間與文化的持續性：

> 「過去」並未與「現在」對立。而因累進及生長，使整個「過去」包含在「現在」之內，並且繼續發生作用。[22]

現代精神即係承襲過去，消化過去，而加強創造與實驗，以期忠實表達時代的感受。詩人並發揮艾略特的觀點，將傳統觀念，由時間性更擴及空間性。基於此「開放的」了解，對傳統賦予了更廣大的意義。

　　傳統由於不斷的創造與實驗，而擴大範圍，由於逐代加成而益形豐饒。在不斷的淘汰與進化中，產生文化的長流。白萩在揭開此一真理時，更要求把整個傳統視為一種束縛，並對這種束縛突破，即不要耽留於重複的工作，而要加強實驗。[23]

> 哦，靜止吧，讓你靜止成
> 活活老去的一棵默生的小樹
> 而使我們蜿蜒前去，在眾眾之星中

---

[22] 白萩，〈對「現代」的看法〉，《現代詩》第 13 期（1959 年 3 月 20 日）。這句話正是艾略特「過去不僅僅具有過去性，同時具有現在性」的闡釋，見註 25。
[23] 白萩，〈實驗階段〉，《創世紀》第 15 期（1960 年 5 月）。

把我們的名字點燃成一顆火火的慧星

在〈路——給傳統〉這首詩中，白萩明確地表露了擺脫傳統的束縛，向前進步的精神，必要如此，傳統才能永遠保持新的意義。

在詩人所描擬的進化階梯中，實是意味著一套反饋系統（Feedback system）。在反饋動作中，因評判作用而能糾正偏差，經過「去消」而達成增添「新啓悟」的結果。

讓我們再一次回顧白萩在《蛾之死》後記中的話：

已存在的美，對於尚未出現的美是一種絕大的壓力與考驗，如果不能超越與打破此種束縛，則新的美將無以出現。

在這句話裡，如果把全部「美」字，代之以「傳統」，也正可表現白萩對傳統的基本看法。這證明了詩人的前衛精神，不但是言行一致，而且是前後一貫的。

白萩受到艾略特的影響，不僅見之於理論上，且展示於創作中，如前舉〈蛾之死〉的結局，正是艾略特〈空洞的人〉（"The Hollow Men"）結句的化身：

世界就如此終結
世界就如此終結
世界就如此終結
不曾發生巨響只是一聲鳴咽。[24]

做此比較時，可以發現一極饒趣味的問題。在此雷同的句法背面，卻

---

[24]引自白萩譯詩〈空洞的人〉，《創世紀》第 15 期（1960 年 5 月）。

隱藏著極爲相左的詩觀，及由此觀念架構發展出來的詩法。我要求讀者不要只限於拙文所引用的詩句，讓我們把全詩做一整體看待，便會發現，在艾略特詩中，對情緒與個性的極端壓抑，因爲他認爲：「詩不是情緒的放縱，而是情緒的逃避；詩不是個性的表現，而是個性的逃避」[25]。而白萩正好相反，他把情緒視爲詩的推動力，必要激發情緒，然後才成爲寫詩的契機，至於：

個性猶如影子一樣跟隨著生命

是無法逃避的，甚至：

個性即生命

　　這一點可以說是白萩對理論的實踐表現。他吸收而消化了艾略特所建立的傳統，「經過去消的評判作用而增添新啓悟」，由於有此「新啓悟」，使得他在〈人本的奠基〉裡，對艾略特的「觸煤作用」說，提出了深刻而中肯的檢討，並加以闡發幽微。

　　《蛾之死》出版後，大約在五年之間，白萩很少有詩作品的發表。由於現實生活變動之快，使得他對詩改變了一種處理方式，他把詩「留在心裡自我玩賞、醞釀、發音」[26]。其實這一段期間，除了因現實條件的促成，使詩人經歷了一種跡近享樂主義的生活外，他之遠離詩壇，亦肇因於他的實驗精神之受到毀譽交加，以致他對自己的創作，更持謹慎的態度，因此在過著一種「詩之隱遁」的生活中，反而能對詩的木質做一番冷靜的檢討。

---

[25]杜國清譯，〈傳統和個人的才能〉（"Tradition and the Individual Talent"），《艾略特文學評論集》（臺北：田園出版社，1969 年 3 月）。

[26]白萩詩集《風的薔薇》後記。

　　在他沉默的五年當中，只有十餘首作品。但此時起，白萩開始在詩中探究現代人的存在問題，表現人之受到現實世界的壓抑與排擠，在此騷動世界裡的迷惑、焦慮與失落的命運。如〈秋〉之幻滅：

> ……
> 我們像一條鮮活的魚在敗壞
> 敗壞敗壞敗壞敗壞敗壞敗壞
>
> ……
> 我們像一座被遺棄在路邊的屋子
> 空望著門前的路沒入遙遠的前方

由於對現代的失望，因而對〈昔日的〉產生憧憬，可是因昔日之消失不可企及，而重歸失落：

> 望著夕陽鍍紅的山巔
> 那樣高仰，那樣逼視
> 那樣地存在著無法跨過的距離

這不就是里爾克在〈第二悲歌〉裡所吟詠的人與天使相對所遭遇的處境嗎？那「夕陽鍍紅的山巔」，正是里爾克所歌詠的：

> 早先成就的人物，你創世的寵兒
> 崇山峻巔，一切創造的
> 朝陽映紅的山脊……

這是里爾克心目中天使的造境，也是代表人間極致的存在。里爾克在〈第

二悲歌〉裡，感歎著人間與天使親近的時代之遠逝，悲悼現代人之迷失
[27]。而白萩在此所表現的，正是同一意念。「無法跨過的距離」，正足以展
示現代人與天使之無能接近，而注定了人必在塵世沉溺無法向「開放的世
界」攀升。

　　此外，如〈叩門的手不再來〉之期待，而終於：

　　　　我只是一朵找不住憑藉的蓮……

失去了所有的依據，在現實的池塘沉淪。〈不能戰爭的時代〉中，出現的是
「不關心」的世代，茫然於存在的意義，無所作為，因而：

　　　　只有那些懶洋洋的風。
　　　　開得令人煩厭的鳳凰。
　　　　只有那些懶洋洋的風。

　　甚至在〈標本獅〉裡，引用艾略特〈空洞的人〉中的詩句，焦心地喊
出了沉痛的聲音：

　　　　You are the hollow men!
　　　　You are the stuffed men!

這不僅是對俗世界的責難，也是對詩壇在痛下針砭。

　　到此，又是白萩轉型期的開始。他對〈荒地〉（"The Waste Land"）、對
〈空洞的人〉式的表現，已不能滿足。在他沉默後，重新出發時，他更傾
向內斂，更耽於靜觀。他以堅忍壯大自己，並開始向命運挑戰。在〈Arm

---

[27]李魁賢譯，《杜英諾悲歌》（臺北：田園出版社，1969 年 3 月）。

Chair〉中，以蓄勢待發的姿態，以堅定的意志：

> 等待轟馳而來的星球衝擊

在〈冬〉裡：

> 我們漸漸的冷卻
> 成為砧上熬鍊的鐵塊
> 沒有形式的欲求
> 只是困守著本質
> 我們漸漸的脫棄外衣
> 裸立在寒風中，如一枯樹
> 堅忍而緊閉著嘴
> 無一聲禱告

表現了不求依靠，即使在最惡劣的條件下，仍然固守著本質的堅強。白萩不像艾略特由〈荒地〉走向〈聖灰日〉（"Ash Wednesday"）那樣投入宗教的懷抱裡，在信仰的皈依下求取內心的安寧，而是轉向里爾克的方式，從孤獨中去擁抱世界。他學習無花果樹的精神，不為了開花以博取讚賞，而只關心履行生命存在的真諦。唯有在此情況下，人，才能獲得極大的自由，這是走向里爾克開放世界的起點。

> 　　自由
> 創造了
> 我們的孤獨
>
> 　　　　　　　　　　　　——〈風的薔薇〉

同時也是孤獨創造了我們的自由。當你孤獨時，週圍所有的人都離去，所有藩籬都已拆除，巨量的空間爲你所獨享，這時你才能自由與事情親切對晤。這時起，〈天空〉一詞在白萩詩中屢見不鮮。

在〈樹〉裡，表現「固執而不動搖」的意志，在〈暴裂肚臟的樹〉中，展示「以一座山的靜漠停立在刑臺上」的堅定。詩人已愈來愈重視內在的生命意義，終於在〈曇花〉裡：

> 我們以照明彈在空間燃燒著自己的生命
>
> 吐放著白焰只為自由的喜悅！

有了極爲令人感動的完成。生命的本質，存在的真諦，都在此詩裡發揮得淋漓盡致。

要觀察一位詩人的成熟，及其是否具有邁向偉大的潛力，莫過於檢視其對生命價值的了解。我認爲這是衡量一位詩人地位的重點，因爲這可以顯示詩人的使命感及其植根的層次。

白萩這一系列的作品，延伸到《風的薔薇》之後的詩，包括我國詩壇罕見的優秀作品〈雁〉及〈貓〉[28]在內。物象的生命，在這些詩中，已成爲獨立自主。它們的成就，可與里爾克的〈豹〉（"Der Panther"）一詩媲美。正如侯篤生（H. E. Holthusen）所評論的：「……並非赤裸裸的『移情』（"Einfühlung"），或『直覺』（"Intuition"），而是物我一體，感情的物象化。」[29]然而有所不同的是，里爾克的豹，在檻中窺伺著空無的外在世界；而白萩的雁，則投入廣大虛無的天空，追逐著遠方的地平線；白萩的貓，則怒瞪著黑夜，與無法懷抱的世界對決。

在〈雁〉與〈貓〉同時期的作品中，白萩亦表現了「囚於檻牢」的苦

---

[28]見白萩著，《天空象徵》（臺北：田園出版社，1969 年 6 月）。
[29]李魁賢譯，《里爾克傳》（臺北：田園出版社，1969 年 3 月）。

悶與悲哀[30]：

> 檻外的街道中彈而掙扎地倒下，夜
> 便走來蓋上了屍衣。露
> 將濕潤我們不閉的眼睛。
>
> ——〈以白晝死去〉

> 似有一頭飢餓的狂獅在你的心中。來回走動
> 囚於檻牢早已難耐，在血腥的夕暮之前
>
> ——〈轉入夜的城市〉

> 然則春天在檻外不知恥地走著。
>
> ——〈然則〉

然而此象徵意味的無形的檻，畢竟不如有形的檻對豹之不可突破性。物象生命力之強勁，貫穿於這些詩中，即使：

> 入木的部分早已腐銹。
> 腐銹在檻內而望著藍天的眼光卻猶為新亮的釘頭
>
> ——〈然則〉

在〈雁〉與〈貓〉詩中，賦予了極其龐大之遼闊與難予探測之深度，是白萩在摒除給詩帶來繪畫性的形象，更深一層探究精神運作所得來的成就。[31]

在追求藝術的最高境界之後，詩人回顧了人間遭遇的命運。從〈出發

---

[30]這是詩集《天空象徵》第一輯「以白晝死去」的主題。
[31]見白萩與桓夫對談〈詩的基本質素〉，《笠》第 16 期（1966 年 12 月 15 日）。

三響〉起，他從探討人類的實存問題，移到平民切身的社會問題上來。他用赤裸裸的筆調，來針砭著人間的不幸，用烙火的鐵杵直戳潰膿的傷痛部位。詩中的諷刺性，由對人生的缺憾轉向對社會的偏畸。在〈寸土寸金〉中，表現沒有土地的悲哀，在〈養鳥問題〉中，探討生活的重壓與生育的問題以及慘酷的殺戮，在〈春〉中，憤懣戰禍不能平息，在〈天空〉中，流露莊稼漢的無依：

　　「天空不是老爹

　　　天空已不是老爹」

　　這一系列的作品，頗令人矚目。詩畢竟不是文字的羅列、意象的羅象而已，而該是探求意識、探求精神動向的問題。在這些刻意平民化的詩中，確實沒有奇特的意象，然而立於這「阿火世界」一系列作品中典型主角的「阿火」，他的喃喃自語、他的嗚咽、他的苦難，令人難以忘懷。

　　為了使新的美出現，白萩確是最能向已存在的美進行挑戰的詩人。他今後的軌跡，即使他自己也難以預料。因為他下一步驟，往往是針對上一步驟「經過去消的評判作用而增添新啟悟」。「他是一邊起步，一邊發現，一邊扔棄，一邊建立」[32]。他不在詩中表現他的概念，他的思索是在詩發生之前的醞釀時期，在詩創作時，他是以生活，以整個的生命投入藝術的漩渦裡掙扎而冒出。我們在白萩詩裡，見到的是深奧的生命，空靈而又實在，是內在力量，飄忽而又堅定。

　　白萩的詩似有更強烈地轉向即物性的趨勢，在新作中，他已傾向保持距離的客觀態度，事物在詩中擁有優勢的世界。人與事物之間具有親切的關聯性，而不像早期的詩中，顯示一種優位順序。讓我們以同題為〈金絲雀〉的詩，做一比較。

---

[32] 張默、洛夫、瘂弦主編《七十年代詩選》中白萩小評〈史芬克司的震顫〉。

……籠外是青天，是無涯的道路與空間

可悲的造物呵，墮落
何以賜我一雙飛揚的翅膀
又留下樊籠？……

這是早期的〈金絲雀〉[33]。在此寓喻中，之所以有如此的慨歎，完全植基
於以人為中心的觀念和事物占據著對比中的劣勢況位而來的。但在最近發
表的另一首〈金絲雀〉[34]中，我們見到了這樣的句子：

把整個世界關在檻外
那是不可信賴的陌生人
充滿窺探的眼
竊聽的耳
……

不被信賴的生命
把歌唱給沒有人聽吧
把血一滴一滴地
從胸中釋放……

在此，事物占住了世界的主位，人的因素已謙讓。完全以事物為中心，才
能拋棄人的主觀與偏見，探求出生命的真實面目來。

　　論詩，也許僅以詩的美為著眼點盡夠了，然而我試圖討論的是詩人的
整個創作活動，他的發展進程，他的變遷、他的意識。論詩，應追究詩人

---

[33]發表於《藍星周刊》第 108 期，1956 年 7 月 13 日《公論報》。
[34]發表於《笠》第 29 期，1969 年 2 月 15 日。收入《天空象徵》中。

的精神動向[35]。這種工作實際上已超出我的能力範圍，何況要論七面鳥一般的白萩，我真不敢期望能達到預期的成績。可以告慰的是，經過如此探究後，對於自己之了解白萩的詩，總算能理出一條脈絡線索來。

　　同時，並給我深深的信心，在臺灣詩壇上，白萩一定能保持住重要的地位。

——1969 年 5 月 6 日

——《笠》第 32 期（1969 年 8 月 15 日）

——選自李魁賢《李魁賢文集 3》

臺北：行政院文建會，2002 年 10 月

---

[35]白萩在《天空象徵》後記的〈自語〉中，除了檢討語言與詩的關聯外，他也強調了「重要的是精神而不是感覺」。

不斷地超越的變數
論白萩的詩

◎趙天儀*

　　白萩，本名何錦榮，臺灣臺中市人，1937 年生。省立臺中高商畢業，現從事美術設計。1955 年獲中國文藝協會詩人節第一屆新詩獎。出版詩集有《蛾之死》、《風的薔薇》、《天空象徵》、《白萩詩選》、《香頌》、《詩廣場》。評論集有《現代詩散論》，英譯本有非馬的《香頌》，德譯本有梁景峰的《臺灣之火》。笠詩社同仁。現為《亞洲現代詩集》編輯委員。亦曾任《笠》詩刊主編之一。

　　白萩的詩觀，在不同階段，都有他自己一套的看法，連串起來，也頗能看出他一貫之道。在《蛾之死》的〈後記〉中，他說：「做為忠實於現代生活中的自我感受，並盡可能的嘗試、改革、實驗、以及鍛鍊以往諸種技巧，用以完全表達此種感受的一個藝術工作者。已存在的美與他創造美時的理念是一種抵觸，他勢必欲打破此種傷殘創造精神的已存在而又近於典型的完美所規範下的束縛，凡有真正創作經驗與野心的人，必能與我有同感。已存在的美，對於尚未出現的美是一種絕大的壓力與考驗，如果，不能超越與打破此種束縛，則新的美將無以出現。基於此種精神，此類藝術工作者的意識中，必然以最後一篇或尚孕育於腦中的一篇為自身藝術的最完美的表現。」

　　在《風的薔薇》的〈後記〉中，他說：「所謂詩就是詩人在生活體驗中的結晶，它令我們最大的愉悅是在於：獲得了 image，並將 image 在心裡玩

*發表文章時為國立編譯館人文組編纂，現為靜宜大學臺文系退休教授。

賞、醞釀、發育的這一段過程，將它表達出來，只是屬於次要的快樂，至於將它發表，在我已不能引起一些激動。」

而在《天空象徵》的〈自語〉中，他說：「我們需要檢討我們的語言。對於我們所賴以思考賴以表達的語言，需給予警覺的凝視和解剖，我們需要以各種方法去扭曲、捶打、拉長、壓擠、碾碎我們的語言，試試我們所賴以思考賴以表達的語言，能承受到何種程度。」

從以上所述，以及他所發表的有關詩的評論，我們可以歸納出他的詩觀，有兩個比較重要而凸出的觀點；一是所謂一元論藝術的觀點；他所說的藝術創作的技巧，實已包含了內容。二是語言的飛躍性的觀點；他所說理想的詩的語言，該是既能斷又能連，也就是語斷而意不斷的真諦。因為詩有語言的飛躍性，因此，才能使詩的表現，不落言詮。

在《笠》詩雙月刊第 37 期的編輯室報告中，白萩曾經以「審判自己」為論題，提出了有關《笠》的編輯態度，其中並列舉了五點，可以看出白萩詩觀的一般及其銳利的態度。

1.文學態度：真摯。

2.準確與清晰的言語。

3.全體的有機性秩序高於各別的奇異。

4.方法論的重視。

5.能擴大人類已有的詩經驗。

這五大觀點，完全是針對詩的創造而出發，並且對現代詩壇的光怪陸離的現象，有著撥雲見日的批判性的意義！比起紀弦所謂的現代派六大信條，更能扣緊詩的真諦與精神，不但不遜色，而且有青出於藍而勝於藍的感覺。

茲列舉白萩的詩五首來加以分析與鑑賞：

我們漸漸的冷卻

成為砧上熬鍊的鐵塊

沒有形式的欲求

只是固守著本質

我們漸漸的脫棄外衣

裸立在寒風中，眺望

如一枯樹

堅忍而緊閉著嘴

無一聲禱告

――〈冬〉

一年四季，冬天是最寒冷的季節。在北方，往往是白雪皚皚；而在南方，也常常是一片蕭瑟。或寒流，或冷風，讓大地封鎖在寒冷的氣流中。在這首詩裡，他表現了在「冬」季裡；「我們漸漸的冷卻」，並且「成爲砧上熬鍊的鐵塊」。同時「我們漸漸的脫棄外衣」，而「裸立在寒風中，眺望」，有「如一枯樹」。「熬鍊的鐵塊」該是在冷卻形成的過程；而「枯樹」卻是脫棄外衣的孤零零中的感覺；都象徵了冬天的蕭條的氣息。

我們只是一株野草。

在爐火之外，門之外，在圍牆之外

在寒霜的深夜中

一塊不毛之地的角隅

我們只是一株野草。

註定沒有花朵，不能收結果實

白白的活過這一生

淪入歷史的深淵沒有一絲作為。

我們只是一株野草。

只是被踐踏的鐵靴踐踏

被頑童的煙火焚毀

而無法逃避一步。

　　　　　　　　　　　　　　　　　　　——〈野草〉

　　野草是不惹眼的植物，但是，在荒地上，野草的生命力卻往往格外地堅強，往往能突破堅硬的地面；不但能昂然地成長，而且能擴展而蔓延。所以，在這首詩中，以「我們只是一株野草」；乃是意味著我們每一個生命的最基本的單位或個體，都是一株野草。即使是在「一塊不毛之地的角隅」，即使是在「淪入歷史的深淵沒有一絲作為」，甚至即使是在「只是被踐踏的鐵靴踐踏，被頑童的煙火焚毀，而無法逃避一步」的境地裡，野草還是野草，而我們雖然還只是一株野草，卻仍然在堅毅地承受那種生命毅然地成長的苦難吧！

一顆沙粒對著整個世界叫喊

為了不能消失自己而在哀叫

一顆沙粒被囚在時間的漏斗中

記錄了卑賤的歷史

一顆沙粒躺在人類的前途

承受了赴死的腳印

現在妳潔白的手將他捧起

像呵護一隻受傷的鳥兒

聽著他不能消失自己地在哀叫

　　　　　　　　　　　　　　　　　　　——〈一顆沙粒〉

　　一朵花有一朵花的世界，一顆沙也有一顆沙的宇宙！一顆沙粒，滲入你的眼睛，就能使你的視野模糊；一顆沙粒鑽進機器的齒輪，就能使齒輪

發生磨擦，甚至迸出生命的火花，那麼閃爍而燦爛。因此，「一顆沙粒對著整個世界叫喊」；因此，「一顆沙粒被囚在時間的漏斗中」；因此，「一顆沙粒躺在人類的前途」！從「一顆沙粒」，我們想像，我們聯想，而白萩畢竟點出了一顆沙粒的生命的形象，彷彿我們自己也是一顆小小的生命一樣。

　　一顆星闖進黃昏裡

　　放哨，還見你

　　悠哉悠哉

　　獨自飛著你的天空

　　有時

　　順風一瀉

　　有時

　　逆流鼓翼

　　有時

　　對夕陽說一句

　　無關痛癢的輓詞

　　有時

　　落在大地

　　將頭伸進時間的水流

　　測度地球的冷暖

——〈鷺鷥〉

　　在臺灣，據說原有六十多處的鷺鷥林，而目前尚有二十多處的鷺鷥林。如果有一天，鷺鷥在我們的天空消失了，對我們的生態環境將是否構成一種嚴重的警告或考驗呢？一顆星出現在天空，就擁有了天空；一雙鷺鷥飛翔在天空，該也就擁有了天空吧！鷺鷥有時順風而飛，有時逆流而鼓

翼，有時面對著夕陽而下，有時也飛落在大地；「將頭伸進時間的水流，測度地球的冷暖」。在這首詩中，鷺鷥的意象彷彿人類的意象，呈現了一種動與靜的對比，一種冷與暖的對照，以及一種不斷地變化流動著的宇宙觀在參與著。

　　眾蟬鼓噪

　　而一蟬沉默

　　眾蟬沉默

　　而一蟬高吟

　　有人

　　對著天空深處

　　點叫自己

　　自己大聲的回應

——〈有人〉

　　與其說「蟬如人」，倒不如說「人如蟬」吧！當「眾蟬鼓噪，而一蟬沉默」；表現了在喧囂聲中，獨自沉默的孤寂。當「眾蟬沉默，而一蟬高吟」；也表現了在沉寂聲中，卻獨自高吟的孤獨。人如何在該沉默時沉默，該高吟時高吟？然而，「有人，對著天空深處，點叫自己，自己大聲的回應」！這該也是一種自我象徵的寫照吧！

　　從以上五首詩的鑑賞，當然不能涵蓋他所有的作品。從白萩的創作歷史來看，我們固然了解他曾經從「現代詩」、「藍星」、「創世紀」到「笠」的演變，然而，在詩的創作上，他究竟有著怎樣的表現，到底扮演了一個怎樣的角色，才是我們真正關心的課題。

　　白萩曾經把詩與人生的發展歷程；分為童年的詩、青年的詩、中年的詩以及老年的詩。白萩的童年是不幸而充滿了苦難的經驗，他的青年是豪

放而洋溢著反抗的性格，而他的中年還是瀰漫著批判的良知。他的詩，有青年的憧憬，也有中年的心酸。當然，在他不斷地追求自我超越的過程中，我們希望，他有更多的變數。如何才能老得漂亮？如何才能繼續堅持勇往邁進的角色？這是對他最大的挑戰吧！

——選自趙天儀《臺灣現代詩鑑賞》

臺中：臺中市立文化中心，1998 年 5 月

白萩論
試論白萩的詩與詩論

◎趙天儀

一、白萩及其作品目錄

　　白萩，本名何錦榮，1937 年生，臺中市人。省立臺中高商畢業（今改為國立臺中技術學院）。從事美術設計工作，目前主持立派美術設計有限公司。白萩出版的詩集及詩評論集的目錄如下：

　　1.《蛾之死》　藍星詩社　1958 年

　　2.《風的薔薇》　笠詩社　1965 年

　　3.《天空象徵》　笠詩社　1969 年

　　4.《白萩詩選》　三民書局　1971 年

　　5.《香頌》　笠詩社　1972 年

　　6.《詩廣場》　熱點文化公司　1984 年

　　7.《風吹才感到樹的存在》　光復書局　1989 年

　　8.《自愛》　笠詩社　1990 年

　　9.《香頌》　石頭出版社　1991 年

　　10.《觀測意象》　臺中市立文化中心　1991 年

　　11.《現代詩散論》　三民書局　1972 年

　　12.《孤岩的存在》　熱點文化公司　1984 年

　　13.《臺灣之火》　白萩詩集德譯本　梁景峰、Karlhans Frank 合譯　西德 Pforzheim Harlekin Presse

　　以上白萩作品的目錄中，有一部分是詩集，有一部分是詩自選集，也

有一部分是詩與評論的合集。白萩的詩集，主要的有《蛾之死》、《風的薔薇》、《天空象徵》、《香頌》、《詩廣場》。詩自選集，則有《白萩詩選》、《風吹才感到樹的存在》、《自愛》。而《觀測意象》則是詩與評論的合集。白萩的詩論集，除了《現代詩散論》以外，散在各詩集、詩自選集的前言、後記與附錄中。《孤岩的存在》則為收集各家對白萩詩的評論文章，以及有關他的詩的作品合評、座談會或訪問的紀錄。

二、白萩論

白萩做為一個詩人，是相當凸出而銳利的；而做為一個評論家，也是非常特殊而耐人尋味的。白萩的詩論，即不是亞里士多德那樣嚴謹的「詩學」，也不是西協順三郎那樣現代的超現實主義的「詩論」。但是，做為一個詩的創作者，他有他獨特的看法，銳利的詩觀，因此，顯現了他在詩論上的深度與辨證的發展。

（一）白萩的創作觀

白萩的創作觀，分散在他的詩論文章及談話中，我們嘗試抽樣地選擇來評介與討論：

1.白萩在〈南北笛書簡——致江萍〉一文中說：「我以為詩人之首要在從書上從宇宙間的萬象，培養出一套人生觀，而用其有思想有感情的心來觀察物象，像陽光伸探每一個角落，光線所及，萬物鮮麗。『心』，詩人要隨時隨地的用『心』，我感歎目前詩壇上許多詩人都丟掉了『心』，因為只有懂得用『心』的詩人，才會寫出真正的新詩，才會寫出『新意』。」[1]這表示詩人用「心」來創作詩，才能創造出「新意」。

2.白萩在〈或大或小——田村隆一詩集讀後〉一文中，批評了日本現代詩人田村隆一的詩作中說：「詩人與存在環境的感應之間，是不容有先存的語言或形象的存在，那是一個『沒有語言的世界』，純然一張白紙狀態，

---

[1]白萩，《現代詩散論》（臺北：三民書局，1972 年），頁 39。

如此，我們方能面對著同一物象發現各樣不同角度的真實。那意味著；爲了產生一首詩，我們需要殺死全世界的詩人，殺死昨日那個我的詩人，那是純然絕對孤獨的世界。」[2]換句話說，爲了一首詩的產生，唯有「殺死全世界的詩人，殺死昨日那個我的詩人」；才能創作出有新意的詩。

3.白萩在《蛾之死》〈後記〉一文中：「做爲忠實於現代生活中的自我感受，並盡可能的嘗試、改革、實驗、以及鍛鍊以往諸種技巧，用以完全表達此種感受的一個藝術工作者。已存在的美與他創造美時的理念是一種抵觸，他勢必欲打破此種傷殘創造精神的已存在而又近於典型的完美所規範下的束縛，凡有真正創作經驗與野心的人，必能與我同感。已存在的美，對於尚未出現的美是一種絕大的壓力與考驗，如果，不能超越與打破此種束縛；則新的美將無以出現。」[3]既然已出現的美，對未出現的美會造成壓力，因此，唯有創造精神才能產生新的美，新的詩。

（二）白萩的人生觀

白萩的人生觀，也是分散在他的詩論文章及談話中，尤其是詩與人生的關係，他有他自己的體驗與看法。

1.白萩母親的生病與逝世，給一個少年時代的白萩很大的刺激與影響。他說：「我讀初三時，常常早上只喝一杯白開水就到學校去上課，中午向同學說要回家吃飯，其實是父親還在忙，沒空煮飯，只好再猛灌開水，再回到學校。一直到傍晚下課，在臺中家職就讀的大妹早點回家，才能煮晚飯吃。我常說，我個人的家庭遭遇和時代環境的變化，造成我今日寫作的基調。」[4]對於白萩這種人生的體驗，反應在他詩中的表現，苦苓說得好，他說：「基本上，白萩作品動人的地方，在詩中的感情很重，他的詩多半很苦，人生的苦，而且苦得非常深刻，不像有些詩是用華麗的語言來掩飾內容的空洞，白萩的詩不會如此。」[5]苦苓點出了白萩作品之所以動人的

---

[2]白萩，《現代詩散論》，頁 119。
[3]同前註，頁 66。
[4]白萩，《觀測意象》（臺中：臺中市立文化中心，1991 年），頁 131。
[5]同前註，頁 178。

地方，乃是因爲他表現了「人生的苦，而且苦得非常深刻。」

　　2.白萩曾經把詩與人生的歷程加以扣緊，而分爲童年的詩、青年的詩、中年的詩及老年的詩。

　　白萩說：「一個生命從呱呱落地，而成長，而壯大，然後衰老，走向死亡，這是永遠無法改變的宿命過程。有時候會想到，既然要死爲什麼要生，要生就不要死。我曾說過，童年的詩表現生之歡樂，青年的詩表現愛的企求，中年的詩以良知批判生存的社會，老年的詩感歎生之無奈，對死亡勇敢的擁抱。生與死之間，生命因愛的接觸，兩性結合，使生命顯得更豐潤。人活著，便負有對家庭、社會、國家的責任，以及創造新生命延續生命的義務。當新生命誕生後，人必須負責加以妥善照顧，使其成長。人的存在也許虛妄，但要勇敢活下去，對自己、家庭，甚至擴大至社會、國家、民族，都有做爲一個人不可逃避的責任。」[6]以上可以顯示出白萩的人生觀，以及跟詩的關係。

（三）白萩的語言觀

　　白萩詩論的重心是在他的語言觀，他自認爲研讀了不少語言學、語意學的著作。因此，他非常注意詩與語言的關係。試例舉代表性的例子如下：

　　1.白萩在〈詩的語言〉一文中說：詩人是由於操作了語言與語言之間的新關聯才能找出新鮮的詩。」又說：「語言雖然陳腐在日常合理性的使用中，但尋找語言新關聯的操作，卻也是一種合理性的知性活動，那是全然清醒的精神操作。在一首詩的全盤結構中了解語言的秩序，或是從語言的秩序中建造一首詩的結構。」[7]以上說明了詩是在語言與語言之間尋找新的關係。

　　2.白萩在〈語言的斷與連〉一文中說：

　　（1）「語言既存在著斷與連兩種特性，對以語言爲其唯一之存在的

---

[6]白萩，《觀測意象》，頁142～143。
[7]同前註，頁89～90。

詩，將產生何種影響，實在有深入探究的必要。」[8]

（2）「我們了解詩是存在於飛躍性，飛躍性是由於語言的斷所產生。」[9]

（3）「爲了思考的完整，需要連；爲了思考的飛躍，需要斷。」[10]

（4）「但要把語言操作到既斷又連的情況，卻不是一件簡單的事。詩人終其一生都在做這種語言上的搏鬥吧！詩不在連，而在斷，但斷後不能再連即無法達成任務。」[11]以上都說明了詩是在語言的斷與連之間。

3.白萩在鄭烱明、李敏勇訪問〈白萩，久違了！〉中說：「以語言的本質來論詩是我的詩論的基礎，也許有人會說，語言之外還有經驗存在，如此討論又會陷入二分法的危險。以語言論詩，我個人有屬於自己的整套看法，我剛才說過，我的藝術觀是一元論，是同時兼具本質與表相。」[12]

4.白萩說「談到創作的過程，也許你會說沒有經驗怎麼可以創作，事實上，在創作時，你沒有辦法把整首詩的經驗先存在腦裡，才開始寫詩。詩的開始是語言的開始，由一點而逐漸擴大、延長、而結束。創作的產生是情緒觸發的結果，然後用語言去捕捉。就我而言，下筆之前是沒有詩的存在，即使有也只是一點點感觸，它是凌亂的片段的，只有把整首詩完成之後，我才了解整個大概，而不是先有整首詩的經驗在那邊，而後用語言記錄下來。[13]

5.「我想成爲詩的本質，其語言最大的特色是：詩的語言有切斷、飛躍性之故，它必會留下思想的空間，而不是說明性的，一句一直往下連接不斷。詩語言的本質，我認爲是存在於語言的斷與連。散文的語言是連接性的，一直往後敘述下去。至於所謂詩的現實性、批判性，這只是詩人因

---

[8]白萩，《觀測意象》，頁95～113。
[9]同前註。
[10]白萩，《觀測意象》，頁95～113。。
[11]同前註。
[12]白萩，《觀測意象》，頁135。
[13]同前註，頁139。

生活態度所採取的立場，和詩的本質無關。」[14]

6.「我認爲以日常性的語言來思考我們的詩，將輕易的得到東方的芬芳與現代體驗。只要了解到語言是人類對外界認知的結果，現代日常性語言，將也是現在環境的符號化的結論，傳統與現代實在輕易就可以融合。」[15]

7.綜合以上所錄，白萩的語言觀雖然是片斷的，但是卻是一貫的，我們試舉白萩選詩的五個標準來看他的語言觀在詩論上的特色：

（1）文學態度的真摯。

（2）準確而清晰的言語。

（3）全體的有機性秩序高於個別的歧異。

（4）方法論的重視。

（5）能擴大人類已有的詩經驗。[16]

從以上白萩的詩論及其實踐，我們來看看他的創作。

三、白萩作品賞析

茲例舉下例四首詩來印證白萩詩論在創作上的實踐。事實上，詩的創作，並非只是依詩的理論來進行，反而詩的理論，卻是創作體驗的一種歸納。

（一）〈飛蛾〉賞析

> 我來了，一個光耀的靈魂
>
> 飛馳于這世界之上
>
> 播散我孵育的新奇的詩的卵子

---

[14]白萩，《觀測意象》，頁143。
[15]同前註，頁154。
[16]白萩，《觀測意象》，頁219。

但世界是一盞高然的油燈

雖光明，卻是無情

啊啊，我竟在毒刻的燃燒中死去……

—〈飛蛾〉，《蛾之死》

賞析：白萩雖然說很早就從事詩的創作，少年得志，然而，他的童年卻是不幸的，非常辛苦的。他沒有寫下童年的詩，但是他早期四百多首詩作，雖然只選出了《蛾之死》這一部詩集，卻可以一窺他少年時代的那種英姿煥發，有一種詩的語言的銳氣。〈飛蛾〉這首詩，抒情濃厚，意象新鮮，也許可以代表他少年的詩。白萩說：「少年的詩表現生之歡樂。」誠然。

（二）〈讓我永遠望著妳〉賞析

讓我永遠望著妳，當我們相聚

時光不會太長，黃昏就要轉過去

為著愛，請莫畏懼，時間

就要使相會的花朵凋零

請展開蠱惑的光輝，將我收容

因我就要離去，像漸淡的晚霞

自妳的眼瞳裡逐漸消隱

那時，千百次的呼喚

禱告或淚點，都已太晚

讓我永遠望著妳，當我們相聚

我將熟悉那光輝，那夢

在匆促的一生，留下記憶

即使安息，夜色在墳上伸延

我亦會在眾多的星顆間，找出那兩點……

　　　　　　——〈讓我永遠望著妳——給洛利之六〉，《蛾之死》

賞析：白萩早期也寫了不少所謂的情詩，〈給洛利〉這組十首情詩，充分表現了他對愛情的執著，他的情詩除了愛的傾訴以外，有閃爍的意象加以烘托。白萩說：「青年的詩表現愛的企求。」這首詩，可以看到在愛的兩者之間，有一種脈脈含情的默契。

（三）〈樹〉賞析

我們站著站著站著如一支入土的

椿釘，固執而不動搖

噢，老天，這是我們的土地，我們的墓穴

即使把我們踢成一個旋錘

無止境的驅迫

這是我們的土地，我們的墓穴

把我處刑成為一柄火把

燒爛每一個呼喊的毛細孔

仍以頑抗的爪，緊緊的攫住

這立身之點

這是我們的土地，我們的墓穴

　　　　　　——〈樹〉，《風的薔薇》

賞析：詩人桓夫曾經以這首詩代表白萩的一種政治詩，誠然，正如白萩所說：「中年的詩以良知批判生存的社會。」這首詩，對於土地的堅持與關懷，可以看出白萩對生存的社會的一種批判。

（四）〈水窪〉賞析

必是這塊土地的瘡痕吧？

在我們通行的道路中

竟然凹陷盛了一灘夏日的雨水

分明記得抗議的行列，曾經

走過這裡；也記得威嚇的

拒馬蹲伏過這裡

留下了一些人的鞋印、熱淚、血滴

拌和著塵埃潛留在水中

成為土地的蓄膿

在水窪的邊緣

看著倒立的天空和雲影

倒立的我和大廈

已有的是虛幻

將有的是潰爛

未來是：

烈日的曝曬以及

一次又一次的雨沖和

烈陽的曝曬

　　　　　　——〈水窪——給臺灣〉，《觀測意象》

賞析：這首詩，可以看到白萩對臺灣的過去、現在與未來的一些看法，有現實的不滿與遺憾，有未來的渴望與無奈。白萩說：「老年的詩感歎生之無奈，對死亡勇敢的擁抱」。白萩現在是在中年與老年之間，對現實的

觀照愈深，對生命的無奈也愈強烈吧！

四、結語：再論白萩

　　題目定爲〈白萩論〉；大則可以寫成一部書，小則寫成這樣一篇文章，美之名爲論文。白萩是臺灣中部詩壇戰後一代重要詩人，也是臺灣現代詩壇戰後代表性的現代詩人，值得再加以評論。

　　白萩的詩，早期作品，只集成《蛾之死》一集，他大約發表了 400 首以上的作品，雖然非篇篇珠玉，但其詩風，意象奇特，語言新鮮，值得再追蹤研究。

　　本文所例舉的四首作品，只是一個抽樣，以呈獻其「少年的詩」、「青年的詩」、「中年的詩」及「老年的詩」的不同風貌，可以略窺其詩風的發展。

　　白萩嘗謂他是融合了表現主義、新即物主義及象徵主義的方法論，他將繼續在現代詩的創作上來加以實驗。

　　白萩的詩論，以其創作觀、人生觀爲其出發，並以其語言觀爲中心，雖然說其詩論分散在他的論文、談話、作品合評、座談會及訪問中，但是前後卻頗爲一致，均以語言爲其討論的中心課題，可說是白萩詩的創作方法論，也是他的詩的創作精神論，因爲他是藝術的一元論者，實值得我們品賞玩味。

——選自趙天儀《時間的對決：臺灣現代詩評論集》
臺北：富春文化公司，2002 年 5 月

白萩詩的性愛

◎陳千武*

　　寫詩一向重視語言的白萩，在一次詩的座談會上說過：「語言是一種思考，我一直不同意把經驗和語言兩者分開的二元論。經驗是零亂無秩序的，只有經過思考，經驗才會以語言的秩序來呈現，也才有完整的意義。」

　　這是白萩創作詩，如何從經驗中獲得詩的過程的解釋。其實寫詩所用的語言，與其他一般文章所用的語言並無不同。詩裡的語言，絕不是用非日常性的語言，只是怎樣利用日常性的語言來造成詩的語言這一個問題而已。白萩在其使用語言的方法上，特別講究給語言賦與彈性。他很肯定的說：「詩的本質，我認爲是存在於語言的斷與連。」

　　語言的切斷與連結，亦可以說是一種超現實的表現技巧。據於思考的經驗，巧妙而適當地把語言切斷或連結，重新組合起來使其有彈性，有飛躍性；使其在語言的互相衝擊當中，留下了思想的空間，留給了讀者們想像展現的快感。就是這樣，白萩才被稱爲使用語言的天才。尤其，他使用語言在性愛的表現上，更有其獨特的妙處，令人共享。這或許正如他所說的，他的性愛經驗本也是「零亂無秩序」的，但經過了思考，那些經驗才以語言的秩序呈現，而賦與完整的意義的吧。

　　早熟的白萩，於 17 歲時便躍登詩壇，到 22 歲約五年左右的時間，即集其代表作品出版了《蛾之死》這本詩集。其中有一首〈仙人掌〉，是他最

*陳千武（1922～2012）詩人、評論家。本名陳武雄。南投人。發表文章時爲臺中市立文化中心主任。

初表現性愛的圖象詩。

眼光移過
在
那喘著氣的
被熱情燒燥了的
荒漠的
胸
脯
上
我逃避
我的丈夫
又舉起多毛的手
向我的腰摟來

——〈仙人掌〉

　　詩的飛躍的語言，以不整齊的排列造形，告訴讀者的是視覺性愛情的糾纏。丈夫的眼光落在妻子荒漠的「胸／脯／上」，那胸脯是「喘著氣的／被熱情燒燥了的」，用語言的斷與連，特別以不整齊的排列，令人看到躺在床上的妻，為情欲而扭動著的姿態，好像能感覺到其呼吸的熱氣。而妻子明明知道丈夫的眼光，含有情急的愛欲，卻故意表示羞怯的「逃避」，這種逃避的實質又是積極的挑逗行動，挑逗著丈夫更燃燒的欲情，而「又舉起多毛的手／向我的腰摟來。」表現性愛前奏的韻律、情緒十分適切而真摯。詩裡的「多毛的手」與不整齊的圖象排列，均與生長在原野裡的仙人掌，有形態的類似性。又仙人掌和仙人跳的「仙人」是相同的單語，含有不尋常的意義。似乎因此「仙人掌」才造成這首詩的題目。而且仙人掌在沙漠裡，是旅人渴望的綠洲，象徵人人生活渴望的愛。其多毛多刺的外形，類似男性粗野的性格，致使詩的暗喻給人很野的性愛感覺，且有百看不厭的意味。

　　白萩的第二本詩集《風的薔薇》，是收輯 22 歲至 28 歲時期的作品，集

裡有〈昨夜〉、〈雨夜〉、〈妻的肚皮〉三首表現了關於性愛的詩。

〈妻的肚皮〉是丈夫伏在懷孕了的妻的肚皮上，傾聽「蘇醒的種子伸欠」的聲音，僅以三行來構成的，詩語十分鮮活極具幽默。是給人感受夫妻愛情的纏綿和懷孕的驚喜的短詩。

〈昨夜〉一詩是回憶「昨夜用貓的溫暖給我愉快」的「那個人」。對於只交媾一次愛（詩說「昨夜的雲」）的那個人，持有難忘的情感。詩用文字圖象的排列法也頗有懷念的感情變化的意味。

證實〈昨夜〉一詩所未描繪出來的情景，「給我愉快」的實情，卻在〈雨夜〉一詩裡表現得很精采。

　　當雨傾瀉似流浪的人
　　走遍黑暗中不知所去的街道
　　我們躺下，在屋內，在床上
　　在深深陷入猶如墓穴之中
　　靜聽他們低低的呼喊

　　在這裡我們眼光對著眼光
　　軀體糾纏著軀體，在牀上
　　以赤裸和壓力
　　彼此深深的祈求進入內部之中。

　　而當因疲倦而分開
　　便突然又驚覺
　　整個太平洋冷漠的跨在我們
　　中間，充滿無奈與陌生
　　唉，走遍黑暗中不知所去的街道
　　當雨傾瀉似流浪的人

　　　　　　　　　　　　　　　　　　——〈雨夜〉

　　「走遍黑暗中不知所去的街道」是怎麼樣的一條街道？誰都會想像得到，去那條街巷的人是尋花的遊客。而雨是隔開社會的騷雜聲音，給流浪人一種安逸感的掩飾物。這種安逸感連結於「在床上／在深深陷入猶如墓穴之中」的場面，一對男女才能「以赤裸和壓力／彼此深深的祈求進入內部之中」。白萩的詩語跳躍得非常適切而巧妙；從眼光對著眼光，到軀體的糾纏，到赤裸和壓力，以致深深的欲求進入，都沒有一點破綻，連結得很緊湊，給人的感覺絲毫不感到下流。這種做愛程序的波紋，由於語言的妙用，表現得很乾脆；還有愛的動作之後，疲憊地驚覺「整個太平洋冷漠的跨在我們／中間」，是極為令人共感的比喻，顯示一夜風流的心理十分地切實。

　　白萩寫性愛的詩，在其第四本詩集《香頌》，更發揮了無人能追隨模擬的特色。《香頌》是收集 1970 至 1971 年，34 歲至 35 歲，僅二年之間描寫住在臺南新美街時期的經驗，計有〈籐蔓〉、〈公寓女郎〉、〈詩〉、〈兩河一道〉、〈晨〉、〈無止無盡〉、〈皮或衣〉、〈女人〉、〈二重唱〉、〈有時成單〉、〈醒來〉、〈呈獻〉等 12 首性愛的詩。

　　　妳睡成滿牀籐蔓

　　　在夢中

　　　依然緊緊地纏繞著我

　　　看來那麼柔弱

　　　需要別人的扶持

　　　而海在遠處叫著我

　　　她的懷裡有廣大的自由

　　　是的，妳的寢室是我的死牢

　　　而不眠的夜鳥

　　　責備我叛背了天空

我醒著觀察妳

想著妳總需別人的扶持

如果妳再沾染了別的體臭

那才叫我發狂

唉，還是讓妳纏繞著吧！

——〈籐蔓〉

　　在牀上，女人是情不自禁地纏繞著的籐蔓。男人卻是理智的征服者。他會清醒地把遠處叫著的海，和她懷裡的廣大自由容納在一起，而感到「妳的寢室是我的死牢」，而後悔「叛背了天空」。不過，男人的自私卻對於「如果妳再沾染了別的體臭」，還是會抓狂，絕不允許的，於是「讓妳纏繞著吧！」，同情女人「總需別人的扶持」，表示征服者的仁慈。這一首詩是從性愛的經驗，經過深深的思考計算出來的作品。因為經驗必須經過思考的過濾淨化，白萩製造的詩語十分知性，但他原有的詩想裡的超現實潛意識，在很理智的做愛當中，會顯出「死」或「天空」的抽象來掩蓋現實，形成超凡的幽美的詩味。這是我喜愛的一首詩。

　　白萩稱讚新美街的「公寓女郎」是「正經的女子／聽教堂的鐘聲而無慚愧」。〈公寓女郎〉是諧謔的、挪揄地非常有趣的詩。「窗口對著窗口／可不是什麼親嘴」，窗口和親嘴的連結，思考得很凸出且很自然。在大廈林立的後街，天天觀察著住在能夠親嘴那麼鄰近的公寓女郎，是「生活在寢室工作在牀上」的特殊職業婦女，面對窗口連她營業的狀況都好像能窺察得很清楚。也因此，詩人才把她挪揄得十分滑稽而露骨。

……（前略）

在早晨的窗口

只輕鬆輕鬆妳的性器

無一點邪思

而我的門瞄著妳
竟似陽具暴漲
一隻雄蜂在下部嗡嗡作響

雖然露骨，但無俗氣，是思考的語言的雅氣使然。

「詩是妳純粹的兒子」，白萩以〈詩〉為題的一首作品，表現了妻對自己寫詩的關懷，配以性愛和生產的比喻，描繪得令人叫絕。依據這首詩，詩人都變成了「自己做愛自己懷胎／自己血淋淋地生產」的雙性動物了。

〈兩河一道〉詩裡有如次一節：

如果我的孤傲傷害了妳的自尊
那麼在牀上重新漩渦漩渦

這是表現合流了八年的夫妻，原是「孤單的兩條河流／匯合在牀上激成一股漩渦」，用「漩渦」暗喻做愛的詩。以河流的清冽、渾濁比喻夫妻的感情，雖然說到「牀上的漩渦」，但其心裡狀態卻令人感到嚴肅。

〈女人〉和〈晨〉兩首詩，均為表現有過性愛之後的早晨的感觸。〈女人〉是男人「從昨夜的愛中醒來」，感到「空虛」的心理狀態。〈晨〉與〈籐蔓〉一樣，有「天空」和「死」的潛意識顯現。這是由於性愛時常有的神志昏迷狀態而來的情緒吧。

還能支持多久？
感到根的尖端已爛起來
抱不住人生的重量
像子宮的幽暗

無止無盡

歇歇吧
妳拉著我躺下
在世界深夜的底層
聽精子在河中
載沉載浮地呼救

而死的悲涼
慢慢的向胸口漲上來

——〈無止無盡〉

　　這一首詩直截了當的表現男人做愛心理的變化。「還能支持多久？／感到根的尖端已爛起來」，也許這是正過了四十的中年男人才能享受的擅長技法。當然性愛也是一種藝術的表現，集中精神沉溺於藝術創作的持久力，對於不斷追求生命的藝術家是極為重要的問題，精力不夠必然創造不出什麼好作品。詩人冀求創作的意欲「無止無盡」，也因此才能使「拉著我躺下」的妳，「聽精子在河中／載沉載浮地呼救」。而這首詩的最後又顯出「死」的潛意識，真妙。

　　〈皮或衣〉是表現對妻子亦即是女人，「總是脫了又穿穿了又脫」，那樣自由而赤裸的生活的實質感觸。在實質的生活中，夫妻有時「只是雄與雌」而已。

　　〈二重唱〉也是描繪做愛過程的詩，但沒有像〈無止無盡〉那麼直接表現急促的心理變化。這首詩比較溫和地以「小舟」、「划著妳奔逃」在「不知邊際的人生」、「逐漸倒下」、「成為線的二重唱」等適當的比喻，是頗為抒情的性愛的詩。

　　〈有時成單〉是一首異於其他的性愛詩，只述懷「妳負氣地躲進夢裡」，不做愛的一個晚上的感觸。「我數落妳婚前的男友」，但並不露出嫉妒

的情意，很坦直地表現知性的愛。

> 此刻
> 世界的一半沉溺在
> 午夜做愛的潮浪
> 我卻在外邊旁觀妳
> 想著明晨全市痕跡狼藉
> 只有我是乾旱的丈夫一個

　　最後一聯的這種說法，似乎誇大了一點，不過，或許詩該有這樣諧謔的唱調，才會令人感到快樂。

　　〈呈獻〉一詩類似〈醒來〉一詩的表現形式，只是男女主動的位置相反。詩人對於女人「自己剝開表皮／呈獻了甜美果肉」的愛的衝動，理所當然的「張口大嚼」、「觸及了愛的強韌」，感到另一種風味。事實，偶爾在被動的情形下，或能享受到更強烈的愛，感到驚喜。

　　白萩尚有一本未出版的詩集《詩廣場》，作品是與《香頌》這本詩集同時期所寫成的。《香頌》收輯大部分關於「愛」的詩，而《詩廣場》則收集較社會現實的抵抗與批判性的詩，含有寫實的意義性作品。其中也有兩首有關性愛的詩，題為〈開放〉和〈無題〉。〈無題〉曾發表於《文學界》季刊第 3 集，並被選入《1982 年臺灣詩選》，有趙天儀的評介，在此不再贅述。

> 她開放自己的肉體
> 從緊緊縛住的葉苞裡
> 解開了一瓣又掙出了一邊
> 掙出了一邊又解開了一瓣
> 終於露出羞怯的花蕊

在風裡輕輕的涼

那頭聞香的蒼蠅
落在她的嘴舔舔
落在她的乳房搓搓手
最後落在花蕊
整個手腳牢牢地陷入
並且緩緩地垂下翅膀

陽光曬著你耳朵
這是流行了三十萬年的老故事

　　　　　　　　　　　　　　　　　——〈開放〉

　　這首詩的第一聯「她開放自己的肉體」，是出於意願，有不得不開放的愛欲的衝動，心身的癢，花才一瓣一瓣地開，而致「露出羞怯的花蕊」。從肉體的開放到露出花蕊，是極為燙熱的狀態，於是「在風裡輕輕的涼」，而得到性的「舒暢」。

　　第二聯詩人用「蒼蠅」比喻「他」的動作，手法入木三分極為新奇。以一般的觀念糾纏花瓣的是蝴蝶，但在這裡如果用蝴蝶比喻的話，就不會得到「落在她的嘴舔舔／落在她的乳房搓搓手」，於至「整個手腳牢牢地陷入」花蕊的感覺了。

　　從第一聯到第二聯的情景，演變得非常自然，毫無一點造作的跡象。也證明白萩詩的語言，徹底於經驗的思考所產生的一例。至於第三聯第一行的「陽光」曬「耳朵」的配合，嫩嫩溫和的感覺，又說：「這是流行了三十萬年的老故事」，做為結語，把這一首〈開放〉的詩主題，展現到神聖的宇宙性的境界，也是相當成功的手法。

　　白萩擅長於運用詩語的表現，在上述幾首詩裡能看出他追求藝術「詩無邪」的觀念，思考的語言之斷與連的奧妙所組立的整首詩，給人感受到

優美而鮮新的詩味。

　　現代詩人大多不是什麼教義的信徒，詩人不羈的性格，很難用宗教嚴肅的戒律或凡俗的道德觀念加以束縛。雖然人的性行動不以教養或身分等裝飾物有所變化，但藝術作品之所謂藝術不屬於輕佻的色情，是有其神聖的實質和詩性無邪的技巧表現之故。以藝術淨化下級色情觀念，以及改善社會偏重物質意欲，增進生活藝術化，陶冶情操，是藝術家詩人們應該加鞭努力的目標。

——《文學界》，民國 73 年 2 月

——選自白萩《香頌》

臺北：石頭出版公司，1991 年 6 月

站著，一枝入土的椿釘

白萩的詩生活

◎張默*

一

　　1955 年 6 月 24 日詩人節，中國文藝協會第一屆新詩獎誕生，計有六位得主，他們是白萩的〈羅盤〉，吹黑明的〈工人之詩〉，林泠的〈不繫之舟〉，徐礦的〈讓我們到前線去〉，孫家駿的〈戰鬥詩抄〉和彭捷的〈水鄉〉。

　　當年白萩獲得此獎，還是一個 18 歲的高中學生，頗為令人矚目，從此展開了他個人十分絢爛奪目的新詩創作之旅。

　　〈羅盤〉一詩，凡 30 行，1955 年春發表於《公論報》的《藍星周刊》，這個詩刊也是白萩最初發表詩作之地，他的一系列少作如〈夕暮〉、〈囚鷹〉、〈瀑布〉、〈遠方〉……等等，也曾陸續在該刊披露，主編人覃子豪對白萩十分賞識，故而促使他寫作投稿更加起勁。

　　白萩詩的觸手同時也伸向《現代詩》，他的第一篇詩作〈鐘和雕像〉刊於第 9 期（1955 年春季號），自此以後〈青燈集〉刊第 10 期，〈紅葉輯〉刊第 11 期，〈影〉刊第 13 期，〈五月抄〉刊第 15 期，一直到名作〈流浪者〉於第 23 期（1959 年 3 月）出現，使他享譽更隆。[1]

　　白萩與《創世紀》結緣，始於 1955 年 6 月第 3 期，他的〈雕像〉首次

露面，緊接著〈雨的抒情〉第 4 期，〈鐘鳴了〉、〈湖上〉第 6 期，〈秋〉、〈神殿之月〉第 7 期，〈沉重的敲音〉第 8 期；而改版後的《創世紀》第 13 期（1959 年 10 月）刊出他的〈山〉、〈在露臺上〉，第 15 期〈昨夜〉，第 17 期〈白萩詩稿〉，第 21 期〈風的薔薇〉，第 23 期〈雁〉、〈以白晝死去〉（1966 年 1 月），第 25 期〈貓〉（1966 年 8 月）。[2]

綜覽白萩早期與上述三個元老詩刊的關係，以《藍星周刊》為首，《現代詩》居中，《創世紀》殿後。而他於 1956 年 2 月參加「現代派」，1958 年 12 月處女詩集《蛾之死》，由藍星詩社印行，1959 年加入《創世紀》並列名為編委。1961 年 1 月，他的詩作〈夕暮〉、〈祈禱之後〉、〈流浪者〉等七首被選入大業版有名的《六十年代詩選》。而〈夕暮〉是他的少作，共 11 行，業已隱約展現他運用語言捕捉意象不凡的功力，茲摘首段如下：

> 所有的光輝逐漸收斂。夕暮
> 在那高擁的嵐雲後，垂落眼簾
> 你觀望，在無形的急逝中
> 投入這一片蒼茫的莫名的時刻

一個年輕而又充滿幻想的心靈，借〈夕暮〉一剎那短暫的印象所得，從而興起對時間無形流逝所發出的唏噓感歎，令人追索。

白萩，本名何錦榮，1937 年 6 月 8 日生於臺灣臺中市，臺中商職畢業。1953 年開始接觸新詩，初為《藍星》詩社主幹，後為「現代派」同仁，《創世紀》詩刊編委，及《笠》詩刊發起同仁與主編，現為亞洲國際詩刊《亞洲現代詩集》編輯委員兼執行主編，1994 年獲臺灣「榮後」詩獎。著有詩集《蛾之死》等八種，詩論集《現代詩散論》等。詩作曾被譯成英、法、韓、德、日、荷等諸國文字。

---

[2] 見張默、張漢良編，《創世紀四十年總目》，（臺北：創世紀詩社，1994 年 9 月）。

二

　　白萩出生那年，正是轟動世界的「七七盧溝橋事變」的前一個月，五歲入日本寺廟在臺所設之幼稚園，受學前教育。七歲入省立臺中師範附小，受日文教育。八歲（1945 年）盟軍轟炸臺灣全島，學校停課，他隨外祖母弟妹疏散到臺中縣霧峰鄉，同年 10 月 25 日，日本投降，臺灣光復，重返祖國懷抱。九歲學校恢復上課，改習漢文，後改教國語，從ㄅㄆㄇㄈ開始。12 歲開始接觸世界文學名著及舊詩詞。

　　白萩自幼天資聰慧，記憶力超強，有小神童之美譽，他讀書的確是一目十行，而且過目不忘。他開始接觸新詩是 1952 年 15 歲時，得同學蔡淇津的介紹，首先發現《公論報》的《藍星週刊》，如獲至寶，於是詩作一篇篇在該刊登場。他於 1955 年春在《藍星週刊》發表的〈羅盤〉獲得文協第一屆新詩獎，是他詩生命一個最大的轉捩點，他也是光復後第一位省籍青年詩人獲得這項殊榮，意義非凡。

　　當筆者和他聊起參加「現代派」的經過時，白萩避重就輕談及另一樁詩壇祕辛，那就是葉泥於 1954 年前後在臺北漳州街倡議的「獵人集」詩人小聚，每週五晚上集會一次，參加的大都是青年詩友，大約包括葉泥、鄭愁予、林泠、羅馬、秀陶、黃荷生、羅行、薛柏谷、白萩、瘂弦等人，大家意興風發聚在一塊品茗飲酒談詩，頗有法國詩人馬拉美「火曜會」定期雅集之盛況。當年葉泥日文造詣精湛，他曾大量翻譯引介日本詩人的詩作理論給國內詩刊，由他發起的這一「獵人集」，的確為當年臺灣現代詩的「現代化」與「年輕化」起了主導前衛的作用。白萩甚至斬釘截鐵的說：假如沒有「獵人集」在先點火，爾後紀弦的「現代派」可能就不會成立。

　　可惜這一段往事，現今研究臺灣 1950 年代現代詩發展史實的詩論家，似乎從來未曾著墨過。當然這也不能責怪誰，不過現在借白萩的回憶，讓詩史真相出土，總是應該的吧。

　　談到臺灣三大元老詩刊，白萩是不折不扣的見證人、參加者，他認為

「現代派」的創立，強調現代精神的確立，新的表現手法技巧的學習，增加詩中知性之思考，從而加速臺灣新詩的現代化，這一組織有其開風氣之先的前導作用，但是檢視「現代派」的組成分子，真正具有現代精神了解現代主義者，可說寥寥無幾，紀弦本人就是一個浪漫主義者，是以創立不逾三年，「現代派」就日漸式微了。

至於《藍星》，白萩同意有人所指他們是沙龍詩社，強調抒情與古典的融匯，具有學院派的氣質。他並列舉自己詩集《香頌》與余光中詩集《蓮的聯想》作比對，前者是充滿現代知性與生活意象的結合，而後者則散放古典抒情趣味的芳香，兩者的風格確是迥然不同。

有關《創世紀》，他認為該刊於 1959 年 4 月擴版是一個絕佳時機，把當時「現代派」的菁英和《藍星》的大將都網羅了，從第 11 期起到 25 期，登載了不少相當優異的詩作，為各方矚目。但由於過分重視超現實主義手法的實驗，相繼也帶來一股晦澀難懂的弊端。

而白萩於 1964 年退出《創世紀》，旋即與林亨泰等 11 人共同發起成立「笠詩社」，也就是展示這一群省籍詩人的不同詩觀，借《笠》這一園地予以有力的張揚。「笠詩社」基本共識是：「語言要明朗，不要晦澀；題材要現實，不要虛緲。」該刊之所以取名為《笠》，顧名思義，它象徵臺灣本土意識的覺醒。

關於《笠》這個名稱是怎樣誕生的，白萩透露了一些實情：「我們曾經數次討論均無答案，後來在斗六詹冰家中，大家才決定以《笠》做為刊名。當時我們提了幾個大原則做考量：第一，不必像《創世紀》一樣，那麼雄心大言地要創造一個世紀；第二，《藍星》又太過唯美浪漫，缺少開創奮鬥的精神。最後一致通過林亨泰所提的《笠》，覺得這個名稱，不僅單字有力，且極富鄉土的草根性格。」

《笠》出刊至今，從未脫期，已逾一百九十餘期[3]，白萩曾先後出任主

編四次，共一百多期，占全期的二分之一強。他解說《笠》不論何人編，他們絕不排斥大陸及外省詩人的作品，同時服膺現代主義精神，不斷探索詩的可能動向。

白萩也回憶 1950 年代末，他與音樂家許常惠訂交的往事。1959 年，他 22 歲，有一天接到在巴黎留學的許常惠的來信，同年 9 月，《白萩詩四首》，由許氏譜成現代樂曲，曲譜由國立音樂研究所出版，並於臺北市中山堂舉行演唱發表會，十分轟動。

1960 年代初，許常惠回國，寓居南京東路，白萩也在附近開設「秋金家具行」，於是他們經常在一起飲酒聊天，度過一段充滿浪漫情趣的歲月。記得有一回，白與許到臺北某一大酒家，當晚一屋子美女，大家飲酒談笑唱歌，其樂陶陶，當時他倆拜酒精之賜，都有些飄飄然，於是白萩登高一呼，大聲向眾美女宣布，今晚在這個屋子裡的人，凡是姓白的一律有重賞，結果大家都姓白，於是咱們的「白」大公子，就把身上所帶的鈔票，拋向空中，像花蝴蝶一樣在室內翩翩起舞。

白萩，血型 B，雙子星座，他的處事行政能力特強，除詩外，他的另一事業是廣告設計，凡四十年如一日。他認為詩人形象一直被「浪漫化」，李白、杜牧、蘇東坡、唐寅等的風流故事，民初徐志摩、陸小曼纏綿悱惻的戀情，……於是超凡、風流、浪漫與頹廢，成為詩人的代名詞。實則詩來自生活體驗，詩人身分的多面化，入世程度的多樣化，才能締造詩作豐富的內容，現代詩的聲音，需從社會各個角落出發。白萩更詮釋：「寫詩，是在稿紙上從事語言思考的連結工作；設計，是在白紙上，從事視覺思考的定位工作。」由於從事廣告設計，使他接觸社會各行各業，深入觀察各個角落的明暗面，擴大個人生活體驗的層次。

白萩現任中華民國全國商業總會代表，中華民國室內設計裝飾商業同業公會全國聯合會常務理事，臺灣省及臺中市室內設計裝飾商業同業公會首席顧問等等。從這些頭銜來看，他投注室內設計的心血可觀，儘管這些工作對他的詩創作有所影響，但因工作而帶來詩作的多面性，也是無法估

算的。

三

　　終其一生，白萩對新詩的喜愛是不會動搖的。他曾自嘲：「我還是要去流浪，在詩中流浪我的一生。我絕不在一個定點上安置自己，我的歷程就是我的目的。」

　　早年，林亨泰在《現代詩》雜誌上發表尚未成熟的「符號詩」，於是白萩另闢管道，強調以圖示詩，強調詩的繪畫性，〈流浪者〉是一個初步的實驗品，白萩指出，儘管季紅讚賞該詩為現代詩的經典之作，而他經過自審，覺得該詩比較空洞，現實感不夠。他認為「圖象詩」的缺點，不在語言的驅使上，而在造型形式的局限上。

　　白萩很早就覺察，以日常性的語言來思考我們的詩，鍛鍊精粹，使詩質提升，力求表現焦點與現代生活經驗相結合。而語言的實驗，尤其是「斷」與「連」技巧的運用，要達到既能斷又能連，即語斷而意不斷。拋開過去虛晃一招的高蹈態度，穩穩抓住現實生活跳動的脈搏。

　　白萩的詩是從現實生活中提煉出來的。他具有強烈的叛逆性，非常執著於自我，描寫現實以一種對決的立場，抵抗的姿勢去表現對生命的體驗。林亨泰曾經評析：「白萩的想像力非常細密，可以把兩個距離很遠的東西，以他的筆力把他們拉攏，整合，最後給讀者一個意外的感動。」這方面詩例特多，茲舉〈半邊〉的前二節：

　　　世界醒來半邊

　　　鳥

　　　便在空中到處宣揚

　　　晴後將雨

　　　雨後仍晴

　　　而雲卻無心飄浮

　　儘管引介短短的兩小節，足可看出白萩處理語言乾淨俐落與獨具巧思的能力。

　　1984 年韓航客機在蘇聯領空被擊碎，269 條人命剎那間化爲火焰，白萩的〈領空〉一詩，被選入《七十三年詩選》，就是表達詩人最莊嚴最驚心的抗議。他以相當幽默的口吻——

　　鄰居的喇叭花
　　公然爬過籬笆來

　　暗喻強權明目張膽在自己劃定的領空逞兇，反證人類的墮落與愚蠢，令人髮指。

　　1987 年 2 月，臺灣多位詩人應邀赴菲律賓訪問，白萩也是成員之一，我們曾在麥堅利堡一排排的十字架間徘徊，在黎利監獄的牢房前沉思，在落日大道上款步，在碧瑤別墅中夜飲善釀……，返臺後白萩也成詩數首，他的〈看日落馬尼拉灣〉深寓弦外之意，特摘一段如下：

　　此刻
　　所謂美麗的夕陽
　　正無奈地葬進海中
　　而遠處有散飛的鷗鳥
　　在嘶叫

　　當不少詩友正沉浸馬尼拉灣壯觀美麗的落日餘暉中，而白萩的詩筆則是深深刺入菲律賓滿目瘡痍的現實，歷史的傷口何時治癒，而讓諸多智者飲泣。

　　從《蛾之死》、《風的薔薇》、《天空象徵》、《香頌》到《詩廣場》，白萩的詩風一直在蛻變中，從早期的託物託事，間接興比，歷經語言明確的思

考，將詩的觀點深入日常生活的事物；但更重要的是他將人性與物性，生與死，愛與恨做了十分精確的凝鑄，而使讀者產生一種穿刺靈魂的悚慄與感動。

四

詩的藝術境界是無限的，也是嚴酷無情的。

一個詩人的定位，首要的條件是其詩作本身所呈現的深度廣度與高度，那是一點也虛假不得的，無法以其他任何炫人耳目的東西替代。

白萩在臺灣現代詩壇，的確是一個卓爾不群，力求創新突破的健者。儘管他曾經停筆多年，而後又重新出發，晚近也很少發表詩作，但從他留下的幾本詩集來論斷，筆者 19 年前與張漢良合編源成版的《中國（臺灣）當代十大詩人選集》，白萩為其中之一，假如 20 世紀末，再有人編《當代臺灣十大詩人選集》的話，我以為白萩依然會上榜，其他九家何人會被判出局，時間當是最佳的人證。

白萩的長子何聘生曾為有關白萩的評論，編了一部書，定名為《孤岩的存在》，於 1984 年 12 月由臺中熱點文化公司出版，本書區分「總論」，「對詩集、詩篇的評論」，「附錄」等四篇，收趙天儀等數十家的評論文字約三十萬言，是研究白萩的第一手資料，盼喜愛他的讀者能人手一冊。

——《聯合文學》第 140 期，1996 年 6 月號

附記：本文曾於 1996 年 7 月，由詩人野曼主編的《華夏詩報》（廣州）轉載以饗大陸的詩讀者。

——選自張默《夢從樺樹上跌下來：詩壇鈎沉筆記》
臺北：爾雅出版社，1998 年 6 月

防風林與絲杉
論林亨泰與白萩詩中的臺灣意象

◎柯慶明[*]

一、前言

　　生存環境，一方面限制了我們生活選擇的可能，一方面卻具體的成爲我們生活經驗的各種內涵，而和我們投注的精神、情感與行動交織，難解難分之際，甚至成爲我們「自我」的延伸，呈現爲一個擴大了的「自我」之覺識，成爲一己認同的群體「自我」的象徵。因而這種對於所生存之環境的意識與認同，既是個體的也是群體的；既具主觀性也具客觀性。因其爲客觀的存在與群體共同經驗的對象，因而對此生存環境的認識，就成爲可驗證可辯論的題材，這正是我們對於其歷史與地理特質的掌握[1]，所以成爲一種公共論述的緣由；另一方面則是，認同終究是出於個人的抉擇、詮釋與無可爭議的個人情感的投注，因而它也往往呈現爲個人私祕的領會，因而流漾出各人特殊情意之輝彩。當王粲對著荊州「華實蔽野，黍稷盈疇」的田野，發出「雖信美而非吾土兮，曾何足以少留！」的喟歎之際[2]，我們所面對的正是自然風土的客觀存在與個人情意的主體認同之相關相繫的兩面性，它們可以是相輔相成的一致，也可以是相反相生的差異。因而呈現的正是主體心靈世界的無盡的繁豐，多采多姿——文學與藝術正是爲了掌握這種繁美而創構的多彩世界。

---

[*]發表文章時爲臺灣大學中國文學系教授，現爲臺灣大學臺灣文學研究所兼任教授。
[1]這裡所謂的「歷史」指的是一切群體性的政治、社會、文化樣態與其演變；「地理」亦指的一切客觀可見的自然與人文景觀；以及對此景觀之深層意涵的了解。
[2]見王粲〈登樓賦〉。

　　一位本土的現代詩人，對於他所「歌於斯，哭於斯」的鄉土——臺灣，會有什麼公共的認知或私密的領會？他如何透過現代詩的特殊形式來掌握與表現？是本篇所想探究的基本問題。因爲篇幅所限，我們僅以林亨泰與白萩二人做爲典型的範例來加以探討，希望獲得不僅是對於「臺灣」意象的認知，亦同時是一種現代詩的「詩學」上的了解。

二、由林木的圖象詩切入

　　當中文的新詩，放棄了固定的押韻與格律，而採分行的排列之際，它在形式上的表現力，自徐志摩〈康橋再會吧〉一詩，因格式看錯而得重排發表起[3]，無疑的越來越倚重書寫排印之際的視覺效果，因而做爲新詩往「現代」發展的步驟，在 1960 年代就一度興起了「圖象詩」的風潮。圖象詩在詩形上的經營，會不會有意或無意間反映了詩人對於他所生存之真實空間的感知與領受？當然像林亨泰的〈風景No.1〉、〈風景No.2〉這樣本身原即意在表現本土「風景」的詩作，自然是有意的反映了對臺灣的某種空間景觀的理解與感受。但是白萩的那首一樣膾炙人口的〈流浪者〉，和林亨泰的兩首〈風景〉一樣，都以植物在空間上的分布爲其寄意的重心，經由文字圖象化所形成的植物與空間的關係，轉而成爲詩作象喻的內涵。並且更有意思的是它們的「題目」，都與此種空間關係，產生距離，形成張力。因爲它們都要在「無風景處見風景」，「不流浪者見流浪」。我們是不是也可以在此，一樣的看出詩人無意中對其生存空間之領會的端倪？或許也更可以藉此探究詩人對其生存情境所寄之「臺灣」的思感與呈現的各種可能。這自然只是一個方便的切入點而已。

---

[3]見《時事新報・學燈》第 5 卷第 3 冊第 9 號（1923 年 3 月 12 日）與第 5 卷第 3 冊第 20 號（1923 年 3 月 25 日）。

（一）〈風景〉的禮讚

農作物的
旁邊還有
農作物的
旁邊還有
農作物的
旁邊還有
陽光陽光曬長了耳朵
陽光陽光曬長了脖子

—— 〈風景 No.1〉

防風林的
外邊還有
防風林的
外邊還有
防風林的
外邊還有
然而海　以及波的羅列
然而海　以及波的羅列

—— 〈風景 No.2〉

　　林亨泰的這兩首〈風景〉，在題目上不用諸如「之一」或「之二」，甚至「1」或「2」的註記，而加上了「No.1」與「No.2」等字樣，不但深受西方影響的現代感全出，事實上更有著隱隱約約的「第一」與「第二」的價值判斷在其中；這種價值判斷正與他將原本未被認爲是風景的景象，稱讚爲「風景」是出於同一機軸，更深一層的探究，正可視爲是一種對於「臺灣」的禮讚！

　　〈風景〉二詩的素材，明顯用的正是臺灣中南部，至少〈No.2〉是如他在更早期的詩作所題爲「海線」之類似地域的景觀。〈No.1〉的主題，其實不外乎「黍稷盈疇」之意，但卻有意不確指，而逕稱爲「農作物」，一方面正消減了它們的景象性；一方面則加強了它們係屬人工栽培的觀念意

涵，因而正是指向了「農作」之活動本身，因而三次的並列，並且一直強調「旁邊 還有」，就呈示的不只是它們的眾多，而同時是「農作」的勤勉與辛勞與期待收穫之豐盛。這些對真實務農的人們而言，或許比任何風光是更喜悅更重要的「風景」吧！並且做為景觀的特殊性，正在它們曝曬在「亞熱帶」的「陽光」下。「陽光陽光曬長了」正以近乎童謠的口吻，敘述著中南臺灣漫長的日照；而所「曬長了」的竟是「耳朵」、「脖子」，除了強調「傾耳」與「延頸」的期盼與等待的意涵，其實亦暗示了在陽光中長大的農作物群集所形成的風聲習習，如波如濤；以及因日益高長必須引頸才能一層層的望見。自然在「農作」之際，最能感受到陽光的曝曬的也正是「耳朵」與「脖子」，暗示的正是揮汗中種植與日曬裡收成，形成的正是一種「汗滴禾下土」之「粒粒皆辛苦」的強調與禮讚，以狀似童稚兒歌的敘述，描摹詠歎的正是臺灣在漫長日照下一年多次的收成；這既是自然之厚賜，亦是人民之勤勞的特殊景觀。誰能說這不是臺灣 No.1 的代表性好「風景」？所以，林亨泰在〈亞熱帶之一〉中要強調：「這兒的空氣／是甜的／花瓣上／沒有皺紋」；或者是〈亞熱帶〉中要感歎：「季節啊／沒有缺口／花瓣啊／沒有皺紋」視這種特殊的季節變化為「羅曼司的／秩序中」，幾乎以一種戀愛的心境來看待了。

〈風景No.2〉一直比較受到注目[4]，或許正因它更接近傳統的「風景」的觀念，正如孟浩然的「野曠天低樹，江清月近人」[5]，或杜甫的「無邊落木蕭蕭下，不盡長江滾滾來」[6]，水木並舉往往正是傳統寫景對句的景點所在。（事實上林亨泰的〈小溪〉，採取的亦是同一機杼）但化「江」為「海」，而「樹」、「木」則強調其為具有「防風」功能的「林」（其實往往只是田邊的一排樹），就突然顯現出臺灣做為海島的悲壯或宏偉來。因為所種植的一排又一排的「防風林」，其實是人們勉強要在強烈海風吹襲的沙岸

---

[4]選本往往選 No.2 而非 No.1；在早年的《歐洲雜誌》中更有一篇筆名江萌的作者，為它做了結構主義式的論析。
[5]見〈宿建德江〉。
[6]見〈登高〉。

地區經營出「農作物」來的人與自然的抗爭。但是走出「防風林」，眼前所見的，不正是比滾滾而來的長江，要更壯闊雄渾的「然而海　以及波的羅列」？它的重複正是反映了它們的「不盡」與綿延；與「防風林」的複疊，既形成永久的對峙與拉鋸，但不斷的強調「外邊　還有」之際，由在「林」中穿梭摸索，而突然見到「海」與「波」之羅列，亦更具有「坐對真成被花惱，出門一笑大江橫」[7]的豁然開朗，甚至「快哉此風！」猶如楚襄王披襟而當其雄風的爽暢情景[8]。因而這首詩就在它的圖象化的客觀呈示之際，其實隱涵了可遊可玩的主體歷覽經驗的潛能。而這一好「風景」，正又是林亨泰對臺灣之自然與人文交織所形成的貌似平凡，卻是滿涵深意之地理景觀的禮讚。

　　對林亨泰而言，有意義的不管是「旁邊」或「外邊」，但總是「還有」，「還有」，「還有」的眾多的「農作物」，「防風林」，因爲它們雖然是人們的意志與作爲的成果，它們畢竟是所作之「物」，是所造之「林」，是空間中客觀呈現的「風景」，所以他只強調它們集體的豐盈；他並沒有要將他們轉化爲個人自我的主體性情與各別命運的象徵。但白萩卻使用了本該成林的絲杉中的「一株」來作「流浪者」命運的象徵，而要藉此來強調他的「孤獨」，「孤單」，以至「忘卻了他的名字」的自我迷失。因而，假如說林亨泰兩首〈風景〉中的植物分布的空間關係，可以視爲是地理景觀中的「臺灣」意象的話；白萩〈流浪者〉中的絲杉，雖然也是根植於「臺灣」的土地，但接近的反而只是自我投射或詮釋的生命心象。

---

[7]見黃庭堅〈王充道送水仙花五十枝，欣然會心，爲之作詠〉。
[8]事見宋玉〈風賦〉，亦可參閱蘇轍〈黃州快哉亭記〉，尤其該記形容江水「至於赤壁之下，波流浸灌，與海相若」云云，而此處所面對的正是物真態實的「海」！

（二）〈流浪者〉的「困」境

望著遠方的雲的
一株絲杉
望著雲的
一株絲杉
一株絲杉
一株絲杉
絲杉
杉
在地平線上

一株絲杉
在地平線上

他的影子，細小。他的影子，細小。他已忘卻了他的名字。忘卻了他的名字。只站著。孤獨
站著。
地站著。站著。站著
向東方。
孤單的一株絲杉。

——〈流浪者〉

這首詩顯然是白萩的代表作之一，不但被眾多的評論者屢屢提起[9]，甚至白萩亦在其一篇論文中，自行加以解說：

> 第一節我首先描述著一個流浪者眺望的心情，從「音」感「量」感和「意義」上表現逐漸失望的情緒，我之重複並且變化一個句子而不願敘述或比喻，因我相信，這種含蓄更能直接表現流浪者悲哀的情緒。然後第二節我退至一個角落來觀察他。我發覺他的孤單，他的寂寞和渺小，即使費盡千百句的比喻，遠不如這樣地利用空間的圖示，利用這直接的形象，更能使讀者置身於那曠大的寂寞和淒涼的經驗。然後我表現他流浪之久，而在第三節重複的「站著」是表現其無可奈何。[10]

---

[9]參見何聃生編，《孤岩的存在——白萩作品評論集》（臺中：熱點文化出版公司，1984 年）。
[10]白萩，〈由詩的繪畫性談起〉，《觀測意象》（臺中：臺中市文化中心，1991 年）。

但是不論是白萩本人或這些肯定此詩的評論者們，始終都沒有解釋：白萩如何可以一棵深根植立於定點的「絲杉」來象喻居無定所的「流浪者」？這樣非常明顯的矛盾。就以上引白萩自己的解說而論，他亦顯然忽略了幾點：首先，當他將此詩題爲〈流浪者〉，並且明白的在第三段用「『他』的影子，細小」，整首詩的表現已建立在以「一株絲杉」來象喻「流浪者」的基本寫作策略上了，因而所有對「絲杉」的「敘述」其實都已是對「流浪者」的處境或心象的告白了，所以所謂：「不願敘述或比喻」或「即使費盡千百句的比喻，遠不如這樣地利用空間的圖示，利用這直接的形象」云云，其實根本就是在「比喻」與「敘述」。

其次，當我們接受了在「絲杉」的層次，（暫時忽略它做爲「流浪者」的象喻），在本詩的第二節中，它呈現爲一種「直接的形象」，「空間的圖示」；因而我們必須以「圖象詩」，也就是在文字的文法指義之外，詩句的排列圖形，亦具一種「祕響旁通」的表義示意作用之方式來加以解讀；那麼事實上它無法阻止我們不以相同的觀點或方式來解讀第一節與第三節，尤其不論是第一節或第三節顯然都有刻意圖示化的排列。因而我們的合理閱讀是該像讀兩首〈風景〉一般，很自然的將全詩當作一個整體的「空間的圖示」？或者是將它切割成三個不連續的節段？

因而在第一節，我們只讀到「一個流浪者眺望的心情」，「從『音』感『量』感和『意義』」，因爲句子在「絲杉」於相同位置重複而其修飾則逐漸減少，以至於無，而得到「逐漸失望的情緒」之「表現」的領會？而不是一排由高而低彷彿種在山坡上的「絲杉」林的印象？同樣的，針對第三節，則要忽略其刻意將末句「孤單的一株絲杉」排在「在地平線上」所代表的地平線之下，三個「站著」在地不線之上，二個在之下；兩個「影」皆在之上，除了第二個「影子」的「子」在之下；兩個「名字」，一個在之上，一個在之下。「向東方。」在之上；「孤獨」與「孤單」皆在之下；兩

個「忘」皆在之上，除了第二個「忘卻」的「卻」字在之下[11]：我們是要
認定它們的位置與安排只是偶然和任意的，是毫無意義，因而讀出的只是
「表現他流浪之久」，「重複的『站著』是表現其無可奈何」？還是要相信
這樣的「空間圖示」更有另一種涵意？還是值得細加推敲？

　　讓我們相信文本的實存，甚於作者事過境遷的解說。也許我們該當體
會本詩的第一、二節刻意的經營出一條齊底的「在地平線上」，到了第三節
卻被穿透；同時第三節的前三行的齊頂的文句，它們的高度正與第一節最
高的第一句平齊。因而第三節開頭兩行的兩個「他」與第三行的頭一個
「站（「著」）」，顯然正反映了不論是「絲杉」或「他」所能「站」或到達
的最高的高度。這是不是就是所「望著遠方的『雲』」的高度？還是遠遠超
出了「雲」的高度？但是所重複的第二個「他的影子」和「忘卻了他的名
字」卻伸入了地平線之下，因而在地平線之下，另有兩個「只」，一個「孤
獨」，（按版本的不同另有一個「孤單」在地平線下；或在地平線上與「孤
獨」對照），以及與地平線上相對等的三個「站著」和「一株絲杉」。

　　當我們不假外求的只從詩本身的指示來揣測：第三節的貫穿了地平線
上下的疏落有致的「空間圖示」，似乎正象喻著「雲」與「影」的連接，
（因而也是他所渴「望」而「忘卻」的「名字」，也就是他理想與現實的自
我之對比與銜接），因而第三節除了「孤獨」之外，（當然採《蛾之死》的
版本的話，我們可以計入「孤單」，視爲與「孤獨」相對，因而也算重
複），所有的句子皆重複，而呈現爲地平線上延伸向地平線下的平行對比，
而終句的「一株絲杉」正與第二節的「一株絲杉」在地平線上下形成對比
與逆轉。全詩由最高的「望」起始，而結束在最低或至少是地平線下的
「一株絲杉」，（「一株絲杉」在地下的投影？），始於最高點而終於最低
點，（或低於一般水平），正是典型的「悲劇」情節的圖示，這首詩在「空
間的圖示」上所表現的，或許還不只是「絲杉」或「流浪者」的「孤單」

---

[11]此處對第三節位置的描述，是依據〈由詩的繪畫性談起〉中所引的版本《蛾之死》中的版本排法
　　略有不同，主要的差異是最後的一句，「孤單」在地平線上。

或「孤獨」而已。

　　因為一棵絲杉不論種到那裡它還是一棵「絲杉」，它除了定點樹立，生長繁茂以至繁殖，別無其他的可能。但是白萩所寫的「絲杉」卻具有「流浪者」的心態與性格，永遠在「望著遠方的雲」，「望著雲」，向日出的東方。因而在日照之下，和天光中的雲影相比，就不免覺得「他的影子，細小」；以致「忘卻了他的名字」。「人的名，樹的影」？樹而渴望自致於青「雲」之上，既渴望「雲」的飄流遊蕩，來去自如，又渴望「雲」的蔽日遮天，投影廣大；除了感覺自己永遠「只站著」，「只站著」，不論長得多高，還是「站著」，（所以三個「站著」立成一行，正反映了它的不同高度的成長階段），而因此深深感覺自己的不幸，以致在這種不幸感中迷失自己，「他已忘卻了他的名字」，（他忘卻了他是「一株絲杉」，他是一棵樹！），因而蒙受《莊子‧養生主》所謂：「是遯天倍情，忘其所受，古者謂之遁天之刑」的痛苦；而且是「孤獨」，「孤單」的自覺痛苦，就是不可避免的了。

　　一株生長在臺灣本土的絲杉，為什麼總是「向東方」，「望著遠方的雲」而渴望成為一個「流浪者」？白萩在他的解說第二節時，強調「利用空間的圖示，利用這直接的形象，更能使讀者置身於那曠大的寂寞和淒涼的經驗」，他說對於流浪者：「我發覺他的孤單，他的寂寞和渺小」。說「流浪者」孤單，寂寞，和淒涼，或許是對的，（但獨立蒼茫又未嘗不可是一種唯我獨尊的盼顧自雄？第二節的圖示，誰說就不能作「一柱擎天」，或「眾弦俱寂，我是唯一的高音」[12]式的解讀？），但是在第二節的圖示中，我們卻看不出「一株絲杉」的「渺小」，更感覺不出它所存空間的「曠大」，畢竟圖示中的兩邊的「在地平線」加上「杉」字本身才只有 11 個字的寬度，而「一株絲杉」本身即具有四個字的高度，而第一行的「絲杉」即有 11 字的高度，全詩最長的第三節第二行，則具 19 字的高度。相對於只有 11 寬

---

[12] 見夐虹詩：〈我已經走向你了〉，《金蛹》（臺北：純文學出版社，1968 年）。

的地平線，一株四字高的絲杉，假如他還想流浪的話，恐怕不是生存空間的「曠大」而是太過於狹小。當我們將全詩三節當作一個完整的圖示看，是不是第一節正是杉林所在的山坡，第二節則是一片狹小的平原或盆地，第三節則是雲影所籠罩的或是另一片山嶺，或者竟是海市蜃樓？詩人除了第二節，沒有刻意強調其空間圖示的意涵，但我們可不可以說，詩人在無意間還是將他對於臺灣做為一個多山少平地的海島的特殊的空間感，寫入了他的空間圖示中了。做為落地即生根於斯島的本土人士，他是一株不能或不願離此他去的絲杉；但做為一個望著遠方的雲的詩人，他嚮往「流浪」，因而白萩《天空象徵》書後的〈自語〉中如是作結：

> 我還要去流浪，在詩中流浪我的一生。我絕不在一個定點安置自己，我
> 的歷程就是我的目的。在地平線外空無一物，我還是要向它走去。

三、鄉土與都市的速寫

　　在臺灣這一海島的小小的地平線上，白萩所嚮往的是其外「空無一物」的自由開闊的廣大空間，所以「望著雲」，追逐「在無邊際的天空」[13]。林亨泰則在相同的地平線上，看到「農作物」，「防風林」，「陽光」，「海」，以及「波」的羅列，所形成的「風景」：或許這正是身居其中的本土詩人的兩種看臺灣的方法，看著它或者看過它。

　　林亨泰，對於臺灣的各種自然景觀和社會現象，不論是賞愛或批判，他的寫作策略幾乎都正眼觀看對象，然後以「賦筆」速寫，卻往往可以捕捉住景象的神韻。例如，他寫臺灣農家的〈農舍〉：

---

[13]參見白萩詩：〈雁〉，《天空象徵》（臺北：田園出版社，1969 年）。

門
被打開著的
正廳
神明
被打開著的
門

————〈農舍〉

簡潔明快，卻一下子掌握了農家的純樸虔敬的特質，一方面是了無心機的
兩扇門板大開；但張眼看去卻是供在正廳的神明。透露出米勒〈晚鐘〉一
般的因虔信而具的安詳與信賴。寫中南部鄉下的〈黃昏〉，則是：「蚊子們
在香蕉林中　騷擾著」，生活的喜悅與困擾同時並存，但卻都盈溢著一樣的
生命力，充滿了亞熱帶的風味；而「是什麼東西／被夾上了？／枝頭上有
哭聲！」，則寫的是〈蟬鳴〉。寫擁擠嘈雜的小市鎮生活：「他的眼裡有許多
砂粒，／他的額上有許多蒼蠅。／啊！他，誕生在這路旁，／因此，一切
嘈雜都屬於他。」（〈誕生〉）寫乘坐火車上奔馳的感覺：「光把我的頭髮／
捲成波形了　而在鐵路軌道上／我將割風而去」（〈出發〉）其實都不太使用
複雜的比喻或象徵；就讓事物在直感的勾勒與剪接中，自然呈露出親切而
深邃的意涵來。

　　林亨泰對臺灣風物的抒寫，大致包括了：自然的山水，如〈烏來瀑
布〉，〈海線〉，〈小溪〉，〈有孤岩的風景〉等；以及季節和物產，如：〈山中
百合〉，〈蝙蝠〉，〈鳳凰木〉，〈晚秋〉，〈覓〉，〈四月〉，〈賣瓜者的季節〉，
〈夏〉，〈冬〉，〈渴〉，〈蟬鳴〉，〈鷺〉，〈炎日〉等。早年寫的〈烏來瀑布〉，
如其前段的：「霧雨之中／打開胸膛即見一條白色的生命／歷史雖已造就塵
世／此地依然深垂夢之薄薄紗帳／獨自呢喃著永恆之聲的／烏來瀑布
啊！」不免微帶浪漫的感傷。但到了後期的〈有孤岩的風景〉，例如中間的
這幾段：「太陽浴在起泡的風景中／不知所措地在那裡燃燒　季節把乾的鵝
卵石／拋棄在無水的溪底　光與影猛烈地交錯／遂使夢幻滴下了汗珠」，不
但筆力勁健，情景栩栩如在目前，甚至有咄咄逼人的氣勢，充分的勾勒出
臺灣盛夏的炎威。而〈晚秋〉之以「雞，／縮著一腳在思索著。而又紅透

了雞冠。　所以，秋已深了⋯⋯」，借一隻雞的姿態，描寫臺灣並不明顯的
秋天之到來，更是妙語解頤。林亨泰這些詩不但體物深切，而且大抵掌握
臺灣日常景物，含蓄中實在蘊涵著一種肯定與賞愛的情懷。

　　這種鄉土之愛，在以鄉村或山中生活為素材的詩作，表現得尤其淋漓
盡致。以烏來村為背景的《山的那邊》系列，充滿了對於山居生活的嚮往
與對原住民朋友的溫柔情懷。描寫鄉村生活的，如〈村戲〉，〈鄉村〉，〈郊
外〉，〈他〉等，其中〈鄉村〉的：「吸一口／粗的憂鬱／老牛／鼓著腮幫子
／一直不停⋯⋯」，不但掌握了水牛的習性，而且確能生動的象喻出昔日農
村生活的艱辛與勤奮。而由〈郊外〉改寫成的〈日入而息〉：

　　　與工作等長的

　　　太陽的時間

　　　收拾在牛車上

　　　杓柄與杓柄

　　　在水肥桶裡

　　　交叉著手

　　　咯噔　嘩啦嘩啦

　　　嘩啦　咯噔咯噔

　　　穿過　黃昏

　　　回來

　　　了

　　　　　　　　　　　　　　　　　　　　　　——〈日入而息〉

雖然未必如呂興昌所以為的勝過王維的〈渭川田家〉[14]，但林亨泰的不避

---

[14]此為兩人私下討論的意見，呂興昌的提醒，使我更加注意此詩，特此誌謝。

粗俗，描寫「杓柄與杓柄／在水肥桶裡／交叉著手」，而且強調其隨著牛車賦歸之際，發出「咯登　嘩啦嘩啦／嘩啦　咯登咯登」的聲音，確是寫活了 1950 年代的臺灣農家情景。真可謂化臭腐爲神來之筆了。

　　林亨泰對於臺灣都市的刻畫，主要的集中在商業生活，如〈商業大樓〉,〈上班族〉；交通擁擠、事故與其中顯現的人生或民性百態，如〈擁擠〉,〈流行〉,〈小汽車〉,〈騷音〉,〈車禍〉,〈事件〉,〈同座者〉,〈黃道吉日〉，但他的批評主要的指向自然與人心的飽受污染的病態發展，他在〈患砂眼的城市〉中，以圖象詩的方式，表現了臺灣城市之車擠塵揚的飽受囚困的日子，而以廣告牌上的美女也都蒙塵感染了砂眼，來做象徵性的特寫，諷刺真是入木三分，因爲美女廣告牌本身就是一種蒙蔽心靈的裝置；在另一層面，正一樣是巔倒飛揚的灰塵。他的直接指控則是針對臺灣政經中心的臺北，不但污染了臺灣美麗的自然環境，而且在政治上：「只爲私欲大談民主／只爲獨占大談守法」，因此他強調它的種種作爲其實是背棄了鄉土的精神與期待：「臺北還能算是臺灣嗎」,「臺北早已不是臺灣了」。在這裡我要對林亨泰近乎相機眼（camera eye）的速寫手法，舉〈事件〉爲例：

　　　哥哥快速地急轉彎

　　　突然緊急煞車──

　　　毫無心理準備的妹妹

　　　從後座被拋到一個高度

　　　然後落了下來

　　　先著地的是頭部

　　　著地聲音並不大

　　　巴答──那麼一點聲音

　　　就像一個

　　　空的紙盒從高處掉下來

她靜靜地躺在馬路上
　像溫柔的一個夜晚裡
　躺在家裡的床舖上
　像暖和的一個春天裡
　躺在郊外的草坪上
　像祕密的一個角落裡
　躺在自己的遐思上
她靜靜地躺在馬路上

流血不多的耳根後面
幾根細髮粘貼在地上
安詳的表情
因為來不及痛苦？
事情實在來得太快了
哥哥大約二十五歲
妹妹可能是二十歲
這發生在一個禮拜前
現在我又路過這裡──
在找不到血跡的那片地上
又是許多機車快速地駛過

──〈事件〉

對於這種臺灣常見的共乘機車所發生的悲劇，詩人以冷靜得近乎慢動作影像，對事件始末做了非常細膩的描述，全詩的張力完全凝聚在「她靜靜地躺在馬路上」和詩人所形容的「像」躺在「家裡的床舖」，「郊外的草坪」，「自己的遐思」上，種種人生的舒美靜好，其「安詳的表情」竟是這一切美好之可能的結束。但詩人更深的感慨，則是在這快速馳逐的世界裡，個

人的悲劇，甚至生死的種種終究只是個人自作自受的疏離「事件」，不但無聲無臭，而且對於他人或社會皆是毫無意義，全無影響：「現在我又路過這裡——／在找不到血跡的那片地上／又是許多機車快速地駛過」，或許就是反抗這種對於他人與自我生命與命運的疏離，詩人才提筆寫詩的吧！

　　林亨泰也寫了不少針對威權統治的政治諷諭詩，如〈力量〉,〈安全〉,〈主權的更替〉,〈美國紀行〉,〈敬告迴旋夢裡的人民〉,〈跨不過的歷史〉,〈一黨制〉,〈國會變奏曲〉,〈賴皮狗〉,〈選舉〉,〈宮廷政治〉等等，但主要的批判，都不如前引〈臺北〉一詩中的兩句精警，茲不細論了。

四、物象與寓言的寄託

　　當一個詩人刻意「看過」他所生活的本土時，他事實上仍然感受本土生活的種種，而這些感受仍然是他創作的基礎，只是他未必以「賦」筆直接描寫其外觀的形形色色，或者藉此起「興」，以抒發他的生存感受。在將得自生活空間的種種刺激加以融會消化而回應以詩歌之際，他的另一種修辭策略的選擇是直接以「比」喻，傳達心象，抒發情意。這在傳統詩學裡，就是所謂的「寄託」，最常見的手法則是「詠物」與「寓言」。

　　白萩早期的詩作偏向「詠物」的手法；自《天空象徵》起，則創造了「阿火世界」，在《香頌》裡更構設了「新美街」，形成了兩個主要的「寓言」系列。因而在白萩的詩中，我們可以強烈的感受到白萩做為一個臺灣居民的種種苦悶、憤懣、渴望、嚮往等等的情懷，卻未必容易找到經由具空間存在性質事物所呈現的臺灣意象。因為做為比喻之喻依，或寓託的物象，它們可以非常普遍，如：花、鳥、樹、貓、薔薇、落葉等；亦可以是臺灣本土所不具有的，如空中的雁群，沙漠中的仙人掌等。

　　自然白萩詩中偶或亦提及一些臺灣的場地與風物。前者如在〈臨照〉一詩的結束在：「且登臨赤崁樓／與歷史為伍／看落日漠然運作／讓夕暉與陰影分割臉部／領略家國的興衰」；或在〈暗夜事件〉中提到「在西門路口／貓兒正要過街」,「貓兒走著斑馬線過街」；或如：〈畫像〉中提到了臺北

的夜生活：「揮揮手／心裡說聲再見／『中山北路直開九段』／管他歸在何處　只感到水銀燈／一根一根又一根／車子是奔向未知的深夜」。或許白萩最具有時空實感的作品是底下的這首名爲〈廣場〉的政治諷刺詩：

所有的群眾一哄而散了
　　　　　回到床上
　去擁護有體香的女人

而銅像猶在堅持他的主義
對著無人的廣場
振臂高呼

只有風
頑皮地踢著葉子嘻嘻哈哈
在擦拭那些足跡

——〈廣場〉

這首〈廣場〉的寫作背景自然是戒嚴時期，類似國慶一類的在秋日的集會，群眾雖被召集聚會，但真正擁護的終究是「有體香的女人」；主義則有銅像堅持，一切遊行與口號，其實只是風中的落葉，不留下任何的痕跡，令人對這種徒具形式的政治表態，啼笑皆非。它所反映的正是白萩由「阿火世界」的憤懣轉入「新美街」的平和之後的幽默感。

白萩在早期的詩作〈水菓攤前〉，倒是提到了臺灣常見的一些水果：「西瓜、香蕉、蕃茄、白梨、龍眼、橘子、石榴和鳳梨……」，但他立即用它們「象徵各種人性」，各自轉成爲「大騙子、肺病鬼、脫褲子的明星、女人大腿間的白臭蟲」，詩並不成功；但卻反映了白萩寧可使用喻象的寓託，而不重實象敘寫的風格取向。白萩所最常用的物象，主要是：樹，落葉，草，路，花（薔薇，蓮，白蓮，曇花，牽牛花，向日葵），鳥（雁，金絲

雀，鷺鷥，鸚鵡），火雞，蛾，蛹等，我們僅以較具本土認同的幾個物象：
樹，路，鳥兒，鷺鷥，野草，曇花等略加討論。白萩在《風的薔薇》，《天
空象徵》，與《詩廣場》中各有一篇題為〈樹〉的詩作，和我們的論旨最直
接相關的是《風的薔薇》中的這一首：

　　我們站著站著站著如一支入土的

　　椿釘，固執而不動搖

　　噢，老天，這是我們的土地，我們的墓穴

　　即使把我們踢成一個旋錘

　　無止境的驅迫

　　這是我們的土地，我們的墓穴

　　把我處刑成為一柄火把

　　燒爛每一個呼喊的毛細孔

　　仍以頑抗的爪，緊緊的攫住

　　這立身之點

　　這是我們的土地，我們的墓穴

——〈樹〉

在這首詩裡，樹的「站著站著站著」有了新的意義，雖然沒有使用「根」
的意象，而用的是「如一支入土的／椿釘，固執而不動搖」；詩人終於說出
了他對土地的認同：「噢，老天，這是我們的土地，我們的墓穴」；因而在
強調，對「這立身之點」，欲以「頑抗的爪，緊緊攫住」，因為這是他的生
死與共的土地。全詩雖未直接提到，但「入土的椿釘」，「頑抗的爪」已經
使得「根」的意象呼之欲出，他終於也在〈路有千條樹有千根〉一詩中，
坦然的提到了「源生的根」。但正如該詩中所謂：「路有千條條條在呼喚著
我／樹有千根根根在呼喚著我」，這兩種呼喚其實是具有不能相容的矛盾
的。這也就是上面所討論的〈流浪者〉一詩所潛藏的矛盾。這種矛盾，同

時以「路」,「地平線」;或者以「雲」,「鳥」,「天空」,來與「樹」作對
比,表出。在〈欄〉一詩中,雖然似乎採取的是日常市鎮的場景,經營的
還是「路」與「樹」之間的矛盾:

> 路從眼中,一直走入地平線
> 萬年的孤寂透明地盤踞在路間
> 你在那一邊,唉
> 突然關閉的櫥窗隔阻了蒼蠅的撫觸
> 在玻璃上焦急的繞走
>
> 於是我背過身來
> 卻聽到你以落葉滾動在路上的清響……

　　　　　　　　　　　　　　　　　　　　　　——〈欄〉

這裡因為選擇了做一株落地生根的「樹」,因而無法上路逐「地平線長久在
遠處退縮地引逗著我們」(〈雁〉)的焦灼,同時以被關閉於櫥窗的蒼蠅,
「在玻璃上焦急的繞走」和「聽到你以落葉滾動在路上的清響」來表達。
這種不安與掙扎,終於在《天空象徵》中的〈樹〉,化成了「這世界只剩下
你在守候／比死更為爛透的是那些葉子／終必追著風吹向虛渺」的牢騷。
　　但是在這首詩中,同樣重要的是:「比你的眼更遠的是鳥的飛翔／終必
消失在空中才甘心／這世界只剩下你在守候」的告白。一如白萩在〈鳥
兒〉詩中所說的:「鳥兒老在尋找著天空／在那兒,我們一定遺失了什麼／
被土地所禁錮的樹林／狂厲地舉手哭嚎」:相對於「樹」,「鳥」代表著自由
超越與對於未知的追尋。因而,一般常見,特別具有臺灣鄉土象徵的〈鷺
鷥〉,在白萩的筆下,就成了:

> 一顆星闖進黃昏裡

放哨，還見你

悠哉悠哉

獨自飛著你的天空

有時

順風一瀉

有時

逆流鼓翼

有時

對夕陽說一句

無關痛癢的軟詞

有時

落在大地

將頭伸進時間的水流

測度地球的冷暖

——〈鷺鷥〉

這隻鷺鷥幾乎成了忘懷得失（「有時／對夕陽說一句／無關痛癢的軟詞」）、超越時空（「有時／落在大地／將頭伸進時間的水流／測度地球的冷暖」）、絕對自由之精神的化身。與其說反映了臺灣的鄉土田園景象，無寧是更接近於莊周，「獨與天地精神往來而不敖倪於萬物，不譴是非，以與世俗處」[15]的意境。因為，「還見你／悠哉悠哉／獨自飛著你的天空」，詩人所發現的是深合〈逍遙遊〉妙義，「獨自飛著自己的天空」的鷺鷥；掌握的重點正是鷺鷥或飛或立，或飲或啄姿態的安詳與悠閒。可謂與王維寫鷺：「漠漠水田飛白鷺，陰陰夏木囀黃鸝」（〈積雨輞川莊作〉），「跳波自相濺，白鷺驚復下」取象的重點一致。當然，到了《香頌》的「新美街」系列裡，也可以

<hr />

[15]見《莊子・天下》。

代表融洽無間的鶼鰈情深：「我走到窗口靠近妳／無語地與世界的沉默交談／有陰影從大地升上來／而天空仍是彩霞重重／且看並飛的鷺鷥／在八月的涼風中逍遙」（〈夕陽無語〉）。

在白萩詩中，另一組重要的相當意象是草與花：「我們只是一株野草。／注定沒有花朵，不能收結果實／白白的活過這一生／淪入歷史的深淵沒有一絲作為」（〈野草〉），這是「野草」，也是「阿火世界」；但〈盛開的花〉則是：「蓓蕾將頭探入這世界之內／赤裸的生即時的死／任鮮血恣意的流」，正是熾熱壯烈的生命型態：「無盡的等待無盡的孕育／前來只為經歷一次死」。這既是「遂見血，慘紅：／無望地流下」的〈風的薔薇〉；亦是〈曇花〉的雖然以「峭壁突然站起來將我們的喊聲踢回／擊碎盛開的心房而萎跪下來成為／飄搖的花枝」，在我們的驚呼中隕落，但卻所以能夠達成「以一百萬年的生命在一分鐘死去／死去使滿天的繁星不停地在夜空發亮！」因為在黑暗的時代，雖經歷了沉重的壓迫而始終堅持不屈：「我們以炮彈的沉默怒視著前面的戰雲／厚重的天空壓著地平線成為緊閉的嘴／孤獨地站著不讓倒去／而黑暗之後不能窺見世界的面目」，長久的隱忍蓄積，終於「二十四時／爆亮的火柴燒破了夜的黑幕／我們以照明彈在空間燃燒著自己的生命／吐放著白焰只為自由的喜悅！」花朵的自然開放，竟然成了照亮世界，實現自由之壯烈犧牲的生命象徵，我們當然可以嗅到其中所具的戰鬥氣息。

同樣激烈的是「阿火世界」的寓言，首先在〈歷史〉一詩：「阿火在屠牛／碰碰／一擊又一擊／利斧對著腦門」，但在別人的驚呼中，「於是阿火將錶丟入血槽／不用聽／也不用看。」整個系列中不斷出現戰爭和死亡的陰影：「血流不止的／春　遠地有砲聲」（〈春〉），在〈世界的一滴〉中一方面阿火與阿蘭「聽著遠方的砲響」，不顧「戰爭在前方／墳墓在前頭」，「暫時成為：一」的在雨中結合成「雨滴」，但「只是可憐的一滴／滴入湖面／不咚／也不響」，他們生存於「這僅是世界的一點／一點中的世界」的卑微裡；而這種卑微，則進一步在〈形象〉中，藉「阿火走著，無人／出現」，

因「無人來證明」:「我是一個人」,而成為「一條蛆蟲的阿火走著」,甚至遇到相濡以沫的伴侶,亦竟驚呼:「啊,妻啊,妻啊/你是一條蛆」,強調在高壓統治與戰爭歲月中人命的卑賤。因而在出現了「『放田水啊』/天空寫著/砲花/戰鬥機」的第一首〈天空〉裡,「一株稻草的阿火/在風裡搖頭:/『天空不是老爹/天空已不是老爹』」,因現代戰爭的侵入世世代代仰望的天空,而感歎「舉頭三尺有神明」傳統信仰的崩潰。而到了第二首的〈天空〉:

> 天空必有母親般溫柔的胸脯。
>
> 那樣廣延,可以感到鮮血的溫暖,隨時保持著慰撫的姿態。
>
> 而阿火躺在撕碎的花朵般的戰壕
>
> 為槍所擊傷。雙眼垂死的望著天空
>
> 充滿成為生命的懊恨
>
> 不自願的被出生
>
> 不自願的被死亡
>
> 然後他艱難地舉槍朝著天空
>
> 將天空射殺。
>
> ──〈天空〉

被驅趕進入一場不知所以的戰爭「為槍所擊傷」,「充滿成為生命的懊恨」,深感「天地不仁」的阿火,竟然戲劇性的「然後他艱難地舉槍朝著天空/將天空射殺」,這種近乎荒謬的舉動,其實是一種至為沉痛的抗議,抗議不具意義不能自主而任人擺布,以至必須為外來的統治者毫無價值地犧牲之個人以及集體的命運,不論是阿火或白萩都看不出支持或決定這種恐怖宿命的「天空」,有何存在或必須尊敬的理由。在此白萩提升阿火到達了一個

自覺荒謬的存在英雄的高度，所以即使只是姿態，他也必須「反抗」[16]而「將天空射殺」。其實籲求的只是平凡卑微如阿Q一般的臺灣鄉民阿火，也一樣有被老天眷顧的權利！

　　同樣，仍然卑微，但已搬遷到市鎮的「新美街」寓言系列，白萩讓說話者的我，繼續在承平的時日，「管他外面是大雨／我們是與雨中的雨滴」，不斷的追求，「暫時成為：一」，而不管銅像和它的主義，認真的「去擁護有體香的女人」，因為「嗩吶和葬列／從黎明中回來／世界已消失了一人／新美街仍然要醒來／從事生活」，「燒一束香寫一首輓歌／給今日沒有回來的一人／而擡頭便見／酒樓的屋頂飄著汽球廣告／說：瘋邪死罷」：政治的威權不再，但都市生活中，「客棧的野雞喔喔啼叫／從雌體中拔出／便陷進男人的孤獨」（〈一人〉），許多的個人卻迷失在商業主義的酒色徵逐，因為廣告的不只是感冒請用「風邪斯吧」；而是人生沒有更高的目標與意義，還是「瘋邪死罷」，這或許也算是另一種陣亡吧！當然，「新美街」的生活，所以是「新美」，其實正因它不是孤獨的一人，而是屬於《香頌》的恩愛夫妻，雖然仍只是一對平常的小人物：

陽光曬著檸檬枝

在這小小的新美街

生活是辛酸的

讓我們做愛

給酸澀的一生加一點兒甜味

短短一小截的路

沒有遠方亦無地平線

活成一段盲腸

---

[16] 參見 Albert Camus: *The Rebel*, Translated by Anthony Bower, Penguin Books, Reprinted 1969。該書中的 rebellion，此處引述其義，依劉俊餘譯：《反抗者》，仍用「反抗」一辭。

是世界的累贅

我們是一對小人物
他日，將成為兒子畢業典禮上的羞恥
活得雖不光榮
但願平靜

生活是辛酸的
至少我們還有做愛的自由
兒子呀，不要窺探
至少給我們片刻的自由
來世再為你做市長大人

現在
陽光正曬著吾家的檸檬枝……

——〈新美街〉

在這裡白萩還是回到了樹的比喻，或許是「陽光正曬著吾家的檸檬枝」，或許只是「一枝苦梨」，偶爾羨慕「隔鄰卻開著蜜桃」，但在「狠狠的一斧」之後，「哎，苦梨還是乖乖結一輩子的苦梨」（〈苦梨〉），詩人終於在「我們隨著新美街醒來／當然地生活／當然地做愛」，體認「在這所謂偉大的世界／我們只是小小的螞蟻／吃人家遺留的餅屑／作無足輕重的短夢／一天活一些又死掉一些／既不會增多／也不會減得太少」（〈既不珍惜也不浪費〉）中，找到了安分守己的「道在百姓日用之間」。

五、結語：存在與美麗

白萩或許沒有刻意的去描繪臺灣的地理風物，但他卻反映了做為一個臺灣人的貫連在歷史處境與日常生活的感受，也許仍屬於「新美街」系

列，而「寫于退出聯合國之夜」的〈總之〉，是他對整體臺灣之處境的最明
白的詮釋：

> 總之一切所為只是風
> 你怔住，一粒沙似的
> 奔波在無常裡
>
> 現在
> 午夜的新美街已入定
> 唯獨你對著詩箋
> 自審
>
> 越南照樣被戰火燒灼
> 國聯聯合國又如何
> 東巴還是在屠殺
> 雞鳴了又如何
> 仍是不新鮮的老太陽一個
>
> 於是你在黎明前寫下一行：
> 自我存在才是存在

——〈總之〉

這自然仍是「看過」的說法，由臺灣而越南而東巴，而風與沙的「無常」
與老太陽恆在的象喻，但「自我存在才是存在」仍是臺灣存在與存在之理
的最好寫照。

但是始終「看著」臺灣的林亨泰，當他有機會看到整體而寫下〈臺
灣〉一詩：

以綠色畫上陸界的

臺灣，啊，美麗島

住下了六十年後

第一次離開了妳

從雲上俯看，更能證明

臺灣，啊，妳是美麗的

以白浪鑲嵌岸邊的

臺灣，啊，美麗島

離開了一陣子後

又回到了妳身邊

從機場走出，竟然發現

臺灣，啊，妳是髒亂的

——〈臺灣〉

他看到了臺灣自然的美麗，也看到了人為的髒亂。這裡有感慨，也有思維。

　　因此，我以為由觀見象，由象生情，因情論理的「見者之言」與由感生情，因情造象，以象顯義的「感者之思」，都是思索臺灣意象的重要方式，林亨泰與白萩，這兩位詩人不但在他們的創作手法，修辭策略，各自給了我們很好的示範；而且出於對臺灣地理景觀，歷史處境，與社會生活的熱烈關愛與深切投入，他們不僅在他們的本土認同中反映了臺灣的自然與社會的種種風貌，也達到了個人心靈最為幽微，精神最為高明的境域，因而當他們為臺灣發聲之際，他們充分顯現了臺灣自省自反的良知，確實無愧為本土的重要詩人。

　　本文中所引述的詩作，俱見以下諸集：

甲・林亨泰部分：

　　林亨泰原著，呂興昌編訂，《林亨泰全集》（彰化：彰化縣立文化中心，1998 年）。

乙‧白萩部分：

　　1.《蛾之死》（臺北：藍星詩社，1958 年）。

　　2.《風的薔薇》（豐原：笠詩刊社，1965 年）。

　　3.《天空象徵》（臺北：田園出版社，1969 年）。

　　4.《白萩詩選》（臺北：三民書局，1971 年）。

　　5.《詩廣場》（臺中：熱點文化出版公司，1984 年）。

　　6.《香頌》，（臺北：石頭出版公司，1991 年）。

　　7.《觀測意象》（臺中：臺中市立文化中心，1991 年）。

——選自柯慶明《臺灣現代文學的視野》

臺北：麥田出版公司，2006 年 12 月

雁的白萩

◎陳芳明[*]

一

　　如果要討論白萩的詩，那麼，從語言方面來檢討，那是必要的。

　　身爲一位詩的創作者，既然只能藉語言傳達他的思想，則語言的問題不能不予以最大的關切。20 年來的新詩創作者好像已在醞釀一股新的傳統，這種醞釀不是刻意安排的，而是自然的，無形的；時間的累積是無情的，差不多好幾位創作多年的詩人已逐漸僵化自己的作品，縱然他們繼續誕生新的作品，不辭辛勞地改變詩的內容，然而，讀者在閱讀的時候，仍可毫不費力地辨認那是某人的作品。其關鍵之一，乃在於對詩的語言覺悟的程度不夠深入。

　　事實上，和白萩同一輩的詩人中，有少數幾位對詩的語言已經起了相當大的自覺。比較近期的如洛夫，他在最近的一冊詩集裡就談到：「『西貢詩抄』最大的特徵，就是盡可能放棄『文學的語言』，大量採用『生活的語言』，而使我企圖表現的東西不致僵死在固定的語義中。」（《無岸之河》自序，民國 58 年）雖然，洛夫沒有把「文學的語言」和「生活的語言」加以界定，可是，從這段簡單的表白已明顯地看出他對詩的語言有了覺悟，至少可以了解到他已有擺脫僵化的語言的決心，無論他覺悟的程度是大是小，已足夠說明他逐漸注意到活用的語言。

　　比較早期的如余光中，似乎是詩人中對中國的語言問題最早覺悟的一

*發表文章時爲臺灣大學歷史研究所碩士生，現爲政治大學講座教授。

位,他說:「我嘗試把中國的文字壓縮,搥扁,拉長,磨利,把它拆開又拼攏,折來又疊去,為了試驗它的速度、密度,和彈性。我的理想是讓中國的文字,在變化各殊的句法中,交響成一個大樂隊,而作家的筆應該一揮百應,如交響樂的指揮杖。」(《逍遙遊》後記,民國 55 年)這段話頗能顯示余光中的氣魄,他在這裡所提到的中國文字實際上就是指活用的語言。余光中的這種試驗精神是值得注目的,然而,他卻主張把這股精神運用在散文的文字方面,我們觀察他的散文創作,無疑是獲得很大的成就,而在詩的語言方面,他卻沒有給予專注的重視,多少是令人覺得有些遺憾的。

洛夫和余光中都能從僵化的中國文字中甦醒過來,這是很重要的一個事實,他們的清醒意味著中國部分的新詩創作者有意識地維持詩的活力,給新詩以活生生的血肉。在余光中發表那段言論的三年之後,白萩也同樣表示出類似余光中的看法,他說:「我們需要檢討我們的語言。對於我們所賴以思考賴以表達的語言,需給予警覺的凝視和解剖,我們需要以各種方法去扭曲、錘打、拉長、壓擠、碾碎我們的語言,試試我們所賴以思考賴以表達的語言,能承受到何種程度。」(《天空象徵》自語,民國 58 年)白萩的論點幾乎是脫胎於余光中的說法。可是,他的目標和余光中不同,白萩的自覺是一種寫詩的自覺,而余光中則是一種散文創作的自覺。如果僅僅就這一點而言,那麼,白萩的「傾向」是比較接近詩人的。(這裡用「傾向」一詞,是因為余光中做為詩人的成分還是大於做一位散文家。)白萩說:「改進了我們的語言才能改進我們的詩。」說這句話的時候,已可看出他要改變語言的決心,那確實是一種徹頭徹尾的覺悟。

讓我們回頭來看他的詩集《天空象徵》,這冊詩集可以說是他轉變語言的開端,也是他另一個創作里程的嘗試集,一位詩人能夠毫不回顧地把從前既有的成就揚棄,毅然朝另一個語言的方向燃起爐火,僅憑這一點精神就足夠讓人敬佩。我們閱讀《天空象徵》的第二輯「阿火世界」,看到他用最樸素最粗糙的語言來表達他的心思,把現實生活中的困境予以暴露,這恐怕是一些已經成名的詩人所不敢冒然去做的事。

　　敢於動用毫無修飾的粗糙語言來寫詩，敢於向現實生活索取詩的題材，這是白萩的勇氣，但是，我們不能在欽佩這股勇氣的時候，蒙蔽了我們對他的詩的觀察，改變詩的語言是一回事，詩的好壞又是一回事；究竟《天空象徵》詩集在白萩的創作歷程上占據了怎樣的位置呢？要觀察他的作品，就必須注意到他對語言的覺悟究竟實踐了多少？他實踐的結果又是如何？討論他的作品，就得冷靜地思考這兩個問題。質言之，他要「以各種方法扭曲、錘打、拉長、壓擠、碾碎我們的語言」，是不是很準確很謹慎地做到了呢？本文的目的，僅就《天空象徵》這冊詩集，從語言的觀點來觀察他的作品，同時盡量以他的詩論加以引證，並企圖從他的語言轉變來尋找他的精神脈絡，以這種方法來檢討，或許能更容易地接近他的詩的境界。

二

　　《天空象徵》共分三輯，包括「以白晝死去」，「阿火世界」，「天空與鳥」。從這三輯看來，在語言的轉變上是非常巨大的，似乎意味著在這段期間，他不斷思索應採取怎樣的語言做為寫詩的利器，由於他不斷自我檢討，表現在創作上自然有顯著的差異，這三輯的演變，足以說明他積極地鍛鍊詩的語言，也因此給予我們的印象，似乎是三個不同時期的詩集合放在一起。在新詩史上，這本詩集顯現出來的特色是很特殊的，很少有一本薄薄的詩集同時表現出三種不同的面貌。

　　第一輯「以白晝死去」依舊承襲過去的語言，換言之，白萩的早期詩集《風的薔薇》（1965 年出版）的餘脈深深地延伸到「以白晝死去」這一輯詩裡。因此，討論這輯詩之前，勢必要討論《風的薔薇》。

　　在《風的薔薇》的時期，白萩對語言並沒有任何的警覺，我們可以了解，這時期的詩只是他「自我玩賞的東西」，是「生活中的一片片的感觸」（見《風的薔薇》後記）；雖然如此，《風的薔薇》所收集的作品仍值得重視。集中所用的語言雖不是經過他有意識地處理，可是，表現出來的技巧

卻充分顯示了他的天分。在〈Arm Chair〉一詩裡，他把一張空屋裡的椅子
看成球場裡的捕手，他藉用捕手急切地等待一隻球的衝擊的那股心情，來
形容椅子「雙手慣性的張開」：

> 彷彿一個意志，赤裸地
> 等待轟馳而來的星球衝擊

　　這樣的表現技巧頗令人感到意外，一張沒有生命的椅子竟是一個有力
的意志，一幢空屋竟是「暮靄蒼蒼的球場」，一隻棒球竟是「轟馳而來的星
球」，詩人所呈現出來的聯想力非常富有氣魄。可是，觀察這首詩時，並不
能只是滿足於他的想像力，我們必須把這首詩當作有一個「有機體」來看
待，詩人選擇椅子的形象來傳達內心的意志，可以說花費了不少心力，因
為椅子才有慣性張開的雙手，也只有椅子蹲立的姿態才能表現出「堅定」
的等待心情，唯椅子才能完整地表達出渴望和等待的姿勢；為了要更真切
地把心裡的一股意志吐露得更清楚，必須要有一個更大的背景來襯托，因
此他選擇了「空大而幽深的屋子」以安置這張椅子，在巨大和渺小之間，
才能顯現出那股渴望的急切，也更能使轟馳而來的星球表現得更為有力。
當這首詩發展到一個星球快速地投向一個意志時，這張椅子已不是「椅
子」本身的含義所能限制了，椅子已超脫了一般固定的語義，它意味著一
個意志，或者更確切地說，是一顆堅強的生命，不，它甚至是一個宇宙。
白萩在這首詩裡已把語言的力量發揮到了極致，能夠使一張沒有感覺的椅
子浮現出詩人本身的生命意志，實在令人擊掌讚歎。
　　白萩在〈詩的語言〉一文裡就說過：「詩人是由於操作了語言與語言之
間的新關聯才能找出新鮮的詩。」（收入白萩著《現代詩散論》，頁 89）把
這句話印證在〈Arm Chair〉一詩裡，確是如此。從椅子聯想到球場的捕
手，再從捕手聯想到一個意志，其間的跳躍不是急遽的，而是緊湊的，隨
著詩的發展，一行緊鎖著一行，其間的關聯天衣無縫，使讀者在接受此詩

時，容許一個無生命的意象化成另一個具體生命的意象，也容許一個具體
生命的意象化成另一個抽象的意象。詩人藉用語言來表達他充沛的幻想力
時，往往很容易淪落到不著邊際的境地，可是，在這首詩裡，我們清晰地
看到白萩把他的幻想呈現在讀者眼前，他使用語言的力量迫使讀者當作一
個「事實」來接受。空屋裡的一張椅子原是靜止的，然而，出現在詩中的
空屋卻充滿了「速度」，充滿旺盛的活力，足見白萩對語言運用的掌握具有
相當大的信心。

　　〈Arm Chair〉是白萩的「立體詩」中的一首作品，那麼，他在處理平
面的意象時，所採取的語言又是怎樣呢？寫平面詩，對白萩也是一個挑
戰，在這個時期，雖然他沒有明白表示要以各種方法錘打詩的語言，但他
實際的創作行動卻很積極，從〈昨夜〉一詩就可看出他的鍛鍊：

　　以落葉
　　的腳步走過
　　我心裡的那一個人
　　昨夜用貓的溫暖給我愉快的
　　那人

　　唉，昨夜來去的那一個人，昨夜
　　的雲，昨夜來去的那一個人

咀嚼此詩所釀造出來的氣氛很吸引人，詩中的「那人」非常耐人尋味，既
是男性的，又是女性的，好像在述說一位男子的友情，又好像在述說一位
女人的柔情；在友誼和愛情之間，流露出一股意猶未盡，界線不明的溫
柔。雖然詩中揚溢著無限的暖意，可是投射在讀者的心底時，卻感覺到這
個空曠的世界正存在兩個「偶然」相遇的孤獨者。那人向我微笑，給我溫
暖，但卻是「述說著秋風的淒苦」，並走著「落葉的腳步」，那麼，詩中的

「我」也必曾遭遇過秋風的淒苦，以及落葉的寂寞，在同病相憐的情況中，才會產生溫暖和愉快。讀這首詩時，心裡有一種渴望，迫切地想抓住詩中的「那一個人」，他是多麼接近心靈，又是那麼模糊，那麼遙遠，然而，遺留在心裡的只是一絲淡淡的「昨夜的雲」，也是深而又深的悵惘，那種滋味也同樣出現於〈你似一輪明月走過我心的湖底〉一詩中：

> 沒有聲響而時時在回應
> 沒有明眸而時時在凝視

只是此詩沒有〈昨夜〉一詩那樣含有不盡的韻味，容納著含蓄而真切的感情。

一般注意白萩作品的人，往往只注意到他的技巧，而過於忽略他的語言。例如，這時期主題詩〈風的薔薇〉，有太多的人給予過高的評價，這裡所說「太多的人」，也包括一些人云亦云的「鑑賞家」（或是「批評家」），這首詩無論如何分析，如何引證大量的理論，都無法證明它是一首好詩：

> 一切是薔薇
> 一切是薔薇
> 一切是薔薇
> 一切是薔薇
>
> 可憐的我也是薔薇

〈風的薔薇〉共寫了八首，這裡引錄的五行是從其中第四首擷取的，在前面還連接著三行「還有薔薇」，三行「只是薔薇」，以及三行「都是薔薇」。如此單調而重複的句子，除了顯露它缺乏語言的力量，實在咀嚼不出任何詩的意義，前面三首〈風的薔薇〉，主要在表現生命如薔薇一般的孤

獨、無奈、無法選擇，雖然前三者所動用的語言並沒有很成功，但多少還能傳達一些孤獨的意念。到了第四首，完全在「羅列」他的技巧，內容空空洞洞，語言又乾又瘦。可是，當時為什麼會有許多人對這首詩津津樂道呢？張默在〈史芬克司的震顫〉一文中，竟把此詩和艾略特的〈空洞的人〉相提並論，令人迷惑異常，他甚至說：「只有我們進入到作者的內裡，觀察作者內裡的一切，抓住作者所欲放射的種種，……否則如果僅從字面上去探索，那定會徒勞無功。」（收入《現代詩的投影》，頁 102）張默指的「內裡」，大概是指白萩的思想和精神吧，而且在發出這種意見時，張默必定已縱身投入他的「內裡」了，既然已能把握詩人的思想和精神，則評介此詩時，應該能給讀者一個圓滿的解釋，然而，張默動用許多文字之後，也只能提供一個「令人有著欲哭無淚的感覺」的結論，像如此的結論，除了使白萩的思想和精神更模糊，並沒有使這首詩產生更多新的意義。事實上，這種錯誤不能歸咎於張默，因為，這首詩只有技巧的影子，並沒有看到活生生的語言，那麼，任何一項分析的工作，碰到類似的「作品」，必然是徒勞無功。我們不能抹殺任何詩人去做「實驗」的工作，可是，我們所期待的是「實驗」以後的產品，並不是「實驗階段」中的作品。我們只承認詩人富有實驗的勇氣，千萬不能在尊敬他的勇氣時，也連帶承認他的成績。強調「技巧主義」的詩人們，他們往往過分重視「技巧」的運用，〈風的薔薇〉的技巧自然要受到他們的支持，可是，他們犯了很大的錯誤，便是忽略技巧必須建立在語言之上，任何忽略語言基礎的作品往往很容易走向敗壞的道路上。

三

　　白萩在出版《風的薔薇》時，他自認是「向往日告別」（見該詩集〈後記〉）。不過，我們閱讀《天空象徵》的第一輯，仍不時看到早期的影子，語言還是過去的語言，只是精神上已由積極漸漸走向消極了。

　　「以白晝死去」共有九首詩，其中最惹人注目的，自然是〈雁〉這首

詩。〈雁〉曾經在民國 58 年 4 月，選入《笠》詩刊的「五年詩選」，推薦者
寫下如此的感語：「表現一種歷史性的使命，對生命存在的一種觀點。並在
時代的魇夢裡，給人以堅守的力量，充分發揮了詩人的新人本精神。」這
簡短的幾句話頗能點出〈雁〉的精神所在。不錯的，〈雁〉是白萩在《風的
薔薇》之後，寫出的作品中比較重要的一首詩，往後若有人提到白萩的作
品，那麼，〈雁〉勢必要提出來討論的；因為，它顯示了他個人的思想動
向，顯示他個人的生命的毅力，顯示他個人對宇宙無盡的嚮往。

　　這首詩同時帶給我們兩種感覺，即廣大和渺小：

　　　　我們還是如祖先的翅膀。鼓在風上
　　　　繼續著一個意志陷入一個不完的魇夢

　　　　在黑色的大地與
　　　　奧藍而沒有底部的天空之間
　　　　前途只是一條地平線
　　　　逗引著我們
　　　　我們將緩緩地在追逐中死去，死去如
　　　　夕陽不知覺的冷去。仍然要飛行
　　　　繼續懸空在無際涯的中間孤獨如風中的一葉

　　廣大的是指「黑色的大地與奧藍而沒有底部的天空」，渺小的是指雁子
「在無際涯的中間孤獨如風中的一葉」；這兩種鮮明的對比，自然張開了整
首詩的氣勢。詩中的雁，自然是指全部人類的我們，縮小來說，是指以寫
詩為生活的詩人們；而詩中的天地，也就是我們所賴以生存的環境了。

　　白萩能藉雁子的飛行來說明人的生命，很能博取讀者的同感。雁子所
追逐的地平線不斷地退縮，「感覺它已接近而攫眼還是那麼遠離」，憑著那
種已經「接近」的錯覺，支持雁的信念，成為雁子活下去的推動力。這種

世世代代的追逐，是做為人的悲哀。請看看白萩的語言，「繼續著一個意志陷入一個不完的魘夢」，這句話含有無限的沉痛。那股意志是代表雁子活下去的信念，而那不完的魘夢便是在遠處不斷退縮的地平線，這個意志是向上進取的，卻不能不投入夢魘之中，且越陷越深，成為不容回顧的行程。在這裡，又一次顯露出白萩的語言力量，「雁的飛行」和「祖先的翅膀」，「地平線」和「魘夢」，各自找到相關性的語言，使雁的意志完整地表現出來，也使地平線的「誘力」加深一層。「語言的力量產生在語言找到新的關聯時才迸發出來」，這是白萩經過無數的創作經驗之後得到的結論。在〈雁〉裡，我們看到這句話又得到印證，也使〈雁〉得到很高的評價。

　　但是，〈雁〉並不是一首無懈可擊的作品，在這首詩裡，我們仍可找到一些「墮落的語言」（筆者杜撰）。白萩在〈或大或小〉文中，批評日本詩人田村隆一「詩藝的墮落」，他認為「由於隔絕與存在環境間的感應，勢必活於往日的記憶，活於已被往日界定意義的 image，由於以語言為對抗的武器，意識中被所發掘的優異語言占滿，在創作之前的白紙狀態的瞬間，白紙上早已先入地寫上預備的語言，呈露了語言符號化的危機。」這一段言論是非常銳利的，也可看出白萩對語言付出了最大的關切。每一位詩人在創作時，常常很輕易地用了過去的語言而不自知，在洛夫詩中，「河」與「月光」的意象；管管詩裡的「花朵」，羅門詩中的「旋成」、「化成」、「轉成」……等等，不斷在作品中重複使用，最後可能會成為一種僵化的「固定觀念」（"Stereotype"），落在讀者的眼裡，也很容易產生「固定反應」。那麼，白萩在批評別人的作品時，〈雁〉詩也殘留了一些固定意義的語言：

　　我們將緩緩地在追逐中死去，死去如

　　　夕陽不知覺的冷去。

　　在《風的薔薇》裡，有一首詩叫作〈不知覺的死亡〉，有兩行詩，似乎影響了〈雁〉的創作：

　　死去，緩慢的
　　沒有知覺

不能否認的，詩人對過去作品的語言，依然會暗示出些許留戀的意念，當他逗留在過去作品的範圍時，某種程度的「墮落語言」便不知不覺地流露出來。〈暴裂肚臟的樹〉的最後兩行：

　　而天空睜著盲目
　　無雲翳，無影像，無事件

這種表示天地無情的語言，在〈雁〉詩的最後兩行又何嘗不造成某些程度的影響：

　　而冷冷的雲翳
　　冷冷地注視著我們。

詩人在找不到適當的語言來傳達他的思想之前，過去的一些熟悉的語言往往是占很大的優勢，新的語言還沒有產生之前的那段空白期間，對詩人的創作無疑是構成極大的威脅，詩人一旦落入過去語言的圈套，便無可避免地因襲著舊有的道路，詩人的思想再新，如果遭遇到舊語言的障礙，也要打了很大的折扣。

　　〈雁〉詩縱然在先天上承受了部分的缺陷，然而，由於它在語言的關聯性上獲得補償，所以詩中的精神仍能優勢地展開。在白萩的創作歷程中，〈雁〉詩的成敗，確實具有影響的分量。

　　詩人寫詩，一方面要避免接受「墮落的語言」，一方面也要積極地尋找語言和語言之間的關聯性。除此，運用語言的「準確」與否，也是值得重視的，在〈然則〉這首詩的第一行，便是：

　　然則春天在檻外不知恥地走著

詩從第一行開始便顯得突然而有力。「然則」是一個連接助詞，等於白話中的「如果這樣，那麼……」不過，按照詩的進行來觀察，白萩的本意不是「那麼」，而是「然而」、「但是」之意。如果以「那麼」做爲詩的開頭，整首詩的氣勢便要削弱不少，以「然而」做開始，詩的力量便更加顯明。白萩在這裡用「然則」一詞太不夠準確了，而且又是以「然則」爲詩題，更不能不予以重視，一位如此關切語言的詩人，對他的利器應時時反覆磨鍊，否則，將很容易表現得曖昧不清。不過，此詩的最後兩行，卻很明顯地表現出他反抗現實的精神：

　　入木的部分早已腐銹
　　腐銹在檻內而望著藍天的眼光卻猶為新亮的釘頭

在「以白晝死去」的時期，白萩的語言雖仍承襲舊日的路線，在精神上卻有相當顯著的轉變，他已失去從前那種熱愛世界的心懷，而採取和現實對抗的態度。他自認是被現實所「釘死的鐵釘」，從這兩行詩可以看出他深刻地表現出自己的態度：一方面他認命於命運的安排，一方面又渴望檻外的藍天，他把那份期待的心情形容成「猶爲新亮的釘頭」。在詩中他用了兩種強烈的對比，一是關在檻內的「腐銹部分」，一是嚮往檻外藍天的「新亮的釘頭」，詩便產生在現實和擺脫現實兩種衝突的力量之間。像這種和現實抵抗的精神，在白萩日後的詩作中仍不斷地出現，這或許是第二輯「阿火世界」產生的主要根源吧。

　　在〈以白晝死去〉一詩，我們看到如此的句子：

　　檻外的街道中彈而掙扎地倒下，夜
　　便走來蓋上了屍衣

　　究竟什麼是「檻內」？什麼是「檻外」？在這一輯詩中沒有很清楚的交代。〈然則〉詩中的「檻」是指現實和理想之間的阻隔，此詩的「檻」就顯得曖昧不清。但是，我們可以體會到，潛伏在詩中有一股反抗的力量，只有在詩中加上「檻」的意象，則反抗的力量才會呈現得更為強烈。〈轉入夜的城市〉一詩，又有「檻」的形象出現：

> 似有一頭飢餓的狂獅在你的心中。來回走動
> 囚於檻牢早已難耐，在血腥的夕暮之前

　　「狂獅」意味著存在人性中的一股本能的欲望，「檻牢」則意味著自我壓抑，唯有以檻牢的形象才能使欲望強調得更有力。顯然，白萩詩中的「檻」，隨著詩的不同，其語義也隨時跟著調整，可是，它的語言功能卻是一致的，「檻」在詩中所占的位置並不重要，然而由於它的存在，才使語言產生出力量來，有檻內和檻外的區別，詩的張力無形中便浮現在詩上。

　　利用對現實的不滿，做他寫詩的原動力，是白萩寫詩歷程上轉變的關鍵。在〈貓〉的第三節，我們竟然看到如此的句子：

> 啊黑夜，你是世界最深沉的本質
> 你是精神之源的肉體你是心臟。而我是
> 你內裡的細胞。

　　「黑夜」豈不是指黑暗的現實？把黑夜當作他精神的泉源，甚至是他的心臟，既要對現實抱對抗的態度，又要把現實當作創作的根源，白萩的詩便存在於這種矛盾裡，而且根植得很深很深。

　　這個時期，他的作品還是以〈雁〉為最重要，雖然在語言上和思想上仍然沒有擺脫《風的薔薇》時期的味道，可是它終於能成為白萩的代表作，則詩中所溶入的精神是不能忽視的，它既沒有〈轉入夜的城市〉那樣

淒厲，也沒有〈野草〉那樣消極。白萩自身幾乎就是〈雁〉的化身，他的精神是多麼堅強，即使「孤獨如風中的一葉」，他還是要「繼續懸空在無際涯的中間」，無論是僅僅做一個單純的「人」，或是做一位創作的「詩人」，他的鬥志顯示他擁有一顆熾熱的生命。

四

《天空象徵》的第二輯詩「阿火世界」，顯現出的整個精神是一種消極的反抗，我們已看不到他那種「等待轟馳而來的星球衝擊」的意志（見〈Arm Chair〉），也看不到他在〈盛開的花〉裡那種「前來只為經歷一次死」的決心。「阿火世界」裡的一位小人物，他的精神完全是自怨自憐的低調。同時，這輯詩所用的語言，一反過去那種經過提煉的語言，而以最粗糙最原始最通俗的面貌出現，既找不到詩素，也找不到可供探測的內容，我們實在懷疑這位日夜檢討詩的語言的創作者，是不是真正鍛鍊了他的語言？一位已經獲得些許成就的詩人，敢於動用如此簡單且跡近散文的語言，其勇氣可以說勝過任何一位詩人，我們只能說他有足夠勇氣去嘗試各種語言。至於他是不是真正去「扭曲、錘打、拉長、壓擠、碾碎我們的語言」，就值得我們深思了。

〈寸土寸金〉是反映生活環境的狹窄，對於與生俱來被註定的命運，發出極端的不滿：

不要來囉嗦

到這世界

又不是我的本意

他媽的

快樂的父親和母親

父親和母親快樂

如果這種毫無深度的語言也算是詩的話，那麼這是白萩創作的「開倒車」，任何加諸他身上的褒語，對白萩而言，都是一種褻瀆。但是，為什麼竟然仍有人把「阿火世界」的文學價值提升呢？除開那些在文章裡輸送友誼的「低層面批評」不談，「阿火世界」之所以引起注目，是因為他以最口語的句子來揭發小市民生活的困境。詩人肯付出一份關心來反映小人物的痛苦，是值得稱讚的，他很了解在世界的角落仍有一群被遺忘的人類，而且，從文字看來，他幾乎就是這群小人物裡的一分子；這種從生活中索取詩情的詩人，在今日寫詩界還很缺乏，我們所需要的詩人，也是這種描寫生活的創作者。然而，寫生活詩並非在生活中詩句可以俯拾即得，它必須通過詩人的選擇、判斷、提煉、淘汰等等的工作。這裡所引的六行「詩句」，就是生活中使用得非常腐敗而又腐敗的語言，如果這種句子能夠入詩的話，那麼，還有什麼語言不能入詩呢？還有誰不能成為「詩人」呢？

語言的功能主要在傳達人與人之間的思想，但是，詩的語言的功能並不只傳達思想而已，創作者必須把語義提升，而以更高層面的語義出現。換言之，身為一位詩人，他有責任對日常生活中的語言賦予新鮮的意義，正如白萩在〈詩的語言〉承認的：「一句非常簡單的語言，只要找到新而適當的關聯使用，便能衝擊人類到一生難忘的境地。」讓我們反過來看看「阿火世界」的語言，究竟有沒有把那些簡單的語言安置在最適當的關聯位置呢？像前引的六行句子，完全是依照語言的原來個性予以分行，既無新的意義，也沒有找到任何的關聯，那麼，它無論如何是不能成為一首詩的。讓我們更進一步追溯到〈風的薔薇〉的詩句：

　我只是
　父母歡樂後的
　副產品
　沒有個性
　只要站在這裡

　　這五行主要在藉用薔薇的命運，來暗示他本身的無奈和孤獨，詩中的「我」和「歡樂後的副產品」是相等的，其間的關聯較諸〈寸土寸金〉的語言自然更高一層，〈風的薔薇〉不算很成功，至少還經過詩人的經營和安排；〈寸土寸金〉的「我」就是「我」，「快樂的」就是「快樂的」，絲毫不具詩的飛躍性。而且詩中運用的語言，也重蹈從前語義的覆轍，則此詩實在比「墮落的語言」還要墮落了。

　　「為了產生一首詩，我們需要殺死全世界的詩人，殺死昨日那個我的詩人。」這是白萩在〈或大或小〉一文中留下來的名句，我們可以看出白萩的野心。問題是，當他把全世界的詩人殺死了，把昨日的我殺死之後，他要以什麼新的姿態來取代呢？這無疑是對他的野心構成一大挑戰，和過去的語言世界完全斷絕往來，他所面臨的是沒有語言的空白世界，他需要創造新的語言來。〈以白晝死去〉仍有「墮落的語言」的影子，仍承襲〈風的薔薇〉的遺脈。當他一旦把〈以白晝死去〉完全斬斷時，他再次出現的姿態又是如何呢？令人失望的是，「阿火世界」的一些陳腐的語言，我們實在無法想像那些滿足於「阿火世界」的批評家，就個人的觀點來看，他們的讚語無疑是潛伏了許多危機，足夠埋藏白萩的雁的精神。讓我們再看〈養鳥問題〉一詩，白萩在詩裡反映節育問題，「鳥」是男人性器的代語，這首詩寫得夠直接的：

　　他得做上帝
　　只有殺死精蟲
　　在子宮口
　　不要讓他生
　　不要讓他活

為了要製造窮人的悲慘氣氛，他特意揭發最醜陋的一面。從現代美學的意義來看，醜也是一種「美」，然而，我們必須觀察他所處理的語言，「他得

做上帝」是詩人身分的介入，對阿火而言，「上帝」一詞用得過分造作，固然他在強調阿火掌有生殺的權力，但是像這種來得突然的詞句，足以破壞整首詩的進行。平面的述說是詩的致命傷，平面的語言如果沒有依賴節奏，或意象的輔助，很容易淪落為劣詩，像〈昨夜〉、〈叩門的手不再來〉、〈你似一輪明月走過我心的湖底〉等詩，雖然都是以平面的語言寫成，由於在意象和節奏方面取得補償，仍不失為一首好詩。〈寸土寸金〉、〈養鳥問題〉、〈天空〉等等，用的語言是陳腐的語言，既沒有好的意象來加深它的內涵，也沒有好的節奏輔助進行，其結果自然不能挽救它的敗局。

　　「阿火世界」的語言是很平凡的白話，事實上，這一輯裡充滿散文的分行，如果要把白萩的創作歷程畫出一條曲線，「阿火世界」恐怕是位於曲線的最低處吧。白萩也指出：「無疑的，白話是不成熟的。它只達到表意的程度，缺乏詩的飛躍性，每當我們從事詩的創作，往往為它散步的姿態所苦。」這段話可以說是「阿火世界」的註腳，白萩之所以結束「阿火世界」，也許是經過這樣的覺悟吧。置之死地而後生，白萩勇敢地以阿火這個小人物做為他詩的中心主角，說明他有充沛的試驗精神，雖然表現得那樣失敗，但唯有經過這種語言的考驗，他才能有清醒的目標可供追尋。從這點來看，「阿火世界」對白萩的創作也多少具有幫助的功用。

五

　　從平凡的白話中徹底地醒悟過來，是白萩另一個重要的轉變，他不再過分迷信白話的功能，經過一次直接的挑戰，白萩對語言的掌握當更具信心吧。現在我們要關心的，不僅是他的語言，而且也要檢討他的精神趨向。

　　詩的創作者永遠不能只是停留在語言的經營上，他仍得考慮把自己的思想和精神一一溶入語言的深處。

　　「天空與鳥」是這冊詩集的第三輯，所用的語言已經擺脫「阿火世界」的鬆懈。白萩在這輯詩裡盡量使用簡鍊的語言，那是從「阿火世界」

中學習到的短句，而比較紮實而有力，這也是他日後寫《香頌集》作品的奠基點。無論如何，「天空與鳥」具有承先啟後的過渡色彩，一方面承有《風的薔薇》那種富有新鮮意義的語言，以及「阿火世界」那種簡短的形式。另方面它開創以後《香頌集》那種文言與白話交換使用的語言，使日後的作品自成新的特色。遺憾的是，當他操有清醒的語言時，他的精神卻淪落到更為消極的境地。試看〈只要陽光醒來〉前四行：

只要你輕輕地將我們觸及，晨光
只要輕輕地將我們的夢戳破
我們便要醒來，帶上面具
在世界的跟前，做一個無所謂的人

在〈貓〉詩裡，已看到白萩把黑夜做為精神泉源，那麼他是安於生活在黑夜裡嗎？黑夜滋養白萩的作品，白天來時，他又是抱著怎樣的心懷呢？現實的虛偽已使他過分失望，在黑夜裡，他「有死的愴痛」，他經歷無數的苦楚，這是鮮為人所知。陽光照醒他的黑夜時，他便「帶上面具」，「做一個無所謂的人」，對現實感到不滿，他竟沒有積極奮發的精神，而隨波逐流地和一般人無所謂的活著，在這裡已看不到「望著藍天的眼光猶為新亮的釘頭」如此向上進取的精神。如果我們把《風的薔薇》的〈樹〉，和此輯的〈樹〉拿來比較，那麼更可看出他的精神趨向。早期的〈樹〉揚溢著生命的毅力，不為威武所屈的精神散布在詩行之間，令人為那股堅持的執著所感動：

把我處刑成為一柄火把
燒爛每一個呼喊的毛細孔
仍以頑抗的爪，緊緊的攫住
這立身之點

　　這是我們的土地，我們的墓穴

詩，往往是詩人精神的象徵，從每一首詩，可以窺出詩人的精神動態，
「樹」多少是影射白萩自身的生命活力，我們了解到在這段時期的白萩，
對自己的生命充滿了信心，因而對周遭的困苦環境自然無所畏懼，即使
「燒爛每一個呼喊的毛細孔」，他依舊堅持自己的立身之點。回過頭來看看
「天空與鳥」所收的〈樹〉，其間的精神已經有非常巨大的落差，使人感到
驚異：

　　在生命的敗退裡
　　猶舉著枯槁的手
　　溺在風中
　　抓緊沒有東西的空間

白萩在生活中可能遭遇到很多的折磨，而且也經歷無數次的挫敗，「在生命
的敗退裡」恐怕就是在做如此的暗示吧。從前他以「頑抗的爪」對付困厄
的環境，如今他卻伸出「枯槁的手／溺在風中」，這種轉變又豈是白萩自身
所能預料的？一位詩人的心靈，在現實生活中打滾，依然擺脫不了現實的
浸淫。試看他當初的精神是如此旺盛，寫出來的詩多麼具有衝力，經過多
年的考驗，那股衝力已漸漸緩滯下來，他所掌握的卻是「沒有東西的空
間」，這種結局畢竟意味著無限的沉痛。

　　對現實的不滿，也連帶對現實感到不能信任，在〈金絲雀〉中，流露
出如此的態度：

　　把整個世界關在檻外
　　那是不可信賴的陌生人
　　充滿窺探的眼

　　竊聽的耳

在第一輯的主要意象——「檻」，再次出現在此詩裡，這裡的「檻」暗含著
保護之意，此與第一輯的含義是全然不同的。前面的「檻」意味著一種枷
鎖，他時時有掙脫而出的意念，也因此表折在詩中隱藏一股反抗的力量。
這裡的「檻」，反而是一種可供生命生存的有利境地，他不僅不想掙脫出
去，甚至懷疑檻外是不可信賴的。這種轉變可說相當巨大，從前的豪邁胸
襟經過多年的現磨，如今竟落得以金絲雀來自憐自惜，甚至寫出「立在空
隙地帶的一隅／將生命消磨吧」如此的詩句，確實有無限的悲哀。
　　在〈蛾〉裡，他同樣也表示出對這世界的不信任，試看最後四行：

　　有一夜，他又在蠟燭上
　　試著世界的溫暖
　　卻被燒成灰燼
　　永不回來

白萩寫早期的〈蛾之死〉一詩時，他曾解釋該詩是「表現蛾之闖入這世界
中，那種突獲光明的激越之情，和在無限光明中歡樂的形態。」（見〈由詩
的繪畫性談起〉，收入《現代詩散論》，頁 24。）在那首詩裡，表現一股毫
無畏懼的生命力，而且對這個世界充滿了嚮往之情，跳躍於詩句之間的是
他那種投入世界時的喜悅，如今讀起來，仍能體會出當時的白萩是那樣爽
朗不羈；現在的這首〈蛾〉就沒有那樣開朗了，對世界日漸失望的心情慢
慢取代過去的憧憬。這裡的「蛾」是他的一種理想的化身，禁錮在生命內
部的夢往往有意衝破他的心，去擁抱這個世界。事實上，夢和現實原來就
有很大的距離，白萩的創作過程大概也是一種夢的過程，他的夢必然和現
實世界不斷地接觸，正因為他的夢過於巨大，也因而接觸到這個狹窄的世
界（實際是冷酷的世界）時，自然萬念俱灰。從此詩，實在找不到往日豪放

的心情了，他的憂慮增多，他的畏懼也跟著增大，對這個世界再也不敢付
出太多的信任：

太空無限晴朗
地球有一半幽暗

這是他在〈鳥兒〉詩中寫下的兩行，對他而言，「天空」永遠是一種象徵，
他的生活環境久久就是地球的幽暗部分。在這裡他不用「天空」，而用「太
空」，證明他有意在諷刺這個地球的狹窄，在這狹窄的空間上，居然有一半
是幽暗的部分，這種諷刺更加鮮明了。

　　把「天空與鳥」一輯的詩，和過去的作品拿來比較，便可看出白萩思
想的流變。從《蛾之死》開始，他就不斷向生活索取詩的成分，只要是關
心白萩創作的人，自然會了解到，現實生活在他作品中占有很大的分量，
任何脫離現實生活的討論批評，對白萩的作品必然是隔靴搔癢。同樣的，
從他的作品中，我們也可看到他現實生活的轉變，把過去的作品和現在的
詩相提比較，其間的差異顯而易見。正如本文討論的，〈蛾之死〉和〈蛾〉
相互比較；早期的〈樹〉和近期的〈樹〉比較；「以白晝死去」中的「檻」
的意象和「天空與鳥」中的「檻」比較，清清楚楚地看到他的精神從積極
走向消極，從追逐的衝動而反抗而隨波逐流，從擁抱現實到不信任現實，
在作品裡留下深深的痕跡。

　　一位富有創造性的詩人，在語言上不斷有新的調整，在精神上卻日趨
消極，這是做為一位現代詩人的悲哀嗎？白萩和余光中、洛夫都同樣是屬
於「創業型」的詩人，比較起來，白萩是不幸的，最主要是現實生活給予
他的壓力太大，乃不知不覺地影響了他的創作，而且是影響得那樣深切，
深入到他的生命內部。

六

　　真正有成就的詩人，僅僅在語言上覺悟是不夠的，他必須要再付出一個寬闊的胸懷。

　　時時和他的環境對敵，並不是詩人所應堅持的態度，反映現實，批判現實是詩人分內的工作，可是，他仍然要積極地去擁抱現實，唯有熱愛他所生存的環境，才能使他的作品顯得更有價值。白萩的詩，介入這個社會是夠深入的，很少有詩人願意把他的心思專注在平凡的生活裡，這一點白萩就比任何詩人不凡，但僅是介入還不足欽佩，他必須更進一步付出愛心。在白萩的詩中，我們只看到這個醜陋而不可靠的世界，事實上，這個世界並不只存在一種價值，而是存有多面的價值，在醜惡的對面必然也等待白萩去挖掘。

　　白萩在語言的革命上，具有一種不懈的雁的精神，創業維艱，守成不易，白萩對自己所開創的局面，能邊走邊丟，對於一位詩人來說，實在是不容易的事。然而，在這方面他大可不必擔憂，因為年輕一輩的詩人中，有不少人模仿他的詩，自然會有人出來替他維護他走出來的道路。一旦模仿白萩的詩的人過多，便會迫使白萩改變方向（即使他不想改變），這是值得欣喜的地方。以白萩的精神，必然有無數的地平線待他追逐。

　　那麼，做為一隻雁的白萩，他又將如何殺死昨日的白萩呢？

——民國 61 年 8 月 17 日

——選自陳芳明《鏡子和影子》
臺北：志文出版社，1974 年 3 月

人間白萩

◎陳芳明

一

　　白萩的詩，刺青般鏤刻在讀者的皮膚，帶著細緻的痛楚，並且擦拭不去。白萩的詩，以著紋身的手法，在臺灣的土地烙下深刻而苦澀的情感。他的作品絕對屬於臺灣的芸芸眾生，詩行之間飽漲著這個島嶼才有的人間性。戰後第一代臺灣男人的背叛與哀愁，傳統社會殘存下來的父權傲慢與脆弱，都可在白萩詩中找到見證。

　　討論臺灣詩史的人，往往以白萩創作歷程的轉變，等同於現代詩發展的曲折起伏。倘然把白萩視為臺灣現代詩成長的一個縮影，也並不為過。早期追隨過現代主義風潮的他，確曾有一段時期偏離了他賴以生存的土地。但是，生活的試練與歷練，終於還是鍛鑄了他的創作精神，使他不能不回歸到臺灣社會之中。他早期的偏離，勿寧是一種自我追尋的階段，就像每一位初航的詩人那樣，白萩在出籠之際也有過徬徨的心情，甚至也有過不知所終的惆悵。《蛾之死》與《風的薔薇》，這兩冊橫跨 1950 年代與 1960 年代的詩集，恰可反映出他那段時期的載浮載沉。

　　以〈羅盤〉一詩奠定名聲的白萩，曾經學習過所謂戰鬥詩的技巧，企圖選取剛毅、堅定的意象，以便襯托他生命的華美與豪放。這種仿製的作品，造就了他的地位，卻也立刻被他自己所放棄。從 18 歲完成第一首詩之後，白萩立即就迎接現代主義時期的到來。臺灣的現代主義，並不能與西方現代主義直接畫等號。西方現代主義的產生，源自工業文明臻於盛況後

釀造的危機感；臺灣的現代主義，在很大程度上則是對苦悶政局的一種反動。然而，無論現代主義的背景是以經濟爲主，或以政治爲重，臺灣的現代主義者都同樣呈現了焦慮與自虐的面貌。這種特徵，在白萩詩中尤爲顯著。青年白萩極爲早熟地陷溺於莫名的生命困頓情境。

當他觀賞金魚，想到的句子卻是「吸不自由的空氣」。在形容飛蛾時，他說「我竟在惡毒的燃燒中死去」。聽到敲門的聲音，對於白萩竟是「辛勤的木工，裝釘著棺木」。瞭望秋天的蘆花，他看到「母親的牽線斷了」。他的生命，是囚鷹，是落葉，是夕暮。這些黯淡的意象，正好可以解釋 1950 年代臺灣詩人的流亡與失落。

進入 1960 年代以後，白萩更是把自己深鎖在狹小的心靈世界。他曾經寫下令人眼睛爲之一亮的句子：「我們像一條鮮活的魚在敗壞」，緊接著他立即補上一長串的疊句：「敗壞敗壞敗壞敗壞敗壞敗壞」。如此錯愕而突兀的鋪陳方式，他以「秋」做爲詩題。類似這樣的手法，近乎誇張，但又貼切描繪了那個年代臺灣知識分子的處境。來自政治權力的干涉，無疑使許多能夠思考的生物，時時都必須面對生命的危機存在。現代主義的技巧，正好使他與他的時代得到拯救；或者說，得到遁逃。

聲東擊西的象徵策略，是白萩在實驗現代詩創作時慣於使用。因此，在描摹枯葉時，他寫了這樣的詩行：「受刑的人，垂吊在黑澱澱的枝架」。詩句似乎並不使人感到訝異，因爲在電影常常看到如此的鏡頭。奇妙的就在於吊刑與葉子聯想在一起，經由類似的聯想，讓讀者窺見了那個時代。白萩探照他的時代，銳利而含蓄。他以「樹」影射臺灣人的處境，所以扎根的所在便是「我們的土地，我們的墓穴」。以墓穴的意象，暴露 1960 年代臺灣的幽暗與窒息。人的生命若是能夠以樹自況，在受到欺侮時，則是「暴裂肚臟的樹」。他以重複 12 個「鋸齒」寫下一行詩，暗示「青天白日旗」，然後白萩宣稱「這是我們的刑場」。這種雙關語，既是現代主義，也是寫實主義的。

白萩經過現代主義的洗禮儀式，並沒有使他耽溺於爲技巧而技巧的迷

信之中。早期的勞作，彷彿是在爲日後更爲成熟的白萩做捏塑的準備。綜觀他在中年以前的現代主義作品，可以發現他詩中的批判精神，絕不稍遜於後來的寫實傾向。

二

　　展示白萩豐饒想像力的作品，出現在 1960 年代末期。他呈獻了《天空象徵》這冊詩集，在語言使用上刷亮了讀者的眼睛。凡熟悉白萩作品的讀者，無不驚異於他放膽以淺白的語言入詩，而且還以最平淡的生活題材入詩。返歸世俗的勇氣與決心，使白萩能夠重新自我塑造臺灣詩人的形象。不斷宣稱要在詩中流浪的他，果然在臺灣詩史啓開了厚重的閘門，跨入全新的階段。

　　中年白萩在新階段營造了一個「阿火世界」，一位可能是虛構的，卻又具體存在於現實中的市民。小市民的生活與情感，從來不曾在臺灣現代詩中受到關切。與白萩同一時代的詩人，往往酷嗜選擇國家苦難，生命困局，或人格情操做爲作品的主題。這種大篇幅，大格局的經營；通常都被歸類爲「大敘述」。然而，大敘述總是偏向粗枝大葉的描述。每當觸及近代史的題材，總會以民族苦痛的抽象字眼來形容，每當探擇都會生活的景象，則會以生命孤絕的聳動詩行來鋪陳。這種主流文學思潮，無可避免會遺漏了許多空隙。這些空隙往往就是真正小市民的生命與生活空間。白萩的「阿火世界」，便是朝瑣碎的方向去營建。所謂瑣碎，不是旁枝末葉，而是被大敘述忽略的邊緣生命與邊緣文化。

　　阿火便是現代主義潮流之外的一位邊緣人，在詩中以「一條蛆蟲」的形式呈現。他的情愛並不壯烈偉大，卻真正是「世界的一點」，也是「一點中的世界」（〈世界的一滴〉）。阿火的卑微，沒有人能證明他的存在，但他對自己的存在，竟能宣告「世界空無只有我／我卻空無」（〈形象〉）。白萩擺脫文學主流，而轉向邊緣去尋找詩情，其實是比任何一位作家還更早覺悟臺灣主體的重要性。

　　白萩完成「阿火世界」的兩年之後，臺灣在 1970 年代初期才有所謂的鄉土文學，邊緣性的思考才日益受到重視。一旦白萩從邊緣立場建構詩的世界，他的風格變得更爲世俗，更爲生動。1972 年出版的《香頌》，恰如其分顯示了瑣碎政治的美學。他捨棄了阿火的形象，而直接以夫妻的生活入詩，爲臺灣詩史揭開了窺祕的窗口。讀者活生生看到一位丈夫是如何背叛妻子，也見證了一位男人的自私、自傲與自卑。如果把《香頌》視爲一部臺灣男性的懺悔錄，也不是過於誇張。白萩勇於寫出夫妻之間的性愛，以及對妻子以外的女人所暗藏的邪念，同時又寫出丈夫如何以著內疚的心情向妻子求和求歡。

　　在稍早的《天空象徵》詩集裡，白萩就已寫成〈牽牛花〉來記錄家庭失和的景況。「負氣地開向不同方位的牽牛花」，是恩怨交錯的夫妻。只有在黑暗裡相互對視的眼，才會觸覺到「一條繫緊的根連」。這種平凡的情感，最後都完整的以「新美街」系列詩作全面表現出來。被家庭繩索縛綁的丈夫，也有精神走私的時候。他面對鄰居的公寓女郎時，傳神而放膽釀造了如此的句子：「而我的門瞄著你／竟似陽具暴漲／一隻雄蜂在下部嗡嗡作響」（〈公寓女郎〉），讀來突兀而粗暴，但畢竟是真正人性的照映。短短的三行詩，三組主要形象跳躍轉接著，從「門」到「陽具」到「雄蜂」，環環相扣，具體而細緻暴露一位丈夫內心世界的微弱情緒與野心。

　　無論何等倨傲的男人，終究不能征服外面的世界。白萩寫一位中年臺灣男子的憂傷與挫敗，能夠拭淨他血痕的，畢竟是他唯一可以依賴的家庭。白萩深沉地吐露了誠實的話語：「只有一個愛要死去一千次般地在哀叫著你／全世界只剩一個愛在哀叫著你」（〈煙〉）。新美街是臺南市的小小街道，他的家庭是小小的生活空間，他的愛情是微不足道的人間事件。無論是多麼細微，白萩也不能不喟歎著：「一隻鳥飛進天空，即／擁有天空，管它是／一直一直地伸到美洲那一邊」（〈天天是〉）。體會了生命的真義之後，即使這樣的生命局促於世界的角落，也能擁有巨大的想像空間。

　　白萩的傑出身段，就在毫不出奇的生活中表現出來。卓越的想像，新

鮮的語言，構成了一個成熟的境界。幾乎生活中的每一細節，都是以一首詩的完成而存在著。白萩的動人處，就在人們感到輕忽的所在發現了生命的奧義。他與妻子做愛，正在享受甜美的果肉之際：

> 撞頭卻發覺，窗外只有一顆啟明星
> 單獨的投身在夜空裡
> 讓我整夜的解析意義
>
> 直到黎明不知覺地來臨……
>
> ——〈呈獻〉

　　戰後臺灣男子的內心哀痛，沉思，孤獨，透過這種簡單的素描而獲得具體可感的詮釋。白萩採取冷酷而疏離的態度，自我觀照，自我解剖，拉開了歷史上令人驚呼的人間舞臺。

三

　　1980 年代以後的白萩，產量漸稀，僅以《詩廣場》一冊詩集問世。但是，他完成的每一首詩，幾乎都沒有失手之作。這段時期的代表作，便是以「Snowbird」為題的長詩。他追求藝術的純粹，以及生命的純粹，都提煉成晶瑩的詩句排列於長幅作品之中。全詩以兩組「雪」與「鳥」的意象，反覆探索生與死的主題。《詩廣場》既對現實批判，也對生命探索，頗能反映白萩漸漸揮別中年時期的心境。

　　如果臺灣戰後新詩發展，抒情傳統是一個主流的話，白萩無疑是在這個傳統之外另闢蹊徑的知性詩人。如果近半世的臺灣新詩都在追求偉大的主題的話，白萩便是一位朝向邊緣文化營造主體的本土詩人。評價白萩，可能無須從寬闊的角度，更無須過高誇稱他是世界級的詩人。從內戰到後內戰的臺灣社會，從冷戰到後冷戰的臺灣詩人，也許到了需要總結歷史傷

痕的時刻。白萩認真檢視社會內部被忽略的情感，憑藉這份情感，臺灣文學才能得到完整的定位。

　　在 1991 年出版詩選集《觀測意象》的白萩，並沒有退休的跡象。他仍然努力而慎重地在追尋臺灣情感。閱讀他的詩，總會無端引起不快或刺痛。那是整個時代的氣息沉澱累積起來的，受傷的歷史創造了白萩這樣的詩人。只要他的詩存在一天，那份痛楚就繼續存在一天。白萩的詩，不在治療，而在傳達。

——選自陳芳明《孤夜讀書》

臺北：麥田出版公司，2005 年 9 月

論白萩《天空象徵》裡的「雁」

◎李元貞*

　　直到目前，現代詩仍受多方面的詬病。詩人們麕集成各種派別，有時不免互相吹捧和黨同伐異；某些較相疏的評論者又擺出一付屠詩的激烈態度；許多讀者們要求所謂的「中國詩的傳統」，對現代詩高張「反傳統」、「橫移植」──向西方學習詩的技巧和精神不滿。其實任何變革時期的事物（不單是文學）都免不了這些紛紜的情形發生。詩人喊任何理論都不重要（當然一個詩人心靈的吸收量越廣，越不自囿，越能幫助他的創作成長。），重要的是他的作品如何？他是否充分表達了某些東西給讀者？雖然一篇作品的感受和評價，永遠是見仁見智的問題；只要它真是一篇成功的作品，遲早會被「簡金」出來的。白萩的詩，從早期〈流浪者〉（一首利用文字的排列結構而產生相當視覺效果的好詩）中就已隱伏下了〈雁〉這首詩所要表現的一部分主題──人面對大地所感到的生存空間的孤獨淒涼。到了《天空象徵》這一詩集裡，白萩曾藉「阿火」這種人物明顯地控訴「天空」。其一：

　　　　阿火讀著天空

　　　　一株稻草般的

　　　　在他的土地

　　　　「放田水啊」

---

*發表文章時為淡江文理學院專任講師，現為淡江大學中國文學系榮譽教授。

天空寫著
砲花
戰鬥機
一株稻草的阿火
在風裡搖頭：
「天空不是老爹
天空已不是老爹」

其二：

天空必有母親般溫柔的胸脯。
那樣廣延，可以感到鮮血的溫暖，隨時保持慰撫的姿態。
而阿火躺在撕碎的花朵般的戰壕
為槍所擊傷。雙眼垂死的望著天空
充滿成為生命的懊恨

不自願的被出生
不自願的被死亡

然後他艱難地舉槍朝著天空
將天空射殺。

前者的天空擬人化為「老爹」，後者的天空擬人化為「母親」來象徵阿火對天空的依恃。但是戰爭來了（潛含著變革亦來了），天空不下雨而下砲花了；這對農人身分的阿火有著嚴重的打擊，使阿火發現一向所依恃的天空，已不是「老爹」了——意含著某種舊信仰的破滅。太平時期所謂的「天理」（阿火一向所信奉的）並不存在，老天無法保護戰爭下的阿火，阿火眼看著要像一株稻草般地被戰爭殺死。果然當阿火被迫捲入戰爭，被槍

擊傷，躺在「撕碎花朵般的戰壕」中，那個曾給他「母親般溫柔的胸脯」、「那樣廣延，可以感到鮮血的溫暖，隨時保持著慰撫的姿態」的天空，也被阿火發覺只是「姿態」罷了。因此在阿火非常痛苦地「雙眼垂死的望著天空」時，對於「不自顧的被出生」及「不自願的被死亡」這一生存事實的驀然悟覺而感到極端地憤怒了，歇斯底理地仇恨起有著母親感的「天空」了，在垂死之前竟「艱難地舉槍」、「將天空射殺」。阿火這種如小孩般情緒的舉動，正意含著當某些舊信念被破壞時，人因失落的痛苦無措而易產生精神上的退化和毀滅一切舊信念的衝動。西方世界就爲了宗教信仰的破滅（上帝已死）一度陷入了失落、迷惘和冷漠的精神狀態；我國自從鴉片戰爭失敗到列強的種種凌辱以及工業的落後貧窮，也一度撕毀了傳統的信念而陷入一種自卑自怨自艾的精神狀態。人都非常情緒地只顧著射殺自己的「天空」（控訴怨恨自己生存的世界）而喪失重新奮鬥的冷靜和勇氣。只埋怨「不自願的被出生」及「不自願的被死亡」的哀痛，卻無法承擔起這種生存的事實而積極肯定存活時的一段。在心理上「阿火」這類人物的確不少，詩人是帶著同情而非嘲諷地描寫這類人物，同時也藉著此類人物完成控訴生存世界的冷酷無情；表現出人類軟弱的一面。阿火的「兩個天空」所表現的這種對生存世界的控訴和抗議，差不多是白萩《天空象徵》一集裡第三部分「天空與鳥」的重要主題[1]。其中在〈鳥兒〉這首詩裡，略能找到接近〈雁〉的精神某些訊息。

　　　鳥兒老在尋找著天空

　　　在那兒，我們一定遺失了什麼

　　　被土地所禁錮的樹林

　　　狂屬地舉手哭嚎

　　　　太空無限晴朗

---

[1]譬如〈只要星光醒來〉、〈蛾〉、〈無題〉、〈謝謝〉、〈誰讓我們〉等諸詩。

　　　地球有一半幽暗

當黑夜走了，世界灑滿了失貞的眼淚
在青草地上
有人自焚為一隻火把
將煙升向天空
成為尋找的鳥兒

　　　地球永遠有一半幽暗

　　這隻尋找天空的鳥兒，是「人」、「自焚」而成的。它要向「無限晴朗」的太空（天空）尋找「我們遺失的東西」，它為「地球有一半幽暗」而痛苦，即使「黑夜走了」，再現光明的世界卻已「失貞」（意含著某些純潔的信念的喪失）。這隻具有自我犧牲的精神和尋找意志的鳥兒，必須面對「地球永遠有一半幽暗」這種生存世界的陰影，正是詩人想透露的鳥兒的「憂愁和哀傷」；以陪襯出人「自焚」為「鳥兒」的悲劇感。這種悲劇感在〈雁〉詩裡有更濃烈的表現：

我們仍然活著。仍然要飛行
在無邊際的天空
地平線長久在遠處退縮地引逗著我們
活著。不斷地追逐
感覺它已接近而撞眼還是那麼遠離

天空還是我們祖先飛過的天空。
廣大虛無如一句不變的叮嚀
我們還是如祖先的翅膀。鼓在風上
繼續著一個意志陷入一個不完的魘夢

在黑色的大地與

奧藍而沒有底部的天空之間

前途只是一條地平線

逗引著我們

我們將緩緩地在追逐中死去，死去如

夕陽不知覺的冷去。仍然要飛行

繼續懸空在無際涯的中間孤獨如風中的一葉

而冷冷的雲翳

冷冷的注視著我們。

　　阿火本來是把天空當作「老爹」、「老媽」來依賴，等到發覺一切落空以後，宛如受騙般地激憤仇恨起天空了，連帶地懊恨自己的生命。鳥兒面對幽暗失貞的地球，拼命努力向無限晴朗的天空尋找遺失的東西，也許尋找的結果仍被「地球永遠有一半幽暗」所否定而深深地憂傷著。「雁」所要面臨的生存空間和命運也完全相同：「在無邊際的天空」、「地平線長久在遠處退縮地引逗著我們」、「活著。不斷地追逐」、「感覺它已接近而撩眼還是那麼遠離」；「在黑色的大地與」、「奧藍而沒有底部的天空之間」、「前途只是一條地平線」、「逗引著我們」、「我們將緩緩地在追逐中死去，死去如」、「夕陽不知覺的冷去。」、「而冷冷的雲翳」、「冷冷的注視著我們。」天空和大地仍然毫無旁貸地威脅著「雁」，它們無感無情亦無私地引逗著「雁」去活著，追逐一個沒有任何終極意義的生存；只不過「繼續著一個意志（生存）陷入一個不完的魘夢」而已，並且是不由自主地蹈著祖先的覆轍：「天空還是我們祖先飛過的天空。」、「廣大虛無如一句不變的叮嚀」、「我們還是如祖先的翅膀。鼓在風上（活著就只得活下去）」。這種哀傷和憂愁更甚於鳥兒，鳥兒多少還企盼某些在大地上遺失的東西能在天空找到，接近「有待」的生命觀。「雁」不是，雁是這樣冷靜地認知自己的命

運，清醒自己的生存世界；不但沒有阿火的依恃「幻相」的愚昧而情緒地遷怒「幻相」，也沒有鳥兒的任何「期待」而因此對生命的真象有著徹底的痛苦。

　　這可能永遠是人類無法摒除的焦慮。我們比祖先的生存方式可能日新月異，存在於生存方式背後的生命事實卻毫無改變。即使現代人以科技的努力已越地平線而登陸月球（姑不論登陸月球的結果反而證實了人是地球上的生物，是在地平線的限圍和大氣層保護下的生物），移居任何星球也不能完全解決生存的目的和意義這個古老的問題。「雁」是完全自覺這種生存的盲目本質的。這首詩也因此種濃厚的悲劇感而給人心靈罩上相當沉重的壓力。但儘管「雁」必須在冷漠空虛的大地與天空間浮浮沉沉，「繼續懸空在無際涯的中間孤獨如風中的一葉」，它卻「仍然要飛行」！明知道「前途只是一條地平線」只是「逗引著我們」，「我們將緩緩地在追逐中死去，死去如」、「夕陽不知覺的冷去」、「仍然要飛行」！它看清生存事實和生命真象以後，不像阿火怨天尤人，也沒鳥兒「自焚」掉。它雖然憂愁痛苦卻仍然活著，仍然要飛行，仍然履行生命的自然之道。這種願意面對命運的勇氣和活著就飛行追逐的意志，亦使此詩產生另一股震撼的力量，和前面所指出的那股沉重的悲劇感的壓力抗頡，使得此詩所要表現的痛苦更深刻有力。

　　此詩亦利用這兩股相抗頡相激盪的情感做為全詩語言結構的底子：詩的頭一行就以肯定的語氣先說：「我們仍然活著。仍然要飛行」來和「無邊際的天空」以及「逗引我們的地平線」做一對比。第三行和第四行的「切連」是有用意的；第四行的「活著。」與第三行切斷而和「不斷地追逐」連結，是利用語言節奏的故意斷停來強調「我們仍然活著。仍然要飛行」這層旨意。此詩第一段所表現的這種雙重對比的主題；在表面上看來，與第二、第三、第四段所表現的悲劇感，在比率上似乎極端的不均衡。第二、第三、第四段幾乎都努力表現生存空間的冷漠無情和生存意義的孤獨盲目，似完全吞沒掉雁「活著、飛行」的意志；實際上許是一種反襯的手

法：把雁越置在如此盲目冷酷的生存世界中，越使雁面臨如此毫無意義的生命事實，越能反映出雁那一點「活著、飛行」的意志的可貴。所以當我們讀到第二段的「我們將緩緩地在追逐中死去，死去如」、「夕陽不知覺的冷去。仍然要飛行」時，在悲哀中卻有極端地感動。這句「仍然要飛行」就是雁賴以抵抗冷酷的生存世界「而冷冷的雲翳」、「冷冷地注視著我們。」及盲目的生命本質「繼續著一個意志陷入一個不完的魘夢」；這抵抗的力量即使非常柔弱，不能征服生存上的兩重壓力，卻仍肯定了雁的可貴的努力與生存的精神。

此外，「雁」這一意象的選擇，極可能是詩人有意的設計。「雁」在禽鳥類是屬於較柔弱而群飛的一種。詩人利用其柔弱來反襯空間的廣漠冷酷，又利用其「群飛」而有「族類」（中華民族）的象徵，所以詩中的人稱代名詞都是用「我們」。在漢魏古詩裡[2]「雁」經常做為「遊子」、「別離」的遠飛異域的象徵，雁的南北飛翔具有一種流浪孤苦。蘇武 19 年流浪匈奴胡域的孤苦，最後是藉雁的傳訊（漢使的假託故事）獲得還鄉。元雜劇馬致遠的《漢宮秋》裡昭君的流徙異域的悲苦，亦藉雁來傳達給漢元帝。此詩第二段的「祖先」固可泛指全人類的「祖先」，亦可單指「我們的祖先」。20 世紀的中國人所面臨的生存世界是相當艱困的，許多人對自己的命運都是抱著流浪悲觀的態度，最後所能肯定的只不過是「活著、飛行」罷了。故此詩所透露的主題既可是整個人類生存的焦慮問題，也隱含著自己民族的某些苦惱。

此詩除「雁」的意象涵蘊豐富外，「天空」和「地平線」的意象亦交互運用得圓熟自然，充分發揮了生存世界對「雁」的無情的壓力。另外以「夕陽不知覺的冷去」來表現一種緩慢自然而無法抗拒的死亡感；以「孤獨如風中一葉」來表現孤苦飄泊的命運，都相當令人稱賞。詩行、詩句的著意「切連」，也充分達到語言節奏和主題應義之交互映現。更在一點也不

---

[2]見曹丕、曹植的〈雜詩〉及應瑒的〈侍五官中郎將建章臺集詩〉及其他。

矯飾而明白如話的詩句中，表現了如此深入基本的人生問題，使得此詩既易欣賞又耐咀嚼。

現代詩雖然在形式和技巧上甚至精神上深受西洋詩潮的影響；但經過許多詩人的努力，已經有了自己的風貌及無限的發展性。即使許多雜蕪和實驗的作品以及某種陳濫的現代腔的作品充斥詩壇，也不能抹殺掉一些成功的作品[3]。這些作品也許還不能與魏晉大家如曹植、阮籍、陶潛等完全並比，卻不在六朝作品之下；期望藉此培育出如唐宋等大家詩人，也只是時間的問題了。做為一個現代中國詩人，實不必在中國和現代之間設立藩籬，更不必拘限於自己傳統和西洋之間。一個創作者最重要的是盡量吸收各種好作品的精神和技巧，真誠地表現自己諸面深刻的感受，創作成功的作品，即自然而然能把做為一個中國人所具有的民族苦惱以及做為現代人所具有的共同問題展現出來。

　　　　　　　　　　——《龍族詩刊》評論專號，民國 62 年 7 月

　　　　　　　　　　　　——選自何聃生編《孤岩的存在》
　　　　　　　　　　　　臺中：熱點文化出版公司，1984 年 12 月

---

[3] 從紀弦、覃子豪、楊喚、蓉子、余光中、鄭愁予、洛夫、瘂弦、商禽、葉珊、周夢蝶、羅門、方莘、敻虹、管管等人詩集中皆可挑選出成功的作品。

閉鎖式的現代主義
白萩與臺灣的焦急

◎蕭蕭[*]

一、前言：閉鎖式的現代主義

　　「現代主義」（"Modernism"）一詞，指涉的是「現代主義流派」，可以簡稱爲「現代派」，是指相對於歐洲傳統的「古典主義」（"Classicism"）、「浪漫主義」（"Romanticism"）、「現實主義」（"Realism"）的文學思潮，這些思潮、流派，至少包括了象徵主義（Symbolism）、未來主義（Futurism）、意象主義（Imagism）、表現主義（Expressionism）、形式主義（Formalism）、存在主義（Existentialism）、意識流（Stream of Consciousness）、達達主義（Dadaism）、超現實主義（Surrealism），他們各自有不同的主張、尖銳的堅持，難以找到契合的統一綱領，不過，卻有一些類近的傾向、相似的特徵。

　　西方現代主義產生的背景因素，是因爲 19 世紀末葉普遍瀰漫著「世紀末」的悲哀，對於英國維多利亞的保守傳統有所不耐，此時，工業革命後資本主義高張，資本主義正從自由發展資本擴張爲獨家壟斷資本，造成民生貧富不均，社會動盪不安，企圖解決這些問題的社會主義因而興起，資本主義、社會主義，相異的歷史觀點造成新的思潮激盪與糾葛。再加上第一次世界大戰（1914～1919 年）後，階級矛盾出現主觀上的敵對意識，客觀上的激化作用，因而對未來失望，對人性懷疑，對生命悲觀。面對這樣

---

[*]本名蕭水順。發表文章時爲明道管理學院中國文學系助理教授，現爲明道大學中國文學系教授。

的傷口，文學藝術必須找到療傷的出口。因而，或強調個人在世界萬象中的主體性，或切斷個人與外在事物的因果性，或否定宗教、神話對個人的神聖性，或確立肉體與靈魂、物質與精神、個體與群體的對立性，因而形成了各種主義流派，形成了各種歧異觀點的各自堅持。

但現代主義卻也指向一個共通的朦朧可能，包含了不同個體的主觀傾訴，不同軌轍的想像奔馳，不同架構的形式追求。蔡源煌所著的《從浪漫主義到後現代主義》（文學術語新詮）則歸納爲現代主義藝術所追求的也不過是「真」和「美」而已：「所謂真，是指作品所烘托的世界而言，而非現實世界。現代主義作家所服膺的不是寫實主義或模倣理論，而是文字能造象的功能。」、「所謂美，則說明了一種超越論的創作觀。他們認爲現實世界的感知現象，瞬息萬變，一溜煙就消逝了，唯有藝術作品造型上的美可以超越塵世的變幻無常。」[1]所以他確認現代主義作家對於語言功能的信賴，確認他們重視詩的形式實驗，主張形式的美勝於意義。這樣的確認，現代詩人白萩則以一生的創作提出有力的證明。

西方現代主義起點，有人上推到 1850 年，一般則以法國象徵主義做爲現代主義的肇始，但仍有 1870、1880、1890 等不同說法；現代主義的滑落，則以 20 世紀 1950 年代做爲最後期限[2]。臺灣的現代主義發展，或可遠溯至王白淵（1902～1965）、翁鬧（1908～1940？）的純文藝新感覺派，楊熾昌（1908～1994）「風車詩社」的超現實主義，但真正風起雲湧，鼓動思潮，蔚爲一時風尚的，應該是紀弦「現代派」成立之始（1956 年），至乎1970 年代現代詩論戰、鄉土文學論戰漸入尾聲之際，現代主義也因而稍爲斂其鋒芒。換言之，西方蓬勃將近一百年，迭次新興不同主義的現代派，卻以相互交疊的姿態，壓縮在臺灣輝煌 25 年（1956～1980 年），這 25 年間，如果以白萩詩與詩論的大量出籠加以對照，竟然完全疊合，白萩的出現見證臺灣現代主義的特質與始末，茲列表如次，可以見其端倪：

---

[1] 蔡源煌，《從浪漫主義到後現代主義》（臺北：雅典出版社，1998 年 3 月），頁 76。
[2] 袁可嘉，《歐美現代派文學概論》（桂林：廣西師範大學出版社，2003 年 1 月），頁 2～5。

時間對映	詩壇大事	白萩著作
1953 年	紀弦成立「現代詩社」，發行《現代詩》詩刊	白萩就讀高一，習作新詩
1954 年	3 月「藍星詩社」成立，6 月藉《公論報》登載《藍星週刊》（覃子豪主編）	白萩開始大量寫詩，發表於《公論報・藍星週刊》
1954 年	10 月「創世紀」詩社成立，發行《創世紀》詩刊	其後，白萩曾列名《創世紀》詩刊編委
1955 年		白萩以〈羅盤〉獲中國文藝協會第一屆新詩獎
1956 年 2 月 1 日	紀弦「現代派」成立，〈現代派信條釋義〉發表於《現代詩》第 13 期	白萩列名於「現代派」首批加盟名單中
1957 年 8 月 20 日～1959 年 4 月	覃子豪在《藍星詩選・獅子星座號》發表〈新詩向何處去〉，引發「現代派」相關論戰，至 1959 年落幕	白萩以〈對「現代」的看法〉（《現代詩》第 23 期）回應，贊同現代主義
1959 年 5 月		出版詩集《蛾之死》（藍星詩社）
1959 年 7 月～1959 年 11 月	蘇雪林、覃子豪在《自由青年》爲「象徵派」而論戰	
1959 年 11 月～1960 年 5 月	言曦在《中央日報》發表〈新詩閒話〉，引發藍星詩社及紀弦共同對抗的「新詩論戰」，至 1960 年歇止	白萩發表〈從新詩閒話到新詩餘談〉（《創世紀》第 14 期，1960 年 2 月）應戰
1964 年	3 月「笠」詩社成立，6 月《笠》詩刊創刊	《笠》詩刊第 2 期開始，白萩即有詩作及〈魂兮歸來〉評論文章，後曾主編《笠》詩刊
1965 年 10 月		出版詩集《風的薔薇》（笠詩社）
1969 年 6 月		出版詩集《天空象徵》（田園出版社）

1972 年 5 月		出版詩論集《現代詩散論》（三民書局）
1972 年 8 月		出版詩集《香頌》（笠詩社）
1972、1973 年	關傑明、唐文標事件	
1977 年 8 月	鄉土文學論戰開始	
1984 年 3 月		出版詩集《詩廣場》（熱點文化公司）
1991 年 7 月		出版詩與論合集《觀測意象》（臺中市立文化中心）

　　白萩的六部詩集之寫作，集中於 1954 至 1972 年的 18 年間，正屬臺灣現代主義狂飆期，其中《詩廣場》雖出版於 1984 年，但〈後記〉一開始即已表明：「這一本詩集，早在 12 年前，就應該和《香頌》同時出版。」[3]至於《觀測意象》則為詩與詩論的合集，從 1972 年至 1991 年的 20 年間，僅得 19 首詩收入其中，與首部詩集《蛾之死》號稱從 400 首詩中選出 45 首，不可同日而語。但值得注意的是，《觀測意象》另外五分之四的篇幅則為舊日「現代主義」時期的詩論[4]，可見「現代主義」是白萩一生之所繫念。因此，本文即以〈閉鎖式的現代主義〉為題，論白萩與臺灣的焦慮。

　　所謂「閉鎖式」的現代主義，一方面因為臺灣的現代主義是在西方現代主義終止活動力之後才開始，並未與國際浪潮有任何相互牽繫、鼓動之處；一方面因為白萩現代主義之詩與詩論，呈現孤軍出征的閉鎖局面，未見任何奧援。白萩如此埋頭奮鬥，所以顯現了彼時臺灣「島」的孤絕與焦急，成就了白萩詩在臺灣詩史上的特殊位置，究其原因，白萩的心在內焦急，白萩的詩外鑠焦急，「焦急」（"anxiety"）正是現代主義所以存在的主要特質。

---

[3]白萩，《詩廣場》（臺中：熱點文化出版公司，1984 年 3 月），頁 143。
[4]白萩，《現代詩散論》（臺北：三民書局，1972 年 5 月）。

二、現代主義的存在特徵：「島」與「心」的焦急

眾多的藝術流派在臺灣此起彼落，即興即滅，就中唯現代主義為臺灣文學藝術帶來掀天覆地的變革，持續性的影響隱隱約約還在不斷餘震中。主要還是因為現代主義的存在特徵，暗示著臺灣島的命運，臺灣人焦急的心。

（一）臺灣「島」的焦急

臺灣，這個以海洋與陸塊隔絕的島嶼，根據元朝汪大淵《島夷志略》所述，當時稱為「琉求」的臺灣是「海外諸國，蓋自此始」的起點。但自1642 年荷蘭人據臺以後，雖然只有短短 19 年，臺灣島的心神開始不得安寧，明鄭主政（1661～1683 年），滿人納入版圖（1683～1894 年），間或有平靖之日，其後，日本殖民（1895～1945 年），國民黨來臺（1949 年～），民進黨執政（2000 年～），一百多年來鮮有身心安寧之時，「異化」現象與日俱僧，因而心靈絕望，美夢破碎，甚而行事乖張，行徑荒誕，此種全島性的「焦急」正是現代主義所最想深入撥撥的密室。

1. 異化的心神

異化：Alienation，這個詞語是具有廣泛意義的英文單字，雖然看起來像是當代的詞彙，其實已存在於語言中好幾個世紀。根據劉建基翻譯的《關鍵詞：文化與社會的詞彙》，它是由拉丁文alienationem演變而來；可追溯的最早字源為alienare——意指疏遠、疏離。到了 14 世紀，用來描述疏離的行動與疏離的狀態，意指切斷或被切斷與「神」的關係，或是一個團體或個人與當時所被接受的「政治權威」關係產生決裂。就以 14 世紀的英文單字Alienation之義來看，已經頗能說明臺灣人近一世紀的處境。如果再以1959 年Seeman所提出的Alienation字義的分類，那就更清楚看到臺灣人 19世紀末以來的內心焦急。Seeman把alienation的定義歸納為[5]：

---

[5]雷蒙・威廉士著；劉建基譯，《關鍵詞：文化與社會的詞彙》（臺北：巨流圖書公司，2003 年 10月），頁 4～8。

（1）powerlessness（無力感）——感到無力對我們所處的社會有所影響。

（2）meaninglessness（虛無感）——感到失去行為的準則與信仰的依歸。

（3）normlessness（失序感）——感到非不擇手段不能達到目的。

（4）isolation（孤立感）——感到與特定的目標與規範產生距離。

（5）self-estrangement（自我疏離）——無法找到真正令自己滿意的活動。

　　此種無力感、虛無感、失序感、孤立感、自我疏離，正是臺灣 228 事件、白色恐怖之後的現實，臺灣本地人找不到自己的唇齒喉舌，新移民者找不到自己絮根定心的緣由。繼原漢、閩客、漳泉械鬥之後，統獨之爭，紛擾未息，「異化」現象未見改善。執政者侃侃而談，夸夸而言，不僅無助於異化的現象，反而推波助瀾，成為刻意的首腦，無形的幫兇。有識之士如白萩者雖憂心忡忡，不免也陷入虛無、疏離、分裂、孤立的處境中，浮沉，掙扎，無力而又無助。

2. 絕望的靈魂

　　臺灣人有意識地尋找自己的聲音，始自日治時代。不同種族、不同文化、不同語言文字的外來殖民政權，所實施的高壓統治，勢必引起當地人民武力的反彈、對抗，反彈、對抗無法得勝，繼之於文化層面的省思、突破。因此，日治時代被稱為日本國民，日本人卻鄙視為清國奴的臺灣人開始思考：「我」是誰？祖先流傳下來的語言不是國語，不能說；祖先流傳下來的文字不是國文，不能寫。在自己的土地上流血流汗之所得，家人無法獨享，國人不能分享，物資往北國輸送，人員卻往南洋充軍，無能保衛自己腳下的土地，卻要去保衛不屬於自己領空的土地，「我」到底是誰？日治時代的文學家因而有著比較相近的奮戰目標，協同努力，尋找失散的魂魄。

　　1945 年終戰之後，臺灣號稱回到祖國的懷抱，相同的血緣、相近的語言、相似的文化背景，統治者與被統治者之間理應有通而暢的管道，臺灣人在甩脫異族統治之後對此懷有相當高的期望。殘酷的現實卻是：未必比臺灣文明的軍隊來接管臺灣，未必比日本尊重臺灣的的政黨來治理臺灣，

單純的賣菸事件可以釀成歷史上的血案，臺灣人從期望的高峰忽而摔落絕望的谷底。其後執政者推展國語運動，全國上下自此陷思維：統治者／被統治者，國語／臺語（含河洛話、客家話、南島語系），中華文化／本土文化，優勢階層／劣勢階層，進步的、有水準的／落後的、無水準的。到了21 世紀，還無能解決這樣的問題。

臺灣人因而焦急，且行且觀察且省思：「我」到底是誰？「我」應該走向哪裡？

出生於 1937 年的白萩，完整目睹且身歷其時，在絕望的處境中且觀察且省思，他的詩正是這 60 年來的臺灣，最貼合的文學思考與印證。

3. 破碎的美夢

1949 年臺灣湧進高達 200 萬的中國各地移民，改變了臺灣穩定的族群生態，仗著語言的優勢，新移民曾經有人獲得許多既得利益，但對大多數新移民而言，他們的移民心志非由自我所決定，與前此先移民者為尋求「桃花源」的心境有所不同，同時來臺的執政者在政令上還不時施予「一年準備，兩年反攻，三年勝利」的魔咒，實際生活裡則實施白色恐怖政策，箝制思想、言論自由，不得懷鄉思親，物質生活既要克難、戰鬥，精神生活卻無從紓解，長期反攻無望、復國不成的精神壓力下，有人甚至於將他們解讀為「在政治意義上是喪失母國的殖民者，在社會意義上卻是為數龐大的難民、『去此即無死所』的國破家亡流亡者，充滿著中國傳統的『孤臣孽子』情結，對祖國的孤憤忠忱成為自我定位和生存價值所在。」[6]他們成為臺灣的另一種焦急。

隨著民主腳步的進程，在以臺灣為主體的思考中，新移民者逐漸有著「他者」的憂慮，雖然在「葉落歸根」與「落地生根」的兩極選擇中大部分的人傾向後者，但面對原先執政者編織的美夢——碎裂瓦解之時，這樣的焦急，仍在持續中，而且還將持續下去，直到不同時期的移民都能彼此

---

[6]楊長鎮，〈開放的本土認同〉，《中國時報》，2005 年 10 月 30 日，A15 版。

尊重、認同，都能讓自己徹頭徹尾「在地化」（非「本土化」），都能獻身於臺灣主體性的建構而無懈志。

　　美夢雖已崩離，新的路程卻仍遙遠，臺灣島的焦急依然不得緩解。

（二）白萩「心」的焦急

　　做爲一個衝激性思潮，「現代主義」的指涉可以相當廣泛。張頌聖認爲：「在戰後許多非西方國家的文化場域中，它是一個前衛的符號……這種本身也在迅速演變中的當代思潮，經常萌芽於校園、進而擴展於整個社會，提供給每一代年輕知識階層一整套新視野。」[7]白萩是否也因爲這種思潮的新穎、前衛，投身現代主義的詩的創作？

　　觀察白萩一生的志業，現代主義是否爲新穎、前衛的代表，不是他思考的重點，應該是爲臺灣而憂的內在焦急所驅迫，試看：17 歲的年紀即已獲得「中國文藝協會」所頒發的第一屆新詩獎。17 至 21 歲即已寫作 400多首新詩。在林亨泰「符號詩」剛孵生時，白萩隨即創作「圖象詩」，並佐以詩的繪畫性論文。在鄉土文學論戰尚未點燃戰火之前八年，白萩就已創作語言淺白的「阿火世界」系列詩作。政治詩成爲風尚的 1980 年代尚未來臨，白萩的〈樹〉、〈廣場〉、〈火雞〉、〈鸚鵡〉等控訴、嘲諷的作品，寓言體的寫作，已卓然成形。

　　白萩一直走在時代的前端，因爲其心焦急，爲臺灣、爲詩而深思破解之道，尋求可能的出口。以下三事最可論證白萩「心」的焦急。

1.四大詩社間的游移

　　白萩一生中出入臺灣四大詩社：初爲「藍星詩社」主幹，後爲「現代派」同仁、《創世紀》詩刊編委，最終與陳千武、林亨泰等人創辦「笠詩社」。其間自有人情世事的因緣際會。如果以白萩創作軌跡加以理解，亦頗爲順理成章。年輕時代的白萩自有浪漫精神，勇於追求新的抒情調子，霍霍磨刀的旺盛創作力正適宜在平和的「藍星」砧板上試試鋒芒。但，現代

---

[7]張頌聖，《文學場域的變遷》（臺北：聯合文學出版社，2001 年 6 月），頁 197～198。

主義的氣笛聲一響，白萩嘗試形式的多重實驗，語言的快速切換，自然跳上「現代派」、《創世紀》的極速列車，一無反顧，而且不負初衷，白萩重要名篇大多發表在這兩個刊物上。至乎白萩與「笠詩社」同仁的初期集結，則是「臺灣精神的崛起」，而非現實主義的召喚，因爲前十期的《笠詩刊》在林亨泰的編輯檯上仍然洋溢著「現代派」的衝勁。

細觀白萩的「社性」並不堅強，社務與編務的涉入亦不多，看似有意與四大詩社保持等距，其實應是四大詩社之間無法找到適切的途徑。白萩的游移不居，就是一種焦急。相對於白萩的沾染而不涉入，楊牧則選擇既不涉入也不沾染，彼此之間都成爲對方的對照組，經此對照，白萩心的焦急，那就更顯而易見了！

2. 現代與現實的衝激

柯慶明曾經在〈防風林與絲杉──論林亨泰與白萩詩中的臺灣意象〉[8]論文裡感歎：白萩詩中「未必容易找到經由具空間存在性質事物所呈現的臺灣意象」，這是因爲白萩的詩不可以用一般現實主義的觀點去注視它，他不以呈現臺灣眼前的現實意象爲滿足，即以〈流浪者〉裡的「絲杉」而言，未必是根植於臺灣土地的植物，但並不妨礙它是「自我投射或詮釋的生命心象」。

有趣的是：「具空間存在性質事物所呈現的臺灣意象」是現實主義者努力的方向，而「自我投射或詮釋的生命心象」則是現代主義所樂於窺探的幽微之處，若是，到底在現實主義與現代主義的衝激裡，白萩的衝浪板滑向哪裡？依照柯慶明的論述，顯然偏倚現代主義。若依四個詩社的游移，大體而言，藍星、現代詩、創世紀是廣義的現代主義者，笠詩社則以現實主義爲標榜，三比一的比例顯示現代主義勝出，但笠詩社卻是白萩永久歸屬的社團，如此而論，偏向現實主義的或然性又多了一些。

其實，現實主義與現代主義的分際，可以依下列的簡圖加以釐清：

---

[8] 柯慶明，〈防風林與絲杉──論林亨泰與白萩詩中的臺灣意象〉，第二屆臺灣文學學術研討會「詩／歌中的臺灣意象」，國立成功大學，2000 年 3 月 11～12 日。

　　悲劇現象→悲劇意象：現實主義

　　悲劇意識→悲劇意象：現代主義

　　顯然，白萩是屬於擁具悲劇意識以創作悲劇意象的詩人，問題是白萩的悲劇意識是以臺灣島為其客體，這樣的糾葛使白萩詩與臺灣島纏繞為脈搏相呼相應的共鳴者，同其焦急。

3. 望天與紮根的遲疑

　　蔡哲仁在〈一株流浪的絲杉〉論文中，指出「追尋」與「釘根」一顯一隱、一動一靜，正是白萩詩中經常出現的兩大主題。而「〈流浪者〉這首詩比較特別的是：它把「流浪者」與「絲杉」疊合在一起，讓「追尋」與「釘根」這兩個主題同臺演出，這是白萩詩中首次也是少見的做法，甚至可以說：〈流浪者〉這首詩是白萩日後詩作的『原型』（"archetype"）。因為它透露了白萩生命中最大的矛盾——在「追尋」與「釘根」之間的依違掙扎；而白萩的詩就是在這種矛盾掙扎下的告白，這使得他的詩具有生命的深度，也形成他獨具的特色。」[9]要想解釋這種或依或違的最初心思，仍然要歸之於心的焦急。

　　白萩心的焦急，不是為了個人或家庭的現實困境，而是以臺灣的生死安危做為思考的著力點，蔡哲仁即以《風的薔薇》集中的〈樹〉做為釘根的表徵：

　　我們站著站著站著如一支入土的

　　樁釘，固執而不動搖

　　噢，老天，這是我們的土地，我們的墓穴

　　即使把我們踢成一個旋錘

---

[9]蔡哲仁，〈一株流浪的絲杉——白萩在追尋與釘根間的辯證〉，彰師大國文系主編《臺灣前行代詩家論》（臺北：萬卷樓圖書公司，2003 年 11 月），頁 231。本文是他碩士論文《白萩的詩與詩論》的一部分，國立成功大學臺灣文學研究所，2004 年 6 月通過。

　　　　無止境的驅迫

　　　　這是我們的土地，我們的墓穴

　　　　把我處刑成為一柄火把

　　　　燒爛每一個呼喊的毛細孔

　　　　仍以頑抗的爪，緊緊的攫住

　　　　這立身之點

　　　　這是我們的土地，我們的墓穴

　　　　　　　　　　　　　　　　　　──〈樹〉[10]

　　但他認為：「這裡的『釘根』沒有回歸母土的盼望與喜悅，也沒有扎根土地的踏實與自在，只有對殘酷的現實所產生的消沉無奈或者是哀以厲的悲鳴。」可能小看了白萩的意圖，白萩這首詩中的樹即是臺灣的象徵，臺灣人就立足在臺灣的土地上，就像樹就扎根在土地上那樣自然，因此沒有任何回歸的問題。這種扎根土地的決志當然是踏實而有力，白萩以「入土的樁釘，固執而不動搖」、「頑抗的爪，緊緊的攫住」來形容。何以不自在？因為有人要來搶奪我們的土地，挖掘我們的根，面對這種「乞食趕廟公」毫無天理的行為（「把我們踢成一個旋錘」、「把我處刑成為一柄火把」），所以白萩再三重申「這是我們的土地，我們的墓穴」，表達了生、生在這裡，死、也要死在這裡的決心。這時沒有消沉、哀以厲的悲鳴，有的是固守家園的怒吼。

　　只是臺灣的「無奈」仍然存在，「站著」的無可作為，「噢，老天」的望天之思，都透露出這種遲疑與焦急。

三、現代主義的內在特質：白萩「詩」的焦急

　　臺灣的現代主義者內心的幽微、遲疑與惶急，不是直接來自於資本主

[10]白萩，《風的薔薇》（臺北：笠詩刊社，1965 年 10 月），頁 52。

義的經濟失衡，而是來自臺灣「島」的空間隔絕意象，以及歷史與意識的
長期糾葛。白萩「詩」的焦急最足以顯現臺灣現代主義者的內在特質。

（一）形式主義的實驗

　　「形式主義」在臺灣詩壇不能算是「讚語」，比較接近「貶詞」，我想
是因爲受到社會一般觀念的誤導，認爲所謂「形式主義」是指不重實際只
重外觀，抹金塗粉的行爲。其實，哲學上所謂「形式論」是指藉由客觀形
式做爲認識外在事物的要素的一種學說，與藉由直觀、知覺、經驗以直接
認取對象的「經驗論」相對，唯理與唯覺是這兩種學說的分際。美學上的
「形式主義」則指蔑視藝術的材質或內容，強調配置材質或內容的方法，
經由這種配置所形成的藝術才是美的表現。我們一般所稱的「形式主義」
就是這種廣義的「形式主義」，亦即白萩所宣稱的「藝術所以能偉大的呈顯
在我們眼裡正是由於技巧的偉大。」[11]

　　至於狹義的「形式主義」，或譯爲「形構主義」（"Formalism"），是指
1914 至 1916 年間，俄國莫斯科和聖彼得堡大學的研究生，吸收語言學與
詩學研究爲理論基礎所提出的主張，他們拒絕讓作品變成哲學抽象化思維
的產物」（如象徵主義）或是「反映社會現實的工具」（如現實主義），所
以，「『形構主義』企圖透過『科學研究』的方式來解讀作品中的『文學性』
（"literariness"），他們認爲形構的設計（device）也就是主題、場合、敘述
手法的凸寫等，是可以和作品主題全然融合的，離開文學作品的形式，就
無法具體理解作品的內容。他們也特重詩的語言，強調文學就是對普通語
言和成規語言加以陌生化（defamiliarization）的過程，是一種針對成規的
反動性律動（dynamics），這種律動是文學史得以向前發展，得以有新的文
類與表現形式的重要成因。」[12]形式主義所強調的就是去掉形式就無所謂
內容，而他們所努力的就是「去熟悉化」，這就是白萩所常用的強悍用語：
「殺死」（「爲了產生一首詩／我們必須殺死全世界的詩人／我們必須殺死

---

[11]白萩，《現代詩散論》，頁 77。
[12]廖炳惠，《關鍵詞 200》（臺北：麥田出版公司，2003 年 9 月），頁 114。

昨日那個我的詩人」[13]），白萩認為：「已存在的美與他創造美時的理念是一種牴觸，他勢必欲打破此種傷殘創造精神的已存在而又近於典型的完美所規範下的束縛。」、「已存在的美，對於尚未出現的美是一種絕大的壓力與考驗，如果不能超越與打破此種束縛，則新的美將無以出現。」[14]

　　習慣可以使我們熟悉，但也可能造成藝術墮落，熟悉的美、已存在的美之所以成為新的、創造的美的阻礙，其理在此。前衛的藝術手法之所以受到排斥，其因在此。「藝術的目的是要人感覺到事物，而不是僅僅知道事物。藝術的技巧就是使對象陌生，使形式變得困難，增加感覺的難度和時間的長度，因為感覺過程本身就是審美目的，必須設法延長。」[15]這就是形式主義者的堅持，今天的我先要殺死昨天的我才能重生，永遠要以陌生人的臉出現。

　　李魁賢曾認為早期的白萩「在詩法上勤於實驗」，從浪漫主義、意象主義、立體主義、象徵主義、表現主義、到新即物主義都是他藉以實驗的利器[16]。就形式與內容而言，「詩法」就是「形式」、就是「怎麼寫」的問題。李魁賢並未將白萩歸屬於任何主義流派之下，因為白萩是在方法上汲取各種主義的優點，勤加實驗，而非全然服膺於西洋某一主義的論點或理想。白萩自己也承認：「以我個人的創作而言，雖然寫了被誤解為圖象詩的詩，其實只寫了四首，之後便進入了艾略特的現代主義及存在主義，後來又加進了德國的新即物主義和表現主義。」[17]不論李魁賢或白萩自己提到什麼主義，其中有所重複或偏倚，其實都意味著白萩是一個形式主義的實驗者，所有這些（過去的）主義都值得他與（現在的）現代主義取用、變易、鎔鑄、消融。

---

[13]白萩，《現代詩散論》，頁 102。
[14]同前註，頁 73。
[15]這是西克洛夫斯基的主張，轉引自王忠勇，《本世紀西方文論述評》（雲南：雲南教育出版社，1989 年 4 月），頁 128。
[16]李魁賢，《詩的反抗》（臺北：新地文學出版社，1992 年 6 月），頁 163。
[17]白萩，〈在舊金山與紀弦話詩潮〉，《笠》第 171 期（1992 年 10 月 15 日），頁 114。

　　白萩的第一本詩集《蛾之死》，呈現浪漫主義的餘波還在盪漾，現代主義的形式論卻已交疊而出，令人瞠目結舌。

　　1953 年白萩開始閱讀《藍星週刊》、投稿《藍星週刊》，《藍星週刊》的風格是穩健的抒情調子裡燃燒著浪漫的火，極易燃起青春的希望，17 歲就獲得中國文藝協會第一屆新詩獎的〈羅盤〉正顯現這種充滿青春活力，無畏無懼的浪漫精神，「我們是海上新處女地的開拓者」這句詩的英雄主義色彩，並不遜於紀弦「搖撼彼空無一物之天地，使天地戰慄如同發了瘧疾」的〈狼之獨步〉[18]。首尾兩節的詩句，彼此呼應，有變有常，有因有革，「前進啊，兄弟們」是激情浪漫的呼告用語，處處張揚著高漲的情緒，也在在顯示著活潑的形式：

> 握一個宇宙，握一顆星，在這寂寞的海上
> 我們的船破浪前進，前進！像脫弓的流矢
> 穿過海鷗悲啼的死神的梟嚎
> 穿過晨霧籠罩的茫茫的遠方
> 前進啊，兄弟們，握一個宇宙，握一顆星
> 我們是海上新處女地的開拓者
> ……
> 握一個宇宙，握一顆星，在這寂寞的海上
> 我們的船破浪前進，前進！像俯衝的蒼鷹
> 穿過海鷗悲啼的死神的梟嚎
> 穿過晨霧籠罩的茫茫的遠方
> 我們是哥倫布第二，握一個宇宙，握一顆星
> 前進啊，兄弟們，我們是海上新處女地的開拓者

—— 〈羅盤〉[19]

---

[18]紀弦，《檳榔樹丁集》（臺北：現代詩季刊社，1969 年 4 月），頁 30。
[19]白萩，《蛾之死》（臺北：藍星詩社，1959 年 5 月），頁 1～2。

　　《蛾之死》詩集的序文，敦請張秀亞撰寫，張秀亞老師在序文中說：「詩是感情的語言，思想的語言，但最好說它是靈魂的語言。詩原是一種綜合的藝術，它表現的是詩人對這個世界以及人生的讚美、詠歎、悲憫，總之，它要寫的是靈魂的震顫。」[20]「靈魂的震顫」頗能道出那種非專屬感情、也非專屬思想的心靈的感動，或者竟是「浪漫與象徵所形成的張力」，是一種有節制的浪漫主義，有親和力的象徵主義，這不僅透露出張秀亞詩篇中所散發的「純心靈的浪漫主義詩風」[21]，也是早年白萩浪漫心思所期冀的回應吧！因為「現代派主要是繼承和發展了浪漫主義，抵制和排斥了現實主義。」[22]

　　至於「意象主義」的作品也可以在《蛾之死》詩集中找到，代表的作品如〈金魚〉一詩：「火的理想，被軟困於現實的冰冷的水／不能躍出這世俗殘酷的泥沼／可憐的被玩賞的金魚啊／／吸不自由的空氣／缸的圓極窒息了直往的路向／為何不長對翅膀呢？可憐的金魚啊」[23]，被軟困、禁錮，被玩賞、窒息，是臺灣島的焦急，但「火的理想」、「何不長對翅膀」的白萩式的浪漫心思，則以「意象主義」的技巧出之。浪漫主義、意象主義都成為白萩表現的形式之一。

　　真正讓人瞠目結舌的形式實驗，是四首「被誤解為圖象詩的詩」，李魁賢稱之為「立體主義」的作品：〈流浪者〉、〈蛾之死〉、〈仙人掌〉、〈曙光之升起〉，這四首圖象詩，如果視之為形式主義的實驗，或許才符合白萩的詩想。

　　特別是〈流浪者〉的第一、二節，幾乎是論述白萩作品的文章絕不錯過：

---

[20]張秀亞，〈序〉，《蛾之死》，頁 1。
[21]蕭蕭，〈張秀亞：純心靈的浪漫主義詩風〉，《張秀亞全集‧詩卷》（臺南：國家臺灣文學館，2005 年 3 月），頁 35～53。
[22]袁可嘉，《歐美現代派文學概論》，頁 61。
[23]白萩，《蛾之死》，頁 5。

望著遠方的雲的一株絲杉
望著雲的一株絲杉
一株絲杉
一株絲杉

　　　　　　　　　　　　在地平線上

〈由詩的繪畫性談起〉[24]是臺灣詩壇上討論「圖象詩」重要的一篇論文，其中有論有例，有白萩重要的觀念：「一首純粹的圖象詩，它不僅給你『讀』，並且給你『看』，它的存在，就如大自然界中的一物，吸引你去了解它，它的好處，就是我們在閱讀它們的第一個字之前，它對你已經開始運作。這種以非言辭開始的言辭，對於一個讀者宛如魔術般的引他入迷，對於一個詩人的詩藝上，也近一步的把握了『簡鍊』的本質。」[25]在這篇文章中，白萩曾分析〈流浪者〉的第一節，是「從音感、量感和意義上表現逐漸失望的情緒」，從逐漸「矮化」的視覺過程感受流浪者逐漸遠去的背影。第二節「地平線上」與「一株絲杉」的垂直對比，白萩認為「利用這直接的形象，更能使讀者置於那曠大的寂寞和凄涼的經驗。」第三節重複的「站著」是表現其「無可奈何」[26]。

如果拋除以上所論從圖象的本質去解析形式實驗的效果，直接從形式主義「陌生化」的觀點來看，「絲杉」的運用可以說是切合「陌生化」的要求，白萩不用讀者熟悉的植物：福杉、雲杉、冷杉、西洋杉，竟用了一個大家不熟悉的「絲杉」，增加「疏離感」；不用「一棵」改用「一株」，增加孤單、瘦稜的感覺，而讓非現實的「絲」瘦長、柔韌、飄飛的特質，印證流浪者的漂泊不定。最終的效果是以一株固著不動的植物比擬一個漂泊不

---

[24]白萩，《現代詩散論》，頁 1～28。
[25]同前註，頁 8。
[26]白萩，《現代詩散論》，頁 19。

定的流浪人，反諷式的譬喻，尤其讓人感受到連飄浪也艱難的生命苦辛。

　　集「形式實驗」之大成的是〈蛾之死〉，有兩截式的文字安排，希望能從「音節的『變換』以及『意義』上的對比而獲得『戲劇性』的效果。」有「飛」字的 16 種扭轉裝置，企圖「表現蛾之闖入這世界中，那種突獲光明的激越之情，和在無限光明中歡樂的型態……而使讀者回到文學以前的那衝動、狂熱的經驗。」[27]甚至於有三截式的節奏安排，漸升、遞降的錯落有致，忽高忽低的塊狀設計，類疊句的重複使用，句點「。」的隔絕作用（如：突然。醒了。）及圖象效果（如：。葡萄。），幾乎網羅所有圖象詩的各種裝置藝術。不僅震撼當時的臺灣詩壇，影響往後圖象詩的寫作，也為 20 世紀 1980 年代興盛的後現代主義帶來刺激與契機。

　　白萩以為自己只寫了四首「被誤解為圖象詩的詩」，其實這種圖象裝置的形式設計，在往後的詩集中層出不窮，如《風的薔薇》主題詩〈風的薔薇〉在眾多類句「還有薔薇、只是薔薇、一切是薔薇」之後，是孤單的一行「可憐的我也是薔薇」。如《天空象徵》中〈路有千條樹有千根[28]〉，「在這擾擾的世界之內／只剩我一個。」之後，留白一大塊，其後又出現孤伶伶、怯生生的「一個。」，增添多少淒清意。如《天空象徵》的〈琴[29]〉：

　　　前面的道路不哼聲

　　　後面的道路不理睬

　　　這樣的一直逢春逢夏逢秋逢冬

　　　又逢到一個

　　　　　　　　　　　　　　　　　　　　　　　──〈琴〉

---

[27]白萩，《現代詩散論》，頁 27。
[28]白萩，《天空象徵》（臺北：田園出版社，1969 年 6 月），頁 3。
[29]同前註，頁 29。

　　直接以圓形去表達時間與空間不斷循環的悲哀，都是形式設計推陳出新的實驗。

　　這首〈琴〉詩無限環繞的圓，讓人聯想到薛西弗斯（Sisyphus）的神話，推石上山，永無歇止的悲劇，或者竟如白萩的名詩〈雁〉：「我們仍然活著。仍然要飛行」的宿命。

　　白萩不贊成二元觀點，他在評述艾略特（T. S. Eliot）的話：「心靈活動是白金絲，情緒和感覺是氧氣與二氧化硫，觸媒而成硫酸，即詩。」莫爾（Moore）的話：「興奮成為動機，而自己的防衛意識則形成了形式。雖然贊同這樣的譬喻，卻也指出他們陷入二元的泥沼，形成取捨態度的偏頗。他認為：「詩不存在於知覺，情緒亦只是詩的動機，只有由情緒出發，通過知覺，進入意象的狀態中，我們才能窺見詩的面貌。」[30]所謂「知覺」、所謂「防衛意識」，其實就是尋求最恰當的形式，具知性的設計，但不論如何奇特的形式實驗，原是為了詩人最初的靈魂的震顫，也就是「為何而寫」、「寫什麼」的本心。若是，白萩奉行形式主義的實驗，正出自於落寞、孤寂的心所顯現的詩情的焦急。

　　回顧此節所述之詩，〈羅盤〉所要穿過的是「海鷗悲啼的死神的梟嚎／晨霧籠罩的茫茫的遠方」，〈金魚〉是被玩賞的金魚，就像「火的理想，被軟困於現實的冰冷的水」，〈流浪者〉是踽踽涼涼的影像、無可奈何的心境，〈蛾之死〉則是「心被礦石一樣地關在屋裡」、「愛情被割裂在七弦的弦與弦之間」、「生命就如此終結。一瞬。」〈風的薔薇〉、〈路有千條樹有千根〉的孤寂，〈琴〉詩的循環的悲哀，凡此種種，全以生命荒涼為基調，1950、1960 年代臺灣島的孤絕，人心愁鬱糾結的苦悶，不能不發出本能的（性的）、無意識的吶喊，不能不以標新立異的形式炫奇，即使聳人聽聞、啓人疑竇也在所不惜。

---

[30]白萩，《現代詩散論》，頁 86～87。

（二）表現主義的語言

　　形式主義的實驗應該涵括語言的安排、錘鍊、揀擇，語言或甜潤、或乾澀，或犀利、或溫和，或寬厚、或尖刻，都屬於形式、技巧的一種表現，一樣可以透過實驗找到最妥切的安置。白萩詩論中對於詩語言的鑄造十分重視，因此將語言獨創的重要性從技巧實驗中抽離出來，特立一節加以探討。

　　白萩一直站在積極的立場推崇現代主義，嘗試各種新興主義的任何可能，挺身為現代主義而辯，提筆為現代主義而戰，即使面對笠詩社所極欲撻伐的、極富現代主義代表性的超現實主義，也未加一語苛責。但是，在這種背景下，值得注意的是，終其一生白萩不曾創作過貌似超現實主義的作品。他可以發表實驗性極強的詩作在《創世紀》詩刊上，卻未曾試踩超現實主義的任何險道仄徑。究其原因，超現實主義前身──達達主義，以無意義的童言、囈語發聲，超現實主義本身則喜歡聽任「自動語言」蜿蜒而行，以求奇趣、妙境，這樣的理論不是主張「我們需要檢討我們的語言」、「改進了我們的語言才能改進我們的詩」[31]的白萩所能苟同，白萩說：「無節制的超現實主義的詩，從詩的真正要求來衡量，絕大部分只是半成品或廢物而已。」[32]就語言而論詩時，白萩才對超現實主義說了重話。

　　白萩對新詩語言的「焦急」顯現在：做為一個現代詩人竟然說出「我們的語言，已失去了傳統舊詩的含納、簡潔和飛躍，我們需要正視我們現在語言的薄弱。」不惜貶低自己的聲價，滅滅自己的威風，以求現代詩人共同重視語言鍛鍊：「對於我們所賴以思考賴以表達的語言，需給予警覺的凝視和解剖，我們需要以各種方法去扭曲、捶打、拉長、壓擠、碾碎我們的語言，試試我們所賴以思考賴以表達的語言，能承受到何種程度。」[33]

---

[31] 白萩，〈自語〉，《天空象徵》後記，頁 86～88。〈自語〉先後收入《現代詩散論》、《觀測意象》（臺中：臺中市立文化中心，1991 年 7 月）二書。
[32] 白萩，《現代詩散論》，頁 102。
[33] 白萩，《天空象徵》，頁 86～88。

這是 1969 年，白萩第一次凝視詩語言，驚覺詩語言是詩表現不可或缺的一環。白萩重要詩論所集結的專書《現代詩散論》，列有四篇語言論述，分別為四本詩集而寫，集中在兩、三年內完成，「焦急」之情，思此可得。這種情況，唯 1958 至 1960 年間為呼應支持林亨泰的「符號詩」而努力寫作四首圖象詩、一篇〈由詩的繪畫性談起〉之論，可以比擬。

這四篇語言論述是：

〈自語〉——白萩《天空象徵》——1969 年

〈或大或小〉——田村隆一《田村隆一詩集》——1970 年

〈詩的語言〉——鄭炯明《旅途》——1971 年

〈語言的斷與連〉——陳明台《溫柔和陌生》——1971 年

在〈詩的語言〉中他強調語言是既有的存在，約定俗成之物，誰能將這樣的語言錘鍊成詩，誰才是真正的詩人，所以此文開宗明義說：「詩人是由於操作了語言與語言之間的新關聯才能找出新鮮的詩。」[34]文中曾引錄鄭炯明的詩：「今天的稀飯特別可口／是否煮的時候不小心掉進了眼淚」（《旅途·五月的幽香》），可以證明將「煮」與「眼淚」關聯在一起，才有「可口」的可能，這幾個詞彙都是凡常之語，繫聯在一起，則味在鹹酸之外，而愛在不言之中，語言的滋味，詩的鮮度，由此滋蔓。

臺灣詩壇新詩的播種者首推覃子豪，但以「創意」示人當推白萩，在〈詩的語言〉中他舉了兩個例子，將一句普通的話放在「非常」的場景裡，因新關聯而有詩意，這樣的遊戲教學頗具啓發性：

打開門吧！

這句話如果產生在室內的場合是陳腐到不能陳腐，如果產生在待產的孕婦，她的丈夫對著子宮大聲的命令，必可產生極為強烈而新鮮的衝擊吧？

---

[34]白萩，《現代詩散論》，頁 99。

開放吧！

這句話如果產生在花園的場合是陳腐到不能陳腐，如果產生在被槍決的
愛國者，於子彈剛吃進心臟時的呼叫，那麼，在我們接受這句語言時，
該也像挨了一顆子彈那樣地激烈吧？[35]

　　白萩不認為有所謂「詩語言」、「散文語言」之區別，就像「打開門
吧！」「開放吧！」絕對是一般人所謂的「散文語言」，但在「子宮」、「刑
場」、「心臟」這樣的場域出現時，它們就是「詩語言」了，因為二者之間
產生了新的「關聯」，詩人所努力的就是找到這樣的語言的關聯。

　　這種語言創造的觀念，在白萩的思路裡是一貫的。如〈詩的語言〉之
後所寫的〈語言的斷與連〉，讚賞 William Carlos Williams 的 "Red
Wheelbarrow"，能斷而又連，掌握了語言的「斷」即詩的飛躍性；批評北
園克衛的〈夜的要素〉，「將語言切碎至記號的狀態來使用，利用語言斷的
特性至極地而消失了連的機能」[36]。如果以前述「語言的關聯」來看，
「斷」是切除凡常的關聯，跳離既有的軌道，「連」則是創造殊異的關聯，
轉向新的場域。在〈詩的語言〉之前所寫的〈或大或小〉，強調的也是語言
的獨創性，要能斷「舊」以連「新」，不容許今天的我重複昨天的我，一重
複就「小」了，因而得出對比性的結論：「針孔雖小，但能穿過千百不同的
針亦見其大；旅月之程雖廣邈，在一條路走上千百次亦感其小。」[37]

　　這樣的語言觀，剛好可以回應 1920 年代德國藝壇興起的一種藝術觀
念──「表現主義」，詩人張錯認為：「表現主義藝術故意在創作中以『扭
曲』（"distortion"）及『過度簡化』（"oversimplified"）手法，呈現或暴露人
性主觀經驗的某種『特異』（"idiosyncrasy"），以有別於一般大眾容易接受
或認同的客觀事實。」[38]白萩在出版第一本詩集時即「以各種方法去扭

---

[35]白萩，《現代詩散論》，頁 101。
[36]同前註，頁 106～123。
[37]白萩，《現代詩散論》，頁 126～133。
[38]張錯，《西洋文學術語手冊──文學詮釋舉隅》（臺北：書林出版公司，2005 年 10 月），頁 99。

曲、捶打、拉長、壓擠、碾碎我們的語言」,《風的薔薇》仍繼續做著各種實驗。至乎第三本詩集《天空象徵》(1969 年)「阿火世界」真的就使用「過度簡化」的語言,簡化的程度與前此「前衛」的實驗,有著相當大的落差,頗令當時詩壇震驚,如:「阿火讀著天空/一株稻草般的/在他的土地//『放田水啊』/天空寫著/砲花/戰鬥機//一株稻草的阿火/在風裡搖頭:/『天空不是老爹/天空已不是老爹』」[39]。阿火耕耘看天之田,天空卻為炮火所寫滿,稻草一般乾枯的阿火只能絕望地搖頭:天空已不是老爹。又白又簡的語言,充滿小人物的悲哀與無奈。另一首〈天空〉,則以相同的簡易白話,訴說小人物「不自願的被出生/不自願的被死亡」,最後是以「存在主義」的方式,「舉槍朝著天空/將天空射殺」[40]。

　　〈天空〉二詩,雖然語言「過度簡化」,傳達無奈的情緒,但也提舉了批判精神,此一內涵又符應張錯所言:「表現主義所謂主觀情緒,並非藝術家孤芳自賞的個人主觀,而經常是借個人主觀來表達他想要傳達的『社會意旨』("social message")或甚至更強烈的『社會抗爭』("social protest")」[41]。這也就是臺灣「島」的焦急觸動了白萩「心」的焦急,「阿火世界」雖非當時臺灣的現實,卻因而裎露白萩「詩」的焦急(射殺天空)。

　　《天空象徵》出版於 1969 年,相關的語言專論發表於其後的兩、三年之內,而「鄉土文學論戰」則遲至 1977 年才開始,這又是白萩走在時代前頭、內心焦急甚於其他詩人的明證。但,《天空象徵》中的「阿火世界」及其後的相關作品,究竟是鄉土語言、現實主義作品,抑或是現代主義實驗性作品,倒是值得辯證的問題。

　　白萩在〈詩的語言〉中提到「在任何時間任何場所,從任何人口中所說出來的語言,幾乎都是千篇一律地,陳腐到無法發散出一點意義來。」[42]這就是受限於時間、場合、身分的語言,最易陳腐死亡。白萩的詩所要

---

[39]白萩,《天空象徵》,頁 48~49。
[40]同前註,頁 50~51。
[41]張錯,《西洋文學術語手冊──文學詮釋舉隅》,頁 99。
[42]白萩,《現代詩散論》,頁 100。

挑戰的就是這種制式語言，因此他不會因為詩中主人翁是鄉土人物，所以使用鄉土語言，而是為了要嘗試平易淺白的語言是否可以醞釀詩意，是為了從現代詩壇眾多艱深語言中抽身而出，所以這是現代主義式的語言實驗。如果以王禎和的小說〈嫁妝一牛車〉來對映，「有錢便當歸鴨去，一生莫曾口福得這等。」[43]類似這種使用轉品、倒裝修辭法，或使用顛倒詞、罕用字、臺語文、外來語，或自鑄新字、新詞，或自創句型、文法，造成讀者閱讀困難，以延長思考時間的「陌生化」做法，原就是「現代主義」（表現主義）的技巧，所以，〈嫁妝一牛車〉是鄉土的題材，卑微小人物的故事，卻是現代主義影響下的作品。是以白萩的「阿火世界」是語言的轉變，語言的實驗，並不是以現實世界的人物為模特兒、不是以現實世界的事件為批判的客體，所以他不是現實主義詩人。簡政珍認為：「沒有現實就沒有詩人，但寫詩又要從現實中跳脫，詩因此是現實和超現實間的辯證[44]。」白萩所成就的就是如何去辯證。

　　不僅是技巧的辯證，白萩還想辯證的是自我的存在到底維繫著什麼樣的精神、面貌，如果以奧地利藝術批評家赫爾曼·巴爾對「表現主義」特質所做的剖析，回顧白萩所塑造的「阿火」的屈辱一生，有著若合符節的奇妙感應：

　　「表現主義是指：人類想重新找到自己。……自從人類服務於機器以來，他便不再具有感覺。機器奪走了人的靈魂。現在靈魂想重新回歸於人之中。它是指：我們所經歷的一切都是這種圍繞著人的可怕的鬥爭，都是人與機器的鬥爭。我們不再生活著了，而是僅僅被生活著。我們不再有自由，我們不再能決定自己，而是被決定。人被剝奪了靈魂，自然被剝奪了人性。最初我們還在為自然的主人和大師而感到自豪，而此時自然之口已將我們吞噬。假若不出現奇蹟！表現主義是指：是否能通過一次奇蹟，使得喪失靈魂的、墮落的、被埋葬的人類重新復活。」

---

[43]林黛嫚編，《臺灣現代文選·小說卷》（臺北：三民書局，2005 年 5 月），頁 149。
[44]簡政珍，《詩心與詩學》（臺北：書林出版公司，1999 年 12 月），頁 37。

「從未有任何時候像現在這樣為驚懼、死亡所動搖，世界還從未有過這樣墓穴般的寂靜，人類從沒有過這樣的擔憂，歡樂從未這樣疏遠，自由從未出現這般死寂。這時困境高聲吼叫起來，人類呼叫著要回到他的靈魂中去，整個時代都化為困境的呼叫。藝術也在深沉的黑暗觸發出吼聲，它在呼救，它在向精神呼救：這就是表現主義。」[45]

白萩的詩與詩論，堅持走著這條「向精神呼救」的現代主義路線。試以鄭炯明主編的代表《笠》精神的詩論選集《臺灣精神的崛起》來反看白萩的走向，此書「論述篇」、「史料篇」收有林亨泰、鄭炯明、李敏勇、陳明台、郭成義、趙天儀、陳千武、杜國清等人之論，就是沒有白萩的聲音，白萩只在「座談篇」裡微弱地說：「我們是在走現實主義的路線。」[46]中學時代即與白萩熟識的趙天儀，評白萩詩集《香頌》時，以〈生命的戀歌〉為題，有這樣的結語：「在《香頌》中，白萩的詩，是譜著結婚者在中年以後的一組蒼涼的情詩，一種酸甜的戀歌，洋溢著感性與知性的和諧，是伸探著洞悟人生真諦的一個觸角，細緻而有韻味地歌詠著。」[47]換言之，鄭炯明不以白萩的言論做為《笠》現實主義的有力擴聲器，趙天儀寧願以浪漫主義對待白萩，也不能像論述陳千武那樣使用「鄉土性」、「民族性」、「社會性」、「現實經驗的藝術導向」等現實主義用語論述白萩，因為現代派主要是繼承和發展了浪漫主義，抵制和排斥了現實主義。

現代主義者白萩，在大張現實主義旗幟的《笠》詩社天空，正是一隻單飛的孤雁。

（三）象徵主義的孤雁

現代主義者白萩，在現代主義囂張的年代，仍然是一隻單飛的孤雁。從白萩各期詩中的「我」的形象，可以感受到白萩一直是卑微、怯懦、孤僻而無助：

---

[45] 赫爾曼・巴爾著；徐菲譯，《表現主義》（北京：三聯書店，1989 年），頁 89。此處轉引自徐行言、程金城，《表現主義與二十世紀中國文學》（合肥：安徽教育出版社，2000 年），頁 19。
[46] 鄭炯明，《臺灣精神的崛起》（高雄：春暉出版社，1989 年），頁 295。
[47] 趙天儀，《時間的對決：臺灣現代詩評論集》（臺北：富春文化公司，2002 年 5 月），頁 131。

　　如《蛾之死》：「火的理想，被軟困於現實的冰冷的水」的金魚（〈金魚〉），「我只是，飛舞的落葉中。一禿樹」（〈秋〉），「浩浩星海／我們都是容易迷失的一粒」（〈黃昏是如此地空曠〉），「我卻像窗櫺上的瓶花悄然枯萎」（〈囚鷹〉），望著遠方的雲、孤獨地站著的「一株絲杉」（〈流浪者〉）。

　　如《風的薔薇》：「我只是父母歡樂後的／副產品／沒有個性／只要站在這裡／只要繼續做為一株薔薇／和站在這裡」（〈風的薔薇〉），「我只是／一朵抓不住憑藉的蓮……」（〈叩門的手不再來〉），「而我萎縮自己／成為一條千年荒徑／成為一株褪色的紫菫／一句蒼斑的偈語……」（〈縱使〉），「我必須如此站立著／在此張開著／眼」〈窗〉）。

　　如《天空象徵》：「在這擾擾的世界之內／只剩我一個」（〈路有千條樹有千根〉），「繼續懸空在無際涯的中間孤獨如風中的一葉」（〈雁〉），「世界空無只有我／我卻空無」（〈形象〉），「一株稻草的阿火」（〈天空〉）。

　　如《香頌》：「無奈地醒來，飛出巢穴」的男人（〈蜂族〉），「妳的寢室是我的死牢」的丈夫（〈籐蔓〉），「將成為兒子畢業典禮上的羞恥」的父親（〈新美街〉）。

　　如《詩廣場》：「只剩／老枝伸進風裡」的樹（〈樹〉）。

　　如《觀測意象》：「呼痛」的一粒已老硬的石頭（〈給某人〉），「沒有生存的主題／沒有在生存中生存的主題」的雪鳥（〈SNOWBIRD〉）。

　　白萩藉由這些有聲有色、可感可知的現實物象，再現他心中自我卑微的形象，我們似乎可以感受到一個逐漸渺小的身影在地平線的彼端，在巨大的驚濤駭浪之後，在狂風暴雨飄搖世界的隙縫裡。這些意象共同指向一個更終極的蒙昧世界，那是白萩內心的焦慮，臺灣島不知何去何從的恐慌。

　　因此，當評論者讚歎白萩的〈雁〉是意志力的展現，《香頌》是回歸家庭倫理的庶民世界，《詩廣場》是政治詩的先河時，他們是否曾以宏觀的格局回想白萩這些卑微的形象依然以不同的面貌存在於這些後期的詩集中？是否曾微觀地細察「做愛」、「漩渦」、「盲腸」、「單行道」其實也是現代主

義裡對未來世界的悲觀情緒、頹廢傾向？蔡哲仁的碩士論文〈白萩的詩與詩論〉[48]曾提及白萩同名（或類近）的詩與重複的意象，如樹、秋、無題、金絲雀、春、天空、蛾、夕、落葉、冬、夜、露臺、塵埃、雁等，都是曾出現兩次或三次的詩題。何以白萩一題多寫？類似父母對子女三番兩次的叮嚀？──主要的原因就來自於白萩內心深度的焦急。

以〈雁〉為例：

我們仍然活著。仍然要飛行
在無邊際的天空
地平線長久在遠處退縮地引逗著我們
活著。不斷地追逐
感覺它已接近而攤眼還是那麼遠離

天空還是我們祖先飛過的天空。
廣大虛無如一句不變的叮嚀
我們還是如祖先的翅膀。鼓在風上
繼續著一個意志陷入一個不完的魘夢
在黑色的大地與
奧藍而沒有底部的天空之間
前途只是一條地平線
逗引著我們
我們將緩緩地在追逐中死去，死去如
夕陽不知覺的冷去。仍然要飛行
繼續懸空在無際涯的中間孤獨如風中的一葉

而冷冷的雲翳

[48] 蔡哲仁，〈白萩的詩與詩論〉，成功大學臺文所碩士論文，2004 年，頁 203～204。

　　冷冷地注視著我們。

——〈雁〉[49]

　　這隻雁，背負著家族的重大包袱：「祖先飛過的天空。／廣大虛無如一句不變的叮嚀」，「我們還是如祖先的翅膀。鼓在風上／繼續著一個意志陷入一個不完的噩夢」。依著既定的生命軌轍：「仍然活著。仍然要飛行」正是生命中絕大的無奈，特別是「仍然活著」，有著「不自願的被出生」的悲哀，暗示著：不如早日死了好。前途：只是一條地平線，而「地平線長久在遠處退縮地引逗著我們」，「感覺它已接近而攤眼還是那麼遠離」。週遭的環境：「天空。／廣大虛無如一句不變的叮嚀」，「冷冷的雲翳／冷冷地注視著我們」。自身的省視：「繼續懸空在無際涯的中間孤獨如風中的一葉」，「我們將緩緩地在追逐中死去」。不得不飛行，否則必將墜落，命定的、無可奈何的雁之生的悲哀，彌滿全詩。以這首詩來「象徵」臺灣島的無奈，不免又憶起反清復明、反攻復國，曾經是臺灣島不可負荷的使命，渡海之艱險、生存之必需、四周惡鄰之虎視眈眈，仍是臺灣島不可規避的無奈。

　　「象徵」，Symbol，最初的希臘文原義用來指「一塊書版的兩半塊，互相各取半塊，做為好客的信物。」頗似中國古代的「契」。後來被用來指那些參與神祕活動的人藉以互相祕密認識的一種標誌、密語或儀式。最後才是具體的物象或形式對無形的思想或精神的約定俗成的表現[50]。文學裡的象徵，是以間接陳述的表達方式，藉由理性的關聯、世俗的約定，透過感性的觀照、具體的形象，去認知一種意義、觀念、情感、存在或某種對象。如以花象徵美麗，以花的凋零象徵青春老去或死亡，以海洋象徵生命之母、時間、無限、危險或死亡，如是種種，文學家繼續運用普遍象徵，繼續創造獨特的象徵啓發人類。至於「象徵主義」（"Symbolism"）則可以遠推到美國作家愛倫‧坡（Edgar Allan Poe, 1809～1849）、波特萊爾

[49] 白萩，《天空象徵》，頁 16～17。
[50] 吳曉東，《象徵主義與中國現代文學》（合肥：安徽教育出版社，2000 年 9 月），頁 10。

（Charles Boudelaire, 1821～1867），特別是「惡魔」詩人波特萊爾「病態的花」、「罪惡的聖書」——《惡之華》，腐屍、撒旦、吸血鬼、骷髏舞，充滿邪惡、病態、頹廢的意象，直接訴之於感官的刺激，爲後來的法國詩壇、甚至國際詩壇帶來巨大的衝激。其後經魏爾倫、韓波，再到馬拉美（S. Mallarme, 1842～1898），洞察者、通靈者的期望，繪畫、音樂的結合，散文詩的推助，使得象徵主義以奇花異草的姿態招搖於詩壇，1886 年莫雷亞斯（Jean Moreas, 1858～1910）發表〈象徵主義宣言〉，提到「象徵藝術的基本特徵就在於它從來不深入到思想觀念的本質。因此，在這種藝術中，自然景色，人類的行爲，所有具體的表象都不表現它們自身，這些富於感受力的表象是要體現他們與初發的思想之間的祕密的親緣關係。」[51]寫雁不是爲了寫雁，寫夫妻不是爲了寫夫妻，是爲了以這種富於感受力的表象寄託初發的思想。

唯恐〈雁〉的象徵意義未被發現，1979 年 12 月高雄美麗島事件發生後，白萩寫作了極少出現的一篇長詩〈雁的世界及觀察〉，分列二則，〈觀察者〉寫獵人警察的僞裝、滲透、圍屠，〈受難者〉寫事件中受迫害的民主鬥士。〈觀察者〉第五節還以圖象的裝置藝術排列成槍口下僥倖飛脫的孤雁，凸顯急迫、驚險、危難的場景。這時的雁，象徵著臺灣人前仆後繼爲爭取民主自由而努力的形象。在〈雁〉這首詩已經成爲白萩代表作之後，白萩卻又繼續創作〈雁的世界及觀察〉，企圖擴大感染力，顯示白萩爲臺灣前途焦急如焚，但他仍選擇以現代主義的技巧、象徵主義的間接呈現，甚至於重操立體主義的圖象舊業，既不深入事件本質加以探討，也不憑藉「雁」的圖鑑，仔細觀察、描述「雁」的生活習性，只讓雁與臺灣的關係在似有若無之間輕淡繫連，達致象徵的藝術功能。

〈受難者〉這一則中，雖然有「一隻就獨飛／二隻就並肩／三隻就排列／四隻就成隊」的冀望，其實延續了上一則「孤零鳴叫」的餘音，仍然

---

[51]莫雷亞斯，〈象徵主義宣言〉，吳曉東《象徵主義與中國現代文學》（合肥：安徽教育出版社，2000 年 9 月），頁 27。

表露「一隻／就獨飛／飛向生的始原／飛在命的悲壯」上的孤絕意識，白萩的孤絕，臺灣的孤絕，一直在他的詩中盤飛不去。

（四）存在主義的孤岩

最早提到「孤岩」一詞的是白萩自己的詩〈孤岩〉，〈孤岩〉屬於白萩第一階段的作品，存在於《風的薔薇》裡：

> 曖昧的時刻
> 在此跪著
> 無所謂而僵凍的
> 軀體
> 赤裸而呆愿的
> 岩石
>
> 無邊無際
> 。在雙人床的一男人。
> 深陷
> 。捲逃的女人。
> 無溫情
>
> 把頭埋入
> 聽海悲泣
> 因而星遙遠……

——〈孤岩〉[52]

如果以浪漫主義的觀點來看這首詩，這是一個失落戀情的男人的悲哀。如果以現實主義的觀點來看這首詩，這是婚姻失敗的社會問題。如果

---

[52]白萩，《風的薔薇》，頁28～29。

以意象主義來探討，可以讚賞「無所謂而僵凍的男性軀體」如何形似「赤裸而呆懵的岩石」。如果以形式主義、圖象詩的觀點來分析：「。在雙人床的一男人。」、「。捲逃的女人。」兩句詩中「。」是圖象的應用、形式的設計，象徵著無效的溝通，永遠的隔絕。如果再以象徵主義的企圖心來看，「海悲泣」誇張了現代人巨大的孤絕感，「星遙遠」象徵著理想的遙不可及，詩題的「孤岩」更是現代人存在的荒蕪與冷漠的具體象徵。這就是臺灣現代詩的交疊美學，多重主義交叉影響下的產物，也是臺灣多元文化交融後的無限可能。

　　仔細從存在主義的觀點研析此詩，「存在主義者特別強調人的孤獨——人被棄置、被拋下的狀態。」[53]此詩所述就是這樣的處境。存在主義者強調「存在先於本質」，每個個體必須是具體的存在，才有其後的各種可能；每個個體是自由的，因為沒有永恆的本質、沒有客觀的本質，所以，人是行動的總合，要為自己的所作所為負全責。沙特（Sartre）說：「我們發現我們自己處於一個『互為主觀』（"inter subjectivity"）的世界中。在這世界中，人必須決定他是什麼並且認定別人是什麼。」[54]陳鼓應在他所編的《存在主義》書中，對現代人「存在的情態」[55]做了以下的剖析：

> 1.疏離（Estrangment）：（1）從客觀方面說，乃是人與外界之間的分離破裂。這包括人與自然的分離破裂；人與人的分離破裂；以及人與自己所創造的科學、社會的分離破裂。（2）從主觀方面說，乃是內心的一種紛亂、不安的狀態。
>
> 2.空無與焦慮不安（Nothingness and Anxiety）：存在思想的神祕與不安的背景，呈現於空無的經驗中。這種經驗撕破了所有日常生活上所熟悉的關係和均衡，而將人逼進於一種存在的「恐慌」中。……如是，「焦慮不

[53]松浪信三郎著；梁祥美譯，《存在主義》（臺北：志文出版社，2001年3月），頁9。

[54]*Existentialism as Humanism*, translated by Philip Mairet, p.44. 此處引自陳鼓應編，《存在主義》（臺北：臺灣商務印書館，1999年3月），頁15。

[55]陳鼓應編，《存在主義》（臺北：臺灣商務印書館，1999年3月），頁16～29。此處為要點節錄。

安」驚醒了人們日常生活中虛假的安寧（The false tranquility）。「焦慮不安」摧毀了一切粉飾的安全，而把人投入「全部放棄」（"total abandonment"）的境地。在這「全部放棄」的絕境中，真實的存在（authentic existence）才得以開始。

3.荒謬性（Absurdity）：「每一樣存在著的東西，都是無緣無故的出生，由於懦弱而自行延續，隨偶然而趨於死亡。」（沙特，《作嘔》）。

4.死亡：死亡是生命的一種現象，是一種存在的現象。人的存在便是趨向死亡的存在。

5.上帝死亡：上帝不存在，人可以自我抉擇，自我塑造，自我負責。人所需要的乃是重新發現他自己，同時了解沒有什麼東西可以從他本身中拯救他。

以這五種「存在的情態」來檢視白萩的詩作，《風的薔薇》與《天空象徵》中最多此類作品。《風的薔薇》主題詩〈風的薔薇〉第四節一再重複：「還有薔薇／還有薔薇／還有薔薇／只是薔薇／只是薔薇／只是薔薇／都是薔薇／都是薔薇／都是薔薇／一切是薔薇／一切是薔薇／一切是薔薇／一切是薔薇／／可憐的我也是薔薇」，顯示存在的單調與無奈，不安與荒謬，顯示個體的生命在群體中泯沒的悲哀。第五節更以「墨晶的水面／風的腳步走過／縱有／千百的倒影在／窺視／你的名字／只是水面的波紋」證明「存在非哲學」、「存在只是存在」[56]。

白萩也曾以「窗」的存在再三暗示生存的乏味、無聊、疏離、空洞，他說：窗是「不為什麼張開著」的「眼」，「眼」是「無反應」、「沒有手勢的祈禱」；他說：「歷史，只是／漏斗中的時間／乏味而透明」，「暴雨／巨大的山影也是／黑懨懨的一團／冷漠而無意義」[57]。這就是人與自然（如暴雨、山影）分離破裂，人與自己所創造的科學、社會（如窗）分離破

---

[56]白萩，《風的薔薇》，頁44～45。
[57]同前註，頁30～31。

裂，人與人分離破裂（所以，歷史乏味而透明）。甚至於白萩的名詩〈雁〉，生存的意義只是「活著。不斷地追逐」，四周的環境是「冷冷的雲翳／冷冷地注視著我們」，巨大的疏離感、虛無感瀰漫週遭，無可逃遁。

　　語言放得更鬆、更緩，更貼近口語的《天空象徵》中的「阿火世界」，從名字開始，阿火與阿蘭只是人的代號，不具意義，而其事蹟更不是現實世界的實有，當然也不會是真實世界的模擬，所以「阿火世界」這一輯詩，不是現實主義者所能推崇，仍然是存在主義典型的佳構。如〈世界的一滴〉[58]，誰曉得你叫阿蘭，誰曉得你叫阿火，戰爭在前方，墳墓在前頭，阿火與阿蘭只是雨中的雨滴，「滴入湖面／不咚／也不響」。再如〈形象〉[59]中的阿火，「你是一條蛆」，已經是卡夫卡（Franz Kafka）〈蛻變〉的蛻變，暗示著生命的卑微，生存的惶惑，暗示著此時此地臺灣人內心的慌急。葉笛以〈白萩論〉為題，論《天空象徵》時，也認為〈形象〉「不是奇幻世界的形象，而是在荒謬的世界裡的人的存在，生命的形象，這種蛻變，這種空無的世界，這種空洞的人所交織呈現的矛盾的形象，其實就是現代世界的形象，我們不知覺地吃著、睡著、走著、談情說愛、繁殖著——像蛆蟲一般繁殖著人的形象，突然以一種大驚愕兀立在我們的眼前，逼視你！讓你驚悸失色。這裡沒有拯救，連上帝的存在也沒有人能予以證明，如果你讀過卡夫卡的〈蛻變〉，再讀這首詩，你會同樣地感到孤絕，以及沒有任何人與人之間的交感的絕望，荒謬！」[60]。這種論點早已將白萩與存在主義做了繫聯，早已點明白萩為臺灣人內心的慌急而慌急。

　　稍早之前，葉笛曾論白萩的《蛾之死》到《風的薔薇》，即以〈孤岩的存在〉為題，認為在嚴肅的詩人們之中，白萩是一孤立的岩石，是白萩詩作〈孤岩〉之後以「孤岩」形容白萩的第一人，在〈孤岩的存在〉這篇論文中，第一節引述存在主義者的話作開端：「『人，做為世界中之存在，最

---

[58]白萩，《天空象徵》，頁39～41。
[59]同前註，頁45～47。
[60]葉笛，〈白萩論〉，《笠》第32期（1969年8月15日），頁52～57，此段引言見於頁54。這一期《笠》為「白萩作品研究」專輯。

後是他自己的無與消失。」沙特（J. P. Sartre）在追求人類存在終極時，曾如此地發生哲學家的喟歎。但，現代詩人卻必須在肯定現代人的孤絕與虛無之後，仍有勇氣『心猶不死』地向存在的內層世界挖掘，以『詩的真實』在生命的冰原地帶尋覓自己，開創存在的世界。」第二節則引述杜思妥也夫斯基（Dostoevsky）在其小說《卡拉馬佐夫兄弟》中伊凡（Evan）的話：「如果上帝不存在，則任何事情都被允許。」（"If God did not exist, every thing would be permitted."）作開端[61]，這句話，沙特認為是「存在主義的出發點」。若是，葉笛的論題〈孤岩的存在〉中的「存在」，就不僅是白萩的存在，還暗示著「存在主義」存在於白萩詩中的那種存在。

　　1984 年何聘生（白萩的兒子）網羅論評白萩的文章，都為一集，書名就叫《孤岩的存在》[62]，顯然白萩內心中那種「存在主義」式的孤獨的感覺一直存在，那種為臺灣慌急的心意一直存在。

四、結語：永遠的現代主義者

　　覃子豪在〈新詩向何處去？〉的論戰文章中，雖然嘲笑紀弦提倡現代主義是在司帝芬・史班德（Stephen Spender）宣稱現代主義運動死亡之際，欲得進步之名，反得落伍之實，認為無論提倡何種主義，標榜何種流派，均有「撿拾餘唾」之譏[63]。但他也承認向西洋詩攝取營養，乃是為了借鏡表現技巧，不是抄襲他們整個的創作觀，全面追隨他們的蹤跡。至於技巧之借鏡，「無時空的限制，無流派的規範」[64]。以這樣的觀點來看白萩對「現代主義」的認知，可以相信白萩是一個忠誠的現代主義者，白萩說：「『現代主義』本身的意義不止於一種運動的狂熱和一種同興趣同嘗試

---

[61]葉笛，〈孤岩的存在〉，《笠》第 22 期（1967 年 12 月 15 日），頁 28～29。

[62]何聘生，《孤岩的存在》（臺中：熱點文化出版公司，1984 年 12 月）。

[63]關於「現代派論戰」，可以參看蕭蕭〈五〇年代新詩論戰述評〉，文訊雜誌社主編《臺灣現代詩史論》（臺北：文訊雜誌社，1996 年），頁 107～121。紀弦：《紀弦回憶錄第二部：在頂點與高潮》之第六章、第七章（臺北：聯合文學出版社，2001 年 12 月），頁 80～115。

[64]覃子豪，〈新詩向何處去？〉，原載《藍星詩選・獅子星座號》（1957 年），此處引自向明、劉正偉編，《新詩播種者——覃子豪詩文選》（臺北：爾雅出版社，2005 年 10 月），頁 185。

的聚集，而是揭示了自古典、浪漫、象徵以來一直隱藏和支持各運動成功
的重要存在因素。無疑地，藍波（Rimbaud）那一句『我們必須徹底現代
化』的口令，與馬拉美（Mallarme）的『對於我們所熟悉的事物，賦予一
種新的看法與見解』的教訓，才是現代主義藝術本身的動力。」[65]

　　同樣是對司蒂芬・史班德「The Modernist Movement is dead」這句話，
覃子豪理解為「死亡」、「壽終正寢」，白萩則認為是「趨於沉寂」而已。這
樣的譯詞，同樣見證了白萩對現代主義的堅持，在白萩的認知裡，現代主
義運動只是消沉，絕不是消逝。白萩認為現代主義浪潮或許會成為過去，
但現代主義所代表的那種與時俱進的精神，將會永續存在：「我們可以斷
言，真正現代主義永不會消失。它的藝術不是附麗於一種運動的時髦，而
是一種藝術對時代的忠實和時代環境並進的生長。過去曾是現代，現在是
現代，而未來也會是現代，當現在過去了以後。現代主義是一種最深入、
最忠實與最廣大的藝術的理想和實現。它承納過去的一切，消化過去於現
在之中，並且盡可能地嘗試，創造，改革，實驗，足以忠實表達自己和時
代間的感受的精神方法。」[66]白萩發出這種豪語的時候，是遠在 1959 年，
覃子豪對紀弦的現代派提出質疑（〈新詩向何處去？〉）時，站出來堅定現
代派的信念。

　　白萩曾經出入於藍星詩社、現代派與創世紀詩刊，其後與眾多臺灣人
創刊《笠》詩刊，但在《笠》詩刊眾多同仁高舉現實主義的旗幟下，時時
嘲諷現代主義的氛圍裡[67]，白萩卻仍在《笠》詩刊發表〈魂兮歸來——臺
灣詩壇回顧〉（兩篇），以輕鬆的筆調回憶臺灣新詩運動鼎盛期的詩人[68]，

---

[65]白萩，〈對「現代」的看法〉，原載《現代詩》第 23 期（1959 年 3 月），此處引自《現代詩散論》
　（臺北：三民書局，2005 年 2 月），頁 35～36。
[66]白萩，《現代詩散論》，頁 35～36。
[67]陳千武〈《笠》詩刊的使命〉、李魁賢〈重刊《笠》前 120 期序〉、陳鴻森〈臺灣精神的回歸〉，這
　三篇文章都在強調笠詩社的民族性、現實性、批判性、社會性之餘，也順道批判形式主義、現代
　主義，當然他們的矛盾指向創世紀詩社。這三篇文章是《時代的眼・現實之花》之〈序〉與〈後
　記〉。《時代的眼・現實之花——《笠》詩刊第 1～120 期景印本》（臺北：學生書局，2000 年 9
　月）。
[68]白萩認為：「現代詩」、「藍星周刊」、「南北笛」時代，是臺灣新詩運動的鼎盛時期，詩，也是最

除對余光中時加調侃外，對其他現代派詩人都有著深情的懷念：

鄭愁予：瀟脫如鄭愁予者，今日其詩亦有「鹹味和不道德」了。

林　冷：令我們非常想念的美麗的高調。

紀　弦：以介介竹竿一根，擾亂池水，有英雄血統。

林亨泰：竟能可惡到一螫而令人高跳了起來。

瘂　弦：「毒玫瑰」瘂弦小姐出來賣唱以後，因其風華絕美，而骨子裡放蕩不羈，引起多少王孫公子，戀戀其後，為其跳火坑，為其端盆水，誠尤物也。

季　紅：從意象派學到方法而面目一新的季紅，他的苦悶和悲哀在理性的刀下，自己冷靜注視著，並且自虐的在一片一片的解剖，如果這有所感的作品被稱為惡魔派，我相信勝過那些唱流行小調的一夥。

黃荷生：教給了詩壇內心的觸覺。

商　禽：商禽是第一個在臺灣詩壇成功的出品了超現實，也是散文詩寫得最有詩味的詩人。

秀　陶：最頹廢、最悲哀的秀陶，最能觸痛我們青年的心的秀陶，從你的剖示，我們驀然發現自己血淋淋的形象，你殺傷了自己也殺傷了我們。[69]

　　白萩甚至於在《笠》詩刊第 8 期發表〈超現實主義的檢討〉。雖然只有兩節小論：一為〈序〉，一為〈現代藝術與前衛文學的緣生背景〉，卻都有註解式的「引論」、「支引論」，企圖剝筍一般層層解開現代藝術的奧祕。〈序〉文中對不願了解現代主義的人的「惰性」有所嘲諷：「現代藝術和前

有人味的時期，直到現在每一回味，都感到體健神喜，令人怦然心動。參見白萩，〈魂兮歸來——臺灣詩壇回顧〉，《笠》第 2 期（1964 年 8 月 15 日），頁 12～13。

[69] 白萩，〈魂兮歸來——臺灣詩壇回顧〉（兩篇），《笠》第 2 期（1964 年 8 月 15 日），頁 12～13；第 4 期（1964 年 12 月 15 日），頁 4～5。

衛文學所透露的虛無，悲痛，頹廢，不能印合他們愉悅心情的要求；繁複
變化的技巧與形式，逼迫他們的了解需要花費熱忱和耐性，甚至需要重新
預備他們的知識，無形中批判了他們的知識階層。因此他們說：胡說。可
是這些產品絕不是胡說。因此他們說：幼稚。可是這些產品絕不是幼稚。
在我看來，他們的心理作用，只是等待吃葡萄的人，看到滿園長出來的卻
是櫻桃的憤怒。」對於頑抗「現代主義」的人有著「恨鐵不成鋼」的焦急
之心。另一節〈現代藝術與前衛文學的緣生背景〉則探討達達主義與超現
實主義的產生背景，設定為：對第一次世界大戰科學文明的反思[70]，似乎
有意緩和超現實主義與現實主義之間的緊張關係，對於現代主義不能成為
普世認可的價值，有著另一種焦灼。

　　「現代性」強調創意、進步與「工具理性」（"instrumental
rationality"）[71]。若是，堅持人本奠基的詩人白萩，銳意尋求臺灣新詩的表
現工具，企圖為焦急的臺灣人找到前衛藝術的出口，不論交疊著浪漫主
義、形式主義、表現主義、象徵主義、存在主義，他以詩以論，穩穩站在
臺灣現代主義最堅定、最明亮的位置。

參考書目

（依作者姓氏筆畫、出版年序排列）

・王忠勇，《本世紀西方文論述評》（雲南：雲南教育出版社，1989 年 4 月）。

・白萩，《蛾之死》，臺北：藍星詩社（1959 年 5 月）。

・白萩，〈魂兮歸來——臺灣詩壇回顧〉，《笠》第 2 期（1964 年 8 月 15 日），頁 4～5，
　頁 12～13。

・白萩，《風的薔薇》（臺北：笠詩刊社，1965 年 10 月）。

・白萩，〈超現實主義的檢討〉，《笠》第 8 期（1965 年 8 月 15 日），頁 42～44。

---

[70]白萩，〈超現實主義的檢討〉，《笠》第 8 期（1965 年 8 月 15 日），頁 42～44。此篇題目之後，原
　註明為第一篇，但其後未見有第二篇。
[71]廖炳惠，《關鍵詞 200》，頁 169。

- 白萩，《天空象徵》（臺北：田園出版社，1969 年 6 月）。

- 白萩，《詩廣場》（臺中：熱點文化出版公司，1984 年 3 月）。

- 白萩，《觀測意象》（臺中：臺中市立文化中心，1991 年 7 月）。

- 白萩，〈在舊金山與紀弦話詩潮〉，《笠》第 171 期（1992 年 10 月 15 日），頁 114。

- 白萩，《現代詩散論》（臺北：三民書局，2005 年 2 月）。

- 向明、劉正偉編，《新詩播種者——覃子豪詩文選》（臺北：爾雅出版社，2005 年 10 月）。

- 李魁賢，《詩的反抗》（臺北：新地文學出版社，1992 年 6 月）。

- 何聃生編，《孤岩的存在》（臺中：熱點文化出版公司，1984 年 12 月）。

- 吳曉東，《象徵主義與中國現代文學》（合肥：安徽教育出版社，2000 年 9 月）。

- 林黛嫚編，《臺灣現代文選‧小說卷》（臺北：三民書局，2005 年 5 月），頁 149。

- 紀弦，《檳榔樹丁集》（臺北：現代詩季刊社，1969 年 4 月）。

- 紀弦，《紀弦回憶錄》（臺北：聯合文學出版社，2001 年 12 月）。

- 柯慶明，〈防風林與絲杉——論林亨泰與白萩詩中的臺灣意象〉，第二屆臺灣文學學術研討會「詩／歌中的臺灣意象」，國立成功大學，2000 年。

- 袁可嘉，《歐美現代派文學概論》（桂林：廣西師範大學出版社，2003 年 1 月）。

- 徐行言、程金城，《表現主義與二十世紀中國文學》（合肥：安徽教育出版社，2000 年 12 月）。

- 張錯，《西洋文學術語手冊——文學詮釋舉隅》（臺北：書林出版公司，2005 年 10 月）。

- 張秀亞，〈《蛾之死》序〉，白萩《蛾之死》（臺北：藍星詩社，1959 年 5 月）。

- 張頌聖，《文學場域的變遷》（臺北：聯合文學出版社，2001 年 6 月）。

- 陳鼓應，《存在主義》（臺北：臺灣商務印書館，1999 年 3 月）。

- 笠詩刊社，《時代的眼‧現實之花——《笠》第 1～120 期景印本》（臺北：學生書局，2000 年 9 月）。

- 楊長鎮，〈開放的本土認同〉，《中國時報》，2005 年 10 月 30 日，A15 版。

- 葉笛，〈孤岩的存在〉，《笠》第 22 期（1967 年 12 月 15 日），頁 28～33。

‧葉笛,〈白萩論〉,《笠》第 32 期（1969 年 8 月 15 日）,頁 52～57。

‧廖炳惠,《關鍵詞 200》（臺北:麥田出版公司,2003 年 9 月）。

‧趙天儀,《時間的對決:臺灣現代詩評論集》（臺北:富春文化公司,2002 年 5 月）。

‧蔡哲仁,〈一株流浪的絲杉──白萩在追尋與釘根間的辯證〉,彰師大國文系主編《臺灣前行代詩家論》（臺北:萬卷樓圖書公司,2003 年 11 月）頁 231。

‧蔡源煌,《從浪漫主義到後現代主義》（臺北:雅典出版社,1998 年 3 月）。

‧鄭烱明編,《臺灣精神的崛起》（高雄:春暉出版社,1989 年）。

‧簡政珍,《詩心與詩學》（臺北:書林出版公司,1999 年 12 月）。

‧蕭蕭,〈五○年代新詩論戰述評〉,文訊雜誌社主編《臺灣現代詩史論》（臺北:文訊雜誌社,1996 年）,頁 107～121。

‧蕭蕭,〈張秀亞:純心靈的浪漫主義詩風〉,《張秀亞全集‧詩卷》（臺南:國家臺灣文學館,2005 年 3 月）,頁 35～53。

‧赫爾曼‧巴爾著;徐菲譯,《表現主義》（北京:三聯書店,1989 年）。

‧松浪信三郎著;梁祥美譯,《存在主義》（臺北:志文出版社,2001 年 3 月）。

‧雷蒙‧威廉士著;劉建基譯,《關鍵詞:文化與社會的詞彙》（臺北:巨流圖書公司,2003 年 10 月）。

──選自《當代詩學年刊》,第 2 期,2006 年 9 月

一株流浪的絲杉
白萩在追尋與釘根間的辯證

◎蔡哲仁*

一、前言

　　在臺灣的前行代詩人當中，1937 年出生的白萩年紀雖然較小，但資格卻甚老，原因是他出道、成名都很早，早在 1955 年即以〈羅盤〉一詩獲中國文藝協會第一屆新詩獎，而那時他還是個理三分頭的高中生，比起一些年紀較大的前行代詩人更早嶄露頭角。此外，白萩也是臺灣戰後詩史重要的見證人，他崛起於《藍星週刊》，受知於覃子豪；1956 年紀弦創立現代派時，他名列第一批加盟的名單；1959 年《創世紀》第 11 期改版後，他受張默之邀，加入《創世紀》成為掛名的編委；1964 年笠詩社創刊，他又是 12 個創社元老之一，是臺灣前行代詩人當中極少數和四大詩社都有淵源的詩人。

　　白萩的作品已結集的有：《蛾之死》、《風的薔薇》、《天空象徵》、《香頌》、《詩廣場》以及《觀測意象》（詩與詩論合集），另外還有一本詩論集《現代詩散論》以及三本詩選集《白萩詩選》、《自愛》、《風吹才感到樹的存在》。以作品的量來說並不算多，這除了 1972 年之後因公司業務繁忙與生活重壓有幾段很長的時間是處於停筆狀態，導致創作量銳減外，和他的創作態度也有很大的關係，他堅持：「為了產生一首詩，我們必須殺死全世界的詩人，我們必須殺死昨日那個我的詩人。」[1] 就是因為在創作上他的自

*發表文章時為嘉義東石高中國文教師，現已退休。
[1]白萩，〈或大或小——田村隆一詩集讀後〉，原刊於《幼獅文藝》第 194 期（1970 年 2 月），頁 116

覺意識極強，語言重獨創不願重複自己，所以每一次的再出發，總會讓人驚訝於他的善變與多面，因此李魁賢才把他比喻成一隻「七面鳥（火雞）」。[2]

他的處女詩集《蛾之死》1959 年 5 月由藍星詩社出版，前半充滿浪漫色彩，寫出一個年輕心靈的憧憬與愛，代表作就是那首得獎的〈羅盤〉和系列的〈給洛利〉連作[3]。後半則嘗試各種技巧的實驗，那四首圖象詩就是受到林亨泰符號論的影響而創作出來的[4]，代表作有〈流浪者〉、〈蛾之死〉。這個時期的白萩醉心於技巧的追求，他的名言是：「藝術所以能偉大的呈顯在我們眼裡正是由於技巧的偉大」[5]。

第二本詩集《風的薔薇》1965 年 10 月由笠詩社出版，作品大多發表於《創世紀》與《笠》，具有現代主義的精神，作品風格轉為冷凝內斂，偏向冷靜的觀照，代表作有：〈樹〉、〈ARM CHAIR〉、〈風的薔薇〉。在詩集的代序〈人本的奠基〉一文中，對 T.S.艾略特的〈傳統與個人才具〉有深刻的反省與批評，反映出白萩對現代主義的認識與吸收。

1969 年 6 月出版的《天空象徵》，內容分為「以白晝死去」、「阿火世界」和「天空與鳥」三輯，「以白晝死去」是《風的薔薇》的延伸，但表現更為徹底，內涵更為深沉。代表作有〈路有千條樹有千根〉和膾炙人口的〈雁〉。後兩輯的語言洗盡鉛華，回歸本色，「從詩中驅逐一切形容，而以赤裸裸的面目逼視你。」[6]尤其「阿火世界」以最素樸的口語呈現小人物的

～121，另收錄於《現代詩散論》（臺北：三民書局，1972 年 5 月）與《觀測意象》（臺中：臺中市文化中心，1991 年 7 月）。

[2]李魁賢，〈七面鳥的變奏──白萩論〉，原刊於《笠》第 32 期（1969 年 8 月 15 日），頁 37～51。又收錄於李魁賢《心靈的側影》（臺南：新風出版社，1972 年 1 月 1 日），以及何聘生編《孤岩的存在》（臺中：熱點文化出版公司，1984 年 12 月 10 日），頁 23～53。

[3]〈給洛利〉連作收在《蛾之死》詩集中共有十首，其實尚有幾首未收入。

[4]林燿德，〈訪白萩──片片語言滴滴血〉，原刊於《自由青年》第 79 卷第 1 期（1988 年 1 月），頁 64～69，後收錄於氏著《觀念對話》（臺北：漢光文化公司，1989 年 8 月），頁 32～48，文字有增減，題目改為〈前衛精神與草根意識──與白萩對話〉，亦收錄於《觀測意象》，頁 158～171。丁旭輝在〈白萩圖象詩研究〉一文認為：〈仙人掌〉及〈曙光之升起〉二詩「只能算是圖象技巧的局部運用；真正的圖象詩作品應該只有〈蛾之死〉與〈流浪者〉兩首。

[5]白萩，〈蛾之死後記〉，《蛾之死》（臺北：藍星詩社，1959 年 5 月），頁 70。

[6]白萩，〈自語〉，《天空象徵》（臺北：田園出版社，1969 年 6 月），頁 87。

無奈與荒謬神祕的人生體驗，相當震撼人心，〈形象〉、〈向日葵〉和〈天空〉兩首都是其力作。「天空與鳥」一輯「天空」與「鳥」的象徵頗值玩味，〈金絲雀〉、〈鳥兒〉、〈叫喊〉讓人印象深刻。語言的體悟與改變是這本詩集的特色，在其後記〈自語〉一文，白萩強調：「改進了我們的語言才能改進我們的詩」，「擴散的形象造成歧義，扼死了我們的思想。我們要求每一個形象都能載負我們的思想，否則不惜予以丟棄。」[7]

　　1972 年由笠詩社出版的《香頌》以自己在臺南新美街的生活為書寫對象，不惜徹底把自己脫光，裸裎自己步入中年的欲望、婚姻與家庭生活，這裡面有他對妻子的背叛，也有患難才可見到的夫妻情深，是相當生活化與庶民化的一部作品，也是臺灣詩史上第一本以家庭為背景又寫得極為成功的詩集[8]。像〈新美街〉、〈這是我管不了的事〉、〈兩河一道〉、〈病了的〉等都是相當膾炙人口的詩。

　　寫於《香頌》同時，原擬一起出書的《詩廣場》，因出版社出了問題遲至 1984 年才出版，是把同一主題的《香頌》抽離之後其它詩作的結集。因此語言和《香頌》一樣，已經由阿火系列的實驗中走出自己的風格來，但作品的題材較多樣，關懷的層面也較深廣。除了有個人私己的抒發外，像〈廣場〉、〈火雞〉、〈鸚鵡〉、〈暗夜事件〉諷喻既深且準，開啟了 1980 年代「政治詩」的先河[9]。

　　1972 年 2 月白萩舉家從臺南搬回臺中，重新開設美術設計公司，那一年也是臺灣現代詩論戰的開始，不過詩人卻因工作與生活的壓力而沉寂下來，1991 年出版的《觀測意象》僅收錄 19 首詩，其中〈SNOWBIRD〉還是舊作，平均一年不到一首。白萩自承沒有充滿自覺性的實驗作品，因為「改進語言實在不是一件容易的事」[10]。但是在《觀測意象》中，詩人的

---

[7]同前註。
[8]陳芳明，〈七位詩人素描之一——白萩〉，《詩和現實》（臺北：洪範書店，1978 年 2 月），見《孤岩的存在》，頁 143～144。
[9]同註 4，見《觀測意象》，頁 162。
[10]白萩，〈詩廣場后記〉，《詩廣場》（臺中：熱點文化出版公司，1984 年 3 月），頁 144。

眼界卻更開闊，對外界的現象掌握得更精準深入。像走訪菲律賓，他寫下了〈看馬尼拉灣落日〉和〈致黎利〉；面對中國的六四天安門事件，他寫下了〈無名勇者歌讚〉、〈人民草〉、〈紅螞蟻〉；而身處臺灣，〈雁的世界及觀察〉寫「美麗島事件」；〈領空〉寫「讀韓航客機在蘇聯領空被擊碎與蘇聯轟炸機飛過臺灣上空」的感想。這些詩都寄寓了詩人的感慨與批判，也讓我們看到詩人更開闊與更成熟的心靈。

從《蛾之死》到《觀測意象》，白萩所呈現出來的詩藝似乎繁複而多變，但卻是萬變不離其宗，許多意象在他的詩中不時出現，如：流浪、天空、雁、鷹、鳥、蛾、樹、薔薇、根……，所以詩人不忘提醒我們要——觀測「意象」；這些意象在白萩的詩中也都各有其象徵，所以暗示我們要注意——天空「象徵」。他布下了「語言迷宮」，又不忘留下一些線索讓細心的讀者得以進入其詩學堂奧，解開「史芬克斯之謎」。而在所有的線索中，〈流浪者〉是最關鍵的一首詩。

二、一株流浪的絲杉

發表於 1958 年 3 月 20 日《現代詩》第 23 期的〈流浪者〉一詩，是白萩早期所創作的四首圖象詩之一，詩中以地平線上凸起的一株絲杉來呈現曠野中流浪者孤獨的形象，令人印象深刻，因此廣泛被收入各種詩選，也是討論白萩時絕對無法漏過的一首代表作。一般的論述大多集中在一、二段以圖示詩的創作手法，以及它所表現出來的孤絕意識。當然，也有人質疑；樹不會走動，以一株絲杉來寫流浪者，其中似有矛盾之處[11]？甚至有人去考證到底「絲杉」是什麼植物？[12]但鮮有人注意到「絲杉」與「流浪者」的象徵意義，以及在白萩整個詩作中的重要性。而陳鴻森在〈白萩詩作的一側面（上）〉首度點出：「在詩人歷程性的探討上，〈流浪者〉一詩所

---

[11] 柯慶明，〈防風林與絲杉——論林亨泰與白萩詩中的臺灣意象〉，「第二屆臺灣文學學術研討會——詩／歌中的臺灣意象研討會」，成功大學，2000 年 3 月 11～12 日。

[12] 麥穗，〈絲杉與苦苓〉，原刊於《秋水》詩刊第 38 期（1983 年 5 月）。後收錄於麥穗，《詩空的雲煙》（臺北：新藝文出版社，1998 年 5 月），頁 194～197。

具的意義，當不在於這首詩本身的評價上，毋寧是：他顯示了詩人實驗探求的精神，更且，這首〈流浪者〉成了白萩日後詩的一個胎盤。」[13]

　　〈流浪者〉一詩，以一株絲杉來表現流浪者的孤獨身影，以一棵無法自行移動的植物來象徵一個不管精神或肉體都處於極度不安定狀態的「動物」，不管作者有意無意，這樣的安排其實是相當耐人尋味的。通觀白萩的詩作，有四組經常出現的意象，分別是：天空、鳥、樹、土地。「天空」包括雲和星星，象徵廣大、自由與夢想，是「追尋」的對象，而其中「雲」有時又可以是能自由去追尋的「主體」。「鳥」象徵「追尋」的主體，它包括像蛾、鷹、雁、金絲雀等會飛的動物，也包含像流浪者、獅、狼、狗、貓等不會飛、只能在土地上行走的動物或者是水中的金魚。而「土地」象徵現實的限制與生命的根源，是極欲掙脫的枷鎖，也是安身立命之所在；它經常是隱形、無須贅言的，因為動物「行走」或植物「釘根」必然要在土地之上，但有時也以檻、缸、家或根等意象出現。而其中「根」具有雙重身分，它有時是牽絆、是枷鎖，但它也是植物的一部分，所以又可以是釘根的「主體」。至於屬於「樹」的絲杉，或者和「樹」一樣都是植物的薔薇、向日葵、野草等既然命定地被限制在土地上，也只好無可奈何地成為「釘根」的主體。而「追尋」與「釘根」一顯一隱、一動一靜正是白萩詩中經常出現的兩大主題。而〈流浪者〉這首詩比較特別的是：它把「流浪者」和「絲杉」疊合在一起，讓「追尋」與「釘根」這兩個主題同臺演出，這是白萩詩中首次也是少見的做法，甚至可以說：〈流浪者〉這首詩是白萩日後詩作的「原型」（"archetype"）[14]。因為它透露了白萩生命中最大的矛盾——在「追尋」與「釘根」之間的依違掙扎；而白萩的詩就是在這種矛盾掙扎下的告白，這使得他的詩具有生命的深度，也形成他獨具的特色。

---

[13] 陳鴻森，〈白萩詩作的一側面（上）——〈雁的世界及觀察〉的新地形〉，原刊於《文學界》第 9 期，頁 48～76，見《孤岩的存在》，頁 171。

[14] 這是陳鴻森的說法，本文據陳說。「原型」（"archetype"）陳鴻森採用佛萊（Northrop Frye）的界說，見《孤岩的存在》，頁 182。

（一）始終不滅的追尋意志

在白萩的詩中，「流浪」二字的出現相當頻繁，或者即使沒有「流浪」二字，「流浪」的意象也不時出現，像早在 1955 年 7 月 20 日刊於《新新文藝》第 2 卷第 2 期的〈遠方〉一詩，可以說是〈流浪者〉一詩的雛型。詩中行走於大沙漠的「我」，肩著滿身的晚暉，駐腳向西方的七星喘息，振臂向地平線呼喚：「遠方啊，明日」／「生命啊，花朵」。「西方的七星」象徵著追尋的目標，是對於遠方、對於明天的憧憬，也是「我」所要追求的生命之花。

流浪可以是被迫離開定居的土地，毫無目的地四處遊走，也可以是一種「追尋」，主動地離開定居的土地去尋找自己認為更高遠的理想，更可以是一種精神的出走與在地流亡，無疑地，年輕的白萩是屬於第二者。在《天空象徵》的後記〈自語〉中他就明言：「我還要去流浪，在詩中流浪我的一生。我決〔絕〕[15]不在一個定點安置自己，我的歷程就是我的目的。在地平線外空無一物，我還是要向它走去。」[16]這樣的「流浪」心態，如果衡諸他的生平與詩作，除了「體現著青春少年對遠行或流浪的嚮往」[17]，也是白萩 1972 年以前具體的生活寫照[18]，更是他一生對於「追尋」的堅持！讓我們先來看他得獎的成名作〈羅盤〉一詩的前兩段：

> 握一個宇宙，握一顆星，在這寂寞的海上
> 我們的船破浪前進，前進！像脫弓的流矢

---

[15]〔　〕內的字為手民之誤的訂正。
[16]白萩，〈自語〉，《天空象徵》，頁 88。
[17]同註 13，見《孤岩的存在》頁 169。
[18]根據白萩年表及其夫人陳文理〈我的丈夫白萩〉一文，白萩 1955 年 8 月，入臺灣省教育廳衛生教育委員會任職，1956 年 8 月，轉至省立臺灣農學院（中興大學前身）教務處任職。1960 年離開省立臺中農學院，轉入秋金家具公司服務學商。1962 年 4 月 1 日與陳文理結婚，定居臺北，在臺北開設現代家具裝潢有限公司。1964 年結束家具公司，舉家從臺北遷至臺南定居，先搬回太太娘家，1967 年貰屋於中山路高等法院旁，1969 年再搬至赤崁樓旁的新美街。1972 年 2 月，舉家再從臺南遷回臺中市。6 月，在臺中市開設立派美術設計有限公司。

穿過海鷗悲啼的死神的鼻嚎

穿過晨霧籠罩的茫茫的遠方

前進啊，兄弟們，握一個宇宙，握一顆星

我們是海上處女地的開拓者

前進啊，兄弟們，有誰在驚懼？

看我的針向定定地指著天邊那顆閃爍的北極星

看我堅毅地向空間伸開擁抱的兩臂

看我如銅像的英雄揮劍叱咤海上的風雲

看我出鞘的凜凜的軍刀，飲著月輝深沉地宣示：

我們是海上新處女地的開拓者

　　〈羅盤〉這首詩共分五段，首末兩段文句大部分相同，每段最後一句都是「我們是海上新處女地的開拓者」，旋律一再重複，主旨也再三強調，整首詩年輕的朝氣活潑昂揚，對未來滿懷希望與野心。第二段「天邊那顆閃爍的北極星」正是他「追尋」的目標，未滿 18 歲的白萩對於目標的追尋所表現出來的情懷是浪漫的、義無反顧的，也是英雄主義式的！這時期的他「眼睛長在頭頂上」，因為未經現實的磨難，單純地憧憬著未來，認為只要努力就會有成就，至於未來的橫逆也是想像出來的，人世間的苦難尚未真實體驗，所以相較於白萩日後詩作中的「苦」味，可以算是篇異數。

　　不過接下來的詩逐漸地透露出想追尋所面臨到的現實環境之限制。如〈金魚〉一詩，作者寫金魚具有火般的理想，但卻被軟困在現實的、冰冷的水中，無法躍出世俗殘酷的泥沼，只能被玩賞，在圓形的魚缸中無法直往追尋，最後他可憐金魚「為何不長對翅膀呢？」在白萩的詩作中，「有翅膀的」如鷹、雁、蛾等至少都還有去「追尋」的本錢，而金魚卻沒有。白萩以金魚自況，寫自己無法自由去追逐理想的悲哀。

　　這樣的追尋渴望也同樣表現在〈飛蛾〉、〈囚鷹〉、〈瀑布〉、〈遠方〉、

〈雨〉、〈春〉……等詩中，如「飛馳于這世界之上／播散我孵育的新奇的詩的卵子」但卻被世界這盞油燈燃燒而死的飛蛾；或者「來自遼藍的長空，去向遼闊的自由／卻爲禁錮的鏈索，留下頹然的沉默？」的囚鷹；或者「曾以握有閃電的雄心／想力劈封閉的未來／曾以跨越宇寰的腿力／想邁過斷落的世紀」，「卻在歷史的陡坡悲壯地殞落」的瀑布；或者是〈雨〉中想要破繭（雨）他往的蛾（我）；或者是〈遠方〉中振臂向地平線呼喚：「『遠方啊，明日』／『生命啊，花朵』」的「我」；或者如〈春〉中的「我」祈求：「母親，遠行的弟弟已回家了。／讓我背起鎗吧。／到遠地去參加二月的獵人集吧！」

在這一系列的詩中，白萩喜以物擬人，將物「人性化」，或者是以第一人稱的「我」來呼喚祈求，浪漫的色彩和最早期的〈羅盤〉一樣濃厚，對遠方的憧憬與追尋的渴望也無啥差別。唯一不同的地方是，因爲年齡略長，追尋的渴望越強，而所感受到的現實羈絆也越來越明顯。「與他最早期的〈羅盤〉一詩裡，激情嘹亮地歌唱著：『前進啊，兄弟們，有誰在驚懼？』、『前進啊，兄弟們，我們是海上新處女地的開拓者』，自是截然的兩種心情。這種被抑制的青春的感覺，是白萩最早期所感受到的生之孤獨的落影[19]。」這種強烈的追尋渴望與殘酷的現實羈絆就在〈流浪者〉一詩表現得最爲徹底。我們來看看它最爲人津津樂道的前兩段：（以下由右向左直唸）

望著遠方的雲的一株絲杉
望著雲的一株絲杉
一株絲杉
在地平線上

一株絲杉
在地平線上

---

[19]同註13，見《孤岩的存在》，頁169。

　　「望著遠方的雲的一株絲杉」，「雲」在此詩中可以是天空的象徵，也可以是一個具有能動性的追尋主體，不管何者，它都是絲杉企慕嚮往的對象。如果是蛾、是雁、是鷹這些會飛、能飛具有自主性與能動性的動物，這種企慕嚮往就比囚鷹、獅、狼這些不能飛、不會飛的動物缺少衝突與張力。而今這麼一個追尋的主體不僅不是動物，而是一株絲杉，一棵永遠也無法動彈的植物，它所呈現的渴望與悲劇性便達到了最高點！針對此詩的分析，張漢良的見解最為精闢：

　　　我們在白萩的例子裡，見到一株翹首雲天，企望遠方的樹，想像出樹的渴望與人對異鄉的嚮往——事實上，著一「望」字，樹已然擬人化，流浪者與樹的暗喻關係正式如此建立起來的。樹的渴望是一種正面的力量（Thesis）；但下一段的情形馬上改觀，這株嚮往遠方的樹，面臨了衝突：它被限定在地平線上。詩人把「一株絲杉」栽在兩條地平線上（其實「杉」在地平線下），使它無法遠颺。因此地平線所代表的環境便形成一種反的力量（Antithesis）。在樹與環境的外在衝突裡，失敗的是樹，正如安徒生的「縱樹」，成了環境與欲望的犧牲。這種被擊敗的感覺，很可以由詩行的空間運動方向與節奏表現出來，前一詩段描繪企望的樹，是垂直運動的，詩行的排列如此，讀者視覺肌肉的運動也是如此；而下一段大體上保持水平運動方向，十足表現出微不足道的個人與遼闊的大地之間，唐吉訶德式的鬥爭。[20]

　　〈流浪者〉一詩在白萩詩作中第一個重要的意義就是：它是年輕浪漫的白萩在追尋過程中的第一個高峰。反之，同為圖象詩，也是《蛾之死》詩集中的壓卷之作——〈蛾之死〉則是在篇名中正式宣告：「蛾」之「死」

---

[20]張漢良，〈論臺灣的具體詩〉，《現代詩論衡》（臺北：幼獅文化公司，1979 年 6 月初版，1981 年 2 月再版），頁 109。

——年少的白萩已逝，浪漫的追求已然過去！[21]蛾具有趨光性，是一種非自覺的、與生俱來的生物性本能，它的生命在現實中極為脆弱，通常也死於光明的燈火之下，一般用來象徵人對理想浪漫的、死而無悔的永恆追求。這種源自生命體本身的悲劇性，正是詩人最喜歡寄寓的對象，蛾之死代表詩人浪漫時期的結束，也意味另一個階段的開始。

　　從 1959 年 5 月的《蛾之死》到 1965 年 10 月《風的薔薇》的出版，這六、七年間是白萩一生最為動盪坎坷的歲月。在工作上，棄公從商，又經商失敗；在家庭上，結婚後三年內連生了一子二女，父親緊接著又去世；而居住地也從臺中、臺北輾轉遷徙到臺南，寄住在太太娘家。生活與家庭的重擔提早讓詩人見識到現實的殘酷，浪漫似乎成為一種諷刺，「追尋」變成一種奢侈的行為。所以在《風的薔薇》中，「鳥」以及白萩習慣用來象徵追尋主體的意象全都不見了，「追尋」的渴望便沉潛為伏流，整本詩集相當低調，悲觀絕望充塞。如〈秋〉：「我們像一座被遺棄在路邊的屋子／空望著門前的路沒入遙遠的前方」，或者如〈縱使〉：「縱使你攤開欲望什麼的門／而那／／與我無關。讓／天空坦然地藍吧」。無奈、冷漠是被現實凌遲之後的自然反應，然而「此地無銀三百兩」，無奈與故作冷漠，反而正顯示出對「追尋」的無法忘情。不管是「在此張開著／眼／不為什麼而張開著／眼」的〈窗〉，還是「無法復聞枯草的香味。／在淒厲的牛角聲中的篝火／無法血染你的怒視／以吼聲壓低了勁草沉沉地滾至天邊／已然成為歷史」的〈標本獅〉，作者都寄予無限的同情。

　　在《風的薔薇》對「追尋」的悲觀與沉潛之後，《天空象徵》裡的白萩呈現了兩極化的反應。一種是理智的、更為堅定不移的追尋，一種是情緒的、死心後賭氣就將追尋的目標——天空射殺；前者以〈雁〉為代表，後者就是第二首的〈天空〉。我們先來看看這首〈雁〉：

---

[21]僅就篇名的象徵意義而言，其實其內容更是浪漫追尋的極致——蛾之死。

我們仍然活著。仍然要飛行

在無邊際的天空

地平線長久在遠處退縮地引逗著我們

活著。不斷地追逐

感覺它已接近而撞眼還是那麼遠離

天空還是我們祖先飛過的天空。

……

我們還是如祖先的翅膀。鼓在風上

……

我們將緩緩地在追逐中死去，死去如

夕陽不知覺的冷去。仍然要飛行

繼續懸空在無際涯的中間孤獨如風中的一葉

而冷冷的雲翳

冷冷地注視著我們。

　　〈雁〉是白萩詩藝的一個高峰，發表於 1966 年 1 月出版的《創世紀》第 23 期。歷年來佳評無數，如：笠詩社「五年詩選」認為它「表現一種歷史性的使命，對生命存在的一種觀點。並在時代的魘夢裡，給人以堅守的力量，充分發揮詩人的新人本精神。」[22] 陳芳明在〈雁的白萩〉一文指出：「〈雁〉是白萩在《風的薔薇》之後，寫出的作品中比較重要的一首詩，往後若有人提到白萩的作品，那麼，〈雁〉勢必要提出來討論的；因為，它顯示出了他個人的思想動向，顯示了他個人的生命的毅力，顯示他個人對宇宙無盡的嚮往。」[23] 楊子澗〈充滿悲劇意識的前衛者——白萩〉

---

[22] 《笠》第 30 期（1969 年 4 月 15 日），頁 9。
[23] 陳芳明，〈雁的白萩〉，原刊於《大地》第 1 期（1972 年 9 月 1 日），後收錄於氏著《鏡子和影子》（臺北：志文出版社，1974 年 3 月初版，1978 年 10 月再版），見《孤岩的存在》，頁 108。

則直接誇讚：「無疑的，〈雁〉這首詩在白萩個人的創作生涯和整個現代詩史上來說，都足以留下一塊不朽的碑銘。」[24]

　　至於陳慧樺〈白萩風格論〉則從語言上肯定「這一首詩的成功便在喻旨（tenor）能恰切地投射在客觀物體（vehicle）上，也就是歐立德所說的情感找到了最恰適的客觀投影（objective correlative）。」[25]而李元貞〈論白萩《天空象徵》裡的〈雁〉〉則從「追尋主體的自覺」強調「雁是這樣地冷靜地認知自己的命運，清醒自己的生存世界；不但沒有阿火的依恃『幻相』，也沒有鳥兒的任何『期待』而因此對生命真象有著徹底的痛苦。……它雖然憂愁痛苦卻仍然活著，仍然要飛行，仍然履行生命的自然之道。這種願意面對命運的勇氣和活著就飛行追逐的意志，亦使此詩產生另一股震撼的力量，和前面所指出的那股沉重的悲劇感的壓力抗頡，使得本詩所要表現的痛苦更深刻有力。」[26]張春榮〈從杜甫的〈孤雁〉看白萩的〈雁〉〉則強調本詩的悲劇功用[27]，而阮美惠〈白萩詩中〈雁〉的觀察與追尋〉一文則從詩人創作的歷程加以探討，指出〈雁〉一詩的價值所在[28]。

　　在此詩中，「我們仍然活著。仍然要飛行」，意味著只要活著便得飛行，「追尋」是一種宿命。而「天空還是我們祖先飛過的天空」，「我們還是如祖先的翅膀」，即使「我們將緩緩地在追逐中死去，死去如／夕陽不知覺的冷去。仍然要飛行」則告訴我們「追尋」是祖先留下來的傳統，也是與生俱來的遺傳基因，它是至死無悔的，也將一代一代傳留下去。白萩把「追尋」從《蛾之死》時期個人年少浪漫的憧憬，提升到整個族群歷史感

[24]楊子澗，〈充滿悲劇意識的前衛者——白萩〉，《中學白話詩選》（臺北：故鄉出版社，1980 年 4 月 15 日），見《孤岩的存在》，頁 365～366。

[25]陳慧樺，〈白萩風格論〉，原刊於《大地》第 1 期（1972 年 9 月 1 日），頁 47～57。亦收錄於氏著《文學創作與神思》（臺北：國家書店，1976 年 6 月），以及張漢良、蕭蕭合編《現代詩導讀——批評篇》（臺北：故鄉出版社，1979 年 11 月 1 日初版）。見《孤岩的存在》，頁 135。

[26]李元貞，〈論白萩《天空象徵》裡的〈雁〉〉，原刊於《龍族詩刊》第 9 期——評論專號（1973 年 7 月 7 日），頁 187～252，見《孤岩的存在》，頁 316～317。

[27]張春榮，〈從杜甫的〈孤雁〉看白萩的雁〉，原刊於《中華文藝》第 71 期（1977 年 1 月），亦刊於《文風》第 30 期（1977 年 1 月），頁 18～22，也收錄在《中華現代文學大系——評論卷》（臺北：九歌出版社，1989 年），頁 1030～1042，見《孤岩的存在》，頁 339。

[28]阮美惠，〈白萩詩中〈雁〉的觀察與追尋〉，《臺灣文藝》第 166、167 期（1999 年 1 月），頁 98。

與使命感的高度，這是白萩詩作中「追尋」的蛻變；而從蛾對命運的不自覺到雁的自覺，悲劇感更加深重，相形之下意志更顯堅定，這種無可搖撼的追尋意志，正是白萩詩作中「追尋」的最巔峰。

　　然而，「禍福相倚伏，死生相終始」，在此詩中亦潛藏著自我顛覆的因子，因為這樣的追尋缺少活潑潑的生命力，不像蛾追尋光明是建立在「追尋主體」內在對於「追尋目標」的渴望上，而是外在的整個族群的歷史感與使命感讓它「命該如此」。對詩中的雁來說，缺乏明顯的追求目標與強烈的內在動力，「前途只是一條地平線／逗引著我們」，天空「廣大虛無如一句不變的叮嚀」，飛行變成一件苦役、一種魘夢，追尋成為一種看不到目標，但卻又非做不可的工作，整首詩隱含了無奈與虛無的色彩。於是當詩人處於人生的逆境時就產生了另一種極端的聲音，如〈天空〉第二首：

　　　天空必有母親般溫柔的胸脯。
　　　那樣廣延，可以感到鮮血的溫暖，隨時保持著慰撫的姿態
　　　而阿火躺在撕碎的花朵般的戰壕
　　　為槍所擊傷。雙眼垂死的望著天空
　　　充滿成為生命的懊恨

　　　不自願的被出生
　　　不自願的被死亡

　　　然後他艱難地舉槍朝著天空
　　　將天空射殺。

　　理想的「天空必有母親般溫柔的胸脯。／那樣廣延，可以感到鮮血的溫暖，隨時保持著慰撫的姿態」。在白萩的詩中，天空可以是老爹，也可以是母親，更是夢想的象徵。然而在這首〈天空〉，「不自願的被出生／不自願的被死亡」，「充滿成為生命的懊恨」的阿火終於「艱難地舉槍朝著天空

／將天空射殺」。之所以艱難，可能是身受重傷難以行動，而更可能是想賭
氣報復又難以下定決心。不過，不管如何，阿火舉槍將天空射殺這個動作
即宣告：那個理想浪漫的前期白萩已然徹底死亡。蛾之死代表的是「浪漫
的追尋主體」之死，而阿火將天空射殺則是代表：「現實的追尋主體」處決
了「不切實際的追尋目標」，就像狠心將自己衷心所愛卻背叛自己的情人殺
死一般。前者是囿於現實、死於現實，但並未完全對理想死心；而後者則
是乾脆否定理想的存在，否定追尋目標存在的意義。經過了《風的薔薇》
到《天空象徵》中「以白晝死去」的掙扎，白萩終於在心理上完全割捨了
「蛾」的浪漫，正式地走入了與現實對決的「阿火世界」！與〈天空〉第
二首同時期的作品〈蛾〉可以做爲此說的註腳：（節錄末段）

　　有一夜，他又在臘〔蠟〕燭上
　　試著世界的溫暖
　　卻被燒成灰燼
　　永不回來

　　《天空象徵》中的「以白晝死去」一輯，不管在語言上或詩的內容精
神上都是《風的薔薇》的過渡，「阿火世界」則是白萩在創作上的一個實驗
與突破，雖然難免「矯枉過正」。如果以此爲界，「以白晝死去」輯中的
〈雁〉可謂前期白萩的巔峰之作，「阿火世界」中的〈天空〉則是後期白萩
「矯枉過正」的代表作，而日後白萩的「追尋」便在這兩極之間依違擺
盪。告別年輕的浪漫，被現實所桎梏，但內心深處又時時忘不了理想的追
尋，這類比較偏向〈雁〉的詩作俯拾即是，如〈然則〉：「我們是一枚釘死
的鐵釘／／入木的部分早已腐銹／腐銹在檻內而望著藍天的眼光卻猶爲新
亮的釘頭」。照理說鐵釘入木的部分除非木頭是潮濕的，否則露在外面的釘
頭應該比入木的部分更容易氧化才對，而白萩卻特意強調「入木的部分早
已腐銹／腐銹在檻內而望著藍天的眼光卻猶爲新亮的釘頭」。又如〈轉入夜

的城市〉：「似有一頭飢餓的狂獅在你的心中」，〈向日葵〉：「他把自己種在穴裡／只剩下頭部看著太陽／像一株向日葵」，都象徵著對理想的不死心。至於憤懣、悲觀、冷肅得讓人不由得顫慄、比較偏向〈天空〉第二首的作品，在「天空與鳥」一輯中就有許多，如：「把整個世界關在檻外／……／把歌唱給沒有人聽吧／……／把血一滴一滴地／從胸中釋放／……／每日每日地啄掉翅膀的羽毛／每日每日用歌聲吐著血」的〈金絲雀〉、「一匹狼對著天空嘷叫／熱血滴在雪地上／比槍比刀鋒還愴痛」的〈無題〉、「一隻小鳥在生活的時候／沒有預告地被射殺／生命的碎片和鮮血／灑向草地發出嘲笑的聲音」的〈謝謝〉、「一隻鳥兒盤繞著樹尖／老尋不著休憩的點／在世界的夜夢中／猶被恐懼追趕」的〈休憩的點〉等等，這些詩作都充滿了對生命的無奈、悲觀，冷肅得令人顫慄。其中〈鳥兒〉一詩可以說兼具有對理想猶不死心與冷肅顫慄的雙重特點，是兩極之中點。詩中的「鳥兒老在尋找著天空」，象徵著詩人對理想不懈的追尋；而「在青草地上／有人自焚為一隻火把／將煙升向天空／成為尋找的鳥兒」，這種對理想的追尋竟然是以如此悚慄的死亡做為代價，可見追尋之執著，亦可見阿火還是射殺不了白萩內心深處無時或忘的「天空」。

　　《天空象徵》之後的《香頌》、《詩廣場》以及《觀測意象》三本詩集，詩風明顯走向現實，有純寫家庭生活中私己的情與欲，也有不少對現實的批判與政治的諷喻，然而這種「天空情結」仍然潛伏在白萩的心中，偶爾出來刺痛他一下，如：

　　　而海在遠處叫著我

　　　她的懷裡有廣大的自由

　　　是的，妳的寢室是我的死牢

　　　而不眠的夜鳥

　　　責備我叛背了天空

　　　　　　　　　　　　　　　　　——節自〈籐蔓〉

> 天空暗處留有幾聲雁聲
>
> 在死的內部蠕動了幾下掙扎
>
> ——節自〈露臺〉

> 有人
>
> 對著天空深處
>
> 點叫自己
>
> 自己大聲的回應
>
> ——節自〈有人〉

　　這種「天空情結」所反映的其實就是對於「追尋目標」的不死心，「雁」也就成為一再出現的象徵。詩人隱約聽到天空暗處還留有幾聲雁聲（〈露臺〉），或者注意到「午寢醒來／一隻雁追向地平線」（〈一線〉），所象徵的都無非是白萩心中那顆潛藏不滅的追尋意志。做為詩人自我投射的雁，和以前的蛾雖同是「追尋主體」，但不同的地方在於：雁的追尋是本能的，也是自覺的，而蛾只是出於本能。就生物體本身而言：雁是整個族群集體遷徙，飛行千萬里，而蛾通常只單獨在短距離內趨光飛行。從 1966 年 1 月的〈雁〉發表以來，經過 15 年的現實歷練，白萩的「雁」不斷地自我增殖，於是在 1981 年 2 月的《笠》第 101 期又發表了〈雁的世界及觀察〉一詩。

　　這首詩寫於「美麗島事件」之後，表達了詩人對於事件的觀察與立場，當然也寄寓了他無言的悲痛與深刻的批判；詩長近 150 行，分成「觀察者」與「受難者」兩部分，是白萩少見的長詩之一。「觀察者」凡五節，觀察者即詩的敘述者，以全知觀點用較為親近的第二人稱「你」或「你們」來指稱雁，而用「他們」稱代精心設下陷阱來射殺雁群的獵人們，「觀察者」寫的就是整個陰謀的始末與血腥的屠殺過程。1979 年世界人權日發

生在高雄的「美麗島事件」，有人認為是當局所精心設下的一個陷阱，先鎮後暴，然後再輔以一面倒的媒體，製造蕭殺的氣氛將相關人士一一逮捕到案。「經過為時兩個月的祕密偵訊，結果 51 人被起訴，其中八人以叛亂罪交付軍法審判。在逮捕之初，首謀的施明德潛逃在外，張春男也智脫法網，……軍法法庭公開調查的第一天——1980 年 2 月 28 日，林義雄的寡母及雙胞胎稚女，在光天化日之下同遭毒手。」[29]白萩後來自道：

> 我寫〈雁的世界及觀察〉之前，有兩點準備工作，一是長時期對國民黨政府的觀察，一是我本身酷愛著雁的形象，平時就閱讀有關雁的書籍。人們在獵雁時，必須先研究雁的飛行路線，加以追蹤、觀察紀錄，在其飛行路線中途的湖上，放置游動的木雕雁，在雁群飛臨時，吹出假雁聲的哨音，引誘雁群，人們在獵雁時的充分準備工作，叫人覺得恐怖。美麗島事件的發生及其後的大逮捕行動，也叫我如此感覺。因此我在那一年的春節，利用五天的休假時期，寫下這首詩。[30]

　　詩人以「觀察者」的角色，透過「雁群」的遭遇，對不義的政權予以最嚴厲的批判。至於「受難者」則是寫在大屠殺之後倖存的孤雁，它的追尋與執著，敘事觀點轉為孤雁的獨白。和 15 年前的〈雁〉同樣都是雁的獨白，我們就從「受難者」來看看 15 年之後〈雁的世界及觀察〉和以前的「追尋」有什麼變與不變的地方。

　　夕陽落在右翼
　　新月擔放左翅
　　飛上無形的軌跡

---

[29] 呂秀蓮，《重審美麗島》（臺北：前衛出版社，2000 年 1 月一版一刷），頁 204。
[30] 〈臺灣歷史的傷痕〉討論會，白萩策劃，《詩與臺灣現實》（臺北：笠詩刊社，1991 年 1 月），頁 190、210。

回首，看五千年的起點

……

一隻就獨飛

二隻就並肩

三隻就排列

四隻就成隊

一隻

就獨飛

飛向生的始原

飛在命的悲壯

……

不似無志的堆雲

隨風倒退

在〈雁〉一詩中，白萩把「追尋」提升到整個族群歷史感與使命感的高度；也寫出了雁對於自己命運的自覺，卻仍像薛西弗斯般不懈地追尋。〈雁的世界及觀察〉基本上仍承繼並深化這樣的精神，但〈雁〉只是一種宿命的、悲劇性的追尋，缺乏明確的追求目標與強烈的內在動力，整首詩隱含了無奈與虛無的色彩。而〈雁的世界及觀察〉和〈雁〉最大的差異在於：前者具有其特殊的寫作背景與具體的指涉事件，因此雁的追尋也就有了它的「現實感」。所以當我們讀到「一隻就獨飛／二隻就並肩／三隻就排列／四隻就成隊／／一隻／就獨飛／飛向生的始原／飛在命的悲壯……」時，會不由自主地潸然淚下。而且「受難者」裡的雁不再無奈、不再虛無，而是勇於承擔也知所追尋，「雁」也成為某種族群的象徵，而整首詩更讓我們對於臺灣的歷史、臺灣人的命運有了超越時空的連結。

從〈羅盤〉、〈流浪者〉、〈雁〉一直到〈雁的世界及觀察〉正代表白萩

追尋的四個階段。而其所呈現的意義就是白萩從個人到族群、從浪漫到現實永恆不懈的追尋，這種始終不滅的追尋意志就是白萩詩作最重要的主題之一。

（二）從無奈到現實的釘根

〈流浪者〉是白萩在追尋過程中第一個高峰，也是「樹」（絲杉）這個意象的首度出現。作者以「絲杉」來形容流浪者孤獨的身影，在詩中是一個追尋的主體，然而，絲杉本身又是植物，所以它只能站著，白萩一連用了六次「站著」，來強調它根著於土地的宿命。相較於詩中的絲杉翹首雲天所象徵的「追尋」渴望，同時也做為「釘根」主體的絲杉卻是充滿了無奈！土地對它而言是一種限制，而不是一個足以生養的母土，或者說，如果絲杉有腳的話，它一定也想當一個真正的流浪者，像雲在天空中自由自在地追尋，而不願固守著一方土地，老死於斯！這也可能就是早年白萩之所以棄公從商，從臺中到臺北闖蕩的原因。

〈流浪者〉之後沒多久，白萩就進入了《風的薔薇》時期，在這段時間，生活的動盪使得「追尋」變成一種奢侈的行為，所以在《風的薔薇》中，「鳥」以及白萩習慣用來象徵追尋主體的意象全都不見了。反之，詩中「樹」的意象不時出現，像〈冬〉、〈風的薔薇〉、〈樹〉、〈暴裂肚臟的樹〉等都是鮮明的例子，而且意涵愈來愈豐富。因為現實的磨鍊與挫折，使得白萩逐漸認識到生活的本質，告別了昔日的浪漫，雖然這其中有無限的無奈，但也讓「樹」慢慢成為「釘根」的主體，而我們也可以看到白萩從隱微無奈到日益堅定的「釘根」過程。

對〈流浪者〉裡的絲杉來說，土地是一種與生俱來的限制，然而到了《風的薔薇》時期，它不僅是一種與生俱來的限制，也是一種生活中的現實。這個時候年少的浪漫與熱情逐漸冷卻，人處在逆境中就像是一株冬天的樹，它只能以落葉的方式來避免水分的流失與養分的虛耗，以保存元氣。像〈冬〉就是反映白萩這種處境的詩：

> 我們漸漸的冷卻
>
> 成為砧上熬鍊的鐵塊
>
> ……
>
> 我們漸漸的脫棄外衣
>
> 裸立在寒風中，眺望
>
> ……
>
> 堅忍而緊閉著嘴
>
> 無一聲禱告

在這首詩中作者把自己比喻成砧上熬鍊的鐵塊，「沒有形式的欲求／只是固守著本質」；又把自己比喻成一株裸立在寒風中的枯樹，「堅忍而緊閉著嘴／無一聲禱告」。這裡的「樹」較之「只站著」的「絲杉」，少了熱烈的企盼，多了堅忍的形象，但是一樣都是無奈，這樣的無奈在〈風的薔薇〉發展到最極致：（節錄第一節）

> 站著，我是風裡的生命
>
> 站著
>
> 無可奈何地站著
>
> 被命定地
>
> 成為一株薔薇
>
> 並且無可奈何地要站在：
>
> 這裡

陳鴻森認為〈風的薔薇〉裡的意象是從〈流浪者〉的絲杉所抽生出來的，但是二者卻有所差異：「對於憧憬著遠方的世界而意欲從一般化的生活裡離脫出來的這株絲杉而言，它所植根的土地，乃是禁錮個體能動性的『體制』的象徵；而〈風的薔薇〉裡，這株『被命定地／成為一株薔薇／

無可奈何地要站在／這裡』而在風中抖顫著的薔薇，它的孤獨並不止是由
於處境的拘限而已，它毋乃是源自於根源的『實存的意義』之喪失，即薔
薇之活著，乃是因它『被命定地／成為一株薔薇』而活著，只是一種自然
生命的延續。」[31]因為對生命不抱希望，對生活沒有渴求，這裡的薔薇
「沒有傾訴」、「沒有眼睛」、「沒有耳朵」、「沒有愛」、「沒有感謝」，完全處
於自我封閉與孤獨存在的狀態。〈流浪者〉中的絲杉還翹首雲天，〈冬〉一
詩裡如枯樹的「我們」還「裸立在寒風中／眺望」；而在〈風的薔薇〉裡，
「我只是／空洞的薔薇」，「我只是／父母歡樂後的／副產品／沒有個性／
只要站在這裡／只要繼續做／為一株薔薇／和站在這裡／／不能跨出一
步」，悲觀無奈之情溢於言表。

　　在以上的三首詩當中，白萩那種孤獨無奈的心情愈來愈強烈，意志也
愈來愈消沉，而做為自我投射的「樹」，其意涵自然愈見豐富；不過，它們
都只是天生自然地「裸立」或「站著」，尚未呈現堅定鮮明的「釘根」意
象，必須等到《風的薔薇》中這一首〈樹〉[32]的發表，「樹」才正式宣告它
和土地的關係，真正成為「釘根」的主體。

> 我們站著站著站著如一支入土的
> 椿釘，固執而不動搖
> 噢，老天，這是我們的土地，我們的墓穴
> ……
> 仍以頑抗的爪，緊緊的攫住
> 這立身之點
> 這是我們的土地，我們的墓穴

---

[31]同註 13，見《孤岩的存在》，頁 172。
[32]白萩同樣以〈樹〉為篇名，且有收錄的共有三篇，分別放在《風的薔薇》、《天空象徵》以及《觀
　　測意象》三本詩集中。

　　這一首〈樹〉之於「釘根」，猶如〈雁〉之於「追尋」，都是在各自主題中的高峰，尤其詩中「把我處刑為一柄火把／燒爛每一個呼喊的毛細孔／仍以頑抗的爪，緊緊的攫住／這立身之點」，所展現出來的堅強意志令人動容！詩一開始，白萩便以「一支入土的椿釘」為喻，正式宣告「釘根」土地：「我們站著站著站著如一支入土的／椿釘，固執而不動搖／噢，老天，這是我們的土地，我們的墓穴」。白萩似乎很喜歡重複使用「站著」一詞，在〈流浪者〉第三段中用了六次，〈風的薔薇〉第一節中也出現了三次，而這首〈樹〉第一行就連續出現三次。「站著」使得樹擬人化，尤有進者，在前兩首詩中，白萩用「孤獨」或「無可奈何」來形容「站著」，是消極靜態的存在；而此詩則用「一支入土的椿釘」來譬喻樹（我們）是如何「固執而不動搖」地站著，展現了「樹」做為「釘根主體」主動積極的性格，這在白萩的詩中是比較少見的！相對於「追尋」，「釘根」通常是自然而然在隱微中進行的，但在這首詩中，做為「釘根主體」的樹是有意識地宣告它和土地的關係，所以接下來又以兩個假設性的譬喻再三宣稱：「這是我們的土地，我們的墓穴」，在短短 11 行的詩中，「這是我們的土地，我們的墓穴」重複了三次，極具複沓與強調的效果。

　　不過，我們也不禁疑惑：為什麼幾乎是同時期的詩作，在精神面貌上，從〈風的薔薇〉的極度消沉到〈樹〉的堅定釘根，轉變會如此之快且大？其實這種情形亦雷同於「追尋」主題中的〈雁〉與〈天空〉（之二）的關係，〈樹〉和〈風的薔薇〉也是白萩「釘根」主題中的兩極，此後的詩便在這兩極之間擺盪。當他心臟夠力的時候，就無畏現實的殘酷，詩風就擺向〈樹〉的堅定，如〈暴裂肚臟的樹〉：（節錄）

　　鋸齒鋸齒鋸齒鋸齒鋸齒鋸齒鋸齒鋸齒鋸齒鋸齒

　　我們以一座山的靜漠停立在他的面前

　　沒有哀求沒有退縮

　　以不拔的理由走向這最後的戰爭，在最後

由一串暴雷的狂吼怨恨這被撕裂的粉屑

反之，就擺向〈風的薔薇〉的消沉，如其它兩首同名的〈樹〉：

在生命的敗退裡
猶舉著枯槁的手
溺在風中
抓緊沒有東西的空間

——節自《天空象徵》的〈樹〉

葉自枯而未為人所知
在暗夜無人觀賞
一葉葉一件件
委地埋葬

——節自《觀測意象》的〈樹〉

　　做為「釘根主體」的樹，它的意象萌生於〈流浪者〉詩中的絲杉，經過〈冬〉、〈風的薔薇〉再到〈樹〉與〈暴裂肚臟的樹〉，其中有無奈也有堅定，指涉愈見豐富，而「釘根」這個主題也在《風的薔薇》時期得到充分的發展！不過，這裡的「釘根」沒有回歸母土的盼望與喜悅，也沒有扎根土地的踏實與自在，只有面對殘酷的現實所產生的消沉無奈或者是哀以厲的悲鳴。相對於「天空」這個白萩所戮力追尋的目標，「土地」不僅極少出現在白萩的詩中，即使出現也多是負面的形象，代表殘酷的現實及其限制，而不是地母的豐厚與溫暖。在他的詩中從沒有對土地的歌頌，也沒有對自然的讚美，而這其實和白萩的生活環境有密不可分的關係。白萩生於臺中市，長於臺中市，之後又輾轉遷徙於臺北、臺南、臺中三個城市，也就是說，從小到大他的生活環境都是都市，都市就是他的土地他的鄉土。

此外，父親從事糕餅生意，自己除了短期擔任公職外，大半輩子都在商場上殺伐競逐，比較少親炙泥土或悠游林泉的機會，土地對他的意義幾乎只是現實的同義詞！所以不像《楚辭》「書楚語，作楚聲，紀楚地，名楚物」是其所處的外在環境的具體反映，在白萩的詩中「未必容易找到經由具空間存在性質事物所呈現的臺灣意象。因為做為比喻之喻依，或喻託的物象，他們可以普遍，如：花、鳥、樹、貓、薔薇、落葉等；亦可以是臺灣本土所不具有的，如空中的雁群，沙漠中的仙人掌等。」，而「白萩〈流浪者〉中的絲杉，雖然也是根植於『臺灣』的土地，但接近的反而只是自我投射或詮釋的生命心象。」[33]，甚至於「絲杉」這一種植物據麥穗的查考，很可能是一種美麗的錯誤[34]。質言之，詩人其實是遠離了自然的土地，儘管從生命的深處傳來母土遙遠的呼喚，「但來時的路／已在風沙中埋葬／源生的根／已腐爛」，那種自然的大地對生於都市長於都市的白萩來說是再也回不去了。這一首為紀念死去的父母而作的〈路有千條樹有千根〉又未嘗不可作如是觀！

對白萩來說，生活的現實、都市的現實才是他所真正接觸到的土地。所以在《天空象徵》裡白萩創造了「阿火世界」，做為一種現實的寓言；而《香頌》中的「新美街」才是他現實中的土地。我們先來看看「阿火世界」裡的這首〈向日葵〉：

> 阿火要去播種
> 在覆雪的山坡
> ……
> 「我有一粒向日葵
> 在這個世界幾十年
> 都沒發芽

---

[33]同註 11。
[34]同註 12。

　　雖然試過幾十個春天」

「哈，阿火要在石頭中

收獲稻糧」

耐心地過了一個夜

大家來看他的謎：

他把自己種在穴裡

只剩下頭部看著太陽

像一株向日葵

　　這首寓言詩極具戲劇性，故事源起於小人物阿火要在覆雪的山坡播種，引起大家的好奇。雖然他面對著太陽升起的東邊挖穴，但是大家仍質疑他要種什麼東西，因為現在是不生長的寒冬。他的答案是：要種一粒試了幾十年都沒有發芽的向日葵。到底是什麼樣的一粒向日葵？於是大家等著看他的謎底，到此整個情節充滿懸疑與高潮。好不容易熬過一個晚上，大家急著來揭曉，才發現：「他把自己種在穴裡／只剩下頭部看著太陽／像一株向日葵」。這首寓言詩饒富趣味，也意味深遠，詩中的向日葵並不是真的向日葵，而是阿火本身，他的頭部看著東方的太陽，象徵著對於理想永恆不變的嚮往，但是這種嚮往是被種在土裡的，是被限制的；也就是說，它不大可能成為一種有效的「追尋」。反倒是「種」這一行為是有意識的，也是有所期待的，是明顯意欲「釘根」的象徵。不過，從另一角度看，詩人以「向日葵」為喻，向日葵必須種在土裡，發芽、成長，才能開花、仰望太陽，這是否正意味著：要「追尋」必須先「釘根」，「釘根」的目的是為了「追尋」，而白萩已經意識到這種弔詭，所以才以「種一株向日葵」這種兼具「追尋」與「釘根」既矛盾又統一的行為，為自己長久以來的精神困境取得了象徵性的和諧。

　　《天空象徵》之後的白萩，作品中就很少出現「釘根」的意象，原因

不在於他不釘根了，而是根已釘無須再強調，因為現實就是他釘根的土地，他的根早已竄入現實的土壤，所以他可以用一整本詩集──《香頌》來寫「新美街」的生活。我們就來看他這首〈新美街〉：

> ……
> 短短一小截的路
> 沒有遠方亦無地平線
> 活成一段盲腸
> 是世界的累贅
>
> 我們是一對小人物
> 他日，將成為兒子畢業典禮上的羞恥
> ……
>
> 生活是辛酸的
> 至少我們還有做愛的自由
> 兒子呀，不要窺探
> 至少給我們片刻的自由
> 來世再為你做市長大人
> 現在
> 陽光正曬著吾家的檸檬枝……

這首詩中有一個很有意思的地方，那就是「短短一小截的路／沒有遠方亦無地平線」這兩句。白萩早年有〈遠方〉一詩，「遠方」是夢想之所寄，也是追尋的目標。而「地平線」曾出現在他的〈流浪者〉與〈雁〉兩首名詩中，前者的地平線除了襯托曠野中一株絲杉的孤獨外，也是一種牽制，是土地的另一種稱呼。至於後者「長久在遠處退縮地引逗著我們」的「地平線」相當於「天際線」，指的是天地相連的那一線，也是遠方待追尋

的目標。這首詩明顯指的是後者,「沒有遠方沒有地平線」即在暗示:現實生活中的新美街沒有夢沒有追尋!而這也就是此詩的基調。「在這小小的新美街／生活是辛酸的」,如同檸檬,我們只能做愛,「給酸澀的一生加點兒甜味」!短短一小截的新美街像一段盲腸,我們活著也像盲腸,「是世界的累贅」,小人物的我們「將成為兒子畢業典禮上的羞恥」,詩末再強調:雖然今生無法成為大人物,但至少還有做愛這種卑微的自由,為酸澀如檸檬的生活加點甜味。全詩以嘲謔的手法寫生活的辛酸,平淡中見無奈!

　　像這樣釘根於現實生活中的詩篇,在《香頌》中每一篇都是。而同時期的《詩廣場》以及其後的《觀測意象》雖然焦點較分散,主題較多樣,但對於現實的關注卻更為深廣,像〈臨照〉寫登臨赤崁樓的歷史感懷,〈暗夜事件〉寫貓過西門路的斑馬線被警車輾斃,〈鸚鵡〉與〈火雞〉是兩則政治寓言,〈領空〉從韓航客機蘇聯領空被擊落與蘇聯轟炸機飛過臺灣領空被護送二事,寫臺灣弱國的悲哀。而其中最具現實的時空感的莫過於〈廣場〉一詩:

　　　　所有的群眾一哄而散了
　　　　　　　　　回到床上
　　　　　去擁護有體香的女人
　　　　而銅像猶在堅持他的主義
　　　　對著無人的廣場
　　　　振臂高呼

　　　　只有風
　　　　頑皮地踢著葉子嘻嘻哈哈
　　　　在擦拭那些足跡

　　時間是戒嚴時期,地點是任一個有政治銅像的廣場,事情背景是群眾

被動員參加集會，人物有「群眾」和擬人化的「銅像」與「風」。而詩分三段，分別寫集會完「群眾」、「銅像」和「風」的反應；由這三者的反應來呈現令人莞爾的諷刺，是一首寓批判於嘲謔的政治詩。在極權統治的國家，獨裁者要人民膜拜宣示效忠，所以銅像總是特別多，而人們在其淫威之下，也不得不乖乖順從。然而威權不會教人效忠只會讓人陽奉陰違，一旦控制力消失，再偉大的領袖也比不上有體香的女人值得擁抱，而在「風」的眼中，銅像的堅持和群眾所留下的足跡如同落葉，只是遊戲的對象，筆下充滿對獨裁者的嘲諷，是戒嚴時期的臺灣最真實的寫照與最深刻的政治批判！

　　「釘根」對植物來說是一種很自然的過程，只要安定下來，和土地取得和諧即可。對動物之中最躁動不安的人來說，也是如此。他的土地包括自然環境與人為環境，也是他所必須面對的現實。當他必須被限制行動固著在一處時，難免會有一番掙扎與無奈，一直到他適應為止，所以「釘根」也是人被現實、被土地「馴化」的過程。縱觀白萩的整個「釘根」過程，從〈流浪者〉一詩「樹」的意象首度出現，讓他感受到土地的限制；從〈風的薔薇〉與〈樹〉的兩極擺盪，讓我們看到白萩在「無奈」與「堅定」之間的激烈掙扎。而從〈向日葵〉起，「追尋」與「釘根」逐漸取得象徵性的和諧，所以才有從《香頌》之後「釘根」於現實的白萩！

三、樹與鳥的辯證

　　經過以上的耙梳與剖析，我們發現：從〈羅盤〉、〈流浪者〉、〈雁〉一直到〈雁的世界及觀察〉正代表白萩追尋的四個階段。而其所呈現的意義就是白萩從個人到族群、從浪漫到現實永恆不懈的追尋。至於〈流浪者〉一詩又是「樹」這個意象的起源，經過〈風的薔薇〉與〈樹〉的擺盪與掙扎，一直到〈向日葵〉之後的《香頌》，白萩才從無奈到釘根於現實！

　　因此「追尋」與「釘根」這兩個主題幾乎可以涵蓋白萩大部分的詩

作，也可藉此對白萩的詩有一個提綱挈領的掌握。但問題是：既要追尋，又要釘根，這兩種相互衝突的主題如何並存？白萩的矛盾與掙扎如何調適？而二者之間互動的軌跡爲何？筆者姑舉三首同樣都具有雙重主題的詩爲例，來回答以上的問題。

　　在白萩的詩作當中，〈流浪者〉因爲同時具有「追尋」與「釘根」兩相衝突的主題，具有強烈的悲劇感，日後許多詩作都可以由此找到根源，所以才將之視爲白萩詩作的原型。〈流浪者〉時期的白萩其追尋是浪漫的、主動的，而其釘根卻是充滿了宿命與無奈，因爲一株在客觀上無法移動的樹，在主觀上卻想如鳥一樣去流浪追尋，也就是說，那時候的白萩追尋之不暇，根本無意釘根！

　　〈流浪者〉之外，同時也具有「釘根」與「追尋」意涵的還有〈向日葵〉一詩。〈向日葵〉裡阿火把自己種成一株向日葵，頭部看著東方的太陽，象徵著對理想永恆不變的嚮往，而「種」這個動作是明顯想主動「釘根」。這首詩弔詭的是：「釘根」的目的是爲了「追尋」，唯有種在土地上，向日葵才能發芽、成長，才能開花、仰望太陽。這個時候的白萩已經意識到：浪漫的追尋是不切實際的，而釘根土地之必要！

　　此外，〈向日葵〉和〈流浪者〉之間還有一個有趣的對比：〈流浪者〉以一棵植物（絲杉）來做爲追尋的主體，而〈向日葵〉卻以一個動物（阿火）來做爲釘根的主體。絲杉不能走也不能飛，而活人也不可以種在地中，這是否意味著：《蛾之死》時期的白萩連不能動的植物都想追尋，而《天空象徵》時期的白萩在殘酷的現實下開始有了釘根的念頭，象徵著白萩從「追尋」到「釘根」的位移！

　　在白萩的六本詩集當中，幾乎沒有重複被收錄的作品，〈SNOWBIRD〉是唯一的例外。這首詩原刊於 1971 年 6 月的《笠》第 43 期，並收錄在 1984 年 3 月出版的《詩廣場》中，爲其壓卷之作，1991 年 7 月《觀測意象》出版時又收了進去。如此特殊的情形實堪玩味，若非白萩疏忽，便是白萩有意強調此詩對他的重要性。此外，這首詩也是白萩極少

數將「樹」與「鳥」放在一起，並且有意在詩中擺下語言的迷宮，頗富玄機的作品。可惜，從沒有人發現這些特異之處，也從沒有人針對這首〈SNOWBIRD〉詳加論述！

這首詩長達百行，是白萩少數的長詩之一，共分三大節，每節各六段，其中二、四段均為兩行而且高出其它兩格，內容反覆強調生存與死亡的主題，如表一。而每節第一段的末兩句，分別又在該節末段予以重複（第三節第六段將前面的一句兩行拆成兩句四行，略有變化），如表二。

表一	表二
我沒有生存的主題 　沒有在生存中生存的主題 　　　　　　　　　　——1-2	現在一株樹生存只生存 在整個冰雪的象徵中 　　　　　　　　　　——1-1-5,6
我沒有死亡的主題 　沒有在死亡中死亡的主題 　　　　　　　　　　——1-4	現在一株樹生存只生存 在整個冰雪的象徵中 　　　　　　　　　　——1-6
生存中沒有我的主題 生存中沒有我生存的主題 　　　　　　　　　　——2-2	現在一隻鳥生存只生存 在整個冰雪中的一株樹 　　　　　　　　　　——2-1-5,6
死亡中沒有我的主題 死亡中沒有我死亡的主題 　　　　　　　　　　——2-4	現在一隻鳥生存只生存 在整個冰雪中的一株樹 　　　　　　　　　　——2-6
生存中有我死亡的主題 死亡中有我生存的主題 　　　　　　　　　　——3-2	現在一株樹一隻鳥生存只生存 在整個冰雪整個死亡的象徵中 　　　　　　　　　　——3-1-5,6

死亡中有我生存的主題

生存中有我死亡的主題

　　　　　　　　——3-4

現在一株樹生存只生存

在你冰雪的象徵中

一隻鳥生存只生存

在你死亡的象中

　　　　　　　　——3-6

　　在表一當中，有一組相對的主題，關鍵字是「生存」和「死亡」。首先在第一節第二段（1-2，以下代號類推）第一行寫道：「我沒有生存的主題」，第二行再強調「沒有在生存中生存的主題」，因為「我」省略，所以第一格空著，中間多了「在生存中」四字。1-4 雷同，只不過把「生存」代換為「死亡」。第二節句型改變，2-2 把原本「我沒有生存的主題」改成「生存中沒有我的主題」，下一句變成「生存中沒有我生存的主題」；2-4 同樣又把「生存」代換為「死亡」，其餘如例變化。以上兩節全都是否定句，而且每段的第二句都只是第一句的強調；第三節則全用肯定句，並把「生存」和「死亡」揉合在一起。3-2 是「生存中有我死亡的主題／死亡中有我生存的主題」，3-4 兩句再互換。作者以繞口令的方式讓人在語言的迷宮中昏頭轉向，把生與死攪混在一起，而其實這正是他的目的——傳達一種「方生方死，方死方生」、「生即是死，死即是生」、「生中有死，死中有生」的意旨。而「生存」與「死亡」這樣一組相對的主題，如果我們用「追尋」與「釘根」來代換，是不是就是表達——「在追尋中有釘根，在釘根中有追尋」這樣一種意旨！

　　在表二中，第一節的主角是樹，而這株樹只生存在冰雪的象徵中。第二節的主角換成鳥，這隻鳥只生存在上一節冰雪中的那株樹。第三節則寫鳥生存在樹上，樹生存在冰雪中，而冰雪象徵殘酷的現實、死亡的威脅！如果樹、鳥、冰雪三者分別象徵釘根、追尋、現實，那麼白萩在詩中所透露的是否就是：鳥生存在樹上，就像追尋必須有釘根做為基礎；樹生存在冰雪之中，就如同釘根必須立基於現實之上。

　　通過以上「樹與鳥的辯證」，有關白萩在「追尋」與「釘根」之間的種種疑惑就可以豁然貫通，而這首〈SNOWBIRD〉就是解開「史芬克斯之謎」的通關密語！

四、結語

　　不管在語言的使用或者創作的意識上，白萩都是一個相當自覺的詩人，所以這首〈SNOWBIRD〉的表達難免過於形式主義與概念化，雖不是白萩最好的詩，但和同樣都是長篇壓卷之作的〈蛾之死〉以及〈風的薔薇〉，分別代表白萩創作心靈的三個重要階段——浪漫的追尋、苦悶的釘根、追尋與釘根的調適；都是了解白萩最重要的詩。

　　本文一開始在點出：〈流浪者〉做為白萩詩作的「原型」，具體而微地顯示出白萩日後詩作的兩大主題——「追尋」與「釘根」；進而從他的詩作中加以耙梳論述：這兩個看似相斥其實相生的主題如何獨自發展與相互辯證；而做為追尋與釘根主體的絲杉——白萩，如何調適、化解矛盾而取得統一與諧調。

　　在白萩的例子裡，我們也可以看到：最後釘根並不妨害追尋，因為天空就在我們頭上，當我們扎得愈深，就可以長得愈高，愈接近天空！而這也意味著：唯有立足臺灣，才能放眼世界！「一株流浪的絲杉」，它的追尋，它的苦悶，不也正是長久以來臺灣人對未來想像及其處境的寫照嗎！它不僅是白萩詩作的「原型」，也是臺灣人「集體潛意識」的流露！

附錄：白萩著作

文類	書名	出版社	出版日期	開/頁	備註
詩集	蛾之死	藍星詩社	1959 年 5 月	25/77	有張秀亞序，作者後記。
詩集	風的薔薇	笠詩社	1965 年 10 月	36/62	有序及後記。
詩集	天空象徵	田園	1969 年 6 月	32/88	有後記。
詩選	白萩詩選	三民	1971 年 7 月	40/194	

論評	現代詩散論	三民	1972 年 5 月	40/163	理論、批評。
詩集	香頌	笠詩社 石頭	1972 年 8 月 1991 年 6 月	32/186 25/236	1991 年 6 月改由石頭出版公司出版，25 開，236 頁，中英對照。附陳芳明、陳千武、陳鴻森、趙天儀文。
詩集	詩廣場	熱點	1984 年 3 月	25/144	有訪問討論、年表、評介、索引、後記。
詩選	風吹才感到樹的存在	光復	1989 年 6 月	25/305	其子何聰生編選，有梁景峰、陳文理、何聰生文。
詩選	自愛	笠詩社	1990 年 3 月	25/172	附英譯。
詩集	觀測意象	臺中市文化中心	1991 年 7 月	25/260	有附錄文字多篇。

——選自國立彰化師範大學國文系編《臺灣前行代詩家論》
臺北：萬卷樓圖書公司，2003 年 11 月

白萩詩的抗拒思想

◎顧蕙倩[*]

第一節、前言

抗拒思想和文學牽扯在一起，這其中有一個重要的聯結不可或缺，就是「權力」的機制。對權力的解釋，米歇爾・福柯（Michel Foucault）下了一個精簡定義：「權力就是各種力量的關係」[1]，誰擁有權力，誰就是支配者。然而被支配者並非束手無策，在文學的作品中，作者借助文學表徵的虛構性、含混性、象徵性、寓言性等，微妙的累積反擊力量去化解支配者的宰制，這就是文學作品的抗拒思想[2]。

臺灣現代詩的抗拒思想在日治時代即為主要表徵，在本章第二節已有詳述，在此不必贅言。這種反帝、反封建，揭露階級剝削與反抗日本殖民統治的心聲，隨著日本投降，國民黨來到臺灣之後，文學作品中的抗拒思想也隨著權力支配者的改變而產生質變。可由於臺灣文學日治以來的抗拒傳統，所以臺灣現代詩中的抗拒思想自然和政治扯上關係。

政治詩不但是中國傳統文學極重要的一部分，臺灣現代詩中更是一種廣為探討的類型，除了延續中國仕宦文化的傳統外，臺灣歷史環境的多元

---

[*]銘傳大學應用中文系兼任講師。

[1]傅柯強調 generative power：力量關係本身的不平等，會持續生產一些權力狀態，但是這些狀態很局部、很不穩。權力看起來無處不在，不是因為它籠罩一切，統一一切，而是因為它是每時每刻、在每個關係中不斷被生產出來，也因此它是來自四面八方每個角落的。這麼說來，權力「看起來」恆常不變、固定不動、自我再生產，其實只是從這些變動而產生的整體化效應（effect）。傅柯主張做個唯名主義者（nominalist）：也就是說，「權力」只是人們用來描述一個特定社會中的複雜策略狀態的名詞。（參考何春蕤「90 學年度第一學期課程」——傅柯專題）。

[2]許文榮，《南方喧嘩：馬華文學的政治抵抗詩學》（吉隆坡：南方學院出版社，2004 年），頁 4。

變遷，讓政治詩的發展不但多元而敏感，詩人可以各自表述，運用不同的創作手法，對政治詩的定義更是百家爭鳴。本論文中的「政治」採取廣義解釋，因此「抗拒」和「離散」等即可納入「政治」的範疇之中。筆者從政治詩的角度切入「臺灣現代詩的抗拒思想」，乃認為臺灣現代詩浪漫精神中的抗拒思想因這塊土地在歷史地理上的複雜性，不但和西方浪漫精神的抗拒思想有所不同，和五四時期的激進浪漫精神更展現出相異的特質。

　　日治之後臺灣現代詩浪漫精神中的抗拒思想，隨著權力宰治者的多元化而不同，狹義地說，權力宰治者是指實質的掌權者；廣義來說，可指語言、身體、性別、家庭、命運等的宰治者。所以有時是指個人主體性的呈現，有時是為社會原屬階層（subalter）被宰制而發聲的社會詩，皆可視為廣義的政治詩。孟樊在〈當代臺灣政治詩學〉中為政治詩中的抗拒詩做分類，即抗議詩（protest poetry）、異議詩（dissident poetry）及抗拒詩（resistance poetry），其界定可算清楚[3]，細看其內容，政治詩中的抗拒精神其實和浪漫精神中的抗拒思想多所雷同。不同的是政治詩中的抗拒詩，著重在針對特定的反抗對象，而浪漫精神中的抗拒思想不需要以明確的抗拒對象為反抗的主題，只要是為全人類發聲，具批判、指涉、抗議的精神，暴露政治社會的殘酷現實，或是反抗人類的宿命悲劇，都可算是浪漫精神的抗拒思想。

　　另一種的抗拒思想則是屬於消極的浪漫精神，這種田園模式反映了詩人的回歸原始狀態，但它絕非逃避文學（escapist literature）；相反的，正可以清晰的映照出詩人存在的危機。因此任何對現實的消極批判，都是對田園理想積極追求的初步。就這層意義而言，除了歌功頌德的作品之外，任何描寫科技文明殘害人類與自然的詩，都可是中西田園模式的雛型[4]。

---

[3] 孟樊，《當代臺灣新詩理論》（臺北：揚智文化公司，1995 年），頁 183。
[4] 張漢良，《現代詩論衡》（臺北：幼獅文化公司，1981 年），頁 174。

第二節、白萩的抗拒精神

　　筆者之所以選擇白萩做爲臺灣現代詩反抗精神的例證，乃因白萩的批判不是針對任何一個政權或族群，而是批判現實背後的真相[5]，以冷凝觀照不斷自我超越。他早期作品中抒發自我、浪漫，後期作品探討生命，充滿睿智，語言回歸口語，淺顯自然。以詩歌成就他抒發內心的抑鬱之外，詩歌也是他用以反抗現實的手段[6]。他的詩文本在遣辭句構上十分簡扼，卻可以精準地展開畫面和思維。「簡扼」卻「精準」，他是一個擁有多種樣貌的詩人。

　　白萩時而浪漫，時而在自我個性的表現中蘊含著濃郁芳香的情感；他時而孤獨，深沉黑暗的悲劇性在作品中重複上演；時而真實，擅長以創新而富想像力的文字，掌握語言斷與連的技巧，挖掘現代人的內心世界與存在價值，爲生死議題帶來不同的省思。白萩能從現實生活的層面中擷取素材，對現實議題的批判不會受限於直陳的議論或悲情的吶喊，對現實中生命的悲劇性和現實的缺憾不是虛無主義式的主觀感慨，而是能以強烈的自我呈現，產生抗拒的思維。是故以白萩做爲浪漫精神的抗拒思想代表，再適合也不過了。

　　白萩最初加入《藍星周刊》，後參與《現代詩》與《創世紀》，1964 年與陳千武等人發起創刊《笠詩刊》，成爲臺灣四大詩刊不折不扣的見證人和參與者[7]。第一本詩集名爲《蛾之死》（1959 年），它前半部具有浪漫主義的色彩，後半部則實驗性極高，其形式的思考與創新對臺灣現代詩壇造成極大的衝擊；後白萩的《風的薔薇》（1965 年）大部分已脫離《蛾之死》時期浪漫主義的想像基調，不但加入主知的成分，還保有對存在的思考與批

---

[5]蔡珠兒記錄，〈白萩詩集《詩廣場》討論會記實〉，收錄於白萩《風吹才感到樹的存在》（臺北：光復書局，1989 年），頁 255。
[6]張芬齡，《現代詩啓示錄》（臺北：書林出版公司，1992 年），頁 55。
[7]金尚浩，《戰後臺灣現代詩研究論集》（臺中：晨星出版社，2005 年）頁 113。

判。其實早在第一首得獎作品〈羅盤〉即已呈現浪漫精神中的抗拒思想[8]，只是從《天空象徵》（1969 年）開始，白萩的抗拒思想更爲強烈。

今選白萩詩做爲文本討論，可一窺其具抗拒與批判精神的浪漫特質，這位生長於臺灣的現代詩人，其批判的思想和五四時期的浪漫特質，甚至和寫實主義的批判精神有何不同？這些都是值得深入探討的課題。臺灣研究白萩的詩作，多著眼於其現實主義的表現手法，或是專對其語言技巧作深入分析[9]，雖然他本人曾說過：「我的文學生活是現實生活的紀錄」[10]，可是他的現實生活只是文本的素材，不是文本的全部，經過詩人藝術化的處理，將現實生活層出並綴接提升後，詩人強烈的自我加上素材才是詩文本。批判的思維和感性的訴求讓白萩的詩即使具有現實性，也和現實產生距離的美感，批判中帶有克制後的嘲諷，悲憫卻不濫情。

如果我們想較深刻地了解白萩的詩，這就不能不重視白萩的「抗拒精神」[11]。雖然研究者談論白萩的詩，以爲只有第一本《蛾之死》的前半部具有浪漫主義的精神，其餘的不是具現代主義就是寫實主義的精神[12]。筆者以爲白萩的作品創作手法和語言風格儘管時有更迭，其文本所呈現的抗拒精神實具有積極浪漫主義的特質。以下分就三項加以說明：

（一）對命運的嘲諷

人類雖然有生存的權力，卻無法避免死亡的宿命，命運的安排看起來是一連串巧合與偶然的排列組合，一點都不在吾人掌握之中，但是白萩的作品提醒我們，人類總有嘲諷命運之神的權力吧。命運之神看似掌握了人類生命的無上權力，渺小的人類只能任由它擺布，可白萩在一貫的冷靜與

---

[8] 下文將對〈羅盤〉一詩加以分析，在此將不再細論。

[9] 可參考陳芳明〈雁的白萩〉，何聘生《孤岩的存在——有關白萩作品評論的結集》（臺中：熱點文化公司，1984 年），頁 101～122。

[10] 蔡珠兒記錄，〈白萩詩集《詩廣場》討論會記實〉，收錄於《風吹才感到樹的存在》，頁 275。

[11] 鄭烱明，〈談白萩的詩〉，收錄於何聘生《孤岩的存在——有關白萩作品評論的結集》，頁 65。

[12] 可參考柳文哲，〈詩壇散步：風的薔薇〉，《笠》第 10 期（1965 年 12 月 15 日）、李魁賢，〈白萩論〉收錄於何聘生《孤岩的存在——有關白萩作品評論的結集》、張芬齡《現代詩啓示錄》、金尚浩《戰後臺灣現代詩研究論集》等。

哲理式的生命思維背後，卻勇敢地向命運之神挑戰，以「自我」努力生存的權力向命運之神的權力下戰帖。以下這首〈我知道〉就是戰書的第一章：

外邊有一座獨木橋
　　　　　　我知道
有人正血熱地對峙
　　　　　　他們在爭先
橋的彼端是路
　　　　路的彼端是城鎮
　　　　　　城鎮的彼端是繁華

在小小的硬殼之內
寄居著一點赤裸的靈肉
　　　　　　　我知道
我只是曠野上
一隻失群的蝸牛
　　　　　讓我小歇一會兒
等他們的足聲遠了
　　　　　再上路
堅定地走完長長的一生

——《詩廣場》，頁 8

這首詩以一隻失群的蝸牛為主角，當牠出現時，可已經到了文本的第三段。世界何其大，獨木橋上正演著爭先恐後的戲碼，橋之外是道路，道路之外聯接的是城鎮，城鎮彼端是忙碌熱鬧的繁華世界，詩人在第一段運用中國文字圖象特色，將一行行的文字排列成一串接著一串的詩句，讀來彷

彿有令人目不暇給的感覺。在繁華世界的橋上,卻有一隻小小的蝸牛和群體走失了,牠也許誤走進了陌生的繁華世界,可是牠仍然繼續走下去,牠告訴自己說,累了就小歇一下吧,無須埋怨命運的安排,也不必和繁華的世界爭先恐後,只要堅定自己的信念,「走完長長的一生」。這不就是對命運之神的無上權力最好的嘲諷嗎?

白萩善於運用心靈「抗拒」的思維,讓強烈的生命尊嚴予以提升到差點可以和「命運之神」抗衡,「自我」的力量看起來是多麼的值得尊敬,但是也因此而益發顯得生命的悲壯性。我們底下另引〈叫喊〉來說明抗拒之意義:

> 不要輕易地探觸我的主題
> 生存或死亡,
>
> 太平間裡漏出一聲叫喊
> 太平間空無一人
> 死去千百萬次的房間
> 卻仍有一聲叫喊
>
> 陽光在窗口察看
> 太平間的面孔分外清楚
> 在死絕的世界裡
> 留有一聲活生生的叫喊
>
> 一滴血漬仍在掙扎
> 在蒼蠅緊吸不放的嘴下

——《白萩詩選》,頁 193

以「叫喊」為題,如同挪威畫家孟克的名作〈吶喊〉,像是人類對命運無盡

的控訴，亦像是對命運兇狠的挑戰。面對死亡雖然是人類的宿命，到死神面前人人都是平等，沒有人可以倖免，但是白萩仍然不放棄對命運的嘲諷，連一隻蒼蠅嘴下緊吸不放的一滴血漬都不放棄生存的權力，在還未被蒼蠅吞下之前，仍然盡力地叫喊。這種堅持到最後一刻的生命呼喊，不就是詩人讓生命活出最後尊嚴的抗拒精神嗎？

（二）對現實世界的控訴

我們若觀察白萩的創作，「阿火世界」確實是一個重要的轉捩點，接下來的詩集無論是寫夫妻日常生活的《香頌》，或是涉入現實政治的《詩廣場》，都是從自我的存在所作的轉向，大量貼近現實世界的細節，都從其客觀的白描細節呈現出詩人內在思維與關切所在。他對政治的批判不適合貼上哪個年代的標籤，他沒有特定的意識形態，也沒有絕對的政治觀點。他常常做的是將觀察「政治」事件的所得結合強烈的自我以產生辯證性對話。

白萩的〈火雞——庭院事〉[13]寫到：「輪到他登場／火雞在地球上闊步／自吹負擔一個使命／擡頭向天空激昂作勢／天老爺高在他的頭上／其他／都低在爪下」，題目從現實場景著眼，大世界自然縮影成一方庭院，火雞在地球上闊步，空間的忽大忽小產生了視覺微妙的矛盾，也暗示了火雞雄霸一方的假象。然後這隻火雞「駕著他的坦克／威風凌凌地輾過街道／而螞蟻沉默在牆角／就讓他們賣命的建設吧／『只要不咬我一口』」。至此吾人看到詩中的火雞應是「好戰者」，牠以武力威脅庭院裡的弱小生靈，而且這顯然就是國際間大國欺負小國的縮影。大國不但以武力威脅小國，而且還口口聲聲呼喊這是為了維護「自由！自由！」，「如果你質問他他更理直：／『自由！自由！』／自由是可口的食物／他吃一口自由叫一聲自由」，至此我們才了解，原來第一段詩句提到「負擔一個使命」，就是吃一口他人的自由，叫一叫自由，「然後嘔一口酸污的自由／潑給那些螞蟻們領

---

[13]白萩，《風吹才感到樹的存在》，頁193。

受」。白萩寫的僅僅只是現實政治，不是政治立場，更不是意識形態的認同
與否。

白萩的「政治詩」應屬於廣義的「政治詩」[14]，不以政治詩為政治論
述的一種，也不是以政治人的身分做一種表達；他關心政治，但不限於
「以政治處理詩」而是「以詩處理政治」[15]。像在〈暗夜事件〉這一文本
中詩人以平淡的語氣寫著：「為了保障，貓兒／還是走著斑馬線，詩人／只
瞇眼觀察／帶著一本空白的詩集／這是安全的這是保障／貓兒走著斑馬線
過街」。斑馬線的設置就是為了保障用路人的安全，這是連貓兒都知道的
事。詩人為了安全為了保障，除走斑馬線外，還特別帶著一本空白詩集，
沒有文字總沒有問題吧，「突然／可沒啥道理／轉角處／闖出一部警車兇猛
／輾過了斑馬線」，明明是最具保障的地方，輾過去的居然是保障人民的警
察，「揚長而去／去而又回／詩人睜眼觀察／卻發現／一首詩肢體破碎／片
片語言滴滴血／散在斑馬線上」，語言從冷靜而平順的敘述中，衝出了血跡
斑斑的事實，這是詩人對現實政治戕害文學的控訴，藉著生活中的貓兒寫
出一個嚴酷而不講道理、令人恐懼的政治環境。

我們另引一首〈總之〉來看詩人對現實（政治）世界的反應。詩人文
本如下：

　　總之一切所為只是風

　　你怔住，一粒沙似的

　　奔波在無常裡

　　現在

　　午夜的新美街已入定

　　唯獨你對著詩箋

---

[14] 對政治詩定義的探討，可參考游喚〈八十年代臺灣政治詩調查報告〉，收錄於鄭明娳《當代臺灣政治文學論》，頁359～360。

[15] 李魁賢，《一九八四臺灣詩選》（臺北：前衛出版社，1985年），頁10。

自審

越南照樣被戰火燒灼

國聯聯合國又如何

東巴還是在屠殺

雞鳴了又如何

仍是不新鮮的老太陽一個

於是你在黎明前寫下一行：

自我存在才是存在

——白萩，《風吹才感到樹的存在》，頁 32

這首〈總之〉是白萩寫於臺灣退出聯合國之夜。以「總之」爲題，且詩的開頭就是「總之」，在必須面對世界局勢的事實中，詩人除了無奈還多了一份歷史的無常感。但是詩人仍是一貫的跳脫激情，與現實世界保持距離的觀察，退出聯合國本對臺灣是極重要的事件，詩人不流於吶喊，也不以批判現實時局爲目的像一名智者般，讓世界局勢的風起雲湧，歸結爲「總之一切所爲只是風／你怔住，一粒沙似的／奔波在無常裡」，該入眠的新美街還是依時入定。然而詩人畢竟並非智者，一顆熾熱敏感的心讓他在午夜仍爲臺灣局勢牽掛，「午夜的新美街已入定／唯獨你對著詩箋／自審」，他終究還是顯露了他強烈的自我：「自我存在才是存在」。這個「自我」可以定義爲詩人的自我，也可以是「臺灣」立足於世界局勢中立穩腳跟自我認同的「自我」。

另外請看看底下這首〈夜〉：

所有的嘴閉上了

　　　因為　結束爭辯

所有的眼闔上了

　　　　　　因為　生命疲厭
　　所有的耳關上了
　　　　　　因為　爭辯結束

　　只有一條野狗
　　在長街不屈地搜察著門戶
　　走走又
　　看看
　　看看又
　　走走

　　最後
　　在長街的盡頭
　　不知嗅到了什麼
　　而　淒　厲　了　一　聲

——白萩，《風吹才感到樹的存在》，頁 196

　　詩人句句犀利，直指無孔不入的思想箝制，讓人不覺地有吶喊的激情或政治的悲情演出。在所有人的嘴巴、眼睛、耳朵都已閉上之後，爭辯看似已結束，其實那是因為爭辯最終仍無成效，而生命已經疲厭，因此只好假裝看不見、聽不到、說不出口。即使是這樣，一隻野狗在長街仍然不屈地搜察著門戶，來來去去，走走又看看，充滿著肅殺之氣，最後還是讓牠嗅到了什麼，「淒　厲　了　一　聲」，詩人讓這一聲淒厲迴盪在暗夜的長巷盡頭，對比於長巷的空寂噤聲，這聲淒厲顯得格外恐怖而刺耳，這就是詩人對現實世界的強烈控訴。

（三）對人類存在的抵抗

　　自我存在的孤絕是白萩詩裡常見的主題，年輕時的白萩曾榮獲中國文藝協會新詩獎的〈羅盤〉，在第一節中這樣描寫著：

握一個宇宙，握一顆星，在這寂寞的海上

我們的船破浪前進，前進！像脫弓的流矢

穿過海鷗悲啼的死神的梟嚎

穿過晨霧籠罩的茫茫的遠方

前進啊，兄弟們，握一個宇宙，握一顆星

我們是海上新處女地的開拓者

——《白萩詩選》，頁 3

在這充滿浪漫精神的文本中，白萩已經開始關心著人類存在的真相，「握一個宇宙，握一顆星」，對一艘破浪前進的船而言是多麼不可能的事；詩的開頭詩人曾想征服宇宙，是這樣的氣勢恢宏，雄心萬丈，其實卻更襯托出人類存在的悲哀、人類的渺小及人類存在於宇宙間的寂寞。生命的存在像脫弓的流矢一去不回，沒有任何回頭的可能，必須穿過死神的梟嚎，穿過茫茫的遠方，像一個「新處女地的開拓者」。白萩的文本句句讀來卻像一個向人類宿命存在挑戰的悲劇英雄。年輕時的白萩浪漫的情懷中已展現其思考人類存在的真相。

在下列這首名作〈雁〉裡，詩人更進一步闡發人類存在宿命下的抗拒精神：

我們仍然活著。仍然要飛行

在無邊際的天空

地平線長久在遠處退縮地逗引著我們

活著。不斷地追逐

感覺它已接近而撞眼還是那麼遠離

天空還是我們祖先飛過的天空

廣大虛無如一句不變的叮嚀

我們還是如祖先的翅膀。鼓在風上
繼續著一個意志陷入一個不完的魘夢

在黑色的大地與
奧藍而沒有底部的天空之間
前途只是一條地平線
逗引著我們
我們將緩緩地在追逐中死去，死去如
夕陽不知覺的冷去。仍然要飛行
繼續懸空在無際涯的中間孤獨如風中的一葉

而冷冷的雲翳
冷冷地注視著我們。

——《白萩詩選》，頁 141

這首〈雁〉和前面的〈羅盤〉做一比較，詩人已將人類生存的宿命擴大為對理想追求的悲劇性，「前途只是一條地平線／逗引著我們」，理想如地平線，死亡仍然是人類無法逃避的宿命。在無際涯的天空中不停地飛行，人類孤獨的宿命如風中的一葉，既然活著，就要意志堅定地不停飛行，「繼續著一個意志陷入一個不完的魘夢」。一隻雁或是一個人的存在，在整個宇宙的運轉中，只能算是運轉的一部分，曾經存在的事實，只能用「冷冷」的情懷來對待。

第三節、小結

這樣的宿命，詩人寫來悲劇感強烈，卻不淪為悲觀的虛無。他常常寫出自我強烈生存的意志，即使是在面對生存的宿命，他清醒地了解，人類

不能退縮，這就是一種對「對人類宿命的抵抗」。〈有人〉[16]一詩則是藉著小小的「蟬」表現出這種孤枝高鳴的不敗鬥志：「眾蟬鼓嘈／而一蟬沉默／眾蟬沉默／而一蟬高鳴」，雖然孤獨地存在，終能得到一聲回應，「有人／對著天空深處／點叫自己／自己大聲的回應」，人類存在如何證明自己的存在呢？在詩中詩人藉著一隻蟬告訴我們，認真地活出自己，只要自我存在就是存在。

——選自《文學臺灣》，第 75 期，2010 年 7 月

---

[16]白萩，《風吹才感到樹的存在》，頁 27。

卓越的想像力，嶄新的語言

論白萩的詩

◎金尚浩[*]

一、前言

在詩裡想像力的形成，是從對象和語言的結合，並其詩的行爲中出發。詩人把每首作品，命名和做臉的行爲是，提供事物的特徵具體聯想的機會。這種行爲可以說是最理想的創作方法，是成爲認識事物、覺醒事物存在性的重要意味的行爲。詩語就是在詩人的生活中，仍在流動的語言的摸索，和詩人自己的體驗裡磨鍊的語言產品。

白萩從 1952 年（16 歲）開始接觸現代詩的時期，在臺中《民聲日報》副刊上發表現代詩以來，跨越了臺灣詩壇兩個明顯不同風格的時期——創作上他偏重予現代主義，也有努力追求現實主義，自詭異多變，充滿個人主義色彩的純藝術及浪漫幻想的詩世界，跨向了關懷鄉土，放眼現實，對民間疾苦付予愛與同情的現實主義的風格。在戰後現代詩萌芽期，開始寫詩的他，可以說是臺灣現代詩發展史的見證人。因此，在戰後臺灣現代詩五十多年的發展過程中，無疑的，白萩是占有極爲位置的重要詩人。雖然他曾經三度停筆相當長的時間沒有創作，但這並不減低他對詩壇的影響力和重要件。

白萩（1937～），本名何錦榮，臺中市人。省立臺中商職高級部畢業，曾任職於臺灣省教育廳衛生教育委員會、省立臺中農學院（國立中興大學

---

[*]修平科技大學應用中文系專任副教授。

前身）教務處。現從事室內外設計及出版業。1955 年（19 歲）以〈羅盤〉
一詩獲中國文藝協會第一屆新詩獎，與林泠同被譽為天才詩人。初為《藍
星週刊》，後參加《現代詩》、《創世紀》。「笠」詩社發起人之一，曾多次主
編《笠》詩刊；與陳千武同為《亞洲現代詩集》臺灣編輯委員；現任臺灣
現代詩人協會理事長。出版詩集有《蛾之死》（1959 年）、《風的薔薇》
（1965 年）、《天空象徵》（1969 年）、《白萩詩選》、《香頌》（1972 年）、
《詩廣場》（1984 年）、《風吹才感到樹的存在》（詩選集，1989 年）、《自
愛》（自選集，1990 年）、《觀測意象》（1991 年）。評論集有《現代詩散
論》；英譯本有非馬的《香頌》；德譯本有梁景峰的《臺灣之火》；以及有關
他的評論、作品合評、座談會或訪問記錄的《孤岩的存在》等。白萩的詩
是從現實生活中提煉出來的。林亨泰說：

> 白萩的想像力非常密緻，可以把兩個距離很遠的東西，用他的筆力把它
> 們拉攏、整合，最後給讀者一個意外的感動。[1]

　　白萩是一位具有獨特風格的臺灣詩人。他熟練操縱語言，勇於嘗試實
驗的精神，使他的詩意象鮮活，意義深刻，而帶有濃厚的人間味。本論文
以他的六本詩集，區分為第一期至第四期，他的主要作品為其探討對象，
將作者與臺灣四大詩刊並駕齊驅發展的過程；和第一期《蛾之死》；第二期
《風的薔薇》；第三期《天空象徵》、《香頌》、《詩廣場》；以及第四期《觀
測意象》，此五個階段來提出論述。

二、與臺灣四大詩刊的關係

　　臺灣四大詩刊，白萩是不折不扣的見證人和參與者。林燿德說：
　　在 1950 年代崛起的詩人中，白萩的血緣最為紛雜，他是唯一和《藍

---

[1] 白萩，〈白萩作品討論會〉，《觀測意象》（臺中：臺中市立文化中心，1991 年 7 月），頁 176。

星》、《現代詩》、《創世紀》和《笠》四大詩刊，有深厚淵源的一位詩
人，而他獨樹一格，自成天地，既是一位「集大成」者，也是一位重要
的「開拓者」。[2]

　　白萩早期與四大詩刊的關係，以《藍星週刊》為首，《現代詩》和《創
世紀》居中，《笠》殿後。

（一）與《現代詩》

　　1953 年 2 月紀弦創刊《現代詩》。白萩對詩的觸手，同時也伸向《現
代詩》，他說：「開始寫詩時，我的作品主要發表在《藍星週刊》。由於寫得
很勤，獲獎時我已經寫了兩三百首詩。因作品太多《藍星》消化不了，也
在《現代詩》上發表」[3]。〈鐘〉便是該刊第 9 期（1955 年 3 月）發表的第
一篇詩作。從此之後，〈青燈集〉第 10 期；〈紅葉輯〉第 11 期；1956 年 2
月正式加入「現代派」[4]。〈影〉第 13 期；〈五月抄〉第 15 期，一直到〈流
浪者〉於第 23 期（1959 年 5 月）等詩作陸續發表。他認為「現代派」的
創立，強調現代精神的確立，新的表現手法技巧的學習，增加詩中知性之
思考，從而加速臺灣新詩的現代化，這一組織有其開風氣之先的前導作
用，在現代派成員中，真正具有現代精神了解現代主義者，可說寥寥無
幾，紀弦本身就是一個浪漫主義者，是以創立不逾三年，現代派就日漸式
微了。

（二）與《藍星週刊》

　　與紀弦唱反調的詩人覃子豪，1954 年 3 月成立「藍星詩社」。在《公
論報》擁有一塊園地《藍星週刊》，又於 1958 年創刊《藍星詩頁》。白萩在

---

[2]林燿德，〈訪白萩〉，《自由青年》（1988 年 1 月）。轉引自《觀測意象》（臺中：臺中市立文化中
　心，1991 年 7 月），頁 229。

[3]鄭烱明、李敏勇，〈白萩，久違了！〉，收錄於《觀測意象》，頁 133。

[4]林亨泰在〈藍星·創世紀·笠三角討論會〉中說：「現代派是現代詩社發動的現代派，後來就變成
　藍星、創世紀、笠共同支持現代詩運動，應該說除了現代派運動之外，還有現代詩運動。」參見
　鄭烱明編《臺灣精神的崛起——《笠》詩論選集》（高雄：春暉出版社，1989 年 12 月），頁 352。

發現《公論報》上的《藍星週刊》，開始大量詩創作及投稿。此詩刊是白萩
發表詩作的處女地，他的一系列詩作如〈夕暮〉、〈囚鷹〉、〈遠方〉、〈瀑
布〉等等，都曾在該刊陸續披露，主編覃子豪也對白萩十分賞識，故而促
使他寫作更加起勁。1958 年 12 月處女詩集《蛾之死》，由藍星詩社出版。
白萩對有人所指摘的「他們是沙龍詩社，強調抒情與古典的融匯，具有學
院派的氣質」[5]，這樣的想法相當同意。

（三）與《創世紀》

　　早期主張建立新民族詩型，後來走向超現實主義的《創世紀》於 1954
年 10 月張默等人成立。白萩說：「參加現代派之前，我也在《創世紀》上
投稿」[6]。始於 1955 年 6 月第 3 期，他的〈雕像〉首次露面以來，緊接著
他在該刊從第 11 期到 25 期，登載了不少相當優異的詩作，為各方面矚
目。1959 年加入《創世紀》，並列名為編輯委員[7]。當時「現代派」的精英
和《藍星》的大將也都網羅了。但改版後，卻走向現代主義的道路去，承
繼了現代詩社的路線，而與藍星詩社對峙。他們由於過分重視超現實主義
手法的實驗，相繼也帶來一股晦澀難懂的弊端。而白萩於 1964 年退出《創
世紀》。

（四）與《笠》

　　1964 年陳千武、白萩等共 12 人發起創刊的《笠》詩刊，它凝集了本
土派詩人的共識，在 1960 年代瀰漫超現實主義的空洞、虛無的浪潮中，
《笠》確立的是為臺灣這塊土地和人民吟唱的「現實主義」和「新即物主
義」。《笠》的基本共識是：語言要明朗，不要晦澀；題材要現實，不要虛
緲。《笠》出刊至今，從未脫期，已逾 239 期，白萩曾先後出任主編多次，
將近一百期，占相當多的期數。《笠》不論何人編，他們絕不排斥外省和大

---

[5]張默，〈站著，一支入土的椿釘——白萩的詩生活探微〉，《聯合文學》第 140 期（1996 年 6 月），
　頁 107。
[6]白萩，〈白萩作品討論會〉，《觀測意象》，頁 133。
[7]白萩，〈白萩作品討論會〉，《觀測意象》，頁 133。白萩說：「《創世紀》改版時，我是『掛名編
　委』，未實際參與編輯」。

陸詩人的作品，目前由淡江大學西班牙語文系林盛彬教授當主編，《笠》希望詩要落實在生存的土地上，要生活化甚至於母語化，強調詩的精神要素，要求表現物象的生命。

總之，1950 年代臺灣詩壇上相繼出現的三個刊物，創刊時並沒有明確的主張和理論，只是提供詩人發表作品的園地而已，但是所發表的作品卻大多不是反共和戰鬥的。紀弦所提倡的「現代詩」運動，只是曇花一現，而在 1959 年 4 月，此運動的高潮過後，《創世紀》改版革新，代替《現代詩》，而成為當時詩壇的主流，繼續提倡現代主義的詩風。不過，由於過分強調詩的「世界性」、「超現實性」、「獨創性」、「純粹性」，故將臺灣現代詩發展導入「形式主義」和「虛無主義」的困境。就在《創世紀》進入「黃金時代」第五年的高峰時期，1964 年 6 月，《笠》創刊了。這是對《創世紀》詩風的糾正和否定，也是本土意識在臺灣詩壇上的崛起。白萩在〈近30 年來的臺灣詩文學運動暨「笠」的位置〉座談會中說：

> 《笠》的最大成就，應在於使用日常語言寫詩，由於《笠》提倡現實主義，站在生存的場所與時間，自然就以臺灣這塊土地上一切為素材了。[8]

早期的詩風頗有現代主義傾向的白萩，脫離《藍星》、《現代詩》和《創世紀》之後，本土意識越來越落實，他的詩作仍保留了超現實主義的色彩，但也有批判現實社會的強烈意願。臺灣四大詩社，當然各有其不同的風格存在。因詩觀不同，有些人對某個詩社採取非詩的態度，白萩曾指出：

> 文學團體免不了對其他觀點不同的團體，予以排斥。個人淵源在那裡，流派的色彩便在那裡。但作品本身的價值應該超越流派才對，客觀的評

---

[8]鄭炯明編《臺灣精神的崛起——《笠》詩論選集》，頁 265～266。

價才能產生。你否定別人，別人也一定否定你，這是相對的。我寫詩純
粹是個人感情的表達，不喜歡攀交情。[9]

　　白萩創作的歷程和轉變，等同於臺灣現代詩發展曲折起伏的縮影。倘
然把白萩視爲臺灣現代詩前後成長的歷程，也並不爲過。而白萩自身作品
演變的軌跡，擬以筆者的分期，在底下展開論述。

三、第一期《蛾之死》

　　1950 年代的臺灣社會，由於政府剛從中國撤退來臺，人心惶恐，無從
寄託，只好和反共「大業」結合，在文學上呈現的是反共與懷鄉的兩大傾
向，而這種經驗和題材，是本土作家所欠缺的和無能爲力的。

　　白萩踏入詩壇之後，與來自大陸的紀弦、覃子豪以及本土成長的林亨
泰這三位詩人來往，都保持亦師亦友的關係。他先受覃子豪主持的《藍星
週刊》走向的影響，接著和紀弦的現代主義主張相唱和，同時又受到林亨
泰「符號詩論」的啓迪，衍生出圖象詩的理論和實踐。從這個角度來看，
白萩詩作確實有林亨泰所說的「各種技巧的集大成」[10]。他初期的作品，
大都發表在《藍星週刊》。第一本詩集《蛾之死》收集 19 歲以前的作品。
這本屬於最早出版的詩集，風格語言均蠻複雜，包括頗多手法和語言的體
驗，可以說是白萩追求現代派詩風的明證，詩作中表現了相當成熟的感
情、思考和體驗，是年輕時的代表作。詩集的前半部遺留著浪漫主義的色
彩，後半部實驗性極高，臺灣詩壇對於現代詩形式的思考因而受到衝擊。
當年榮獲中國文藝協會新詩獎的〈羅盤〉是他年輕時期充滿浪漫精神，又
是他生命中最大的一個轉捩點的作品，在第一節中描寫：

　　握一個宇宙，握一顆星，在這寂寞的海上

---

[9]白萩，〈白萩作品討論會〉，《觀測意象》，頁 134。
[10]轉引自林燿德，〈片片語言滴滴血〉，收錄在白萩《觀測意象》，頁 161。

> 我們的船破浪前進，前進！像脫弓的流矢
>
> 穿過海鷗悲啼的死神的梟嚎
>
> 穿過晨霧籠罩的茫茫的遠方
>
> 前進啊，兄弟們，握一個宇宙，握一顆星
>
> 我們是海上新處女地的開拓者

　　理想和現實之間的葛藤，就是人類本質的面貌。詩中「握一個宇宙，握一顆星」的核心意象是，在寂寞的海中，我們的船像脫弓的流矢，向前進。握著的「宇宙」和「星」是年輕詩人的理想與光明，而「海鷗悲啼的死神的梟嚎／晨霧籠罩的茫茫的遠方」就是黑暗冷酷的現實，但這虛無的本質，還是要穿過去，前進開拓。這首詩洋溢著豪邁的追求，濃郁的青春氣息。白萩說：「我當時寫詩並沒有想到要成名或出鋒頭，只是內心有很大的苦悶急著要宣洩出來，因此不知不覺地選擇了較能容納感情的詩形式」[11]。

　　他沒有寫過童年的詩，也許他出生的年代是屬於苦難的時代，自己的童年也是不幸的，非常辛苦的，可能與此不無關連[12]。但在他的《蛾之死》詩集作品中，卻可以窺視他少年時代的那種英姿煥發，詩語言的銳氣。在〈飛蛾〉全詩中描寫：

> 我來了，一個光耀的靈魂
>
> 飛馳于這世界之上
>
> 播散我孵育的新奇的詩的卵子
>
> 但世界是一盞高然的油燈

---

[11] 鄭烱明、李敏勇，〈白萩，久違了！〉，《觀測意象》，頁132。

[12] 白萩說：「母親臨終前，腹部鼓脹，背部生褥瘡、生蟯蟲，加上家中經濟困難，幾乎三餐不繼的狀態下，這些景象深刻地印在我幼小的心靈裡，影響我以後詩的創作與人生觀。」鄭烱明、李敏勇，〈白萩，久違了！〉，《觀測意象》，頁131。

　　雖光明，卻是無情

　　啊啊，我竟在毒刻的燃燒中死去……

　　詩人在尋覓路的黑夜中，漸漸地想起朦朧的記憶。「我常說，我個人的家庭遭遇和時代環境的變化，造成我今日寫作的基調」[13]。因記憶給他無限的漆黑，所以他說「雖光明，卻是無情」，童年的漆黑和時代環境的變化，使他自己背叛了，過去那麼純潔的日子。他還活下來的此世，與記憶遭遇的剎那，又會遠離它。他對未來不抱著頗大的期望，「啊啊，我竟在毒刻的燃燒中死去……」，最後，盼望對所有小時候的痛苦和記憶告別。

　　詩集末收錄四首圖象詩[14]中的一首〈流浪者〉是以造形不齊的排列和飛躍的語言，並在此方面的傑作：

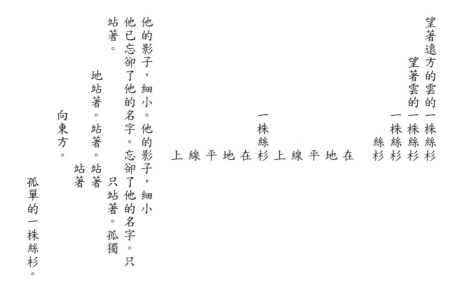

　　詩的開頭，陳腐的內容反覆地浮現出來，這並不是重要的瑣事，但

---

[13]鄭烱明、李敏勇，〈白萩，久違了！〉，收錄在白萩《觀測意象》，頁131。
[14]〈流浪者〉、〈蛾之死〉、〈曙光之升起〉、〈仙人掌〉。

「在／地／平／線／上／他的影子，細小」，人間不斷的問自己的存在，並努力去擺脫日常的存在。「站著」，被日常性蒙蔽的人間，為了尋覓自己的固有性「向東方／孤單的一株絲杉」。詩的情況，不但隨時隨地誰也可以思索的日常生活，而且話者也是在我們周邊遇到的大多數人沒什麼兩樣。主體似乎對他者無限的興趣，但實際上，他者只是無興趣的一種觀察的對象而已。這種適用觀察的最好舉例就是電影。電影是顯示出與我同一人格存在的他者的人生；不過，此他者與我之間，沒有任何的關係。若被電影感動，那只不過是電影裡他者的人生和我自己人生的某一些部分剛好類似而已，在真正的意味上，並不會承認他者的他者性。這首詩以現在的詩文學角度來看，也許不一定有當時的那份感動，但不難看出，在現代詩運動發展中，詩人對意義、繪畫、表現方式重新思考的企圖。白萩說：「我並不認為圖象詩的缺點在語言的驅使上，而是在造型形式的有限性上」[15]。他是要把圖象詩形象回復到文字以前的經驗，以及回復到聲音與符號結合而成的，原始、逼真、衝動，有著魔力的經驗。他在〈白萩作品討論會〉中寫圖象詩的動機說：

> 我也多少受了林亨泰先生的影響。……我當時寫那四篇圖象詩，最主要的原因是要支持林先生的理論。[16]

他在〈笠的語言問題〉座談會中說：

> 我自認為我的詩，其成熟的開始是：當我發現詩是以語言去思考去探索，以語言去表現之後才開始的。在寫〈流浪者〉當時，我並沒有專心地從語言的角度去研究詩。[17]

---

[15]張雪映、林廣，〈不懈的實驗精神──白萩訪問記〉，收錄在白萩《觀測意象》，頁153。
[16]白萩，〈白萩作品討論會〉，《觀測意象》，頁188。
[17]鄭烱明編，《臺灣精神的崛起──《笠》詩論選集》，頁279。

　　白萩在夢和事物的緊張關係中，探索超越現實痛苦的可能性。他在生活範疇裡，暗示的，是所有的事物都有相關的存在，沒有唯一的核心。因此，集團和個人的、社會和存在論等等的所有相異的範疇就同時存在。不過，白萩的詩並不是否定如此地對立狀態。他卻透過其區別令人更逆轉的感覺，這樣，在互相不同的意味交流中，呈現出生活的痛苦也能克服。他在詩集《蛾之死》的〈後記〉中說：

> 做為忠實於現代生活中的自我感受，並盡可能的嘗試、改革、實驗以及鍛鍊以往諸種技巧，用以完全表達此種感受的一個藝術工作者。……如果，不能超越與打破此種束縛，則新的美將無以出現。[18]

但他在岩上〈雁的飛行——詩人白萩訪問記〉一文中說：

> 寫《蛾之死》的階段雖然語言、技巧不是非常熟練，但它代表了我年輕時代感情苦悶交織的作品。[19]

　　白萩《蛾之死》時期的詩，也可以從多樣的觀點來解釋。它不但在個人的、私的方面，而且在普遍的、公的方面，都可以擴散其意味。他這種浪漫基調的詩，面臨的一個大問題之一，是以觀念的事物，如何顯現為現實的事物，這解決方法就是透過想像力。不過，因為他在《蛾之死》時期，呈現的試驗意象（image）中失敗，所以只能成為思辨的詩而已。

四、第二期的《風的薔薇》

　　《風的薔薇》是在《蛾之死》出版後，停筆五年，受現代派影響下寫的作品，這是 20 至 25 歲時的作品。這本白萩當時以現代主義和存在主義

---

[18] 白萩，〈白萩作品討論會〉，《觀測意象》，頁 77。
[19] 岩上，《詩的存在》（高雄：派色文化出版社，1996 年 8 月），頁 215。

哲學思想為基礎所產生的作品，他拋棄了《蛾之死》圖象詩而對現代詩有
更深刻的體認，同時又體會現代詩不只是形式，有別於古體詩、白話詩
外，在內容也應有不同的內涵。他在此詩集序文〈人本的奠基〉一文中
說：

> 詩人對事物的精神運作，如果只止知覺的階段，那絕無激發詩的可能
> 性，詩不存於知覺，只有觸動情緒的根絃，引發感動才成為寫詩的契
> 機。[20]

　　當時，現代派對於「知性之強調」，導致詩壇上有一種詩使人讀了沒有
感動，再加上後來超現實主義的誤導，使得一般讀者畏懼讀詩。白萩在第
二期《風的薔薇》的詩作，大部分已脫離《蛾之死》時期浪漫的基調[21]，
加入主知的成分，強烈的現代意識和對存在的思考。他在一首〈樹〉全詩
中描寫：

> 我們站著站著站著如一支入土的
> 椿釘，固執而不動搖
> 噢，老天，這是我們的土地，我們的墓穴
> 即使把我們踢成一個旋錘
> 無止境的驅迫
> 這是我們的土地，我們的墓穴
> 把我處刑成為一柄火把
> 燒爛每一個呼喊的毛細孔
> 仍以頑抗的爪，緊緊的攫住
> 這立身之點

---

[20] 白萩，〈白萩作品討論會〉，《觀測意象》，頁87。
[21] 除了〈叩門的手不再來〉、〈昨夜〉、〈你似一輪明月走過我心的湖底〉，有強調音樂性之外。

　　這是我們的土地，我們的墓穴

　　詩人探照他的時代，銳利而含蓄。他以透過「樹」影射臺灣人的處境，「我們站著站著站著如一支入土的／椿釘，固執而不動搖」。他表現「無止境的驅迫」時，卻要堅守土地的堅強意志。對於土地的堅持與關懷，可以看出白萩對生存的社會的一種批判，所以絜根的所在便是「這是我們的土地，我們的墓穴」。詩中呈現出，在歷史的現場裡，退一步保持著靜的、觀照的姿勢。白萩雖然不是積極的改造現實狀況的人，但是「很能掌握時代的氣氛」[22]的詩人，他以墓穴的意象，暴露 1960 年代臺灣的幽暗與窒息。

　　白萩經過現代主義的洗禮之後，並沒有使他耽溺於爲技巧而技巧的迷信之中。他在《風的薔薇》後記中說：

　　　所謂詩就是詩人在生活體驗中的結晶，它令我們最大的愉悅是在於：獲
　　　得了image，並將image在心裡玩賞、醞釀、發育的這一段過程，將它表達
　　　出來，只是屬於次要的快樂，至於將它發表，在我已不能引起一些激
　　　動。[23]

　　白萩早期詩的創作，十分醉心於藝術創作領域的開拓，但經年累月探索之下，他漸漸的發現，文學與政治、文學與社會現實，有其密不可分的關係。這樣的覺醒，使他走向了更爲廣闊、絜實而更具現實意義的文學路途。他在一首〈Arm Chair〉全詩中描寫：

　　　它的雙手慣性的張開
　　　在空大而幽深的屋子裡，因斜光

---

[22]在〈白萩作品討論會〉裡，林亨泰的言論，收錄在白萩《觀測意象》，頁 183。
[23]轉引自趙天儀，《臺灣現代詩鑑賞》（臺中：臺中市立文化中心，1998 年 5 月），頁 121。

而顯得注目，面對著前端

黑暗之中似有某物

躍來

這蹲立的姿態，堅定，像

捕手待球於暮靄蒼蒼的球場

彷彿一個意志，赤裸地

等待轟馳而來的星球衝擊

生命因孤寂而沉默，在大地之上

悄無聲息的一軀體——

而它把它的堅強用本身的形象

化為一句閃光的言語

靜靜的立在那裡。

　　從在他的中年以前的現代主義作品中，可以發現他詩中的批判精神，絕不稍遜於後來的寫實傾向。從他早期的詩，能看出他對自己的土地環境帶有無比的信心，對自己的生命也含有無限的期許。

五、第三期《天空象徵》、《香頌》、《詩廣場》

　　《天空象徵》是 33 歲時作品；《香頌》和《詩廣場》都是 34 歲的作品。

（一）《天空象徵》

　　這本詩集，是白萩創作的一個高峰、分界點，白萩個人詩文學的完成也是從此開始。由於生活的搏鬥，使白萩體認到詩不只是形式的不同；詩不是失意的題材，而是反應生活反應現實的產物，所以《天空象徵》是他很刻意地主動地表現現實感的作品。白萩從《天空象徵》詩集開始，對現實批判和反抗的精神則更加強烈，在吳婉茹訪問他時說：

> 我從《天空象徵》這本詩集開始就有了大轉變，開始用很淺顯的口語來
> 寫詩，以前我的詩集也很曲折、迷離的，大家都對我這項轉變感到很驚
> 訝，從那時候起，我的詩句就開始導入了臺灣的現實，去表現當時的情
> 景和我自身心路的變化。[24]

　　1960 年代的臺灣現代詩壇，在現代主義泛濫、誤入歧途後，詩人以玩
弄意象為樂，語言詰屈聱牙，白萩對此現象提出反省，他在《天空象徵》
後記〈自語〉中所說：

> 過去我們曾耽迷在感覺，執信著形象可解決詩的一切。然而遊樂一陣之
> 後，我們感覺空虛！[25]

　　他的詩才真正與現實深深結合起來，換言之，他的詩來自現實，也批
判了現實。

　　陳明台在〈吐血的歌聲──論白萩著《天空象徵》〉一文中說：

> 白萩在這第三本詩集裡，把他那股存在於精神底流下，衝擊著、躍動著
> 的現實哀愁，像波瀾般放任的馳騁於漫漫大海中。對人性血淋淋的鞭
> 打，對命運不屈服的抗拒，對存在赤裸裸的批判，這就是白萩的詩、白
> 萩的影子、白萩的整個生命。[26]

　　白萩擺脫文學主流，而轉向邊緣去尋找詩情，如果從語言層次來考
察，不難發現「阿火世界」的重要意義，他把生活化的粗俚語言放置在詩
的結構裡。阿火便是現代主義潮流之外的一位邊緣人，在〈形象〉全詩中

---

[24]參見於《中央日報》副刊，1994 年 12 月 23 日。
[25]白萩，〈白萩作品討論會〉，《觀測意象》，頁 97。
[26]轉引自林燿德，〈片片語言滴滴血〉，《觀測意象》，頁 161。

描寫：

這是一條無人的路
阿火走著，無人
出現
既非為了走這條路
路，也不是因他而存在

一條蛆蟲的阿火走著
誰來證明？
「我是一個人」
誰來證明？
一條蛆蟲的阿火
走在一條無人的路
無人來證明

於是他照著太陽
影子投在山後
不見影子
沒有人
誰來證明？

「世界空無只有我
我卻空無」
於是他的影子從山後走來
這是一條無人的路
一條蛆蟲的阿火走著
他的影子走著

終於相遇

「啊，妻啊，妻啊

你是一條蛆」

在詩中以「一條蛆蟲」的形式呈現。阿火的卑微「沒有人／誰來證
明？」他的存在，但他對自己的存在，竟能宣告「世界空無只有我／我卻
空無」。詩人重新凝視賴以生存的這塊土地，正是文學與土地結合的開始。

另外一首〈牽牛花〉全詩中，描寫家庭失和的景況：

負氣地開向不同方位的牽牛花

而夕暮一剎眼中溜了進來

慣常地走至病床，掩在妻的唇上：

「死掉算了

讓我把繩結放開

使你飛入天空」

負氣地開向不同方位的牽牛花，在窗外

卻共有一條莖幹

「死掉算了

還你自由

我也不會心疼」

而暗中對視的眼

突然觸覺一條繫緊的根連

在生活上無能的自己，有負養的妻子和兒女，就是負生計的義務。依
照生活人的我的面貌，雖是抵抗的對象，可是無法拒絕或拋棄現在的處

境。因此，無法避免兩面性的「我」，不要為了被日常裡埋沒，可能要不斷的刺激和使自己緊張。詩的一開始說「負氣地開向不同方位的牽牛花」，是恩怨交錯的夫妻，只有在暗中互相對視的眼，才會觸到「一條繫緊的根連」。白萩夫人陳文理女士在〈我的丈夫白萩〉一文中說：

> 白萩是叛逆性很重的人，不守舊，挑戰性和攻擊性都非常強，尤其他酷愛自由的意志，更是強烈。[27]

　　若將白萩的詩，只限定為對社會上壓迫的對策反應，此恐怕與別的參與詩沒什麼差別。不過，他的詩，有深刻意涵的主要原因，肯定就是這種挑戰和攻擊的抵抗精神。他不僅是社會上的壓迫，而且連自己的骨肉，甚至於自己也是，以抵抗的對象來看待。他抵抗的對象，可能都在自己的家屬裡、在自己的內心裡、或在僵硬的詩文學規矩裡。白萩酷愛的自由，便是要脫離所有的壓迫和規矩。他並不是超越時代的知識分子或是先覺者，而是在我們的周邊容易看得到的一個沒力量的小市民而已。白萩的這種平凡的情感，最後都完整的在以「新美街」系列詩作中，全面表現出來。

（二）《香頌》

　　白萩利用對生存的場所感悟寫出的詩集，當時他居住在臺南市新美街，已經結婚八年的他，對生活的壓力表現了當時生活的情形，還包括了男女之間的現實體驗，是表現了生活體味的詩作品。他在〈新美街〉一詩中描寫：

> 短短一小截的路
> 沒有遠方亦無地平線
> 活成一段盲腸

---

[27]白萩，《風吹才感到樹的存在》（臺北：光復書局，1989 年 6 月），頁 242。

　　是世界的累贅

　　我們是一對小人物
　　他日，將成兒子畢業典禮上的羞恥
　　活得雖不光榮
　　但願平靜

　　生活是辛酸的
　　至少我們還有做愛的自由
　　兒子呀，不要窺探
　　至少給我們片刻的自由
　　來世再為你做市長大人

　　以現實為立足點，將小市民的生活、男女感情的糾葛、生存的挫折與無奈、生命的感歎等融入詩中。戰後臺灣男子的內心哀痛、沉思、孤獨，透過這種素描而獲得具體可感的詮釋。在忙碌而沉重的生活裡，他在尋覓著一種平靜的心境，生活雖然辛酸，但他還是承受著。白萩寫一個臺灣中年男子的憂傷與挫敗，能夠拭淨他血跡的，畢竟是他唯一可以依賴的家庭。陳千武在〈白萩詩的性愛〉一文中說：

　　　語言的切斷與連結，亦可以說是一種超現實的表現技巧。據於思考的經
　　　驗，巧妙而適當地把語言切斷或連結，重新組立起來使其有彈性，有飛
　　　躍性；使其在語言的互相衝擊當中，留下了思想的空間，留給了讀者想
　　　像展現的快感。就是這樣，白萩才被稱為使用語言的天才。[28]

　　新美街是臺南市的小小街道，他的家庭也是小小的生活空間，他的愛

---

[28]陳千武，〈白萩詩的性愛〉，《臺灣新詩論集》（高雄：春暉出版社，1997 年 4 月），頁 251。

情是微不足道的人間事件。他在生活中的每一細節，以卓越的想像和嶄新的語言來，描寫一個成熟的境界。

白萩製造的詩語言十分知性，把抽象加以掩飾現實，他在〈籐蔓〉全詩中描寫：

妳睡成滿牀籐蔓
在夢中
依然緊緊地纏繞著我
看來那麼柔弱
需要別人的扶持

而海在遠處叫著我
她的懷裡有廣大的自由
是的，妳的寢室是我的死牢
而不眠的夜鳥
責備我叛背了天空

我醒著觀察妳
想著妳總需別人的扶持
如果妳再沾染了別的體臭
那才叫我發狂

唉，還是讓妳纏繞著吧！

在生活上無能的我和日常的妻子之間，本來就潛在著葛藤。我和妻子的葛藤又呈現在所謂「性交」最密切的行為中重演。對我而言，性愛並不是暫時忘記我自己存在的恍惚的瞬間，而是體會到偽善和幻滅的作用而已。不過，男人的自私卻對於「如果妳再沾染了別的體臭」，我還是會發

狂，於是「讓妳纏繞著吧！」，同情女人「妳總需別人扶持」，表示征服者的仁慈。最親密的夫妻，雖然每天睡在一起，但不相同的內心來「我醒著觀察妳」的事實，這是證明，無法補貼，與他者之間，根本的悖離感。

　　白萩詩作的出發點就是圍繞著語言的周邊開始。不過，他在到處發覺「語言會死」時，便投入了語言的正核心。以往的語言都只是在有限度的體系下轉動，而新的語言沒有指定的方向，並具有無限和深奧的幅度。這是克服語言時，遭遇到的界限，就是提示新的思考。如此，白萩的詩已經超越以往「語言的界限」。

（三）《詩廣場》

　　《詩廣場》雖與《天空象徵》、《香頌》，是同一期完成的作品，但卻遲至 1984 年才出版。《詩廣場》的第一輯作品還延續了《香頌》表現生活的風格；第二、三輯則企圖實驗從中國的舊詩詞取其長處，融匯鍛鍊成日常用語[29]，所以這本詩集語言比較複雜，其內容除生活外也包括對國際間的觀察和一些感觸。白萩在〈廣場〉全詩中描寫：

　　所有的群眾一哄而散了
　　　　　　　　回到床上
　　　去擁護有體香的女人

　　而銅像猶在堅持他的主義
　　對著無人的廣場
　　振臂高呼
　　只有風
　　頑皮地踢著葉子嘻嘻哈哈
　　在擦拭那些足跡

---

[29]第三輯的〈火雞〉、〈暗夜事件〉、〈鸚鵡〉，以暗喻的手法，展現對政治、社會的關懷。

全詩只不過是短短的九行，但透過場景的變化「對著無人的廣場／振臂高呼」，獨到的觀點「只有風／頑皮地踢著葉子嘻嘻哈哈／在擦拭那些足跡」，使詩的空間擴張到無限。岩上在〈釋析白萩的〈廣場〉〉一文中說：

> 從廣場現場實境描述到虛設意象的飛躍；把靜態的物相動感起來，造成動與靜的對比；陰陽的消長，虛實的兼化同化變化，才是造成語言的飛躍關鍵。……在表現技巧上，這是白萩詩歷的突破。……它是一首具有強烈批判性與思想性的好詩，銳利、冷靜、揶揄、諷刺盡在不言中。[30]

對現實批判，也對生命探索，能夠反映他漸漸地揮別中年時期的作品。「白萩在詩的創作成就並不是在於他參與現代派時期，而是在他寫《天空象徵》、《詩廣場》的時期。當時的臺灣詩壇幾乎籠罩在晦澀，朦朧下，白萩以日常的語言帶動了臺灣詩壇走向平易近人的趨向」[31]。這種呈現出對對象物的洞察，探究其本質的新即物主義特質的詩作，在《笠》詩人中，除了白萩外，還如陳千武、鄭烱明、李魁賢、杜國清等人，曾描寫出具有新即物主義傾向的作品。

六、第四期《觀測意象》

《觀測意象》是 35 歲至 55 歲時的作品，共有 20 首詩，長達 20 年寫的，幾乎一年只寫一首詩[32]。白萩從 55 歲以後沒有作品。他在詩集中，仍然努力而慎重地在追尋臺灣情感。這段時期的代表作，應該是〈SNOWBIRD〉為題的長詩：

---

[30] 岩上，《詩的存在》，頁 246～247。

[31] 〈第四屆榮後臺灣詩獎評審會事記〉討論時，鄭烱明的言論。參見評委會編《第四屆榮後臺灣詩獎得獎人白萩詩世界》，頁 9。

[32] 白萩不寫的原因說：「因為我從臺南搬回臺中開廣告設計公司商務工作繁忙。……另外原因是我也被監控下的一種無奈。因為 20 年前德國翻譯出版了我的詩集《臺灣之火》之後，國民黨對於具有反抗精神的文人採取監控，我覺得很不是滋味，所以我採取了一種拒絕寫作的自由，不願意寫」。參見岩上，《詩的存在》，頁 216。

不要輕易地觸探我的主題

生存或死亡，不要

觸探我的主題

現在一株樹生存只生存

在整個冰雪的象徵中

　　我沒有生存的主題

　　沒有在生存中生存的主題

我體認了你的冰雪

在燒過的焦炭的屍體上

消滅了所有形態的熱情

無論何種何樣的意圖

我體認了冰雪的你

（中略）

　　我沒有死亡的主題

　　沒有在死亡中死亡的主題

（下略）

　　全詩透過「雪」與「鳥」的意象，反覆探索生與死的主題。他「沒有在生存中生存的主題」，也「沒有在死亡中死亡的主題」，這樣，由於呈現出生命的紋路，所以便接受死。這不只是以「現在一株樹生存只生存」，表示生命的背景，而且「冰雪的你」，表示死的象徵。生命如此帶著死，因此，對生命解釋的意思，就是如同對死亡的解釋。這首詩以追求生命的純粹來，提煉成晶瑩的詩語。白萩在第四屆榮後臺灣詩獎〈得獎感言〉時指出：

　　做為一個人的生命歷程，我是非常不快樂的；做為一個樸實的臺灣人，

也是充滿著沉重的憂怨。做為一個臺灣詩人，更在一首一首作品深處，
積存了太多的悲情。[33]

另外，一首〈水窪——給臺灣〉是白萩對臺灣的過去和現在以及未來
的看法，詩中描寫：

必是這塊土地的瘡痕吧？
在我們通行的道路中
竟然凹陷盛了一灘夏日的雨水
（中略）
在水窪的邊緣
看著倒立的天空和雲彩
倒立的我和大廈

已有的是虛幻
將有的是潰爛
未來是：
烈日的曝曬以及
一次又一次的雨沖和
烈陽的曝曬

詩中有對現實的不滿和遺憾，有對未來的渴望與無奈。除詩外，他的
另外一個事業是廣告設計，他說：

寫詩，是在稿紙上從事語言思考的連結工作；設計，是在白紙上，從事

---

[33]參見評委會編《第四屆榮後臺灣詩獎得獎人白萩詩世界》，頁5。

視覺思考的定位工作。[34]

　　由於從事廣告設計，使他接觸社會各行各業，深入觀察各個角落的明暗面，擴大個人生活體驗的層次。詩人身分的多面化，入世程度的多面化，才能締造詩作內容的多面化，現代詩的聲音，是從這個社會各個角落發出來的。

七、結語

　　從第一期《蛾之死》到第四期《觀測意象》，白萩的詩風一直在蛻變中，從早期的託物託事，間接興比，歷經語言明確的思考，將詩的觀點深入日常生活的事物；但更重要的是他將人性與物性、生與死、愛與恨做了十分精確的凝鑄，而使人產生一種穿刺靈魂的悚慄與感動。

　　一個詩人的定位，先決的條件，就是其詩作本身所呈現的深度和廣度。白萩在臺灣現代詩壇，的確是一個卓爾不群，力求創新突破的健者。儘管他曾經停筆了多次，而後又重新出發，但最近由於沒有發表詩作，從他留下的幾本詩集來論斷，如果臺灣戰後現代詩發展，抒情傳統是一個潮流的話，白萩無疑是在此傳統之外，另闢蹊徑的知性詩人。白萩說：

> 這種尋求創新的精神，是我從事寫詩以來不曾改變過的，這種現代主義的精神是不變的。但是戰後現實主義的精神也是由我而開始的，在《笠》詩刊成立五年後，我就很明確的提倡現實主義，我對於「現實、寫實」覺得很過癮，不去寫那些虛無縹緲的東西。[35]

　　若近 50 年的臺灣現代詩，都在追求偉大的主題，白萩便是個朝向邊緣文化營造主題的臺灣詩人。「在苦難不平中成長的白萩，其生命鏤刻著傷

---

[34]白萩，〈詩與我的設計工作〉，參見《中央日報》副刊，1988 年 6 月 18 日。
[35]參見於《中央日報》副刊，1994 年 12 月 24 日。

痕，這些傷痕，就成爲他作品的基調，貫串了他所有的作品，而成爲他生命的謳歌」[36]。他洋溢的才華，不僅在充滿理想的詩文學世界表現無遺，也在現實的物質靈活世界裡，發揮得淋漓盡致。詩人白萩已經成爲臺灣現代詩的典範。

附註：本論文係筆者參加 2004 年 3 月 27 日，在臺灣修平技術學院舉辦的「2004 戰後臺灣文學學術研討會」上發表之論文，修改之後，刊載於《韓中言語文化研究・第六號》（2004 年 6 月）。

參考書目（依刊行先後排列）

・陳芳明，《詩和現實》（臺北：洪範書店，1978 年 9 月）。

・笠詩社主編，《美麗島詩集》（臺北：笠詩刊社，1979 年 6 月）。

・白萩，《詩廣場》（臺中：熱點文化出版公司，1984 年 3 月）。

・白萩，《風吹才感到樹的存在》（臺北：光復書局，1989 年 6 月）。

・鄭烱明編，《臺灣精神的崛起——《笠》詩論選集》（高雄：春暉出版社，1989 年 12 月）。

・白萩，《自愛》（臺北：笠詩刊社，1990 年 3 月）。

・白萩，《觀測意象》（臺中：臺中市立文化中心，1991 年 7 月）。

・葉石濤，《臺灣文學史綱》（高雄：文學界雜誌社，1991 年 9 月）。

・趙天儀、李魁賢、李敏勇、陳明台、鄭烱明編，《混聲合唱——「笠」詩選》（高雄：春暉出版社，1992 年 9 月）。

・杜國清，《詩情與詩論》（廣東：花城出版社，1993 年 2 月）。

・《中央日報》，1994 年 12 月 23～24 日。

・岩上，《詩的存在》（高雄：派色文化出版社，1996 年 8 月）。

・陳千武，《臺灣新詩論集》（高雄：春暉出版社，1997 年 4 月）。

---

[36]何聃生，〈編後記〉，收錄於白萩《風吹才感到樹的存在》，頁 246。

・陳明台，《臺灣文學研究論集》（臺北：文史哲出版社，1997 年 4 月）。

・趙天儀，《臺灣現代詩鑑賞》（臺中：臺中市立文化中心，1998 年 5 月）。

・趙天儀，《時間的對決──臺灣現代詩評論集》（臺北：富春文化公司，2002 年 5 月）。

・金尚浩，〈論東亞詩文學交流之考察──以韓國、臺灣、日本為中心（1980～2003 年）〉（中國南京大學：全球化格局下的現代文學：中國與東亞國際學術研討會，2003 年 10 月）。

──選自金尚浩《戰後臺灣現代詩研究論集》

臺中：晨星出版社，2005 年 3 月

論白萩的詩

◎張芬齡[*]

讀白萩的詩，常會被一種悲戚或陰霾的氣氛所籠罩，使人不經意地陷入黑色的沉想。白萩的世界是善感的，對現狀不滿的陰影也有意無意地飄浮其上。詩人嘗以飛蛾自況；他有心散播詩歌的卵子，而世界像一盞高燃的油燈，偽善的光明背後，隱伏著無情的黑暗。對白萩而言，「黑色」是最深沉且最真實的顏色，包裹在現實生活的四周，是他精神狀態的根源，而他心中另一道尋求純淨白色的理想卻不時地推動他突破黑暗，使其對現實由不滿而轉生對抗的態度。白萩的詩便在這種一正一反，一黑一白的衝突本質中蘊釀而成；現實世界是一股太龐大的勢力，白萩就在其間沉浮與掙扎。

看白萩的詩，我們可以發掘他的精神狀態是建築在三大架構上：外在世界和人類世界的協調或衝突，生與死的問題，以及人類世界的有限和孤獨。本文試就意象、技巧探討白萩詩集中交織的主題。

一

在白萩眼裡，人類世界失落了某些原始的本質，而我們似乎可以從自然世界尋找線索。如〈鳥兒〉一詩中：

鳥兒老在尋找著天空

---

[*]發表文章時為臺灣大學外國語文研究所碩士生，現專事寫作。

在那兒，我們一定遺失了什麼

被土地所禁錮的樹林

狂厲地舉手哭嚎

——〈鳥兒〉，《白萩詩選》，頁 181

「被土地所禁錮的樹林狂厲地舉手哭嚎」呈現給讀者的是一幅雙足受羈縛
的苦隸仰天呼號祈求的景象。那麼祈求什麼呢？祈求的是鳥兒們所擁有的
一片晴朗天空，和全然自由的世界。天空和地球（即鳥和人的世界）是相
對的兩個世界，前者代表理想，後者代表現實：

太空無限晴朗

地球有一半幽暗

鳥兒的飛翔正代表人類內心的渴羨和尋覓，詩人更在第三詩節寫下了類似
祝禱的儀式：

當黑夜走了，世界灑滿了失貞的眼淚

在青草地上

有人自焚為一支火把

將煙升向天空

成為尋找的鳥兒

——〈鳥兒〉，《白萩詩選》，頁 182

宗教藉著香火把人們的祈求傳達到天空。在這裡沒有香火，只有一個無名
氏，在無法超越現狀的情況下引火自焚，企圖使自己化成火把而後將煙升
向天空，成為另一隻鳥兒（當然，不具鳥的形體），去尋找他在地球上失落
的東西。自焚是超越的儀式，代表內心的燃燒，極度想望的凝聚。鳥兒成

了詩人精神上自由的象徵，正如「火把」暗示神聖和內心的虔誠。鳥和人的領域雖是相異的，但是從這首詩，我們可以看出二者的契合正是詩人的理想，雖然在詩末他又再次悲劇性地認定：地球永遠有一半幽暗。

自由之外，人類還失落了另一些特質。世界的巨輪旋轉了數十萬年，帶來了文明和戰爭，人們致力武器的改良以應付實際的戰爭，但是在生活中卻缺乏鬥志，面臨爭取人類意志自由的抽象戰爭時，卻顯得相當地笨拙（這是一大諷刺），因為他們的雙手已被現代懶散、死沉的模式所束縛，因為這是一個

> 不能戰鬥的時代。我們
> 寫詩像一針針的繡花
> 臘板上跳舞的腳
> 節節地刮碎昏迷的音樂。

而且春天的時候

> 母親們不在樓上高望。卻
> 偷竊兒子們的口袋轉背
> 到麻將檯上爭執。而英雄的父親們
> 忙於構築窟穴。

——〈不能戰爭的時代〉，《白萩詩選》，頁 79～80

戰爭的本質已改變，古代英雄的雄偉氣勢已從生活中褪去，現代英雄們的戰爭縮小成麻將桌上的爭執，防禦工事或許只是藏嬌的金屋，過多的精力只好消磨昏沉的音樂中；即使詩人寫詩也像「一針針的繡花」，是閨女的工作，對世界起不了作用（除了裝飾之外）。在詩人眼中，甚至自然氣氛也和人類世界的頹靡相呼應：

> 只有那些懶洋洋的風
>
> 開得令人煩厭的鳳凰
>
> 只有那些懶洋洋的風
>
> ——〈不能戰爭的時代〉，《白萩詩選》，頁 80

現代生活的步調正如典型的午後，那是最令人瞌睡、喪失鬥志的時刻。

白萩用內心看外界，使自然的現象和內心的情緒認同。許多人歌頌秋天的豐熟，而在白萩看來，秋的來臨卻反映了生命的單調循環：

> 在那年年相同的面孔中。好像
>
> 我們已活過幾千年的愛情。秋天
>
> 還是一樣的秋天。

而人呢？

> 我們像一條鮮活的魚在敗壞
>
> 敗壞敗壞敗壞敗壞敗壞敗壞
>
> 在世界的深淵……
>
> ——〈秋〉，《白萩詩選》，頁 71～72

生命似乎是無可奈何的延續，對人類而言，是一種負荷，天空只不過是低陰得像「負累喘喘的孕婦的肚皮」，年年產下更多「非自願出生的人」。幾千年的苟延，沒有改變，加上戰爭的傷痕，儘管世界年年對我們展現相同的面孔，而人類的心靈卻已斑駁，像魚一樣地腐臭，像「一座被遺棄在路邊的屋子」，孤單地立著，「空望」著門前的路向前延伸，沒入遠方，自己終究只能做個旁觀者，而非參與者。

由上面的幾首詩，我們可以說白萩的世界觀是消極的。但是他相信世

界在最初是美好的，像一座新建的房屋（它的敗落是因爲長久的失修或遭
遺棄），像一日的開始──早晨，是最詳和且不受污染的：

> 陽光以醒來的眼睛
>
> 暖暖地軟軟地投射在猶睡著的建築物
>
> 這些孩子們
>
> 海綿質的面孔
>
> 飽吸了母親的愛意
>
> 顯得充分的聖潔，滿足的安靜
>
> ──〈早晨的露臺〉，《白萩詩選》，頁 117

但是這種寧靜自足的世界不能持續許久，不多時，它就變了樣：

> 在陰影中有模糊的行動
>
> 逐漸急走的腳音衝擊著門成為惡念
>
> 成為淒厲的魂靈
>
> 而暴動起來
>
> ──〈早晨的露臺〉，《白萩詩選》，頁 118

這「陰影」即現實生活的陰影，人類開始活動破壞了安寧的秩序。白萩以
「淒厲」、「暴動」、「惡念」等字眼來描述甦醒後的世界，顯示出他對現實
之不滿，對本真的憧憬。「早晨」保有了那份「昨日暴動已褪去，今日暴動
未降臨」的純淨，如果比之人性，它不啻是「人之初」的同義字。一天的
過程（日出到日落，安靜到嘈雜，清新到混濁）和人類由出生到墮落，不
正有許多相似之處嗎？
　　在另一首〈然則〉裡，詩人用了更強烈的意象來表達他的觀點：

我們是一枚釘死的鐵釘

入木的部分早已腐銹

腐銹在基督乾黑的血中

——〈然則〉,《白萩詩選》,頁 133～134

「釘死」和「腐銹」是根深柢固的敗壞(和前面所說「像魚一般地敗壞」實異形同質),而這些鐵釘是釘在耶穌的手腳上;上帝之死原為救贖人類的罪惡,人類就像那殘酷的鐵釘嵌入耶穌的足,然而祂的血未能洗淨人類的罪惡,反而被人類的墮落染黑了。白萩似乎暗示人類已墮落到了無可救贖的地步。甚至自然也有意無意地與人對立,或者更諷刺地襯出人類的處境。在第一詩節中:

然則春天在檻外不知恥地走著

為了那些豬,一年一度

厚顏地從石隙間伸出粉裝的臉

有鳥的跳躍在波動的眼裡

——〈然則〉,《白萩詩選》,頁 133

在第二詩節中又重複著類似的句子:

然則春天在檻外不知恥地走著

為了那些狗,一年一度

從窩邊開始展露她的丰姿

——〈然則〉,《白萩詩選》,頁 134

春天,像早晨一樣,是一種開始或純淨的季節,和人類現狀(腐敗)是不相符合的,是對立的。「檻」是一種囚禁、羈束的象徵,人在檻內是受拘限

的，春天在檻外則是自由自在的；白萩以「檻」來界分人類與自然，使之成爲一種對比。人類的內在已墮落污損以致不可自拔，而春天卻伴不知情地依季節循環而來，白萩以「不知恥」來形容春天的來臨，而春天何罪之有？詩人或許是針對人類而發！在詩人眼中，春天不再是傳統上喜悅的季節，隨著詩人心緒的轉變，而賦予了另一層意義。在另一首〈春〉裡，白萩一連用了「漂白了的」、「消瘦了的」、「強姦了的」、「子宮破裂了的」以及「血流不止的」五個形容詞來比喻春天，何以春天變了樣呢？因爲「遠地有砲聲」。說話者在戰爭帶走了他的爺爺、奶奶和雙親，最後死亡威脅到他自己時才覺醒，不再天真地把希望寄託於春天這個原本充滿希望的季節，不再老以爲「春天還會來」，他向春天說了聲再見，也等於向幻覺告別。戰爭使他面對了現實生活中真實的一面。

在第三部分「天空象徵」中的〈天空〉一詩中，也有某種程度的覺醒。在一開始他描寫理想天空的本質：

> 天空必有母親般溫柔的胸脯。

> ——〈天空〉，《白萩詩選》，頁 165

那樣廣延，可以感到鮮血的溫暖，隨時保持慰撫的姿態，在白萩詩中，天空有著類似「大地之母」的地位（在另一首詩題亦爲〈天空〉的詩中，天空是屬於鄉土的，是阿火的「老爹」；在機械侵入鄉野的寧靜生活之後，阿火搖頭說：「天空不是老爹，天空已不是老爹。」這裡的「老爹」即暗示出「父性的慈祥」）。天空原是寬闊、溫暖的母性象徵，阿火和天空是相連的，是天空的兒子，含自然的因子，而戰爭的闖入卻侵擾了他與天空之間的和諧，且傷害了二者，因此，他在死亡之前「射殺」了變了質的天空，企圖以摧毀的方式把母親解救出來，而後在死亡的世界中去建立另一種和諧。這幕子弒母的悲劇，在意義上而言，有著「以死爲生」或「死而復生」的超越。

前首詩的第二詩節中有兩句話，說明了人的命運：

> 不自願的被出生
> 不自願的被死亡

——〈天空〉，《白萩詩選》，頁 165

這裡的「不自願」和「被」說明了人類在地球上缺乏自主的權利，這是誰也改變不了的事實。表面上，人的出生和死亡是最自然不過的歷程了，正如花開花謝，萬物的主宰似乎對人、對花草都相當公平了。實則不然。在〈催喚著催喚著〉一詩中，我們看到了這樣的句子：

> 春天公平地在外邊催喚著
> 一朵在岩石中的花
> 仍無法被釋放
>
> 我不知道為什麼這樣
> 只知道已被這樣

——〈催喚著催喚著〉，《白萩詩選》，頁 185

不錯，春天是很「公平」地催促所有的花開放，然而，我們不能掩飾「先天」的不公平。詩人似乎間接地控訴這種先天的不公平是無法以象徵性的公平來彌補的。春天叫喚生長在土壤和岩石的花同時開放，看似公平，但對後者而言，無異是催促殘廢奔跑，只有更諷刺地提醒它們的缺憾——無法開放的命運。這種命定是根深柢固的囚禁，詩人也無法釋疑（「不要問我／為什麼要選這樣／只知道／已被選這樣」），正如「人出生即步向死亡」已成為一種定律，我們除了接受現狀之外，是無法改變現狀的。

　　因此，白萩認為離開這個世界也有值得慶幸的一面。在〈散去的落

葉〉一詩中，詩人以懸掛在枝上缺乏光澤的葉子來比喻在無可作爲的現狀
中擺盪的人。這是「橡皮筋」的時代，缺乏決斷的時代，人類「沒有企
望，苦役已成爲我們的希望」，這種生存倒不如地上的落葉來得自在，因此
在詩末，詩人說：

　　多麼希望一擊

　　從我們的根部，使我們

　　散開如風中的噴泉

　　散去

　　散去

　　散去

　　去流浪

　　去死

　　去成灰燼……

　　　　　　　　　　　　　　　——〈散去的落葉〉，《白萩詩選》，頁 96

光是存在是不夠的，不足以做爲一個人的生活哲學，詩人在生存之外，還
要求一份意志自由的權利，如果無法爭取得到，還不如像落葉一樣地死去
並隨風散去。落葉一方面代表死亡，另一方面則代表自在。

　　在〈謝謝〉一詩中，白萩用「手摘花」、「槍射鳥」兩組意象來比喻命
運之攫取人生。花的無知、鳥的不可預知死亡，都顯示了人類生命的脆弱
和無能。

　　看著天空有什麼用

　　天空也要暗了

　　在鐘聲中

　　那些模糊的亡靈叫著：

「再見了世界

謝謝你

太謝謝你了」

—〈謝謝〉,《白萩詩選》,頁 184

究竟是謝謝這世界的厚待呢?還是感激世界及早摧毀他,使其解脫俗世呢?這是個耐人尋味的問題。白萩在此用了保留語(under-statement)的諷刺手法,似言前者,實指後者,使意義更形豐富。這裡,白萩的「死亡願望」並不虔誠,只是自我解嘲罷了!白萩由宿命轉向嘲謔,在態度上企圖以守為攻,以自嘲來引發同情。

二

在白萩的另一些詩中,我們可以看到詩人對人類的有限和孤獨發出喟歎:人生是短暫的,歡樂是易逝的,生活是艱辛的,現實是殘酷的。在〈盛夏〉一詩中,我們看到:

生命開得多麼辛苦,一朵花

在血衣中向世界露臉

想交代些什麼?

我只看到一隻雛鳥

被火燒的太陽驚起

在空無的生涯中鼓擊著脆弱的翅膀

沒有歇止

—〈盛夏〉,《白萩詩選》,頁 171～172

盛夏原是生命最旺盛的季節,在詩人筆下意義卻有了轉變。他從一朵花、

一隻鳥的身上看到了人類脆弱的影子，太陽的火焰也成了灼燒幼小的力量。「生命」在這種烈焰最炙熱的盛夏開放，為了活下去而在此種壓力下掙扎，就像詩中的雛鳥不歇止地鼓動脆弱的翅膀。詩人問：「小市民的野草，你一直一直在茂盛茂盛些什麼？」充滿了又憐又敬的意味。如果我們說白萩是悲觀主義者，是另一個哈代，也是無可厚非的。他對生命的脆弱相當敏感，在無由反抗的情況下，他找到了「詩」做為他發洩的工具。在詩末：

在焚屍爐的嘴口
生命沒有選擇死的自由
灰燼中不會有鳳凰

——〈盛夏〉，《白萩詩選》，頁 173

「焚屍爐」暗示著死亡，和盛夏的「生」成對比。在神話中，鳳凰投火再生，成了文學上「永恆」的象徵；而神話終歸神話，在現實人生中是永遠無法實際發生作用的（「灰燼中不會有鳳凰」），人類渴望「死而復生」的欲望也終歸只是個理想。現實的火具有毀滅性，而無再生性（在〈蛾〉一詩裡，現實世界也代表毀滅摧殘的力量，註定了蛾的死亡），詩末又一次地重複：

只記得生命開得多麼辛苦，一朵花
在血衣中向世界露臉
對著焚屍爐的嘴口

——〈盛夏〉，《白萩詩選》，頁 173

整首詩充滿了悲哀的情愫，白萩再度把「生」和「死」聯想在一起。
　　生命必由生長走向死亡，此一不可磨滅的事實深深地困擾著白萩，也

是他「悲」之由來。在〈祈禱之後〉，他問道：

> 為什麼必須有秩序？
>
> 啊，種子。
>
> 啊，花朵。
>
> 啊，灰燼。

——〈祈禱之後〉，《白萩詩選》，頁 56

人生的秩序太規律了，都通往「死亡」，沒有例外，由「種子」到「花朵」到「灰燼」的過程正說明了人類由出生到成長到死亡。白萩在悲戚之中，似乎也體驗出世界就是在生死的更替中得以延續。這一朵花枯萎了，另一朵花會開放，正如「所有的燈盞」都滅了，另一顆或更多的星星會在「遠方逐漸亮起」，新的秩序會誕生。在〈構成〉一詩中，也展現出類似的觀點：

> 不可思議的時間之黑林中
>
> 傳來嬰兒的啼泣
>
> 與老者的喟歎……

——〈構成〉，《白萩詩選》，頁 16～17

「嬰兒的啼泣」是生之吼，「老者的喟歎」是死之哀，時間就是生死交替的構成物。詩人又舉了自然界的比擬：假設原來海港中停有一條船，花上棲有一隻蜂，秋空中靜停著一朵雲，忽然，這條船遠赴海洋，蜜蜂回到蜂房，雲也消失空中，自然界某一部分的秩序變更了，但是整個自然界仍以原來的面貌存在著，並不受一條船，一隻蜂，一朵雲的擾亂：

> 而港依舊無波

花依然鮮豔

秋空還是青青

——〈構成〉,《白萩詩選》,頁 17

這種觀點,詩人在〈歷史〉一詩中有更明顯的披露。詩一開始,詩人即指出歷史是:

迴轉於時間的軸心

馱萬物循環著「生」「死」之門

那造物者留下來的定律

鐘擺不停地向窗外的世界宣布

——〈歷史〉,《白萩詩選》,頁 8

生死循環是自然的定律,因此窗外有花「歎息、枯萎」的當兒,世界的另一個角落卻有「腐朽的骨物」在春風中「復活」;當「現實的痛苦」隨著落日暫時沉淪時,也正是「愛情伴著新月散步於森林間」之時。英國詩人奧登(W. H. Auden)在看過布魯各(Brueghel)的畫之後(這幅畫取材於神話故事 Icarus 的墜落。Icarus 是古代傳說中藝匠 Daedalus 之子。父子二人以蠟製的翅固定在肩上飛翔,但是 Icarus 因太靠近太陽以致蠟翅融化而墜入海中。在畫面的右下角,我們可以看到 Icarus 的雙腳逐漸沒入海中,而岸上的牧人和農人卻仍一派安祥的做著自己的工作),對生命有了更深刻的體認:

譬如在布魯各的畫中:每一件事物都悠哉地

背棄災難。犁田人或許

早已聽到水濺聲響,孤絕的呼號

但是對他那只是一則無足輕重的失敗

奧登認為古代大師們對「苦難」的本質以及人類的處境有很透徹的了解。生命中歡樂和苦難各有其時，儘管苦難的經驗是令人恐懼的，但是當你認清它們也是生活中真實的一部分時，即使在逆境，也可以處之泰然了。

　　「死亡」之自然正如自然中葉之掉落。在〈落葉〉一詩中，詩人由憐自然之衰老（葉的墜落）而憐全人類；儘管人類可能扮演著矜憐自然的角色，如詩中的老祖父：

　　　　葉子開始老了。它們

　　　　愛聽祖父蹣遲的足音，從深處走來

　　　　喜歡他的撫摩，他哀憐的凝視

　　　　它們爭喧，在祖父面前飄繞

但在心中，那種對死亡的知覺仍清楚地存在著：

　　　　然而祖父突然撒開雙手

　　　　他知道，就如這些枯樹，他知道

　　　　葉子落下去，夕暉落下去

　　　　從他的身際。他喃喃：

　　　　消逝了，消逝了

　　　　　　　　　　　　　　　——〈落葉〉，《白萩詩選》，頁 48～49

詩人在第一詩節中以物喻人，「落葉」暗示人之終極——死亡；在第二詩節中，「撒開雙手」、「枯樹」、「夕暉」和「消逝」亦都暗示死亡，但在情緒的水平上，已由落葉移向人類（老祖父）。英國詩人霍普金（G. M. Hopkins）在他的詩〈春秋篇〉（"Spring and Fall"）中，也從落葉聯想到人類。顧名思義，春之「跳躍」（"spring"）和秋之「墜落」（"fall"）是一對比。他的詩題註明了「給一個小孩」，這是詩人目睹一小女孩看黃葉掉落有感而作：

　　啊，當心境老去

　　對此類景象會逐漸冷漠

　　處之，也不會吝惜歎息

　　即使殘枝腐葉躺臥在你的跟前；

　　但是你依然哭著要了解原因。

　　現在，孩子，不要顧慮如何去稱呼它

　　悲傷皆出於同源

詩人認爲女孩瑪格麗特的憂鬱源於對死亡的隱約認知。以「小孩」和「落葉」形成強烈的對比，道出了人類之不能永恆是悲傷的泉源，對老祖父和小孩都沒有例外。霍普金以小孩來代表全人類，而白萩以老祖父來代表每一個人，他們從兩種角度來寫人生的悲劇，前者有如以長鏡頭攝取死亡面貌，後者則以短距離特寫死亡，有異曲同工之妙。

　　生之短暫，此一事實使人類在造物者面前顯得孱弱無能。在白萩詩中，我們看到人的無助，也看到人的孤獨。在第三部分「天空象徵」，有一系列以阿火爲主角的詩。在裡面，我們看到小人物的悲哀。在〈世界的一滴〉裡，阿火和阿蘭在戰爭和死亡雙重威脅下，彼此依賴合而爲一；乍看之下，語調似乎是自足的，但是我們不能忽視詩句中「暫時成爲：一」的「暫時」二字，以及第四詩節所流露的自怨自憐的語調：

　　誰曉得你叫阿蘭

　　誰曉得你叫阿火

　　只是可憐的一滴

　　滴入湖面

　　不咚

　　也不響

　　　　　　　　　　　　　——〈世界的一滴〉，《白萩詩選》，頁 155～156

阿火和阿蘭是兩個無足輕重的人，儘管在他們的小世界裡可能真是自足自在的，但是和大世界對抗，他們畢竟還是相當渺小，無法不流露自卑；畢竟他們僅是世界的一點。在另一首詩〈誰讓我們〉裡，詩人以花、鳥在面臨暴風雨時的脆弱、無助和認命（「我們知道／又一次地被遺棄」）來比喻人的處境（這種人和物雙重層次的同時呈現，是白萩最善用的技巧之一）。詩末的「孤獨地受難／孤獨地死」又一次暗示人類在這廣大世界的悲劇處境。

　　而孤獨又往往起因於人與人之間的不能交通。在〈牽牛花〉裡，詩人以同莖幹卻開向不同方向的牽牛花來比喻夫妻間之無法溝通，雖然中間有一條婚姻的根連繫著。在〈雨夜〉一詩中，一男一女在屋內躺著，外面下著大雨，他們在做愛後，卻突然感到：

> 整個太平洋冷漠的跨在我們
> 中間，充滿無奈與陌生
>
> ──〈雨夜〉，《白萩詩選》，頁102

肉體的愛畢竟是膚淺的、短暫的，不能代替精神上的溝通，兩個戀人「深深的祈求進入內部之中」以二合一的世界來抵抗外面的風雨，卻諷刺地發現兩人之間原來是如此地陌生，心靈不能契合，頓時否定了這愛情小世界的意義。另值得注意的是，前二首詩的表層似寫人與人之隔閡，而其背景皆以「死亡」的陰鬱氣氛襯托：〈牽牛花〉裡的夕暮、死掉等字眼，〈雨夜〉中把牀比作墓穴，都暗示出對死亡的知覺。死亡的真實凌駕一切之上，在它面前，愛情也遜色三分。白萩深受其擾，已不再有歌頌生命或愛情的閒情，類似「你似一輪明月走過我心的湖底」的甜美已不復可見。

三

　　世界是暴亂的，人是有限的，在這種環境中，人的處境正如白萩在林

煥彰詩集《歷程》的序中所說：「人之孤獨暴露有如月球，隨時有滿空的隕石撞擊，任誰的心靈都是創爛斑斑，要活下去是需要一份百折不撓的堅忍意志。」因此，白萩「時刻凝視自己的創傷」，詩成了他抒發內心觀點和抑鬱的工具之外，也是他用以反抗現實的手段。在詩中，他企圖從自然界找尋人類失去的生活和精神模式。雁的飛行即是一例。在〈雁〉一詩中，我們可以看到白萩對人生的一貫看法：

地平線長久在遠處退縮地引逗著我們

活著。不斷地追逐

感覺它已接近而撐眼還是那麼遠離

——〈雁〉，《白萩詩選》，頁141

地平線是一種目標，似乎是一蹴可幾的理想，現實給人的錯覺正是如此，人類活下去就如這〈雁〉，靠著這種錯覺的安慰，即使「我們將緩緩地在追逐中死去，死去如夕陽不知覺的冷去」，但是我們「仍然要飛行」祖先飛過的天空；這種世代的循環，是雁的悲劇，也是全人類的。在第三詩節裡，我們看到雁的孤獨渺小和天地的廣闊無邊成一對比，更因此感受到雁的（亦是人的）那股向前的意志，那股傻勁，使我們在這悲劇的循環中多感染了一點雄偉的精神。

　　詩集第二部分的一首詩題為〈樹〉的詩中，他如是描寫著：

我們站著站著站著如一支入土的

椿釘，固執而不動搖

——〈樹〉，《白萩詩選》，頁119

在另一首有關樹的詩〈暴裂肚臟的樹〉裡，他描寫樹木面臨被鋸時刻的那股悲壯的毅力：

鋸齒鋸齒鋸齒鋸齒鋸齒鋸齒鋸齒鋸齒鋸齒鋸齒

我們以一座山的靜漠躺在他的面前

沒有哀求沒有退縮

以不拔的理由走向這最後的戰爭，在最後

以一串暴雷的狂吼怨恨這被撕裂的粉屑

——〈暴裂肚臟的樹〉，《白萩詩選》，頁 123

這前後兩首詩都是以樹喻人，樹成了堅忍意志的象徵。前詩的鋸和火把，以及後詩的鋸齒，都代表現實的殘酷壓迫，而白萩認爲樹這種雖死無憾的固執和堅忍，人類世界中生存是必需的。在另一首〈Arm Chair〉的詩中，扶椅也成了意志的化身。它的孤寂、沉默、蹲立在空大而幽深的屋裡，和人類在這廣大世界上的處境有著相同之處。白萩從它堅定的姿勢找到了意義：

生命因孤寂而沉默，在大地之上

悄無聲息的一軀體——

把堅強用本身的形象

化為一句閃光的言語，

靜靜的立在那裡。

——〈Arm Chair〉，《白萩詩選》，頁 98

閃光的言語即是「堅強」或「意志」二字，這是人類所欠缺或不易保有的（白萩在〈不知覺的死亡〉中就曾感歎：「噢，意志噢，爲何永不堅固如化石？」），而白萩在非人類身上找到了模式。

我們知道白萩對「出生即通往死亡」有幾分悲劇性的默認，但是他並不因此而完全抹煞了生之欲望：

　　太平間漏出一聲叫喊

　　太平間空無一人

　　死去千百萬次的房間

　　卻仍有一聲叫喊

——〈叫喊〉，《白萩詩選》，頁193

這一聲「活生生的叫喊」正是人類內心的想望，在死亡籠罩的氣氛中，這一聲叫喊彌足珍貴。正如〈曇花〉那種一開即謝（「以一百萬年的生命在一分鐘死去」）的生命也是可佩的。曇花孤獨地站著，不讓自己枯萎倒下，它們所等待的就是那剎那即逝的開放的喜悅。這種生命遠勝過死沉無奈的生命延續。

　　白萩愈後期的詩悲感愈重，像〈盛夏〉、〈金絲雀〉、〈鳥兒〉、〈催喚著催喚著〉等詩都充滿了自艾或半宿命的語調。早期的詩（指 1964 年以前的詩作）如〈金魚〉、〈標本獅〉、〈囚鷹〉雖然也是以物寄情，藉原屬自然的生物之被囚禁的處境來譬喻人之羈限，不過自憐的成分被詩背後所蘊藏的那股不滿的豪氣沖淡了許多。我們比較此詩集中之三首以〈樹〉為題的詩，更可清楚地看出白萩精神的轉變。在早期的兩首（即前面所討論的）裡，樹是反抗現實的意志象徵，以「頑抗的爪執著地站在自己的土地上」，而晚期的〈樹〉則是：

　　在生命的敗退裡

　　猶舉著枯槁的手

　　溺在風中

　　抓緊沒有東西的空間

——〈樹〉，《白萩詩選》，頁187

樹成了在掙扎中沉淪的表徵，詩人更在詩末為樹寫下了墓誌銘：「終必追著

風吹向虛渺」。同樣的，在〈雁〉一詩中，他寫出了「仍然要飛行」的句子，而在〈只要晨光醒來〉裡，則缺少那股不計成敗的衝勁和傻勁。在詩中有股自嘲的意味：

　　　只要你從黑暗中醒來

　　　我們便已死去

　　　帶上面具

　　　做一個無所謂的人

　　　　　　　　　　　——〈只要晨光醒來〉，《白萩詩選》，頁 170

詩中最大的諷刺在於——晨光醒來的時候居然是人類死亡的開端。這種「死亡」是一種精神之墮落，是無從反抗的對死亡的知覺，而非睡眠或做愛時那種不知覺的死亡。

　　　我們有死的愴痛

　　　當鷹鷲滑過天空

　　　影子投在青青的草上

　　　　　　　　　　　——〈只要晨光醒來〉，《白萩詩選》，頁 169

鷹鷲投在青草地上的影子是巨大而黝黑的，正如死亡的陰影籠罩在生命之上；鷹鷲代表死亡和攫取的暴力。白萩插入此段，點出了為什麼只要晨光一醒來，我們便得帶上面具，哈哈大笑地在世界跟前做一個無所謂的人，而把眼淚往肚裡流？「死之必然」是生命中缺憾（「便已死去」含有無可奈何的口氣），也是現實的一部分，帶上面具嘻笑迎人則是麻醉自己以逃避現實的手段，這種生存不啻是精神上的死亡，我們在這首詩中看到了死亡的兩種層面——肉體和精神的。企圖以笑的面具來逃避死亡，以精神的先死亡來抗拒實體的死亡，或許也是一種生存的方式，但是以這種自我解嘲、

小丑似的姿態來面對人生，又顯得有些寒愴和畏縮。

　　正如前面所說，白萩不斷地檢視自己的創傷，不斷地找尋醫治的良方，有時候他找到了，而大部分的時間卻因找不到而失望。以「人」的觀點來看詩人詩中情緒的轉變，我們不必責備他的消極或自憐，因爲詩人對現狀的敏感洞察，使他喪失了所謂「井底之蛙」的自足或自信，因此，有時候他看起來似乎比常人脆弱。畢竟詩人也是在現實中掙扎的人。

附記：《白萩詩選》，1971 年三民書局出版；其中部分詩作亦見《風吹才感到樹的存在》，1990 年光復書局出版。

──選自張芬齡《現代詩啟示錄》

臺北：書林出版公司，1992 年 6 月

輯五◎
研究評論資料目錄

作家、作品評論專書與學位論文

專書

1. 何聘生編　　孤岩的存在——白萩作品評論集　臺中　熱點文化出版公司 1984 年 12 月　430 頁

本書結集 1966 年至 1983 年間，關於白萩先生作品的重要評論文章，可做爲了解其詩的導讀，也可明瞭 30 年來臺灣文學批評的觀點和方法論上的推移。全書共 4 部分：1.總論，收趙天儀〈笠下影——白萩〉、葉笛〈孤岩的存在〉、〈白萩論〉、李魁賢〈白萩論〉、鄭烱明〈談白萩的詩〉、簡誠〈白萩簡論〉、岩上〈論詩想動向的秩序〉、趙德克〈徘徊在白萩的詩林間〉、陳芳明〈雁的白萩〉、〈七位詩人素描——白萩〉、陳慧樺〈白萩風格論〉、桓夫〈白萩詩的性愛〉、桓夫等〈白萩詩的一側面（上）——白萩作品討論會〉共 13 篇文章；2.對詩集的評論，林亨泰〈白萩的詩集《蛾之死》〉、譚娉婷〈讀白萩《蛾之死》後〉、柳文哲〈《風的薔薇》〉、張默〈史芬克司的震顫——剖論白萩的《風的薔薇》〉、青青〈白萩的《風的薔薇》〉、林亨泰等〈白萩詩集《風的薔薇》〉、陳千武〈詩的語言——看白萩詩集《天空象徵》〉、陳明台〈吐血的歌聲——論白萩著《天空象徵》〉、柳文哲〈《天空象徵》〉、林煥彰〈白萩的天空——評介白萩詩集《天空象徵》〉、陳鴻森〈白萩詩集《香頌》論〉、趙天儀〈生命的戀歌——評白萩詩集《香頌》〉、林鍾隆〈《詩廣場》拾穗〉共 13 篇文章；3.對詩篇的評論，傅敏〈納蕤思解說〉、何瑞雄〈慢慢道來〉、綺白〈即興四首〉、醍醐華夫〈對立體的傳統之體認及其破壞〉、李元貞〈論白萩《天空象徵》裡的「雁」〉、林鍾隆〈白萩的〈雁〉〉、〈白萩的〈Arm Chair〉〉、張春榮〈從杜甫的〈孤雁〉看白萩的〈雁〉〉、蕭蕭，張漢良〈白萩的詩〈流浪者〉、〈蛾〉、〈Arm Chair〉〉、菩提〈淺談白萩的詩〉、楊子潤等〈充滿悲劇意識的前衛者〉、李魁賢〈觀察白萩的雁的世界〉、〈雁〉、李薌男〈雁的思考〉、Christopher Middleton〈白萩的〈Arm Chair〉〉、張默〈白萩的〈叫喊〉〉、岩上〈白萩的〈廣場〉〉共 17 篇文章；4.附錄，鄭烱明〈白萩，久違了——訪不斷自我超越的詩人白萩〉、張雪映，林廣〈不懈的實驗精神〉、〈白萩寫作年表〉共 3 篇文章。

2. 蔡哲仁　白萩的詩與理論　臺南　臺南市立圖書館　2007 年 12 月　448 頁

本論文結合白萩詩與詩論，探討其文學觀念與創作心得，進而藉由詩論分析其詩作。全文共 7 章：1.緒論；2.詩人與時代；3.文學觀念與創作心得；4.詩作的風格與精神；5.詩作的形式與語言；6.詩作的主題與心靈；7.結論。正文後附錄〈白萩相關

資料彙編（初稿）〉、〈白萩生平、寫作及文學活動年表（初稿）〉、〈白萩編著
表〉、〈白萩已結集作品索引（初稿）〉、〈白萩未結集作品索引（初稿）〉。

學位論文

3. 蔡哲仁　　白萩的詩與詩論　成功大學臺灣文學系　碩士論文　呂興昌教授指
　　　　　　導　2004 年 7 月　272 頁

本論文結合白萩詩與詩論，探討其文學觀念與創作心得，進而藉由詩論分析其詩
作。全文共 7 章：1.緒論；2.詩人與時代；3.文學觀念與創作心得；4.詩作的風格與
精神；5.詩作的形式與語言；6.詩作的主題與心靈；7.結論。正文後附錄〈白萩相關
資料彙編（初稿）〉、〈白萩生平、寫作及文學活動年表（初稿）〉、〈白萩編著
表〉、〈白萩已結集作品索引（初稿）〉、〈白萩未結集作品索引（初稿）〉。

4. 蘇培穎　　白萩詩研究　高雄師範大學國文學系回流中文碩士班　碩士論文
　　　　　　江聰平教授指導　2006 年 6 月　237 頁

本論文以白萩的詩及詩學理論散文為本，探究其創作歷程、詩學理論以及白萩詩作
的主題、藝術手法、風格特色。全文共 7 章：1.緒論；2.白萩的創作歷程；3.白萩詩
學理論；4.白萩詩的主題系統；5.白萩詩的藝術手法；6.白萩詩的風格特色；7.結
論。

［作家生平資料篇目］

自述

5. 白　萩　　《蛾之死》後記　蛾之死　臺中　藍星詩社　1959 年 5 月　頁 67—
　　　　　　77

6. 白　萩　　《蛾之死》後記　現代詩散論　臺北　三民書局　1977 年 2 月　頁
　　　　　　66—76

7. 白　萩　　《蛾之死》後記　觀測意象　臺中　臺中市立文化中心　1991 年 7
　　　　　　月　頁 77—86

8. 白　萩　　人本的奠基（代序）　風的薔薇　臺南　笠詩社　1965 年 10 月　頁
　　　　　　1—8

9. 白　萩　　人本的奠基　現代詩散論　臺北　三民書局　1977 年 2 月　頁 77—
　　　　　　86

10. 白　萩　　人本的奠基　觀測意象　臺中　臺中市立文化中心　1991 年 7 月
　　　　　　　頁 87—95

11. 白　萩　　後記　風的薔薇　臺南　笠詩社　1965 年 10 月　頁 58—61

12. 白　萩　　自語　天空象徵　臺北　田園出版社　1969 年 6 月　頁 86—88

13. 白　萩　　自語——《天空象徵》詩集後記　從深淵出發　臺中　普天出版社
　　　　　　　1972 年 1 月　頁 19—20

14. 白　萩　　自語　現代詩散論　臺北　三民書局　1977 年 2 月　頁 87—88

15. 白　萩　　自語　觀測意象　臺中　臺中市立文化中心　1991 年 7 月　頁 96
　　　　　　　—97

16. 白　萩　　白萩詩觀　八十年代詩選　臺北　濂美出版社　1976 年 6 月　頁
　　　　　　　480

17. 白　萩　　由詩的繪畫性談起　現代詩散論　臺北　三民出版社　1977 年 2 月
　　　　　　　頁 16—25

18. 白　萩　　由詩的繪畫性談起　觀測意象　臺中　臺中市立文化中心　1991 年
　　　　　　　7 月　頁 68—76

19. 白　萩　　詩歷・詩觀　美麗島詩集　臺北　笠詩社　1979 年 6 月　頁 234

20. 白　萩　　瞭解與關懷——《亞洲現代詩集》出版緣由及影響　臺灣日報
　　　　　　　1982 年 1 月 13 日　8 版

21. 白　萩　　詩與文化的交流——關於《亞洲現代詩集》的出版——語言・詩・
　　　　　　　宿命　臺灣時報　1983 年 3 月 12 日　12 版

22. 白　萩　　語言・詩・宿命　笠　第 114 期　1983 年 4 月　頁 22—23

23. 白　萩　　后記　詩廣場　臺中　熱點文化出版公司　1984 年 3 月　頁 143—
　　　　　　　144

24. 白　萩　　新版序　白萩詩選　臺北　三民書局　2005 年 2 月　頁 1—2

他述

25. 彭邦楨，墨人　　白萩簡介　中國詩選　高雄　大業書店　1957 年 1 月　頁
　　　　　　　18

26. 高橋喜久晴著；葉笛譯　　一個日本詩人看：中國的現代詩壇——「跨越語言的一代」的詩人們——新的期待——《笠》的同仁〔白萩部分〕　從深淵出發　臺中　普天出版社　1972 年 1 月　頁 239—240

27. 高橋喜久晴著；葉笛譯　　一個日本詩人看中國的現代詩壇——「跨越語言的一代」的詩人們——新的期待——《笠》的同仁〔白萩部分〕　葉笛全集・翻譯卷六　臺南　國家臺灣文學館籌備處　2007 年 5 月　頁 491—493

28. 張　　默　　白萩小傳　中國當代十大詩人選集　臺北　源成文化圖書供應社　1977 年 7 月　頁 218

29. 楊子潤　　充滿悲劇意識的前衛者——白萩　中學白話詩選　臺北　故鄉出版社　1980 年 4 月　頁 188—189

30. 楊子潤　　充滿悲劇意識的前衛者——白萩　孤岩的存在　臺中　熱點文化出版公司　1984 年 12 月　頁 357—358

31. 蕭　　蕭　　白萩　現代詩入門　臺北　故鄉出版社　1982 年 2 月　頁 101—102

32. 王晉民，鄺白曼　　白萩　臺灣與海外華人作家小傳　福州　福建人民出版社　1983 年 9 月　頁 59—60

33. 朱沉冬　　白萩的小屋　朱沉冬散文集　高雄　心臟詩社　1985 年 8 月　頁 56—57

34. 劉龍勳　　白萩　中國新詩賞析 3　臺北　長安出版社　1987 年 2 月　頁 215

35. 陳文理　　我的丈夫白萩　笠　第 139 期　1987 年 6 月　頁 66—67

36. 陳文理　　我的丈夫白萩　風吹才感到樹的存在　臺北　光復書局　1989 年 6 月　頁 241—243

37. 陳文理　　我的丈夫白萩　有情四卷——愛情　臺北　正中書局　1989 年 12 月　頁 148—150

38. 聃　　生　　編後記　風吹才感到樹的存在　臺北　光復書局　1989 年 6 月　頁 245—246

39. 何聃生　對著天空深處——我的父親白萩　聯合報　1990 年 5 月 28 日　29
　　　　版

40. 詹順裕　跨代詩人——詹冰、桓夫、白萩　臺灣日報　1990 年 5 月 28 日
　　　　15 版

41. 陳文理　他的眼睛長在頭頂上　中央日報　1994 年 6 月 13 日　16 版

42. 農　夫　天地一沙鷗——記詩人白萩　臺灣日報　1995 年 11 月 17 日　20
　　　　版

43. 張　朗　盡心盡力——序《當代名詩人選》2〔白萩部分〕　當代名詩人選 2
　　　　臺北　絲路出版社　1995 年 12 月　頁 5

44. 莫　渝　幾位鄉土詩人與作品〔白萩部分〕　臺灣現代詩史論：臺灣現代詩
　　　　史研討會實錄　臺北　文訊雜誌社　1996 年 3 月　頁 217—219

45. 陳芳明　人間白萩　中國時報　1996 年 10 月 5 日　19 版

46. 陳芳明　人間白萩　孤夜讀書　臺北　麥田出版公司　2005 年 9 月　頁 20
　　　　—34

47.〔岩上主編〕　白萩（1937—）　笠下影：1997 笠詩社同仁著譯書目集　臺
　　　　北　笠詩社　1997 年 8 月　頁 60

48.〔姜耕玉選編〕　白萩　20 世紀漢語詩選（三）　上海　上海教育出版社
　　　　1999 年 12 月　頁 265

49. 耕　雨　白萩曾受語文轉換的痛苦　臺灣新聞報　2000 年 12 月 1 日　8 版

50. 杜文靖　白萩沉浸詩海追逐人生　這些人・那些事・某些地方　臺北　臺北
　　　　縣文化局　2000 年 12 月　頁 52—54

51. 郭　楓　迷失在流浪中的白萩　臺灣時報　2001 年 2 月 26 日　20 版

52. 耕　雨　白萩永不向傳統妥協　臺灣新聞報　2001 年 2 月 12 日　19 版

53.〔蕭蕭，白靈編〕　白萩簡介　臺灣現代文學教程：新詩讀本　臺北　二魚
　　　　文化公司　2002 年 8 月　頁 241—242

54. 林政華　天才早慧，終身寫詩，永遠創新的元老級詩人——白萩　臺灣新聞
　　　　報　2002 年 12 月 5 日　9 版

55. 林政華　天才早慧，終身寫詩，永遠創新的元老級詩人——白萩　臺灣古今文學名家　桃園　開南管理學院通識教育中心　2003 年 3 月　頁 75

56. 王景山　白萩　臺港澳暨海外華文作家辭典　北京　人民文學出版社　2003 年 7 月　頁 15—16

57. 曾麗壎　在詩中流浪的雁——白萩　書香遠傳　第 11 期　2004 年 4 月　頁 42—43

58. 曾麗壎　在詩中流浪的雁——白萩　Taiwan News 財經・文化周刊　第 117 期　2004 年 1 月　頁 96—97

59. 〔蕭蕭主編〕　詩人簡介　優游意象世界　臺北　聯合文學出版社　2006 年 6 月　頁 100

60. 〔鹽分地帶文學〕　作家寫真簿——白萩：我們仍然活著仍然要飛行　鹽分地帶文學　第 10 期　2007 年 6 月　頁 22

61. 〔封德屏主編〕　白萩　2007 臺灣作家作品目錄　臺南　國立臺灣文學館　2008 年 7 月　頁 151—152

62. 〔李敏勇編〕　白萩小傳　白萩集　臺南　國立臺灣文學館　2009 年 7 月　頁 7

63. 林佛兒　白萩　鹽分地帶文學　第 30 期　2010 年 10 月　〔1〕

64. 陳慕真　2012 年臺灣文學外譯成果豐豐美——鍾文音、白萩，雙語譯本亮眼問世　臺灣文學館通訊　第 38 期　2013 年 3 月　頁 89

65. 李昌憲　白萩書房攝影記　笠　第 295 期　2013 年 6 月　頁 12—13

66. 白萩，桓夫　對談・詩的基本質素（一）——無繪畫性音樂性的詩能存在嗎？　笠　第 16 期　1966 年 12 月　頁 11

67. 白萩，林宗源，桓夫　對談・詩的基本質素（二）——外部現象與內在精神運作　笠　第 17 期　1967 年 2 月　頁 12

訪談、對談

68. 白萩等[1]　　白萩片談　笠　第 75 期　1976 年 10 月　頁 28—29

69. 鄭烱明，李敏勇　　不斷自我超越的詩人——白萩訪問記[2]　笠　第 103 期
　　　　1981 年 6 月　頁 30—36

70. 鄭烱明，李敏勇　　白萩，久違了！——訪不斷自我超越的詩人白萩　詩廣場
　　　　臺中　熱點文化出版公司　1984 年 3 月　頁 91—104

71. 鄭烱明，李敏勇　　白萩，久違了！——訪不斷自我超越的詩人白萩　孤岩的
　　　　存在　臺中　熱點文化出版公司　1984 年 12 月　頁 397—410

72. 鄭烱明，李敏勇　　白萩，久違了！——訪不斷自我超越的詩人白萩　觀測意
　　　　象　臺中　臺中市立文化中心　1991 年 7 月　頁 128—145

73. 張雪映，林廣　　不懈的實驗精神——白萩訪問記　陽光小集　第 9 期　1982
　　　　年 9 月　頁 171—179

74. 張雪映，林廣　　不懈的實驗精神——白萩訪問記　詩廣場　臺中　熱點文化
　　　　出版公司　1984 年 3 月　頁 105—114

75. 張雪映，林廣　　不懈的實驗精神——白萩訪問記　孤岩的存在　臺中　熱點
　　　　文化出版公司　1984 年 12 月　頁 411—420

76. 張雪映，林廣　　不懈的實驗精神——白萩訪問記　觀測意象　臺中　臺中市
　　　　立文化中心　1991 年 7 月　頁 146—157

77. 白萩等[3]　　文學主流座談會——歡迎青年邁進文藝殿堂　臺灣日報　1983 年
　　　　6 月 18 日　8 版

78. 白萩等[4]　　「詩的饗宴」座談實錄（上、下）　臺灣日報　1984 年 6 月 4—5
　　　　日　8 版

79. 白萩等[5]　　中國現代詩談話會　文訊雜誌　第 12 期　1984 年 6 月　頁 96—

---

[1]與會者：白萩、張崇仁、蘇對、洪志明；紀錄：陳碧卿。
[2]本文後篇名爲〈白萩，久違了！——訪不斷自我超越的詩人白萩〉。
[3]主持人：尹雪曼、謝天衢、黃永武；與會者：楊念慈、白萩、李喬、顏天佑、簡政珍、沈謙、陳憲仁、陳篤弘。
[4]主持人：桓夫；與會者：白萩、蔡榮勇、苦苓、林亨泰、康原、廖莫白、賴源聰、趙怒波、陳篤弘；紀錄、攝影：劉美玲。
[5]與會者：羅門、白萩、上官予、胡品清、張默、林亨泰、瘂弦、張健、張法鶴、邱燮友。

139

80. 白萩等[6]　　詩的饗宴（上、下）──南投座談實錄　臺灣日報　1984 年 10 月
　　　　　　　　12─13 日　8 版

81. 向　　陽　　推窗看世界──向陽訪白萩　中國時報　1986 年 6 月 11 日　8 版

82. 康　　原　　在詩中流浪──白萩・臺中　作家的故鄉　臺北　前衛出版社
　　　　　　　　1987 年 11 月　頁 208─216

83. 林燿德　　詩與詩人──訪白萩[7]　自由青年　第 79 卷第 1 期　1988 年 1 月
　　　　　　　　頁 64─69

84. 林燿德　　片片語言滴滴血──訪白萩　觀測意象　臺中　臺中市立文化中心
　　　　　　　　1991 年 7 月　頁 158─171

85. 白萩等[8]　　浮沉太平洋的臺灣──兼論白萩〈領空〉一詩　笠　第 151 期
　　　　　　　　1989 年 6 月　頁 130─144

86. 白萩等　　浮沉太平洋的臺灣──兼論白萩詩〈領空〉　詩與臺灣現實　臺北
　　　　　　　　笠詩刊社　1991 年 1 月　頁 109─130

87. 白萩等　　浮沉太平洋的臺灣──兼論白萩〈領空〉一詩　林亨泰全集・文學
　　　　　　　　論述卷 6　彰化　彰化縣立文化中心　1998 年 9 月　頁 257─259

88. 林燿德　　前衛精神與草根意識──與白萩對話　觀念對話──當代詩言談錄
　　　　　　　　臺北　漢光文化公司　1989 年 8 月　頁 32─48

89. 白萩等[9]　　臺灣歷史的傷痕──兼論丘逢甲〈離臺詩〉、龔顯榮〈天窗〉、柯
　　　　　　　　旗化〈母親的悲願〉、白萩〈雁的世界及觀察〉、鄭炯明〈童話〉
　　　　　　　　笠　第 160 期　1990 年 12 月　頁 120─144

90. 白萩等　　臺灣歷史的傷痕──兼論丘逢甲詩〈離臺詩〉、柯旗化詩〈母親的

---

[6]與會者：寧可、白萩、林亨泰、桓夫、岩上、王灝、陳篤弘；紀錄：劉美玲。
[7]本文後改篇名為〈片片語言滴滴血──訪白萩〉。
[8]主持人：趙天儀；與會者：林亨泰、李篤恭、鄭炯明、趙天儀、莊柏林、陳明克、陳千武、杜潘
　芳格、白萩、詹冰、江平、曹湘如、張信吉；紀錄：張信吉。
[9]主持人：白萩；與會者：錦連、溫桂美、李篤恭、張素華、蔡榮勇、詹冰、林亨泰、江自得、陳
　千武、李明郎、陳明仁、龔顯榮、陳亮、莊柏林、鄭炯明、柯旗化、陳真林、張信吉；紀錄：張
　信吉。

悲願〉、龔顯榮詩〈天窗〉、白萩詩〈雁的世界及觀察〉、鄭烱明詩

〈童話〉　詩與臺灣現實　臺北　笠詩刊社　1991 年 1 月　頁 173

—212

91. 白萩等[10]　　文學創作的方向——座談會紀實　臺灣日報　1992 年 6 月 20 日

9 版

92. 白萩等[11]　　臺灣筆會座談會——當前臺灣文學問題：創作、閱讀、出版、研

究　臺灣文藝　第 137 期　1993 年 5 月　頁 25—49

93. 吳婉茹　　笠下影守住本土（上、下）〔白萩部分〕　中央日報　1994 年 12

月 23—24 日　18 版

94. 岩　上　　雁的飛行——詩人白萩訪問記　民眾日報　1994 年 12 月 10 日　24

版

95. 岩　上　　雁的飛行——詩人白萩訪問記　笠　第 185 期　1995 年 2 月　頁

82—91

96. 岩　上　　雁的飛行——詩人白萩訪問記　詩的存在：現代詩評論集　臺北

派色文化出版社　1996 年 8 月　頁 211－225

97. 何雅雯　　無盡孤獨的廣場——專訪白萩先生　文訊雜誌　第 217 期　2003 年

11 月　頁 111—115

98. 樂　地　　當「雁」飛過「廣場」——笠詩社四十週年訪白萩　笠　第 241 期

2004 年 6 月　頁 31—35

99. 蔡依伶　　家在臺中，白萩　印刻文學生活誌　第 20 期　2005 年 4 月　頁

138—145

年表

100. 白　萩　　白萩自訂寫作年表　陽光小集　第 9 期　1982 年 9 月　頁 185—

188

---

[10]主持人：萬德群；與會者：夏鐵肩、王賢忠、王逢吉、王臨泰、陳武雄、白萩、寧克文、陳憲
仁、石德華、黃武忠；紀錄：郁馥馨。
[11]主持人：李敏勇、張恆豪；與會者：白萩、陳萬益、林文義、彭瑞金、楊照、林文欽；紀錄：莊
紫蓉。

101.〔文學界〕　　白萩寫作年表　文學界　第 9 期　1984 年 2 月　頁 26—33

102.〔白　萩〕　　白萩寫作年表　詩廣場　臺中　熱點文化出版公司　1984 年
　　　3 月　頁 132—139

103.〔白　萩〕　　白萩寫作年表　風吹才感到樹的存在　臺北　光復書局
　　　1989 年 6 月　頁 291—305

104.〔白　萩〕　　白萩寫作及文學活動年表　觀測意象　臺中　臺中市立文化
　　　中心　1991 年 7 月　頁 245—259

105.〔何聘生編〕　　白萩寫作年表　孤岩的存在　臺中　熱點文化出版公司
　　　1984 年 12 月　頁 421—428

106.〔岩上編〕　　白萩〔寫作年表〕　笠詩社同仁著譯書目集　臺北　笠詩社
　　　1997 年 8 月　頁 60—61

107. 蔡哲仁　　白萩生平、寫作及文學活動年表（初稿）　白萩的詩與詩論　成
　　　功大學臺灣文學系　碩士論文　呂興昌教授指導　2004 年 7 月
　　　頁 243—259

108. 蔡哲仁　　白萩生平、寫作及文學活動年表（初稿）　白萩的詩與理論　臺
　　　南　臺南市立圖書館　2007 年 12 月　頁 420—435

109. 蘇培穎　　白萩寫作及文學活動年表　白萩詩研究　高雄師範大學國文學系
　　　回流中文碩士班　碩士論文　江聰平教授指導　2006 年 6 月　頁
　　　226—237

110.〔李敏勇編〕　　白萩寫作生平年表　白萩集　臺南　國立臺灣文學館
　　　2009 年 7 月　頁 133—136

其他

111.〔文訊雜誌〕　　文苑短波——白萩書法入選金鵝獎　文訊雜誌　第 4 期
　　　1983 年 10 月　頁 6—7

112. 陳憲仁　　白萩獲大墩文學貢獻獎　文訊雜誌　第 160 期　1999 年 2 月　頁
　　　63

113.〔聯合報〕　　白萩任現代詩人協會理事長　聯合報　2000 年 7 月 12 日　14

版

作品評論篇目

綜論

---

[12] 本文從白萩的創作歷史，探討其迄今爲止的進程軌跡。

頁 53—63

127. 葉　笛　白萩論　臺灣文學巡禮　臺南　臺南市立文化中心　1995 年 4 月
　　　頁 120—135

128. 葉　笛　白萩論　葉笛全集・評論卷二　臺南　國家臺灣文學館籌備處
　　　2007 年 5 月　頁 198—213

129. 鄭烱明　談白萩的詩　笠　第 32 期　1969 年 8 月　頁 61

130. 鄭烱明　談白萩的詩　孤岩的存在　臺中　熱點文化出版公司　1984 年 12
　　　月　頁 65—66

131. 簡　誠　白萩簡論　笠　第 32 期　1969 年 8 月　頁 65—66

132. 簡　誠　白萩簡論　孤岩的存在　臺中　熱點文化出版公司　1984 年 12 月
　　　頁 67—71

133. 趙天儀　第一次全省詩展（下）〔白萩部分〕　臺灣文藝　第 33 期　1971
　　　年 8 月　頁 79

134. 趙天儀　第一次全省詩展〔白萩部分〕　裸體的國王　臺北　香草山出版
　　　社　1976 年 6 月　頁 52—53

135. 周伯乃　淺論白萩的詩　自由青年　第 46 卷第 6 期　1971 年 12 月 1 日
　　　頁 124—130

136. 陳慧樺　白萩風格論[13]　大地　第 1 期　1972 年 9 月　頁 47—57

137. 陳慧樺　白萩風格論　板歌　臺北　蘭臺書局　1973 年 1 月　頁 133—152

138. 陳慧樺　白萩風格論　文學創作與神思　臺北　國家書店　1976 年 6 月
　　　頁 239—261

139. 陳慧樺　白萩風格論　現代詩導讀（批評篇）　臺北　故鄉出版社　1979
　　　年 11 月　頁 273—296

140. 陳慧樺　白萩風格論　孤岩的存在　臺中　熱點文化出版公司　1984 年 12
　　　月　頁 123—141

141. 陳芳明　七位詩人素描——白萩　詩和現實　臺北　洪範書店　1977 年 2

---

[13]本文就詩裡的遣詞用句、節奏及象徵探討白萩的技巧及精神動向，並論述其風格建立之歷程。

　　　　　　　　　月　頁 177—179

142. 陳芳明　　七位詩人素描——白萩　孤岩的存在　臺中　熱點文化出版公司
　　　　　　　　1984 年 12 月　頁 143—144

143. 陳芳明　　七位詩人素描之一——白萩　香頌　臺北　石頭出版公司　1991
　　　　　　　　年 6 月　頁 178—181

144. 趙德克　　徘徊在白萩的詩林間[14]　中國現代作家論　臺北　聯經出版公司
　　　　　　　　1979 年 7 月　頁 197—210

145. 趙德克　　徘徊在白萩的詩林間　孤岩的存在　臺中　熱點文化出版公司
　　　　　　　　1984 年 12 月　頁 89—100

146. 楊昌年　　現代名家名作抽象析介——白萩　新詩品賞　臺北　牧童出版社
　　　　　　　　1978 年 9 月　頁 265—270

147. 楊昌年　　詩人與詩作——五十、六十年代名家名作析介——白萩　現代詩
　　　　　　　　的創作與欣賞　臺北　文史哲出版社　1991 年 9 月　頁 281—283

148. 趙夢娜〔張芬齡〕　論白萩的詩[15]　大地文學　第 1 期　1978 年 10 月　頁
　　　　　　　　210—232

149. 張芬齡　　論白萩的詩　現代詩啟示錄　臺北　書林出版公司　1992 年 6 月
　　　　　　　　頁 39—59

150. 菩　提　　淺談白萩的詩　中華文藝　第 117 期　1980 年 11 月　頁 45—48

151. 菩　提　　淺談白萩的詩　孤岩的存在　臺中　熱點文化出版公司　1984 年
　　　　　　　　12 月　頁 353—355

152. 李　彥　　論白萩詩　腳印　第 2 期　1982 年 8 月 1 日　2 版

153. 苦　苓　　誰是大詩人——青年詩人心目中的十大詩人[16]　陽光小集　第 10
　　　　　　　　期　1982 年 10 月　頁 79—91

154. 苦　苓　　誰是大詩人？青年詩人心目中的十大詩人　書中書　臺北　希代

---

[14] 本文探討白萩各時期詩的特色。
[15] 本文以意象、技巧探討白萩詩集中的主題。
[16] 本文為「陽光小集」所舉辦「青年詩人心目中的十大詩人」的票選活動紀錄。十位詩人分別為：
　　余光中、白萩、楊牧、鄭愁予、洛夫、瘂弦、周夢蝶、商禽、羅門、羊令野，並略述十人作品風
　　格及技巧。

書版公司　1986 年 9 月　頁 209—210

155. 陳千武　光復後出發的詩人們——白萩　笠　第 112 期　1982 年 12 月　頁
　　　12—13

156. 陳明台　根源的掌握與確認——臺灣現代詩人的鄉愁 2〔白萩部分〕　笠
　　　第 112 期　1982 年 12 月　頁 19—20

157. 林亨泰等[17]　白萩作品討論會　文學界　第 9 期　1984 年 2 月　頁 12—25

158. 林亨泰等　白萩作品討論會　詩廣場　臺中　熱點文化出版公司　1984 年
　　　3 月　頁 115—129

159. 林亨泰等　白萩作品討論會　孤岩的存在　臺中　熱點文化出版公司
　　　1984 年 12 月　頁 185—199

160. 林亨泰等　白萩作品討論會　觀測意象　臺中　臺中市立文化中心　1991
　　　年 7 月　頁 172—190

161. 林亨泰等　白萩作品討論會　林亨泰全集・文學論述卷 6　彰化　彰化縣立
　　　文化中心　1998 年 9 月　頁 174—178

162. 桓夫〔陳千武〕　白萩詩的性愛　文學界　第 9 期　1984 年 2 月　頁 37—
　　　47

163. 桓　夫　白萩詩的性愛　孤岩的存在　臺中　熱點文化出版公司　1984 年
　　　12 月　頁 145—155

164. 陳千武　白萩詩的性愛　香頌　臺北　石頭出版公司　1991 年 6 月　頁
　　　182—203

165. 陳千武　白萩詩的性愛　臺灣新詩論集　臺北　春暉出版社　1997 年 4 月
　　　頁 251—264

166. 趙天儀　不斷地超越的變數——論白萩的詩　臺灣詩季刊　第 6 期　1984
　　　年 9 月　頁 36—43

---

[17] 與會者：林亨泰、陳明台、李敏勇、苦苓、岩上；紀錄：許振江、鄭烱明。本文紀錄 9 個討論面
向：1.白萩的創作歷程；2.忠於現實生活的創作理念；3.具有特殊筆力；4.一個很自我的詩人；5.
語言的轉變，以「阿火世界」爲分界點；6.強烈的反叛性格；7.是否先驅者的討論；8.難得的創
作自由；9.更多的期望。

167. 趙天儀　不斷地超越的變數──論白萩的詩（1─2）　臺灣日報　1984 年 12 月 4─5 日　8 版

168. 趙天儀　不斷地超越的變數──論白萩的詩　臺灣現代詩鑑賞　臺中　臺中市立文化中心　1998 年 5 月　頁 120─129

169. 岩　上　論詩想動向的秩序〔白萩部分〕　孤岩的存在　臺中　熱點文化出版公司　1984 年 12 月　頁 85─87

170. 莊金國　將心比心〔白萩部分〕　笠　第 137 期　1987 年 2 月　頁 48─50

171. 旅　人　中國新詩論史（十四）〔白萩部分〕　笠　第 137 期　1987 年 2 月　頁 54─58

172. 旅　人　白萩及林鍾隆　中國新詩論史　臺中　臺中縣立文化中心　1991 年 12 月　頁 233─241

173. 張恆春　葡萄園和笠詩社的創立與詩人白萩　現代臺灣文學史　瀋陽　遼寧出版社　1987 年 12 月　頁 586─589

174. 鄭明娳　中國新詩概說〔白萩部分〕　當代文學氣象　臺北　光復書局　1988 年 4 月　頁 175─176

175. 王志健　新詩的再出發──「笠」詩社──白萩　文學四論（上）　臺北　文史哲出版社　1988 年 7 月　頁 290─291

176. 古繼堂　臺灣新詩回歸的前奏（二）──笠詩社──白萩　臺灣新詩發展史　臺北　文史哲出版社　1989 年 7 月　頁 363─369

177. 公仲，汪義生　五十年代後期及六十年代臺灣文學（上）〔白萩部分〕　臺灣新文學史初編　南昌　江西人民出版社　1989 年 8 月　頁 128─129

178. 鄭愁予　臺灣詩人在詩中的自我位置（上）〔白萩部分〕　中央日報　1990 年 7 月 11 日　16 版

179. 彭瑞金　埋頭深耕的年代（一九六○──一九六九）──臺灣詩的現代化與本土化〔白萩部分〕　臺灣新文學運動 40 年　臺北　自立晚報社　1991 年 3 月　頁 144

180. 趙天儀　白萩論——試論白萩的詩與詩論[18]　臺灣地區區域文學會議——中彰投地區　臺中市立文化中心　文訊雜誌社主辦　1991 年 5 月 22 日

181. 趙天儀　白萩論——試論白萩的詩與詩論（1—2）　臺灣日報　1993 年 5 月 20—21 日　9 版

182. 趙天儀　白萩論——試論白萩的詩與詩論　鄉土與文學：臺灣地區區域文學會議實錄　臺北　文訊雜誌社　1994 年 3 月　頁 233—267

183. 趙天儀　白萩論——試論白萩的詩與詩論　時間的對決：臺灣現代詩評論集　臺北　富春文化公司　2002 年 5 月　頁 133—152

184. 朱雙一　鄉土詩歌的崛起及詩壇的多元化趨向〔白萩部分〕　臺灣新文學概觀（下）　廈門　鷺江出版社　1991 年 6 月　頁 147—148

185. 費　勇　白萩詩歌簡論[19]　觀測意象　臺中　臺中市立文化中心　1991 年 7 月　頁 229—244

186. 葉石濤　六〇年代的臺灣文學——無根與放逐——作家與作品〔白萩部分〕　臺灣文學史綱　高雄　文學界雜誌社　1991 年 9 月　頁 134

187. 葉石濤　臺灣文學史綱——六〇年代的臺灣文學——無根與放逐——作家與作品〔白萩部分〕　葉石濤全集・評論卷 5　臺南，高雄　國立臺灣文學館，高雄市文化局　2008 年 4 月　頁 150

188. 劉登翰　林亨泰、白萩、陳千武與《笠》詩人群　臺灣文學史（下）　福州　海峽文藝出版社　1993 年 1 月　頁 379—382

189. 古繼堂　追求「現代」和「超現實」詩人的詩歌理論批評——認為尋找語言的關聯能力是詩人能力指標的——白萩　臺灣新文學理論批評史　瀋陽　春風文藝出版社　1993 年 6 月　頁 404—406

---

[18]本文採用多個主題，並舉出多篇詩作深入探討白萩作品的特質。全文共 4 節：1.白萩及其作品目錄；2.白萩論：（1）白萩的創作觀、（2）白萩的人生觀、（3）白萩的語言觀；3.白萩作品賞析（〈飛蛾〉、〈讓我永遠望著你〉、〈樹〉、〈水窪〉）；4.結語：再論白萩。

[19]本文探討白萩詩作及其在臺灣詩壇的定位。

190. 古繼堂　追求「現代」和「超現實」詩人的詩歌理論批評——認為尋找語言的關聯能力是詩人能力指標的——白萩　臺灣新文學理論批評史　臺北　秀威資訊科技公司　2009 年 3 月　頁 400—402

191. 王志健　新詩的再生——摘星的與提燈的——白萩　中國新詩淵藪（中）臺北　正中書局　1993 年 7 月　頁 1730—1741

192. 鄭烱明　臺灣現代詩的典範——簡論白萩的詩　笠　第 185 期　1995 年 2 月　頁 92—97

193. 翁燕珍　白萩新詩詩風研究（1957—1972）（1—2）[20]　笠　第 187—188 期　1995 年 6，8 月　頁 119—127，62—81

194. 〔中華民國新詩學會編〕　白萩詩創作觀　中華新詩選　臺北　文史哲出版社　1996 年 3 月　頁 381

195. 張　默　站著一支入土的椿釘——白萩的詩生活探微　聯合文學　第 140 期　1996 年 6 月　頁 104—110

196. 張　默　站著，一支入土的椿釘——白萩的詩生活　夢從樺樹上跌下來：詩壇鈎沉筆記　臺北　爾雅出版社　1998 年 6 月　頁 55—71

197. 劉登翰，朱雙一　追逐不斷退縮的地平線——白萩論　彼岸的繆斯——臺灣詩歌化　南昌　百花洲文藝出版社　1996 年 12 月　頁 274—279

198. 李敏勇　這是我們的土地——白萩　綻放語言的玫瑰　臺北　玉山社出版公司　1997 年 1 月　頁 41—48

199. 張　默　從辛鬱到林群盛〔白萩部分〕　臺灣現代詩概論　臺北　爾雅出版社　1997 年 5 月　頁 337—339

200. 舒　蘭　五○年代詩人詩作——白萩　中國新詩史話（三）　臺北　渤海堂文化公司　1998 年 10 月　頁 394—398

---

[20] 本文歸納白萩詩作中呈現對新詩熱忱、感悟生命、關注社會現實與眷戀女性的風格。全文共 4 小節：1.前言；2.白萩與新詩的因緣；3.白萩詩風研究；4.結論。

201. 阮美慧　白萩詩中〈雁〉的觀察與追尋[21]　臺灣文藝　第 166，167 期合刊
　　　1999 年 2 月　頁 82—103

202. 潘麗珠　白萩　臺灣現代詩教學研究　臺北　五南圖書公司　1999 年 3 月
　　　頁 147—148

203. 陳明台　五十年代的作家和作品——白萩　臺中市文學史初編　臺中　臺
　　　中市立文化中心　1999 年 6 月　頁 126—130

204. 柯慶明　防風林與絲杉——論林亨泰與白萩詩中的臺灣意象[22]　臺杏第二屆
　　　臺灣文學學術研討會——詩／歌中的臺灣意象　臺南　臺杏文教
　　　基金會主辦　2000 年 3 月 11—12 日

205. 柯慶明　防風林與絲杉——論林亨泰與白萩詩中的臺灣意象　臺灣現代文
　　　學的視野　臺北　麥田・城邦文化出版　2006 年 12 月　頁 279—
　　　314

206. 計紅芳　白萩——跨越四大詩社的詩人　臺港澳文學教程　上海　漢語大
　　　辭典出版社　2000 年 10 月　頁 61—63

207. 丁旭輝　白萩圖象詩研究　中央圖書館臺灣分館館刊　第 7 卷第 1 期
　　　2001 年 3 月　頁 59—64

208. 施懿琳　從笠詩社作品觀察時代背景與詩人創作取向的關係〔白萩部分〕
　　　笠　第 226 期　2001 年 12 月　頁 57—96

209. 阮美慧　現代主義的推移與本土派文學勢力的茁壯——《笠》對現代主義
　　　的轉向與詩真摯性的追求〔白萩部分〕　臺灣精神的回歸：六、
　　　七〇年代臺灣現代詩風的轉折　成功大學中國文學系　博士論文
　　　呂興昌教授指導　2002 年 6 月　頁 149

210. 林姿伶　《笠》重要詩人之五——白萩及其作品探討[23]　1964—1977 年

---

[21] 本文先探究白萩早期的創作，以參照〈雁〉一詩的創作意涵，藉此觀察作家的創作進程及作品的
　發源地。
[22] 本文各舉林亨泰與白萩的詩作探討兩人詩中的臺灣意象。全文分為 5 小節：1.前言；2.由林木的
　圖象詩切入；3.鄉土與都市的速寫；4.物象與寓言的寄託；5.結語：存在與美麗。
[23] 本文探討白萩在《笠》詩刊刊出之詩作。全文共 3 小節：1 文學的歷程；2.詩的主題探討；3.小
　結。

　　　　　　　《笠》重要詩人研究　臺南師範學院鄉土文化研究所　碩士論文

　　　　　　　龔顯宗教授指導　2003 年 6 月　頁 127—148

211. 蔡哲仁　　一株流浪的絲杉——白萩在追尋與釘根間的辯證[24]　臺灣前行代詩

　　　　　　　家論　臺北　萬卷樓圖書公司　2003 年 11 月　頁 225—264

212. 陳仲義　　斷連：「開關」在詩路中　現代詩技藝透析[25]　臺北　文史哲出版

　　　　　　　社　2003 年 12 月　頁 178—183

213. 金尚浩　　卓越的想像力，嶄新的語言——論白萩的詩[26]　2004 年戰後臺灣

　　　　　　　文學學術研討會　臺中　修平技術學院主辦　2004 年 3 月 27 日

214. 金尚浩　　卓越的想像力，嶄新的語言——論白萩的詩　戰後臺灣現代詩研

　　　　　　　究論集　臺中　晨星出版社　2005 年 3 月　頁 111—140

215. 楊宗翰　　鍛接期臺灣新詩史——鄭愁予與白萩　臺灣詩學學刊　第 5 期

　　　　　　　2005 年 6 月　頁 93—98

216. 李敏勇　　白萩的詩路歷程　文學臺灣　第 56 期　2005 年 10 月　頁 183—

　　　　　　　193

217. 蔡哲仁　　白萩詩藝的信仰——現代主義　藍星詩學　第 22 期　2005 年 12

　　　　　　　月　頁 195—223

218. 瘂　弦　　《六十年代詩選》作者小評——白萩　創世紀　第 148 期　2006

　　　　　　　年 9 月　頁 23—24

219. 蕭　蕭　　閉鎖式的現代主義——白萩與臺灣的焦急[27]　當代詩學　第 2 期

　　　　　　　2006 年 9 月　頁 129—156

220. 古遠清　　從鄉土到本土的「笠集團」——《臺灣當代新詩史》之一節——

---

[24]本文從「追尋」與「釘根」的角度，探討白萩詩作。全文共 4 小節：1.前言；2.一株流浪的絲
杉；3.樹與鳥的辯證；4.結語。

[25]本文歸納白萩詩作的「斷連法」有 6 種：語勢斷連、語感斷連、語意斷連、因果斷連、轉折斷
連、並置斷連。

[26]本文探討白萩的詩集，配合作者與臺灣四大詩刊發展的過程，將其區分四期。全文共 7 小節：1.
前言；2.與臺灣四大詩刊的關係；3.第一期《蛾之死》；4.第二期《風的薔薇》；5.第三期《天空象
徵》、《香頌》、《詩廣場》；6.第四期《觀測意象》；7.結語。

[27]本文以「異化」觀點切入，探討白萩詩作的形式、表現、象徵以及存在主義，以呈現白萩與臺灣
島的焦急。全文共小節：1.前言：閉鎖式的現代主義；2.現代主義的存在特徵：「島」與「心」的
焦急；3.現代主義的內在特質：白萩「詩」的焦急；4.結語：永遠的現代主義者。

戰後成長的詩人——打破僵化模式的白萩　笠　第 259 期　2007
年 6 月　頁 192—194

221. 古遠清　戰後成長或出生的詩人——打破僵化模式的白萩　臺灣當代新詩
　　　　　　史　臺北　文津出版社　2008 年 1 月　頁 187—189

222. 阮美慧　現實的高音：《笠》於七〇年代中期以降「本土詩學」的奠定與
　　　　　　表現（1976—1987）〔白萩部分〕　「笠與七、八〇年代臺灣詩
　　　　　　壇關係」學術研討會論文集　高雄　春暉出版社　2008 年 8 月
　　　　　　頁 378—379

223. 丁威仁　臺灣本土詩學的建立（下）：八〇年代《笠》詩論研究〔白萩部
　　　　　　分〕　戰後臺灣現代詩論　臺中　印書小舖　2008 年 9 月　頁
　　　　　　128—191

224. 李敏勇　白萩：冷卻成為砧上熬鍊的鐵塊　人本教育札記　第 235 期
　　　　　　2009 年 1 月　頁 102—104

225. 〔李敏勇編〕　解說　白萩集　臺南　國立臺灣文學館　2009 年 7 月　頁
　　　　　　118—132

226. 黃國展　詩人白萩之生平及詩作　許常惠歌樂作品 Op.12《白萩詩五首》探
　　　　　　究　輔仁大學音樂系　碩士論文　徐玫玲教授指導　2009 年　頁
　　　　　　17—27

227. 顧蕙倩　臺灣現代詩的抗拒思想——以白萩為例[28]　臺灣現代詩的浪漫特質
　　　　　　臺北　秀威資訊科技公司　2009 年 12 月　頁 97—110

228. 顧蕙倩　白萩詩的抗拒思想　文學臺灣　第 75 期　2010 年 7 月　頁 278—
　　　　　　295

229. 顧蕙倩　臺灣現代詩的抗拒思想：以白萩為例　臺灣現代詩的浪漫特質
　　　　　　（修訂版）　臺北　秀威資訊科技公司　2012 年 5 月　頁 97—
　　　　　　110

---

[28]本文探討白萩詩中的抗拒思想，以呈現其抗拒與批評精神的浪漫特質，及其批判思想與五四時期
浪漫特質、寫實主義批判精神的差異。全文共 3 小節：1.前言；2.白萩的抗拒精神；3.小結。

230. 陳智德　　冷戰局勢下的臺、港現代詩運動：商禽、洛夫、瘂弦、白萩與戴天、馬覺、崑南、蔡炎培[29]　跨國的殖民記憶與冷戰經驗：臺灣文學的比較文學研究國際學術研討會　新竹　清華大學臺灣文學研究所主辦　2010 年 11 月　頁 19—20

231. 陳智德　　冷戰局勢下的臺、港現代詩運動：以商禽、洛夫、瘂弦、白萩與戴天、馬覺、崑南、蔡炎培爲例　跨國的殖民記憶與冷戰經驗：臺灣文學的比較文學研究　新竹　清華大學臺灣文學研究所　2011 年 5 月　頁 409—434

232. 趙衛民　　六十年代：學院與鄉土——白萩的意志與生活　新詩啓蒙　臺北　里仁書局　2011 年 2 月　頁 263—266

233. John Mc Lellan 著；呂麗珠譯　　簡論白萩的詩　文學臺灣　第 81 期　2012 年 1 月　頁 173—180

234. 莊金國　　悶燒的靈魂——久違了，白萩與其詩　鹽分地帶文學　第 39 期　2012 年 4 月　頁 48—57

235. 丁威仁　　典律的生成（上）——論「十大詩人票選」〔白萩部分〕　戰後臺灣現代詩的演變與特質（1949—2010）　臺北　秀威資訊科技公司　2012 年 5 月　頁 253—263

236. 林　鷺　　火的理想——閱讀白萩　笠　第 289 期　2012 年 6 月　頁 207—217

237. 陳政彥　　現代詩運動轉折期（1964—1970）——詩人群像——白萩　跨越時代的青春之歌——五、六〇年代臺灣現代詩運動　臺南　國立臺灣文學館　2012 年 10 月　頁 211—216

238. 余昭玫　　多元視角——《笠》詩刊的實驗精神——午輕一代詩人　天才詩人白萩　從邊緣發聲——臺灣五、六〇年代崛起的省籍作家群　臺南　國立臺灣文學館　2012 年 10 月　頁 267—272

---

[29]本文探討在冷戰時代背景下，詩人商禽、洛夫、瘂弦、白萩與戴天、馬覺、崑南、蔡炎培如何以現代主義策略回應時代，以創造出新的詩歌語言與理念。全文共小節：1.引論；2.「禁錮」和「孤絕」；3.抗衡的聲音；4.語言的創建；5.結論。

239. 戴華萱　回歸鄉土的寫實詩──由現代派出走，回歸寫實的《笠》詩人──白萩　鄉土的回歸──六、七〇年代臺灣文學走向　臺南　國立臺灣文學館　2012 年 11 月　頁 104—109

分論
◆單行本作品
論述
《現代詩散論》

240. 白　靈　風格的形成　在閱讀與書寫之間：評好書 300 種　臺北　三民書局　2005 年 2 月　頁 187

詩
《蛾之死》

241. 張秀亞　序　蛾之死　臺中　藍星詩社　1959 年 5 月　頁 1—3

242. 林亨泰　白萩的詩集《蛾之死》　創世紀　第 12 期　1959 年 7 月　頁 31—34

243. 林亨泰　白萩的詩集《蛾之死》　從變調出發　臺中　普天出版社　1972 年 1 月　頁 63—75

244. 林亨泰　白萩的詩集《蛾之死》　孤岩的存在　臺中　熱點文化出版公司　1984 年 12 月　頁 203—212

245. 林亨泰　白萩的詩集《蛾之死》　創世紀四十年評論選：1954—1994　臺北　創世紀詩雜誌社　1994 年 9 月　頁 163—172

246. 林亨泰　白萩的詩集《蛾之死》　林亨泰全集・文學論述卷 3　彰化　彰化縣立文化中心　1998 年 9 月　頁 46—59

247. 覃子豪　現代中國新詩的特質　論現代詩　臺中　普天出版社　1971 年 11 月　頁 191—219

248. 覃子豪　現代中國新詩的特質　新詩播種者：覃子豪詩文選　臺北　爾雅出版社　2005 年 10 月　頁 198—230

249. 譚娉婷　讀白萩《蛾之死》後　孤岩的存在　臺中　熱點文化出版公司

1984 年 12 月　頁 213—214

250. 米納提歐　　白萩詩集《蛾之死》　笠　第 282 期　2011 年 4 月　頁 89—90

251. 莫　渝　　白萩／《蛾之死》　笠　第 283 期　2011 年 6 月　頁 143

《風的薔薇》

252. 柳文哲〔趙天儀〕　　詩壇散步——《風的薔薇》　笠　第 10 期　1965 年
　　　　12 月　頁 59—62

253. 趙天儀　　《風的薔薇》　裸體的國王　臺北　香草山出版公司　1976 年 6
　　　　月　頁 166—172

254. 柳文哲　　《風的薔薇》　孤岩的存在　臺中　熱點文化出版公司　1984 年
　　　　12 月　頁 215—219

255. 張　默　　史芬克司的震顫——剖論白萩的《風的薔薇》　創世紀　第 25 期
　　　　1966 年 8 月　頁 9—13

256. 張　默　　史芬克司的震顫——剖論白萩的《風的薔薇》　現代詩的投影
　　　　臺北　商務出版社　1967 年 10 月　頁 93—103

257. 張　默　　史芬克司的震顫——剖論白萩的《風的薔薇》　孤岩的存在　臺
　　　　中　熱點文化出版公司　1984 年 12 月　頁 221—229

258. 林亨泰等[30]　　白萩詩集：《風的薔薇》　笠　第 22 期　1967 年 12 月　頁
　　　　34—36

259. 林亨泰等　　白萩詩集：《風的薔薇》　孤岩的存在　臺中　熱點文化出版
　　　　公司　1984 年 12 月　頁 245—248

260. 林亨泰等　　詩話：白萩詩集《風的薔薇》　林亨泰全集・文學論述卷 6　彰
　　　　化　彰化縣立文化中心　1998 年 9 月　頁 116—119

261. 青　青　　白萩的《風的薔薇》——兼論中國現代詩革命的新方向　孤岩的
　　　　存在　臺中　熱點文化出版公司　1984 年 12 月　頁 231—244

262. 張　默　　從《秋・看這個人》到《畫冊》〔《風的薔薇》部分〕　創世紀

---

[30]與會者：林亨泰、桓夫、白萩、葉笛、吳瀛濤、林煥彰、林錫嘉、羅明河、戰天儒、陳芳明、趙
　天儀、楓堤、簡耀堂；紀錄：陳明台。

第 158 期　2009 年 3 月　頁 56—58

《天空象徵》

263. 陳千武　詩的語言——看白萩詩集《天空象徵》　青年戰士報　1969 年 8
月 3 日　7 版

264. 陳千武　詩的語言——看白萩詩集《天空象徵》　笠　第 32 期　1969 年 8
月　頁 58—60

265. 陳千武　詩的語言——看白萩詩集《天空象徵》　從深淵出發　臺中　普
天出版社　1972 年 1 月　頁 102—109

266. 陳千武　詩的語言——看白萩詩集《天空象徵》　孤岩的存在　臺中　熱
點文化出版公司　1984 年 12 月　頁 249—254

267. 陳明台　吐血的歌聲——論白萩著《天空象徵》　笠　第 32 期　1969 年 8
月　頁 63—64

268. 陳明台　吐血的歌聲——論白萩著《天空象徵》　孤岩的存在　臺中　熱
點文化出版公司　1984 年 12 月　頁 255—258

269. 陳明台　吐血的歌聲——論白萩著《天空象徵》　抒情的變貌：文學評論
集　臺中　臺中市文化局　2000 年 11 月　頁 7—11

270. 柳文哲　詩壇散步——《天空象徵》　笠　第 32 期　1969 年 8 月　頁 72
—74

271. 趙天儀　《天空象徵》　裸體的國王　臺北　香草山出版公司　1976 年 6
月　頁 291—296

272. 柳文哲　《天空象徵》　孤岩的存在　臺中　熱點文化出版公司　1984 年
12 月　頁 259—263

273. 林煥彰　白萩的天空——論介白萩詩集《天空象徵》　青溪　第 3 卷第 5
期　1969 年 11 月　頁 42—47

274. 林煥彰　白萩的天空——評介白萩詩集《天空象徵》　孤岩的存在　臺中
熱點文化出版公司　1984 年 12 月　頁 265—270

275. 林煥彰　白萩的天空——讀白萩的《天空象徵》　詩・評介和解說　宜蘭

宜蘭文化中心　1992 年 6 月　頁 53—61

276. 陳芳明　　雁的白萩　現代詩評論　高雄　派色文化出版社　1971 年 3 月
　　　　　　　頁 133—160

277. 陳芳明　　雁的白萩　大地　第 1 期　1972 年 9 月　頁 58—71

278. 陳芳明　　雁的白萩　鏡子和影子：現代詩評論　臺北　志文出版社　1974
　　　　　　　年 3 月　頁 133—160

279. 陳芳明　　雁的白萩　孤岩的存在　臺中　熱點文化出版公司　1984 年 12 月
　　　　　　　頁 101—122

280. 李　弦　　悲歌——白萩《天空象徵》的略析　大地　第 1 期　1972 年 9 月
　　　　　　　頁 37—46

281. 李元貞　　論白萩《天空象徵》裡的「雁」　龍族詩刊　第 9 期　1973 年 2
　　　　　　　月　頁 187—252

282. 李元貞　　論白萩《天空象徵》裡的「雁」　文學論評——古典與現代　臺
　　　　　　　北　牧童出版社　1979 年 5 月　頁 66—101

283. 李元貞　　論白萩《天空象徵》裡的「雁」　孤岩的存在　臺中　熱點文化
　　　　　　　出版公司　1984 年 12 月　頁 311—319

284. 蕭　蕭　　詩集與詩運（上）——白萩《天空象徵》　中央日報　1982 年 7
　　　　　　　月 16 日　10 版

285. 蕭　蕭　　詩集與詩運——白萩《天空象徵》　現代詩縱橫觀　臺北　文史
　　　　　　　哲出版社　1991 年 6 月　頁 94—95

286. 〔中央日報〕　白萩：《天空象徵》　中央日報　1982 年 7 月 16 日　16
　　　　　　　版

287. 李敏勇　　陽光曬著檸檬枝　臺灣詩閱讀——探觸 50 位臺灣詩人的心　臺北
　　　　　　　玉山社出版公司　2000 年 9 月　頁 81—85

《白萩詩選》

288. 林黛嫚　　反抗傳統的本土詩人　在閱讀與書寫之間：評好書 300 種　臺北
　　　　　　　三民書局　2005 年 2 月　頁 185

《香頌》

289. 陳鴻森　　白萩詩集《香頌》論　笠　第 53 期　1973 年 2 月　頁 95—99

290. 陳鴻森　　白萩詩集《香頌》論　孤岩的存在　臺中　熱點文化出版公司
　　　1984 年 12 月　頁 271—280

291. 陳鴻森　　白萩詩集《香頌》論　香頌　臺北　石頭出版公司　1991 年 6 月
　　　頁 204—221

292. 趙天儀　　生命的戀歌——評白萩詩集《香頌》　大學雜誌　第 95 期　1976
　　　年 3 月　頁 63—65

293. 趙天儀　　生命的戀歌——評白萩詩集《香頌》　孤岩的存在　臺中　熱點
　　　文化出版公司　1984 年 12 月　頁 281—288

294. 趙天儀　　生命的戀歌——評白萩詩集《香頌》　香頌　臺北　石頭出版公
　　　司　1991 年 6 月　頁 222—236

295. 趙天儀　　生命的戀歌——評白萩詩集《香頌》　時間的對決：臺灣現代詩
　　　評論集　臺北　富春文化公司　2002 年 5 月　頁 119—131

296. 陳芳明　　脫下一層皮膚　聯合文學　第 290 期　2008 年 12 月　頁 10—15

297. 隱　地　　甜味　人人都有困境——讀一首詩吧！　臺北　爾雅出版社
　　　2010 年 9 月　頁 62—65

298. 林瑞明　　米街的香頌——賀白萩　臺灣文學館通訊　第 29 期　2010 年 12
　　　月　頁 104—106

《臺灣之火》

299. 梁景峰　　臺灣之火——白萩詩集德文版　風吹才感到樹的存在　臺北　光
　　　復書局　1989 年 6 月　頁 235—239

300. 梁景峰　　臺灣之火——白萩詩集德文版　鄉土與現代‧臺灣文學的片段
　　　臺北　臺北縣立文化中心　1995 年 6 月　頁 141—144

《詩廣場》

301. 林鍾隆　　《詩廣場》拾穗　笠　第 122 期　1984 年 8 月　頁 53—57

302. 林鍾隆　　《詩廣場》拾穗　孤岩的存在　臺中　熱點文化出版公司　1984

年 12 月　頁 289—294

303. 林亨泰等[31]　　白萩詩集《詩廣場》討論會紀實　現代詩　第 7、8 期合刊
　　　1985 年 3 月　頁 11—46

304. 林亨泰等　　白萩詩集《詩廣場》討論會紀實　風吹才感到樹的存在　臺北
　　　光復書局　1989 年 6 月　頁 247—289

305. 林亨泰等　　白萩詩集《詩廣場》討論會紀實　觀測意象　臺中　臺中市立
　　　文化中心　1991 年 7 月　頁 191—228

306. 林亨泰等　　白萩詩集《詩廣場》討論會紀實　林亨泰全集·文學論述卷 6
　　　彰化　彰化縣立文化中心　1998 年 9 月　頁 188—193

307. 陳怡瑾　　白萩《詩廣場》探微　笠　第 235 期　2003 年 6 月　頁 91—122

《風吹才感到樹的存在》

308. 〔文藝作品調查研究小組編〕　　《風吹才感到樹的存在》　書林采風　臺
　　　北　國家文藝基金管理委員會　1992 年 6 月　頁 25—26

309. 〔文藝作品調查研究小組編〕　　《風吹才感到樹的存在》　心靈饗宴　臺
　　　北　國家文藝基金管理委員會　1992 年 6 月　頁 26—27

310. 簡政珍　　隱約乍現的詩風——評白萩的《風吹才感到樹的存在》　聯合文
　　　學　第 65 期　1990 年 3 月　頁 188—189

《自愛》

311. 應鳳凰　　白萩的《自愛》　臺灣文學花園　臺北　玉山社出版公司　2003
　　　年 1 月　頁 223—229

《响頌——白萩詩選》

312. 梁景峰　　頌·海島的情歌——白萩詩選漢德對照版後記　响頌——白萩詩
　　　選（漢德對照版）　高雄　春暉出版社　2012 年 9 月　頁 92—
　　　109

313. Liang Ching-feng　　Chansons. Das Hohelied an die Insel——Nachwort zur

---

[31]與會者：林亨泰、白萩、向明、季紅、洛夫、侯吉諒、商禽、梅新、張默、菡影、瘂弦、趙天
　儀、彭邦楨、羅行；紀錄：蔡珠兒。

◆多部作品

《蛾之死》、《風的薔薇》

單篇作品

---

[32]合評者：林亨泰、錦連、杜國清、桓夫、詹冰。
[33]合評者：錦連、古貝、林亨泰、桓夫、趙天儀。

323. 林鍾隆　　白萩的〈Arm Chair〉　現代詩的解說與評論　臺中　現代潮出版
　　　社　1972 年 1 月　頁 67—71

324. 林鍾隆　　白萩的〈Arm Chair〉　孤岩的存在　臺中　熱點文化出版公司
　　　1984 年 12 月　頁 327—330

325. 張漢良，蕭蕭　　〈Arm Chair〉賞析　現代詩導讀（導讀篇一）　臺北　故
　　　鄉出版社　1979 年 11 月　頁 159—160

326. 克里斯多夫・彌德頓作；聃生譯　　白萩的〈Arm Chair〉　笠　第 114 期
　　　1983 年 4 月　頁 88—90

327. Christopher Middleton 著；聃生譯　　白萩的〈Arm Chair〉　中外文學　第 11
　　　卷第 12 期　1983 年 5 月　頁 184—188

328. Christopher Middleton 著；聃生譯　　白萩的〈Arm Chair〉　孤岩的存在　臺
　　　中　熱點文化出版公司　1984 年 12 月　頁 385—388

329. 李敏勇　　〈Arm Chair〉作品導讀　青少年臺灣文庫 2——新詩讀本 3：天門
　　　開的時候　臺北　國立編譯館　2008 年 12 月　頁 37

330. 白萩等[34]　　作品合評〔〈妻的肚皮〉〕　笠　第 7 期　1965 年 6 月　頁 71
　　　—72

331. 林亨泰等[35]　　作品合評——〈暴裂肚臟的樹〉　笠　第 8 期　1965 年 8 月
　　　頁 56—60

332. 林亨泰等　　作品合評——白萩：〈暴裂肚臟的樹〉　林亨泰全集・文學論
　　　述卷 6　彰化　彰化縣立文化中心　1998 年 9 月　頁 78—83

333. 白萩等[36]　　作品合評——〈曇花〉　笠　第 9 期　1965 年 10 月　頁 47—48

334. 趙天儀　　白萩作品：〈轉入夜的城市〉　笠　第 13 期　1966 年 6 月　頁
　　　25—28

---

[34]合評者：李篤恭、李子士、葉泥、洛夫、楓堤、張效愚、王耀錕、桓夫、林亨泰、錦連、林宗
原、葉笛、張默、白萩、楊志芳、畢加。

[35]合評者：林郊、吳瀛濤、趙天儀、李篤恭、楓堤、張效愚、古貝、林亨泰、桓夫、錦連、張默、
景翔、郭文圻、楊志芳、葉笛、林宗源。

[36]合評者：吳瀛濤、趙天儀、杜國清、林煥彰、林郊、李子士、陳旭昭、楓堤、忍冬、蔡英儔、陳
瑞雲、郭文圻、白萩、林宗源。

335. 林淑貞　　記「幼獅文藝之夜」〔〈流浪者〉部分〕　臺灣新聞報　1966 年
　　　　　　　10 月 18 日　7 版

336. 張　默　　淺談現代詩的欣賞〔〈流浪者〉部分〕　文藝月刊　第 99 期
　　　　　　　1977 年 9 月　頁 75—78

337. 張　默　　淺談現代詩的欣賞〔〈流浪者〉部分〕　無塵的鏡子　臺北　東
　　　　　　　大圖書公司　1981 年 9 月　頁 16—19

338. 張漢良　　論臺灣的具體詩〔〈流浪者〉部分〕　現代詩論衡　臺北　幼獅
　　　　　　　文化公司　1979 年 6 月　頁 103—126

339. 洛　夫　　詩壇春秋三十年——詩壇雜憶與省思——「笠」的語言問題
　　　　　　　〔〈流浪者〉部分〕　中外文學　第 10 卷第 12 期　1982 年 5 月
　　　　　　　頁 25—26

340. 畢　加　　談談現代詩〔〈流浪者〉部分〕　臺灣時報　1982 年 11 月 22 日
　　　　　　　12 版

341. 秦　嶽　　詩的欣賞〔〈流浪者〉部分〕　雲天萬里情　臺中　臺中市立文
　　　　　　　化中心　1994 年 6 月　頁 60—61

342. 〔仇小屏主編〕　欣賞新詩的幾個角度〔〈流浪者〉部分〕　放歌星輝
　　　　　　　下——中學生新詩閱讀指引　臺北　三民書局　2002 年 8 月　頁
　　　　　　　39—40

343. 曾進豐　　白萩〈流浪者〉賞析　臺灣文學讀本　臺北　五南圖書公司
　　　　　　　2005 年 2 月　頁 201—212

344. 〔蕭蕭主編〕　〈流浪者〉詩作賞析　優游意象世界　臺北　聯合文學出
　　　　　　　版社　2006 年 6 月　頁 101

345. 何瑞雄　　慢慢道來〔〈祇要晨光醒來〉〕　笠　第 32 期　1969 年 8 月　頁
　　　　　　　69

346. 何瑞雄　　慢慢道來〔〈祇要晨光醒來〉〕　孤岩的存在　臺中　熱點文化
　　　　　　　出版公司　1984 年 12 月　頁 303—304

347. 醍醐華夫著；葉笛譯　對立體的傳統之認識及其破壞——《笠》三十期所

感〔〈雁〉〕　笠　第 32 期　1969 年 8 月　頁 62

348. 醍醐華夫著；葉笛譯　　對立體的傳統之認識及其破壞〔〈雁〉〕　孤岩的
　　　　存在　臺中　熱點文化出版公司　1984 年 12 月　頁 307—309

349. 醍醐華夫著；葉笛譯　　對立體的傳統之認識及其破壞——《笠》三十期所
　　　　感〔〈雁〉〕　葉笛全集・翻譯卷六　臺南　國家臺灣文學館籌
　　　　備處　2007 年 5 月　頁 496—498

350. 林鍾隆　　白萩的〈雁〉　現代詩的解說與評論　臺北　現代潮　1972 年 1
　　　　月　頁 28—34

351. 林鍾隆　　白萩的〈雁〉　孤岩的存在　臺中　熱點文化出版公司　1984 年
　　　　12 月　頁 321—326

352. 林亨泰　　我們時代裡的中國詩（七）〔〈雁〉部分〕　笠　第 61 期　1974
　　　　年 6 月　頁 64—67

353. 林亨泰　　我們時代裡的中國詩〔〈雁〉部分〕　林亨泰全集・文學論述卷 1
　　　　彰化　彰化縣立文化中心　1998 年 9 月　頁 129—135

354. 張　默　　批評散步——簡說八位現代詩人的作品——白萩的〈雁〉　飛騰
　　　　的象徵　臺北　水芙蓉出版社　1976 年 9 月　頁 65—69

355. 張春榮　　從杜甫的〈孤雁〉看白萩的〈雁〉　文風　第 30 期　1977 年 1 月
　　　　頁 18—22

356. 張春榮　　從杜甫的〈孤雁〉看白萩的〈雁〉　中華文藝　第 71 期　1977 年
　　　　1 月　頁 148—160

357. 張春榮　　從杜甫的〈孤雁〉看白萩的〈雁〉　中國現代文學評論集　臺北
　　　　中華文藝月刊社　1977 年 2 月　頁 145—157

358. 張春榮　　從杜甫的〈孤雁〉看白萩的〈雁〉　孤岩的存在　臺中　熱點文
　　　　化出版公司　1984 年 12 月　頁 331—341

359. 張春榮　　從杜甫的〈孤雁〉看白萩的〈雁〉　詩學析論　臺北　東大圖書
　　　　公司　1987 年 11 月　頁 129—144

360. 張春榮　　從杜甫的〈孤雁〉看白萩的〈雁〉　中華現代文學大系（臺灣一

九七〇──一九八九）評論卷（貳）　臺北　九歌出版社　1989 年 5 月　頁 1029─1043

361. 羅　青　白萩的〈雁〉　大華晚報　1978 年 8 月 27 日　7 版

362. 羅　青　白萩的〈雁〉　詩的照明彈　臺北　爾雅出版社　1994 年 8 月 頁 89─97

363. 楊子澗　〈雁〉解說　中學白話詩選　臺北　故鄉出版社公司　1980 年 4 月　頁 195─200

364. 李魁賢　動物詩園──白萩的〈雁〉　陽光小集　第 8 期　1981 年 2 月 頁 98─101

365. 李魁賢　〈雁〉　臺灣時報　1982 年 5 月 7 日　12 版

366. 李魁賢　〈雁〉　布穀鳥　第 10 期　1982 年 7 月　頁 60─64

367. 李魁賢　詩篇的評論──〈雁〉　孤岩的存在　臺中　熱點文化出版公司 1984 年 12 月　頁 379─383

368. 李魁賢　〈雁〉　李魁賢文集 1　臺北　行政院文建會　2002 年 10 月　頁 251─255

369. 落　蒂　白萩〈雁〉賞析　青青草原　雲林　青草地雜誌出版社　1981 年 4 月　頁 81─82

370. 落　蒂　〈雁〉賞析　中學新詩選讀　雲林　青草地雜誌社　1982 年 2 月 頁 79─82

371. 落　蒂　天空象徵──析白萩〈雁〉　詩的播種者　臺北　爾雅出版社 2003 年 2 月　頁 98─102

372. 李蘋男　雁的思考〔〈雁〉〕　笠　第 104 期　1981 年 8 月　頁 21

373. 李蘋男　雁的思考〔〈雁〉〕　孤岩的存在　臺中　熱點文化出版公司 1984 年 12 月　頁 377─378

374. 張　默　從繁富到清明──六十年代的新詩〔〈雁〉部分〕　文訊雜誌 第 13 期　1984 年 8 月　頁 98─100

375. 蕭　蕭　略論現代詩人自我生命的鑑照與顯影〔〈雁〉部分〕　臺灣詩學

　　　　　　季刊　第 1 期　1992 年 12 月　頁 73

376. 蕭　蕭　略論現代詩人自我生命的鑑照與顯影〔〈雁〉部分〕　評論十家
　　　　　　臺北　爾雅出版社　1993 年 12 月　頁 186—188

377. 〔文鵬，姜凌主編〕　白萩〈雁〉　中國現代名詩三百首　北京　北京出
　　　　　　版社　2000 年 1 月　頁 546—547

378. 浦基維，涂玉萍，林聆慈　　辭章創作與個人際遇——抒發個人志節
　　　　　　〔〈雁〉部分〕　散文・新詩義旨古今談　臺北　萬卷樓圖書公
　　　　　　司　2002 年 1 月　頁 76

379. 唐　捐　無盡的生存與追尋——導讀白萩的〈雁〉　幼獅文藝　第 606 期
　　　　　　2004 年 6 月　頁 86—89

380. 王基倫等[37]　〈雁〉賞析　國文 6　臺北　東大圖書公司　2009 年 2 月　頁
　　　　　　86—87

381. 葉　櫓　白萩〈雁〉　大海洋詩刊　第 84 期　2012 年 1 月　頁 20

382. 郭亞天　笠三十六期作品讀後感——〈漂浮〉　笠　第 37 期　1970 年 6 月
　　　　　　頁 49

383. 趙天儀　現代詩的鑑賞與批評〔〈落葉〉部分〕　美學與批評　臺北　有
　　　　　　志圖書出版公司　1972 年 3 月　頁 314—315

384. 劉文三　詩的意象〔〈噴泉，金魚〉部分〕　臺灣時報　1972 年 7 月 24 日
　　　　　　9 版

385. 張漢良，蕭蕭　現代詩導讀（下）——〈蛾〉　中外文學　第 8 卷第 3 期
　　　　　　1979 年 8 月　頁 50—53

386. 張漢良，蕭蕭　〈蛾〉賞析　現代詩導讀（導讀篇一）　臺北　故鄉出版
　　　　　　社　1979 年 11 月　頁 156—157

387. 林煥彰　愛是不變的——談一首情詩〔〈蛾之死〉〕　民眾日報　1980 年
　　　　　　1 月 8 日　24 版

---

[37]編著者：王基倫、王學玲、朱孟庭、林偉淑、林淑芬、范宜如、高嘉謙、曾守正、黃俊郎、謝佩
芬、簡淑寬、顏瑞芳、羅凡政。

388. 綠　蒂　　再論現代詩〔〈蛾之死〉部分〕　野火詩刊　第 3 期　1962 年 8
　　　　　　　　月　頁 6—7

389. 楊子澗　　〈羅盤〉解說　中學白話詩選　臺北　故鄉出版社　1980 年 4 月
　　　　　　　　頁 190—195

390. 簡政珍　　概念化與超現實經驗——五、六〇年代詩的物象觀照〔〈羅盤〉
　　　　　　　　部分〕　臺灣現代詩美學　臺北　揚智出版社　2004 年 7 月　頁
　　　　　　　　41—42

391. 林亨泰等[38]　　詩與人生座談〔〈然則〉〕　笠　第 101 期　1981 年 2 月
　　　　　　　　頁 57—58

392. 林亨泰等　　詩與人生座談〔〈然則〉〕　林亨泰全集・文學論述卷 6　彰化
　　　　　　　　彰化縣立文化中心　1998 年 9 月　頁 152—153

393. 落　蒂　　白萩〈路有千條樹有千根——紀念死去的父母〉賞析　青青草原
　　　　　　　　雲林　青草地雜誌出版社　1981 年 4 月　頁 84

394. 落　蒂　　〈路有千條樹有千根——紀念死去的父母〉賞析　中學新詩選讀
　　　　　　　　雲林　青草地雜誌社　1982 年 2 月　頁 83—84

395. 蕭　蕭　　圖象詩：多種交疊的文類——臺灣圖象詩的基本類型——象空圖
　　　　　　　　象詩〔〈路有千條樹有千根——紀念死去的父母〉部分〕　現代
　　　　　　　　新詩美學　臺北　爾雅出版社　2007 年 7 月　頁 320—321

396. 李敏勇　　〈路有千條樹有千根——紀念死去的父母〉作品導讀　青少年臺
　　　　　　　　灣文庫 2——新詩讀本 3：天門開的時候　臺北　國立編譯館
　　　　　　　　2008 年 12 月　頁 91

397. 落　蒂　　白萩〈瀑布〉賞析　青青草原　雲林　青草地雜誌出版社　1981
　　　　　　　　年 4 月　頁 86—87

398. 落　蒂　　〈瀑布〉賞析　中學新詩選讀　雲林　青草地雜誌社　1982 年 2
　　　　　　　　月　頁 85—87

399. 張　健　　自由中國時期〔〈瀑布〉部分〕　中國現代詩　臺北　五南圖書

---

[38]合評者：林亨泰、牧尹、楊傑美、白萩、桓夫。

公司　1984 年 1 月　頁 87—88

400. 落　蒂　白萩〈妳似一輪明月走過我心的湖底〉賞析　青青草原　雲林
　　　青草地雜誌出版社　1981 年 4 月　頁 89—90

401. 落　蒂　〈妳似一輪明月走過我心的湖底〉賞析　中學新詩選讀　雲林
　　　青草地雜誌社　1982 年 2 月　頁 88—90

402. 趙天儀　〈無題〉解析　1982 年臺灣詩選　臺北　前衛出版社　1983 年 2
　　　月　頁 153—155

403. 向　明　白萩的〈廣場〉　詩人坊季刊　第 5 期　1983 年 7 月　頁 60—64

404. 李魁賢　上期「我最喜愛的詩」專欄回響〔〈廣場〉〕　詩人坊季刊　第 6
　　　期　1983 年 10 月　頁 61

405. 岩　上　白萩的〈廣場〉　孤岩的存在　臺中　熱點文化出版公司　1984
　　　年 12 月　頁 391—394

406. 岩　上　釋析白萩的〈廣場〉　詩的存在：現代詩評論集　高雄　派色文
　　　化出版社　1996 年 8 月　頁 243—248

407. 李漢偉　偏向「批判／諷喻」的抗議〔〈廣場〉部分〕　臺灣新詩的三種
　　　關懷　臺北　駱駝出版社　1997 年 10 月　頁 70—71

408. 向　明　善變的史芬克斯〔〈廣場〉〕　中華日報　2004 年 1 月 31 日　23
　　　版

409. 向　明　善變的史芬克斯——讀白萩的〈廣場〉　詩中天地寬　臺北　臺
　　　灣商務印書館　2006 年 3 月　頁 192—196

410. 向　陽　〈廣場〉賞析　臺灣現代文選　臺北　三民書局　2004 年 6 月
　　　頁 188—190

411. 陳千武　臺灣現代詩暗喻的內涵——二○○四臺日現代詩研討會演講稿—
　　　—詩意象表現的差異〔〈廣場〉部分〕　文學臺灣　第 53 期
　　　2005 年 1 月　頁 282—284

412. 陳義芝　1981 年代詩學的新生狀態——現代主義詩學的四個標記——向內
　　　挖掘與向外觀察的交會〔〈廣場〉部分〕　臺灣現代主義詩學流

變　臺北　九歌出版社　2006 年 3 月　頁 153

413. 莫　云　緊抓住荒謬的欄杆——從辛波絲卡的諷喻詩談起〔〈廣場〉部
　　　　　　分〕　海星詩刊　第 7 期　2013 年 3 月　頁 28—29

414. 陳鴻森　白萩詩作的一側面〈雁的世界及觀察〉——的新地形　文學界
　　　　　　第 9 期　1984 年 2 月　頁 48—76

415. 陳鴻森　白萩詩作的一側面〈雁的世界及觀察〉——的新地形　孤岩的存
　　　　　　在　臺中　熱點文化出版公司　1984 年 12 月　頁 157—183

416. 錦連，陳千武　笠詩社討論會——臺灣歷史的傷痕〔〈雁的世界及觀察〉
　　　　　　部分〕　笠　第 160 期　1990 年 12 月　頁 129，137

417. 上官予　五十年代的新詩〔〈羅盤〉部分〕　文訊雜誌　第 9 期　1984 年
　　　　　　3 月　頁 41

418. 陳明台　〈鸚鵡〉賞析[39]　當代臺灣詩人選·一九八三卷　臺北　金文圖書
　　　　　　公司　1984 年 5 月　頁 63—64

419. 陳明台　語言的逆向思考——白萩的詩〈鸚鵡〉　抒情的變貌：文學評論
　　　　　　集　臺中　臺中市文化局　2000 年 12 月　頁 74—76

420. 張　默　白萩的〈叫喊〉　孤岩的存在　臺中　熱點文化出版公司　1984
　　　　　　年 12 月　頁 389—390

421. 張　默　白萩／〈叫喊〉　小詩選讀　臺北　爾雅出版社　1987 年 5 月
　　　　　　頁 109—112

422. 張　默　〈叫喊〉賞析　中國新詩鑑賞大辭典　南京　江蘇文藝出版社
　　　　　　1988 年 12 月　頁 1201—1202

423. 陳千武　詩人印象——白萩〈叫喊〉　臺灣新詩論集　臺北　春暉出版社
　　　　　　1997 年 4 月　頁 183—184

424. 陳千武　〈叫喊〉——白萩的詩　上智雜誌　第 9 卷第 1 期　1999 年 4 月
　　　　　　頁 8

425. 陳千武　〈叫喊〉——白萩的詩　陳千武全集·詩走廊散步　臺中　臺中

---

[39] 本文後改篇名爲〈語言的逆向思考——白萩的詩〈鸚鵡〉〉。

市文化局　2003 年 8 月　頁 206—208

426. 仇小屏　白萩〈叫喊〉賞析　放歌星輝下——中學生新詩閱讀指引　臺北
三民書局　2002 年 8 月　頁 105—107

427. 陳義芝　〈叫喊〉賞析　繁花盛景：臺灣當代文學新選　臺北　正中書局
2003 年 8 月　頁 39—40

428. 喬　林　白萩的〈叫喊〉　人間福報　2011 年 7 月 25 日　15 版

429. 喬　林　白萩〈叫喊〉　笠　第 295 期　2013 年 6 月　頁 126—127

430. 向　明　〈領空〉編者按語　七十三年詩選　臺北　爾雅出版社　1985 年
3 月　頁 16—17

431. 陳明台　《混聲合唱》解說：綿延不覺的詩脈——笠詩人的精神與風貌
〔〈領空〉部分〕　笠　第 170 期　1992 年 8 月　頁 131—132

432. 陳義芝　〈重量〉賞讀　為了測量愛　臺北　聯合文學出版社　2006 年 6
月　頁 12

433. 李敏勇　詩的社會批判〔〈火雞〉部分〕　笠　第 138 期　1987 年 4 月
頁 112—114

434. 〔沈花末主編〕　〈壁〉賞析　鏡頭中的新詩　臺北　漢光文化公司
1987 年 7 月　頁 89

435. 林煥彰　愛是不變的——讀白萩的〈讓我永遠望著你〉　善良的語言　宜
蘭　宜蘭縣立文化中心　1992 年 6 月　頁 159—162

436. 鄭烱明　哀痛的詩的結晶〔〈無聲的壁虎〉〕　我喜愛的一首詩（二）
高雄　河畔出版社　1993 年 5 月　頁 73—76

437. 陳玉玲　瘖瘂的情結：《混聲合唱——「笠」詩選》的不平之鳴〔〈金絲
雀〉部分〕　文學臺灣　第 15 期　1995 年 4 月　頁 142—143

438. 李漢偉　臺灣新詩的「土地」之愛〔〈樹〉部分〕　臺灣新詩的三種關懷
臺北　駱駝出版社　1997 年 10 月　頁 114—115

439. 龔鵬程　本土化的迷思——文學與社會〔〈樹〉部分〕　臺灣文學二十年
集 1978—1998：評論二十家　臺北　九歌出版社　1998 年 3 月

頁 327—328

440. 蕭　蕭　　黑潮與蔥嶺——新詩美學的意識覺醒〔〈樹〉部分〕　臺灣日報　2004 年 2 月 16 日　23 版

441. 蕭　蕭　　臺灣新詩美學的共構現象——黑潮與蔥嶺：新詩美學的意識覺醒——樹，緊緊的攫住〔〈樹〉〕　臺灣新詩美學　臺北　爾雅出版社　2004 年 2 月　頁 10—12

442. 蕭　蕭　　白萩〈樹〉賞析　揮動想像翅膀　臺北　聯合文學出版社　2006 年 6 月　頁 74—76

443. 曾貴海　　新生與啓航〔〈樹〉部分〕　戰後臺灣反殖民與後殖民詩學　臺北　前衛出版社　2006 年 6 月　頁 119—120

444. 金尙浩　　論笠與七、八〇年代現實主義之發展〔〈樹〉部分〕　「笠與七、八〇年代臺灣詩壇關係」學術研討會論文集　高雄　春暉出版社　2008 年 8 月　頁 171—172

445. 林淇瀁　　「現代」與「現實」的辯證：《笠》詩刊本土論述的雙軸延伸〔〈樹〉部分〕　「笠與七、八〇年代臺灣詩壇關係」學術研討會論文集　高雄　春暉出版社　2008 年 8 月　頁 326—327

446. 賴芳伶　　與遼闊繽紛的世界詩壇比肩——當代臺灣新詩——八〇年代以降對政治、生態環境的深刻省察〔〈樹〉部分〕　文學　臺灣：11 位新銳臺灣文學研究者帶你認識臺灣文學　臺南　國立臺灣文學館　2008 年 9 月　頁 244—245

447. 莫　渝　　微物悲歌——〈塵埃〉賞析　中央日報　1998 年 12 月 5 日　26 版

448. 莫　渝　　白萩〈塵埃〉　笠下的一群：笠詩人作品選讀　臺北　河童出版社　1999 年 6 月　頁 176—178

449. 張　默　　〈籐蔓〉解析　天下詩選 2：1923—1999 臺灣　臺北　天下遠見出版公司　1999 年 9 月　頁 161—164

450. 李桂芳　　冥界的深淵：論戰後臺灣現代主義詩潮的變異符號（上）

　　　　　　　〔〈貓〉部分〕　藍星詩學　第 3 期　1999 年 9 月　頁 172—173

451. 陳慧文　疑惑的焦慮——白萩的組詩〈貓〉　民眾日報　2000 年 10 月 4 日
　　　　　　　17 版

452. 陳慧文　疑惑焦慮——白萩的組詩〈貓〉　臺灣新生報　2000 年 12 月 31
　　　　　　　日　14 版

453. 陳慧文　疑惑焦慮——白萩的組詩〈貓〉　貓咪文學館　臺北　秀威資訊
　　　　　　　科技公司　2004 年 12 月　頁 28—29

454. 岳洪治　隨時隨地用心的詩人——白萩〈二重唱〉賞析　中國海洋文學大
　　　　　　　系：二十世紀海洋詩精品賞析選集　臺北　詩藝文出版社　2002
　　　　　　　年 4 月　頁 346—347

455. 阮美慧　狂飆的超現實主義與本土力量的匯流——《笠》的成立與本土派
　　　　　　　詩人的聚合〔〈天空〉部分〕　臺灣精神的回歸：六、七〇年代
　　　　　　　臺灣現代詩風的轉折　成功大學中國文學系　博士論文　呂興昌
　　　　　　　教授指導　2002 年 6 月　頁 108—110

456. 陳幸蕙　小詩悅讀（一）——〈天空〉　明道文藝　第 335 期　2004 年 2
　　　　　　　月　頁 50—51

457. 李敏勇　問天〔〈天空〉〕　經由一顆溫柔心：臺灣、日本、韓國詩散步
　　　　　　　臺北　圓神出版社　2007 年 10 月　頁 52—55

458. 李敏勇　〈天空〉解說　笠　第 294 期　2013 年 4 月　頁 13—14

459. 李敏勇　〈北京狗〉解說　啊，福爾摩沙！　臺北　本土文化公司　2004
　　　　　　　年 1 月　頁 52—55

460. 金尚浩　戰後現代詩人的臺灣想像與現實〔〈形象〉部分〕　第四屆臺灣
　　　　　　　文化國際學術研討會論文集：臺灣思想與臺灣主體性　臺北　臺
　　　　　　　灣師範大學臺灣文化及語言文學研究所　2005 年 10 月　頁 277—
　　　　　　　278

461. 張　默　從〈白蝴蝶〉到〈詩行〉——「八行詩」讀後筆記〔〈有人〉部
　　　　　　　分〕　小詩・牀頭書　臺北　爾雅出版社　2007 年 3 月　頁 210

　　　　　　　　—211

462. 李敏勇　　　〈靜物〉作品導讀　青少年臺灣文庫 2——新詩讀本 4：我有一個
　　　　　　　　夢　臺北　國立編譯館　2008 年 12 月　頁 15

463. 李敏勇　　　天空的復活是由於鳥群不停的飛翔〔〈復活天空〉部分〕　海
　　　　　　　　角，天涯，臺灣：心境旅行・詩情散步　臺北　圓神出版社
　　　　　　　　2009 年 4 月　頁 148—149

多篇作品

464. 吳瀛濤，趙天儀，白萩　　作品合評——白萩作品〔〈窗〉、〈孤岩〉〕　笠
　　　　　　　　第 2 期　1964 年 8 月　頁 21—22

465. 李魁賢　　　現代詩的欣賞〔〈羅盤〉、〈呈獻〉、〈冬〉部分〕　現代學苑　第
　　　　　　　　46 期　1968 年 1 月　頁 22—23

466. 李魁賢　　　現代詩的欣賞〔〈羅盤〉、〈呈獻〉、〈冬〉部分〕　李魁賢文集 3
　　　　　　　　臺北　行政院文建會　2002 年 10 月　頁 145—150

467. 傅　敏　　　納蕤思解說〔〈天空〉、〈金絲雀〉、〈牽牛花〉〕　笠　第 32 期
　　　　　　　　1969 年 8 月　頁 67—68

468. 傅　敏　　　納蕤思解說〔〈天空〉、〈金絲雀〉、〈牽牛花〉〕　孤岩的存在
　　　　　　　　臺中　熱點文化出版公司　1984 年 12 月　頁 297—302

469. 綺　白　　　即興四首〔〈謝謝〉、〈催喚著催喚著〉、〈向日葵〉、〈鳥見〉〕
　　　　　　　　笠　第 32 期　1969 年 8 月　頁 70—71

470. 綺　白　　　即興四首〔〈謝謝〉、〈催喚著催喚著〉、〈向日葵〉、〈鳥見〉〕
　　　　　　　　孤岩的存在　臺中　熱點文化出版公司　1984 年 12 月　頁 305—
　　　　　　　　306

471. 蕭蕭，張漢良　　白萩的詩〔〈流浪者〉、〈蛾〉、〈Arm Chair〉〕　現代詩導
　　　　　　　　讀（導讀篇一）　臺北　故鄉出版社　1979 年 11 月　頁 151—
　　　　　　　　153

472. 蕭蕭，張漢良　　白萩的詩〔〈流浪者〉、〈蛾〉、〈Arm Chair〉〕　孤岩的存
　　　　　　　　在　臺中　熱點文化出版公司　1984 年 12 月　頁 343—351

473. 蕭　　蕭　世紀之選──《新詩三百首》作者鑑評選刊──白萩（1937—）
〔〈流浪者〉、〈雁〉、〈昨夜〉、〈廣場〉、〈貓〉〕　聯合文學　第
128 期　1981 年 5 月　頁 78

474. 蕭　　蕭　〈流浪者〉、〈雁〉、〈昨夜〉、〈廣場〉、〈貓〉鑑評　新詩三百首
（一九一七──一九九五）（上）　臺北　九歌出版社　1995 年 9 月
頁 502—513

475. 李魁賢　觀察白萩的雁的世界〔〈雁〉、〈雁的世界及觀察〉〕　笠　第 104
期　1981 年 8 月　頁 19—20

476. 李魁賢　觀察白萩的雁的世界〔〈雁〉、〈雁的世界及觀察〉〕　孤岩的存
在　臺中　熱點文化出版公司　1984 年 12 月　頁 373—375

477. 李魁賢　觀察白萩的雁的世界〔〈雁〉、〈雁的世界及觀察〉〕　詩的見證
臺北　臺北縣立文化中心　1994 年 6 月　頁 151—153

478. 李魁賢　觀察白萩的雁的世界〔〈雁〉、〈雁的世界及觀察〉〕　李魁賢文
集 6　臺北　行政院文建會　2002 年 10 月　頁 136—138

479. 流沙河　哀叫的鳥〔〈一顆沙粒〉、〈流浪者〉、〈皮或衣〉、〈重量〉〕　星
星　1982 年第 6 期　1982 年 6 月　頁 93

480. 流沙河　哀叫的鳥〔〈一顆沙粒〉、〈流浪者〉、〈皮或衣〉、〈重量〉〕　臺
灣詩人十二家　重慶　重慶出版社　1983 年 8 月　頁 153—159

481. 紀璧華　〈路有千條樹有千根〉、〈蛾〉、〈雁〉　臺灣抒情詩賞析　香港
南粵出版社　1983 年 9 月　頁 71—74

482. 張　　默　〈廣場〉、〈半邊〉編者按語　七十一年詩選　臺北　爾雅出版社
1985 年 6 月　頁 128

483. 劉龍勳　〈夕暮〉、〈流浪者〉、〈雁〉、〈天天是〉、〈重量〉解析　中國新詩
賞析 3　臺北　長安出版社　1987 年 2 月　頁 218—235

484. 陳明台　臺灣現代詩人的故鄉憧憬與歷史意識〔〈路有千條樹有千根──
紀念死去的父母〉、〈母親〉、〈雁〉部分〕　臺灣精神的崛起　高
雄　春暉出版社　1989 年 12 月　頁 33—36

485. 張順發　〈你似一輪明月走過我心的湖底〉、〈鏈圈〉賞析　愛情新詩鑑賞
辭典　西安　陝西師範大學出版社　1990 年 3 月　頁 837—840

486. 古遠清　〈飛蛾〉、〈雁〉、〈叫喊〉賞析　臺港現代詩賞析　鄭州　河南人
民出版社　1991 年 3 月　頁 144—147

487. 李魁賢　觀鳥的種種方式〔〈金絲雀〉、〈雁〉部分〕　新地文學　第 8 期
1991 年 6 月　頁 23—28

488. 李魁賢　觀鳥的種種方式〔〈金絲雀〉、〈雁〉部分〕　詩的反抗　臺北
新地文學出版社　1992 年 6 月　頁 55—61

489. 李魁賢　觀鳥的種種方式〔〈金絲雀〉、〈雁〉部分〕　李魁賢文集 10　臺
北　行政院文建會　2002 年 10 月　頁 44—49

490. 陳千武　情報化時代的臺灣詩實況〔〈金魚〉、〈天空〉部分〕[40]　文學臺灣
第 5 期　1993 年 1 月　頁 24—27

491. 陳千武　戒嚴時期的臺灣詩〔〈金魚〉、〈天空〉部分〕　臺灣新詩論集
臺北　春暉出版社　1997 年 4 月　頁 351—354

492. 梁　辛　〈昨夜〉、〈天空〉、〈皮或衣〉、〈鳥兒〉賞析　世界華人詩歌鑑賞
大辭典　太原　書海出版社　1993 年 3 月　頁 389—395

493. 陳義芝　六十年代名家詩選注——白萩詩選〔〈流浪者〉、〈雁〉〕　不盡
長江滾滾來：中國新詩選注　臺北　幼獅文化公司　1993 年 6 月
頁 250—256

494. 蕭蕭，李瑞騰講；趙荃記　現代名詩講座（第一回合）〔〈天空〉、〈廣
場〉、〈雁〉部分〕　臺灣詩學季刊　第 5 期　1993 年 12 月　頁
15—16

495. 吳潛誠　臺灣在地詩人的本土意識及其政治涵義——以《混聲合唱——
「笠」詩選》爲討論對象〔〈樹〉、〈金絲雀〉部分〕　當代臺灣
政治文學論　臺北　時報文化出版公司　1994 年 7 月　頁 408—
410，416—417

---

[40] 本文後改篇名爲〈戒嚴時期的臺灣詩〉。

496. 焦　桐　　身體爭霸戰──試論情色詩的話語策略〔〈這有什麼不對〉、〈呈
　　　　　　　　獻〉部分〕　臺灣當代情色文學論：蕾絲與鞭子的交歡　臺北
　　　　　　　　時報文化出版公司　1997 年 3 月　頁 200—216

497. 焦　桐　　身體爭霸戰──試論情色詩的話語策略〔〈這有什麼不對〉、〈呈
　　　　　　　　獻〉部分〕　20 世紀臺灣文學專題 2：創作類型與主題　臺北
　　　　　　　　萬卷樓圖書公司　2006 年 9 月　頁 25—36

498. 唐　捐　　〈然則〉、〈天空〉評析　臺灣現代文學教程：當代文學讀本　臺
　　　　　　　　北　二魚文化公司　2002 年 8 月　頁 60—64

499. 鄭慧如　　隱喻的身體觀──以一九七〇年代臺灣新詩作品為例──一九七
　　　　　　　　〇年代以前臺灣新詩作品中的身體書寫特色〔〈妻的肚皮〉、〈廣
　　　　　　　　場〉、〈詩〉部分〕　臺灣詩學季刊　第 40 期　2002 年 12 月　頁
　　　　　　　　114—115，118—121

500. 陳幸蕙　　〈叫喊〉、〈重量〉──芬多精小棧　小詩森林：現代小詩選 1　臺
　　　　　　　　北　幼獅文化公司　2003 年 11 月　頁 102

501. 林瑞明　　〈樹〉、〈新美街〉、〈路有千條樹有千根──紀念死去的父母〉、
　　　　　　　　〈重量〉賞析　國民文選・現代詩選 2　臺北　玉山社出版公司
　　　　　　　　2005 年 2 月　頁 132

502. 向　陽　　〈流浪者〉、〈天空〉賞析　臺灣現代文選・新詩卷　臺北　三民
　　　　　　　　書局　2005 年 6 月　頁 121—123

503. 李敏勇　　〈羅盤〉、〈夕暮〉、〈雁〉、〈冬〉、〈樹〉作品導讀　青少年臺灣文
　　　　　　　　庫──新詩讀本 3：花與果實　臺北　五南圖書出版公司　2006
　　　　　　　　年 1 月　頁 77

504. 趙迺定　　詮釋白萩《自愛》詩集中女人、愛與性之詩四首〔〈雨夜〉、〈藤
　　　　　　　　蔓〉、〈或者〉、〈無題〉〕　笠　第 254 期　2006 年 8 月　頁 73—
　　　　　　　　82

505. 陳幸蕙　　〈天空〉、〈昨夜〉向星輝斑斕處漫溯　小詩星河：現代小詩選 2
　　　　　　　　臺北　幼獅文化公司　2007 年 1 月　頁 99

506. 陳芳明　　夢的消亡〔〈叫喊〉、〈天空〉部分〕　聯合文學　第 281 期
　　　　2008 年 3 月　頁 14—15

507. 林明理　　引人注目的風景——淺釋白萩的詩三首〔〈流浪者〉、〈臨照〉、
　　　　〈昨夜〉〕　海星詩刊　第 4 期　2012 年 6 月　頁 21—26

508. 林明理　　引人注目的風景——淺釋白萩的詩三首〔〈流浪者〉、〈臨照〉、
　　　　〈昨夜〉〕　用詩藝開拓美：林明理談詩　臺北　秀威資訊科技
　　　　2013 年 1 月　頁 123—129

作品評論目錄、索引

509. 〔陽光小集〕　　有關白萩之評介文字　陽光小集　第 9 期　1982 年 9 月
　　　　頁 189

510. 白　萩　　有關白萩作品的評介文章　文學界　第 9 期　1984 年 2 月　頁 34
　　　　—36

511. 白　萩　　有關白萩作品的評介文章　詩廣場　臺中　熱點文化出版公司
　　　　1984 年 3 月　頁 140—142

512. 〔張默編〕　　作品評論引得　現代百家詩選　臺北　爾雅出版社　2003 年
　　　　6 月　頁 220—222

513. 蔡哲仁　　白萩相關資料彙編（初稿）　白萩的詩與詩論　成功大學臺灣文
　　　　學系　碩士論文　呂興昌教授指導　2004 年 7 月　頁 236—242

514. 蔡哲仁　　白萩相關資料彙編（初稿）　白萩的詩與理論　臺南　臺南市立
　　　　圖書館　2007 年 12 月　頁 412—419

515. 〔李敏勇編〕　　閱讀進階指引　白萩集　臺南　國立臺灣文學館　2009 年
　　　　7 月　頁 137—138

其他

516. 〔封德屏主編〕　　白萩　臺灣現當代作家評論資料目錄（一）　臺南　國
　　　　立臺灣文學館　2010 年 11 月　頁 490—515

517. 楓　堤　　談一首梅士菲爾詩的翻譯〔〈西風歌〉部分〕　笠　第 7 期
　　　　1965 年 6 月　頁 54—55

518. 陳明台　　播種、耕耘、收穫──《亞洲現代詩集》的刊行與《笠》的成長
　　　　　　　臺灣日報　1982 年 1 月 14 日　8 版
519. 林燿德　　《中國現代文學大系》　錦囊開卷　臺北　國家文藝基金管理委
　　　　　　　員會　1993 年 6 月　頁 103─105

國家圖書館出版品預行編目資料

白萩 / 林淇瀁編選. -- 初版. -- 臺南市：臺灣文學館,
2013.12
　　面；　　公分. -- (臺灣現當代作家研究資料彙編；44)
ISBN 978-986-03-9154-1 (平裝)

1.白萩 2.作家 3.文學評論

783.3886　　　　　　　　　　　　　　　　102024139

【臺灣現當代作家研究資料彙編】44

白萩

發 行 人／	李瑞騰
指導單位／	文化部
出版單位／	國立台灣文學館
	地址／70041 台南市中西區中正路 1 號
	電話／06-2217201　　　　傳真／06-2218952
	網址／www.nmtl.gov.tw　　電子信箱／pba@nmtl.gov.tw
總 策 畫／	封德屏
顧　　問／	林淇瀁　張恆豪　許俊雅　陳信元　陳義芝　須文蔚　應鳳凰
工作小組／	王雅嫺　杜秀卿　汪黛妏　張純昌　張傳欣　莊雅晴　陳欣怡
	黃寁婷　練麗敏　蘇琬鈞
編　　選／	林淇瀁
責任編輯／	張傳欣
校　　對／	王雅嫺　汪黛妏　林英勳　張傳欣　陳欣怡　黃敏琪　黃寁婷
	趙慶華　潘佳君　練麗敏　蘇琬鈞
計畫團隊／	財團法人台灣文學發展基金會
美術設計／	翁國鈞・不倒翁視覺創意
印　　刷／	松霖彩色印刷事業有限公司

著作財產權人／國立台灣文學館
本書保留所有權利。欲利用本書全部或部分內容者，須徵求著作財產權人同意或書面授
權。請洽國立台灣文學館研典組（電話：06-2217201）

經銷展售／	國家書店松江門市（02-25180207）
	國立台灣文學館—雪芙瑞文學咖啡坊（06-2214632）
	南天書局（02-23620190）　　唐山出版社（02-23633072）
	府城舊冊店（06-2763093）　　台灣的店（02-23625799）
	啓發文化（02-29586713）　　三民書局（02-23617511）
	草祭二手書店（06-2216872）　　五南文化廣場（04-22260330）
網路書店／	國家書店網路書店 www.govbooks.com.tw
	五南文化廣場網路書店 www.wunanbooks.com.tw
	三民書局網路書店 www.sanmin.com.tw

初版一刷／2013 年 12 月
定　　價／新臺幣 420 元整
　　　　　第一階段 15 冊新臺幣 5500 元整　　第二階段 12 冊新臺幣 4500 元整
　　　　　第三階段 23 冊新臺幣 8500 元整　　全套 50 冊新臺幣 18500 元整
　　　　　全套 50 冊合購特惠新臺幣 16500 元整

GPN／1010202819（單本）　　ISBN／978-986-03-9154-1（單本）
　　　1010000407（套）　　　　　978-986-02-7266-6（套）